普通高等院校土建类应用型人才培养系列规划教材

工程项目管理

刘泽俊　周　杰　**主　编**

李秀华　范海平　白士杰　**副主编**

东南大学出版社
SOUTHEAST UNIVERSITY PRESS
·南京·

内 容 提 要

本书全面论述了工程项目管理的过程，系统介绍了工程项目从规划、决策、实施到竣工验收全过程的管理理论和方法，主要包括工程项目管理概论、工程项目管理组织、工程项目进度管理、质量管理、费用管理、安全管理、工程项目合同与索赔、工程项目风险管理等内容。本书注重项目管理理论与工程实践相结合，并吸收了国内外工程项目管理的最新成果，内容新颖，体系完整，所述方法可操作性强。

本书可作为高等院校土木工程和工程管理专业的教材，也可供相关专业的工程技术人员和工程管理人员以及相关政府部门、建设单位、监理单位、施工单位等企业管理人员参考使用。

图书在版编目(CIP)数据

工程项目管理 / 刘泽俊，周杰主编. —南京：东南大学出版社，2019.1 （2023.1重印）
 普通高等院校土建类应用型人才培养系列规划教材
 ISBN 978-7-5641-8151-2

Ⅰ. ①工… Ⅱ. ①刘… ②周… Ⅲ. ①工程项目管理 Ⅳ. ①F284

中国版本图书馆 CIP 数据核字(2018)第 284491 号

出版发行：东南大学出版社
社　　址：南京市四牌楼 2 号　　邮编：210096
出 版 人：江建中
网　　址：http://www.seupress.com
电子邮箱：press@seupress.com
经　　销：全国各地新华书店
印　　刷：南京工大印务有限公司
开　　本：787 mm×1092 mm　1/16
印　　张：20.25
字　　数：505 千字
版　　次：2019 年 1 月第 1 版
印　　次：2023 年 1 月第 3 次印刷
书　　号：ISBN 978-7-5641-8151-2
印　　数：4001-6000 册
定　　价：46.80 元

本社图书若有印装质量问题，请直接与营销部联系。电话(传真)：025-83791830

前　言

建筑业的持久繁荣促进了工程项目管理学科框架、知识体系与技术方面的不断完善和发展，国内外业界与理论界都基于工程实践进行了大量的探索，从而推动工程项目管理方面的改革日益深化，进一步规范建设工程项目管理程序和行为，提高工程项目管理水平，促进建筑业全面、协调、可持续发展。

工程项目管理作为土木工程、工程管理等专业的专业课，也是建造师、造价工程师、监理工程师等执业资格考试的核心内容，本书可为读者提供基础性的知识和综合性的能力训练，从而能够胜任工程项目管理领域的相关工作。

本书的特点是：

1. 体现工程项目管理领域最新政策和研究成果。本书在阐述传统工程项目管理理论的基础上，尽力做到介绍最新《建设工程项目管理规范》(GB/T 50326—2017)及行业最新发展动态和研究成果，反映我国工程项目管理领域政策法规的最新变革。

2. 恰当衔接土木工程、工程管理等专业其他课程。本书以工程建设程序为主线，结构明晰，在覆盖工程项目管理相关知识点的基础上，着重体现关键内容——最新国标《建设工程项目管理规范》与工程施工现场管理及工程总承包合同管理。

3. 实现了理论性和实践性的统一。教材涵盖工程项目管理领域知识体系，全面系统地分析和阐述了工程项目管理的理论、方法和发展趋势，既有基本原理和基本知识，又有许多探索性和创新性的观点和方法，并配备了实际案例。

4. 增加了技术标编制案例，对培养学生的课程设计、毕业设计能力很有帮助。模拟试题结合了资格考试的题目，练习的同时也让学生适应将来的资格考试。

本书由刘泽俊、周杰担任主编，李秀华、范海平、白士杰担任副主编，刘明、李鹏程、刘婷婷参加了本书部分章节的编写工作。全书由董云、于顶成主审。

本书编写得到了工程建设处及检测单位领导的大力支持。作者在编写本书的过程中,参阅和引用了不少专家、学者论著中的有关资料,在此一并表示感谢。

本书力图向全国土木工程、工程管理等专业的师生及从事工程项目管理工作的读者们奉献一本既有一定理论水平又有较高实用价值的教材,但是限于编者水平和经验,错误和疏漏之处在所难免,恳请本书读者提出宝贵意见,以使本书不断地完善。

编 者

2018 年 10 月

目 录

第1章 工程项目管理概论 ·· 1
1.1 项目管理 ··· 1
1.1.1 项目管理发展 ··· 1
1.1.2 建设工程项目管理 ··· 3
1.1.3 项目的特征 ··· 4
1.2 项目管理策划 ··· 5
1.2.1 项目管理策划基本概念 ······································· 5
1.2.2 项目管理规划大纲 ··· 6
1.2.3 项目管理实施规划 ··· 6
1.2.4 项目管理配套策划 ··· 7
1.2.5 工程项目构思的产生和选择 ··································· 7
1.3 项目管理责任制度 ··· 11
1.3.1 项目管理责任制度基本概念 ··································· 11
1.3.2 项目建设相关责任方管理 ····································· 11
1.3.3 项目管理机构 ··· 11
1.3.4 项目团队建设 ··· 12
1.3.5 项目管理目标责任书 ··· 12
1.3.6 项目管理机构负责人职责、权限和管理 ························· 12
1.4 工程项目管理体制 ··· 13
1.4.1 工程项目主要管理制度 ······································· 13
1.4.2 政府对工程项目的监督管理 ··································· 14

第2章 工程项目范围管理 ·· 18
2.1 确定项目范围 ··· 18
2.2 项目结构分析 ··· 19
2.2.1 结构分析 ··· 19
2.2.2 项目分解 ··· 19
2.3 项目范围控制 ··· 19

第3章 工程项目组织管理 ………………………………………………… 21
3.1 工程项目组织结构 …………………………………………………… 21
3.1.1 工程项目的承发包模式 …………………………………………… 21
3.1.2 工程项目组织结构模式 …………………………………………… 25
3.1.3 建造师及项目经理管理制度 ……………………………………… 28
3.1.4 工程项目部团队建设 ……………………………………………… 31
3.2 工程项目组织协调 …………………………………………………… 32
3.2.1 工程项目组织协调的概念 ………………………………………… 32
3.2.2 工程项目组织协调的范围 ………………………………………… 33
3.2.3 工程项目组织协调的内容 ………………………………………… 33
3.2.4 工程项目组织协调的主要方法 …………………………………… 35
3.3 工程项目管理的类型 ………………………………………………… 36
3.3.1 业主方项目管理的目标和任务 …………………………………… 36
3.3.2 施工方项目管理的目标和任务 …………………………………… 36
3.3.3 工程其他参与方的目标和任务 …………………………………… 37

第4章 工程项目进度管理 ………………………………………………… 39
4.1 工程项目进度计划 …………………………………………………… 39
4.1.1 建设工程项目进度计划系统 ……………………………………… 39
4.1.2 工程项目进度计划的编制方法 …………………………………… 40
4.2 工程项目进度控制 …………………………………………………… 41
4.2.1 工程项目进度控制原理 …………………………………………… 42
4.2.2 项目进度计划控制的检查 ………………………………………… 43
4.2.3 工程项目进度调整方法 …………………………………………… 46
4.3 工程项目进度计划的优化 …………………………………………… 51
4.3.1 工期优化 …………………………………………………………… 51
4.3.2 工期—费用优化 …………………………………………………… 52
4.3.3 工期—资源优化 …………………………………………………… 53
4.3.4 工程延期和工程延误 ……………………………………………… 54
4.4 工程项目流水施工法 ………………………………………………… 56
4.4.1 流水施工原理 ……………………………………………………… 56
4.4.2 流水施工的主要参数 ……………………………………………… 57
4.4.3 流水施工的基本方式 ……………………………………………… 60
4.4.4 流水施工网络计划方法 …………………………………………… 65

第5章 建设工程施工质量控制 …………………………………………… 68
5.1 施工质量管理与施工质量控制 ……………………………………… 68

5.1.1 施工质量的基本要求 … 68
　　　5.1.2 影响施工质量的主要因素 … 69
　　　5.1.3 施工质量管理、控制的特点与责任 … 70
　　　5.1.4 工程质量控制主体和原则 … 72
　5.2 施工质量管理体系及制度 … 73
　　　5.2.1 确定项目质量体系及创优目标 … 73
　　　5.2.2 施工企业质量管理体系的建立和认证 … 76
　　　5.2.3 工程质量管理制度 … 78
　　　5.2.4 工程参建各方的质量责任 … 83
　5.3 施工质量控制的内容和方法 … 86
　　　5.3.1 施工质量控制的基本环节和一般方法 … 86
　　　5.3.2 施工准备的质量控制 … 88
　　　5.3.3 施工过程的质量控制 … 91
　5.4 施工质量事故预防与处理 … 103
　　　5.4.1 工程质量事故分类 … 103
　　　5.4.2 施工质量事故的预防 … 105
　　　5.4.3 施工质量事故的处理方法 … 107
　5.5 施工质量的政府监督措施及内容 … 110

第6章 工程项目费用管理 … 112
　6.1 投资计划与控制 … 112
　　　6.1.1 工程项目投资构成 … 112
　　　6.1.2 工程项目投资计划 … 113
　　　6.1.3 工程项目投资控制 … 114
　　　6.1.4 招投标阶段的投资控制 … 116
　　　6.1.5 施工阶段的投资控制 … 116
　　　6.1.6 投资偏差分析 … 119
　6.2 施工项目成本计划与控制 … 120
　　　6.2.1 施工项目的成本管理概述 … 120
　　　6.2.2 成本计划 … 122
　　　6.2.3 成本控制 … 122
　　　6.2.4 成本核算 … 125
　　　6.2.5 成本分析与考核 … 126
　6.3 工程变更与合同价款调整 … 128
　　　6.3.1 工程变更概述 … 128
　　　6.3.2 《建设工程施工合同(示范文本)》条件下的工程变更 … 129
　　　6.3.3 FIDIC合同条件下的工程变更 … 131

6.4 建设工程价款结算 ·· 133
　6.4.1 工程价款结算方法 ·· 133
　6.4.2 设备、工器具和材料价款的支付与结算 ··· 142
6.5 资金使用计划的编制和应用 ·· 145
　6.5.1 编制施工阶段资金使用计划的相关因素 ··· 145
　6.5.2 施工阶段资金使用计划的作用与编制方法 ·· 145
　6.5.3 施工阶段投资偏差分析与进度偏差分析 ··· 146
　6.5.4 偏差形成原因的分类及纠正方法 ··· 147

第7章 工程项目合同管理与风险管理 ·· 149
7.1 工程项目合同体系 ·· 149
　7.1.1 工程项目合同分类 ·· 149
　7.1.2 工程项目合同策划 ·· 151
7.2 工程项目合同签订 ·· 154
　7.2.1 工程项目合同订立的形式与程序 ··· 154
　7.2.2 工程合同的谈判与签约 ··· 156
7.3 合同实施控制 ··· 157
7.4 工程项目风险管理 ·· 159
　7.4.1 工程项目风险 ·· 159
　7.4.2 工程项目风险管理内容及方法 ··· 159
　7.4.3 风险评估、应对及监控 ··· 162

第8章 绿色建造与职业健康安全环境管理 ·· 164
8.1 职业健康安全与环境管理的特点和要求 ··· 164
　8.1.1 施工职业健康安全与环境管理的目的 ·· 164
　8.1.2 施工职业健康安全与环境管理的特点 ·· 165
　8.1.3 施工职业健康安全与环境管理的要求 ·· 166
8.2 安全生产管理计划、实施与检查 ··· 167
　8.2.1 安全生产管理计划 ·· 167
　8.2.2 安全生产管理实施与检查 ·· 168
8.3 施工安全生产管理 ·· 168
　8.3.1 安全生产管理制度体系 ··· 168
　8.3.2 危险源的识别和风险控制 ·· 176
　8.3.3 安全隐患的处理 ··· 178
8.4 生产安全事故应急预案和事故处理 ·· 180
　8.4.1 生产安全事故应急预案的内容 ··· 180
　8.4.2 生产安全事故应急预案的管理 ··· 181

  8.4.3　职业健康安全事故的分类和处理 ……………………………………… 183
 8.5　绿色建造与现场文明施工环境 …………………………………………………… 186
  8.5.1　施工现场文明施工的要求 …………………………………………………… 186
  8.5.2　施工现场环境保护 …………………………………………………………… 188
  8.5.3　绿色建造与环境 ……………………………………………………………… 189

第9章　建设工程索赔 ……………………………………………………………………… 191
 9.1　工程索赔的概念和分类 …………………………………………………………… 191
 9.2　工程索赔的处理程序 ……………………………………………………………… 192
 9.3　工程索赔的处理原则和计算 ……………………………………………………… 194

第10章　工程项目资源管理及标准 ……………………………………………………… 200
 10.1　工程项目资源管理概述 ………………………………………………………… 200
  10.1.1　工程项目资源管理的内容 …………………………………………………… 200
  10.1.2　项目资源管理的要点 ………………………………………………………… 201
  10.1.3　项目资源需要量计划 ………………………………………………………… 201
 10.2　工程项目材料管理 ……………………………………………………………… 202
  10.2.1　工程项目材料管理概述 ……………………………………………………… 202
  10.2.2　工程项目材料的计划管理 …………………………………………………… 202
 10.3　工程建设标准 …………………………………………………………………… 203
  10.3.1　工程建设国家标准 …………………………………………………………… 203
  10.3.2　工程建设强制性标准实施的规定 …………………………………………… 204
  10.3.3　违法行为应承担的法律责任 ………………………………………………… 205

附件　某消防站工程投标文件的技术标编制案例 ………………………………………… 207

模拟试题 ……………………………………………………………………………………… 253
 模拟试题（一） ………………………………………………………………………… 253
 模拟试题（二） ………………………………………………………………………… 260
 模拟试题（三） ………………………………………………………………………… 266
 模拟试题（四） ………………………………………………………………………… 273
 模拟试题（五） ………………………………………………………………………… 279
 模拟试题（六） ………………………………………………………………………… 286
 模拟试题（七） ………………………………………………………………………… 293
 模拟试题（八） ………………………………………………………………………… 300

模拟试题答案 ………………………………………………………………………………… 306

参考文献 ……………………………………………………………………………………… 313

第1章 工程项目管理概论

1.1 项目管理

1.1.1 项目管理发展

20世纪80年代初,云南鲁布革水电工程的实施,对我国工程项目管理的发展带来了巨大冲击。日本的大成建设公司以低于国内有关施工企业报价近30%的价格中标,在施工过程中采用以项目为核心的总承包方式和项目管理,快速高效地完成了任务,创造了著名的"鲁布革工程项目管理经验"。1987年在推广鲁布革工程经验的活动中,建设部提出在全国推行"项目法施工",要求建筑业企业:一是加快经营机制的转换,以工程项目管理为突破口,进行企业生产方式的变革和内部配套改革;二是加强工程项目管理,在项目上按照建筑产品的特性及其内在规律组织施工。云南鲁布革水电工程如图1-1。

图1-1 云南鲁布革水电工程

常说的鲁布革工程,实际上指的是鲁布革水电站引水系统工程。

鲁布革水电站引水系统工程是我国第一个利用世界银行贷款,并按世界银行规定进行国际竞争性招标和项目管理的工程。

鲁布革工程的项目管理经验主要有以下几点:

(1) 最核心的是把竞争机制引入工程建设领域,实行铁面无私的招标投标。
(2) 工程建设实行全过程总承包方式和项目管理。
(3) 施工现场的管理机构和作业队伍精干灵活。
(4) 科学组织施工,讲求综合经济效益。

重大意义主要有：

1. 鲁布革是中国第一次采用世界银行贷款的项目，是工程界迎来的第一次改革。
2. 鲁布革第一次采用针对全世界的公开招标。
3. 鲁布革第一次以低于标底的报价使日本大成公司中标。
4. 鲁布革让中国公司第一次领教了什么叫网络图，什么叫进度控制、进度管理，使得先进的管理模式引进中国。
5. 鲁布革使中国各工程局明白，未来要发展，必须要从劳动密集型转向管理型。

早期的工程项目最主要的是建筑工程项目，主要包括房屋建筑、水利工程等。因为当时科学技术水平和人们认识能力限制，历史上的项目管理是经验型的、不系统的，不可能有现代意义上的项目管理。

项目管理的时间由来已久，从建设周期长达千余年的长城到巧夺天工的都江堰水利枢纽工程，从我国古代的京杭大运河到埃及的金字塔，无不体现出古代人民在项目管理上的伟大功绩。都江堰水利枢纽工程如图1-2。

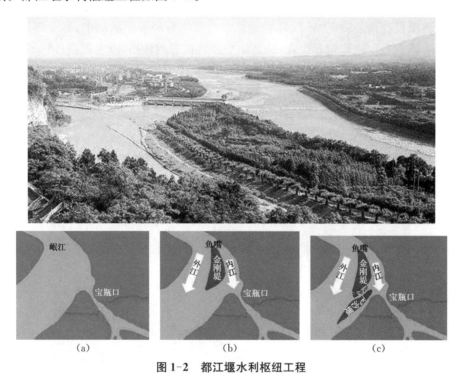

图1-2 都江堰水利枢纽工程

（一）第一期工程：宝瓶口（图(a)）

注：修建宝瓶口的目的主要是想将岷江江水分流部分进入成都平原，防洪减旱。

工程：以烧石开山为主的传统办法，把石头烧破裂以后，将碎石推入江中，形成水道，因而建成了宝瓶口。玉垒山向西伸进岷江的这一块山尾巴，用人工开凿岩石，拦腰截断，形成一个向东的分水口，也就是都江堰工程的第一部分宝瓶口，留在江心的那一块山体，就叫做"离堆"，有了宝瓶口，岷江一分为二，可以分一部分江水向东，灌溉成都平原了。

分析：

1. "热胀冷缩原理"——由于修建宝瓶口时还未发明炸药，必须采用人工开山的办法，而当时的人们能想出用火烧石，利用热胀冷缩的原理加快工程进度，是一个很了不起的科学方法。

2. 弯曲河道的水流运动及河床演变——弯道水流的动力轴线,主要特点:在弯道进口段或上游过渡段,偏靠凹岸;随水位流量变化,主流线低水傍岸,高水居中。所以在枯水期水流傍向凹岸,宝瓶口水量不足。

(二) 第二期工程:鱼嘴(图(b))

注:在宝瓶口修建之后,虽然在一定程度上起到了分流和灌溉的作用,成都平原干旱得到一定缓解,但是由于东部地势较西部高,江水难以流入宝瓶口,因此开始进行二期工程鱼嘴。

工程:在枯水期,江水不能主动往东流,成都平原得不到灌溉,于是在江心的"离堆"向上游方向,修筑一个几百米长的大堤,这个大堤就叫做"金刚堤",金刚堤迎着上游江水的头部,就叫做"鱼嘴"。从"鱼嘴"到"离堆"之间的金刚堤,就等于把岷江水进一步一分为二,西面的原有岷江河道,叫做"外江";东面的河道,叫做"内江"。其中"内江"有人工导流渠的意思,每年到了枯水期,就组织人工对"内江"进行掏挖,挖得比外江低,这样就解决了枯水期江水难流入宝瓶口的问题。同时,内江在凹岸,外江在凸岸,又刚好解决了泥沙淤积问题。

分析:

1. 悬移质泥沙的紊动扩散理论——含沙量分布上稀下浓,分布不均,重力使得下沉、淤积作用明显;扩散使其悬浮,冲刷增强。

2. 弯曲河道的水流运动及河床演变——水流做曲线运动,由于离心力作用水面产生横比降形成封闭环流,表层水流流向凹岸,底层流向凸岸,这一环流叠加在主流上,形成螺旋流;所以内江在凹岸,江水的表层清水会流进内江;而江水的底层浊水就会流入凸岸的外江。这就在很大程度上解决了泥沙淤塞内江的问题。

(三) 第三期工程:飞沙堰(图(c))

注:鱼嘴工程修建之后解决了枯水期问题和丰水期部分泥沙问题,但是在丰水期可能给内江造成径流过大以及泥沙对内江的淤积,于是修建飞沙堰。堰和堤的共同点都是挡水,但其不同在于:堤,必须保证水流不得漫过;堰,就是又挡水还又能让水漫过去。

工程:飞沙堰实际上是在金刚堤最靠近离堆的地方,故意留出一段凹槽,宝瓶口很狭窄,在丰水的季节,内江的水位必然涨得很高,那么,高出来的水就全都从飞沙堰漫过去,流回到原来的水道,也就是外江了,这就保证了丰水季节大水不至于淹了成都平原;另一个妙用在于,宝瓶口上游内江东岸是"S"形的,大水冲到这里,直接撞到半挡着的玉垒山体岩壁,就会翻滚,下层泥沙翻上来,翻过飞沙堰,翻到外江里。这又解决了剩余泥沙的淤积问题。据说几吨重的大石头都会翻滚过去。

分析:

1. 悬移质泥沙的紊动扩散理论——含沙量分布上稀下浓,分布不均,重力使得下沉、淤积作用明显;扩散使其悬浮,冲刷增强。

2. 弯曲河道的水流运动及河床演变——顶冲点(主流开始逼近凹岸的位置)冲击凹岸形成漩涡,低水(含沙量大)上堰过飞沙堰,高水(清水)下挫流入宝瓶口,这又在很大程度上解决了泥沙淤积的问题。

项目管理的发展历程虽然很长,但形成完整的现代项目管理的理论体系的时间并不长,伴随着科学技术的日新月异和飞速发展,产品和项目的专业界限日益模糊,学科之间也在相互融合,因而各类项目日益复杂,建设规模日趋庞大,项目的外部环境变化频繁,对项目管理措施也提出了新的要求。

1.1.2 建设工程项目管理

1. 管理

对管理的形象化理解:赛龙舟比赛中,鼓手就是个管理者。如图1-3中,要取得好名次,关键是这位鼓手如何让后面的二十个人朝着一个方向一起划桨,且用足干劲,取得好名次。这就体现出管理的作用。

图 1-3 赛龙舟图

管理的定义有好多种,其中一种是:一个或若干个人,对他人施加影响,促使人们积极协调地工作,实现预定的目标和使命(河海大学何似龙《转型时代管理学导论》)。

2. 建设工程项目管理

建设工程项目(construction project)是指为完成依法立项的新建、扩建、改建工程而进行的有起止日期的、达到规定要求的一组相互关联的受控活动,包括策划、勘察、设计、采购、施工、试运行、竣工验收和考核评价等阶段,简称为项目。

《建设工程项目管理规范》(GB/T 50326—2017)对建设工程项目管理(construction project management)做了如下的术语解释:"运用系统的理论和方法,对建设工程项目进行的计划、组织、指挥、协调和控制等专业化活动,简称项目管理。"

工程项目是最为普遍、最为重要的项目类型。大型工程项目对于我国的经济发展有着重要影响,如三峡水利枢纽工程、京沪高速公路等。工程项目管理领域的科研成果和最新动向已与国民经济和人民生活息息相关。

1.1.3 项目的特征

(1) 资源和成本的约束性。项目的实施是企业或者组织调用各种资源和人力来实施的,但这些资源都是有限的,而且组织为维持日常的运作不会把所有的人力、物力和财力放于这一项目上,投入的仅仅是有限的资源。

(2) 时限性。时限性是指每一个项目都有明确的开始和结束。当项目的目标都已经达到时,该项目就结束了;当项目的目标确定不能达到时,该项目就会终止。时限是相对的,并不是说每个项目持续的时间都短,而是仅指项目具有明确的开始和结束时间,有些项目需要持续几年,甚至更长时间。项目的时限性同时还体现在:机遇和市场行情通常是暂时的——大多数项目都需要在限定的时间框架内创造产品或者服务;项目小组的存在也是有时限的,一般都是为了项目而临时组成的,当项目结束时大部分的项目小组成员都会回归本部门。

(3) 项目的不确定性。在日常运作中,拥有较为成熟的丰富的经验,对产品和服务的认识比较丰富,而项目的实施过程中,所面临的风险就更多了,一方面是因为经验不丰富,环境不确定,另一方面就是生产的产品和服务具有独特性,在生产之前对这一过程并不熟悉,因此项目实施过程中,所面临的风险比较多,具有明显的不确定性。

(4) 项目的唯一性,或者说独特性。区别一种或一系列活动是不是项目,其重要的标准就是辨别这些活动是否生产或提供特殊的产品和服务,这就是项目的唯一性。每一个项目的产品和服务都是唯一的、独特的。有些项目即使产品或者服务相似,但由于时间、地点、内外部环境的不同,项目的实施过程和项目本身也具有独特的性质。

(5) 实施过程的一次性。项目是一次性任务,一次性是项目与重复性运作的主要区别。而且随着项目目标的逐渐实现,项目结果的移交和合同的终止,该项目也即结束,项目并非日常运作似的周而复始的工作。

(6) 项目的整体性。从系统论的角度来说,每一个项目都是一个整体,都是按照其目标来配置资源,追求整体的效益,做到数量、质量、结构的整体优化。由于项目是实现特定目标而展开的多项任务的集合,是一系列活动的过程,强调项目的整体性,就是要重视项目过程与目标的统一,重视时间与内容的统一。

(7) 目标明确性和多样性。项目的目标必须是明确的,在项目成立之初目标便已确定,并且在项目的进行中目标一般不会发生太大的变化,因此项目比较明显的特征就是目标的明确性,同时由于项目涉及多个主题、过程与活动等,也反映了项目的多目标性。

(8) 生命周期性。项目也具有明显的生命周期性,从项目开始到项目的一步一步实施,最后到项目的终结,在不同的阶段有不同的特点,因此项目具有明显的生命周期性。

(9) 冲突性。美国著名项目管理大师小塞缪尔·J.曼特尔说:"如果项目经理不是一个熟悉的谈判者和冲突的解决者,要完成项目是不可能的。"在项目中存在着各种冲突,如项目与各职能部门之间争夺人力、成本、权力等引发的冲突,项目经理与各职能部门领导人、客户、项目小组成员之间的矛盾。可以看出,项目要想获得成功,就必须解决好这些矛盾和冲突。

(10) 项目的特定委托人。委托人或者说客户,在项目中是特定的,一般情况下他们既是项目成果的需求者,也是项目的主要资助者。可以是人,可以是组织,甚至可以是相互合作的团体,但他们共同的特征就是对项目的成果具有相同的需求。

1.2 项目管理策划

项目管理策划(project management planning)是指为达到项目管理目标,在调查、分析有关信息的基础上,遵循一定的程序,对未来(某项)工作进行全面的构思和安排,制定和选择合理可行的执行方案,并根据目标要求和环境变化对方案进行修改、调整的活动。

1.2.1 项目管理策划基本概念

工程项目的建设都有特定的政治、经济和社会生活背景。建设项目策划是把建设意图转换成定义明确、系统清晰、目标具体且富有策略性运作思路的高智力的系统活动。通过项目策划可以明确项目的发展纲要,构建项目的系统框架,并为项目的决策提供依据,为项目的实施提供指导,为项目的运营奠定基础。

项目管理策划应由项目管理规划策划和项目管理配套策划组成。项目管理规划应包括项目管理规划大纲和项目管理实施规划;项目管理配套策划应包括项目管理规划策划以外的所有项目管理策划内容。

组织应建立项目管理策划的管理制度,确定项目管理策划的管理职责、实施程序和控制要求。

项目管理策划应包括下列管理过程:①分析,确定项目管理的内容与范围;②协调、研究,形成项目管理策划结果;③检查、监督、评价项目管理策划过程;④履行其他项目管理策划规定的责任。

项目管理策划应遵循下列程序;识别项目管理范围;进行项目工作分解;确定项目的实施方法;规定项目需要的各种资源;测算项目成本;对各个项目管理过程进行策划。

项目管理策划过程应符合下列规定:

(1) 项目管理范围应包括完成项目的全部内容,并与各相关方的工作协调一致;

(2) 项目工作分解结构应根据项目管理范围,以可交付成果为对象实施,应根据项目实际情况与管理需要确定详细程度,确定工作分解结构;

(3) 提供项目所需资源应按保证工程质量和降低项目成本的要求进行方案比较;

(4) 项目进度安排应形成项目总进度计划,宜采用可视化图表表达;

(5) 宜采用量价分离的方法,按照工程实体性消耗和非实体性消耗测算项目成本;

(6) 应进行跟踪检查和必要的策划调整;项目结束后,应编写项目管理策划的总结文件。

1.2.2 项目管理规划大纲

项目管理规划大纲应是项目管理工作中具有战略性、全局性和宏观性的指导文件。

编制项目管理规划大纲应遵循下列步骤:①明确项目需求和项目管理范围;②确定项目管理目标;③分析项目实施条件,进行项目工作结构分解;④确定项目管理组织模式、组织结构和职责分工;⑤制定项目管理措施;⑥编制项目资源计划;⑦报送审批。

项目管理规划大纲编制依据应包括下列内容:①项目文件、相关法律法规和标准;②类似项目经验资料;③实施条件调查资料。

项目管理规划大纲应包括下列内容,组织也可根据需要在其中选定:①项目概况;②项目管理范围;③项目管理目标;④项目管理组织;⑤项目采购与投标管理;⑥项目进度管理;⑦项目质量管理;⑧项目成本管理;⑨项目安全生产管理;⑩绿色建造与环境管理;⑪项目资源管理;⑫项目信息管理;⑬项目沟通与相关方管理;⑭项目风险管理;⑮项目收尾管理。

项目管理规划大纲文件应具备下列内容:①项目管理目标和职责规定;②项目管理程序和方法查寻;③项目管理资源的提供和安排。

1.2.3 项目管理实施规划

项目管理实施规划应对项目管理规划大纲的内容进行细化。

编制项目管理实施规划应遵循下列步骤：①了解相关方的要求；②分析项目具体特点和环境条件，熟悉相关的法规和文件，实施编制活动，履行报批手续。

项目管理实施规划编制依据可包括下列内容：①适用的法律法规和标准；②项目合同及相关要求；③项目管理规划大纲；④项目设计文件；⑤工程情况与特点；⑥项目资源和条件；⑦有价值的历史数据；⑧项目团队的能力和水平。

项目管理实施规划应包括下列内容：①项目概况；②项目总体工作安排；③组织方案；④设计与技术措施；⑤进度计划；⑥质量计划；⑦成本计划；⑧安全生产计划；⑨绿色建造与环境管理计划；⑩资源需求与采购计划；⑪信息管理计划；⑫沟通管理计划；⑬风险管理计划；⑭项目收尾计划；⑮项目现场平面布置图；⑯项目目标控制计划；⑰技术经济指标。

项目管理实施规划文件应满足下列要求：①规划大纲内容应得到全面深化和具体化；②实施规划范围应满足实现项目目标的实际需要；③实施项目管理规划的风险应处于可以接受的水平。

1.2.4 项目管理配套策划

项目管理配套策划依据应包括下列内容：①项目管理制度；项目管理规划实施过程需求；②相关风险程度。

项目管理配套策划应包括下列内容：①确定项目管理规划的编制人员、方法选择、时间安排；②安排项目管理规划各项规定的具体落实途径；③明确可能影响项目管理实施绩效的风险应对措施。

项目管理机构应确保项目管理配套策划过程满足项目管理的需求，并应符合下列规定：①界定项目管理配套策划的范围、内容、职责和权利；②规定项目管理配套策划的授权、批准和监督范围；③确定项目管理配套策划的风险应对措施；④总结评价项目管理配套策划水平。

组织应建立下列保证项目管理配套策划有效性的基础工作过程：①积累以往项目管理经验；②制定有关消耗定额；③编制项目基础设施配置参数；④建立工作说明书和实施操作标准；⑤规定项目实施的专项条件；⑥配置专用软件；⑦建立项目信息数据库；⑧进行项目团队建设。

1.2.5 工程项目构思的产生和选择

1. 项目构思的提出

工程项目的构思是工程项目建设的基本构思，是项目策划的初始步骤。项目构思产生的原因很多，不同性质的工程项目，构思产生的原因也不尽相同。例如，工业型项目的构思可能是发现了新的投资机会，而城市交通基础设施建设项目的构思的产生一般是为了满足城市交通的需要。总的来说，项目构思的产生一般出于以下几种情况。

（1）企业发展的需要。对于企业而言，任何工程项目构思基本上都是出于企业自身生存和发展的需要，为了获得更好的投资收益而形成的。

（2）城市、区域和国家发展的需要。任何城市、区域和国家在发展过程中都离不开建设，建设是发展的前提。某些工程项目构思的产生是与城市的建设和发展密切相关的。这些项目构思的产生都需要与国民经济发展规划、区域和流域发展规划、城市发展战略规划相一致。

（3）其他情况。除了上述两种情况下产生的项目构思以外，还有一些构思是处于某些特殊情况而形成的，例如出于军事的需要产生的项目构思等。

2. 项目构思的方法

项目的构思方法主要包括一般机会研究和特定机会研究。研究的目的是为了实现上层系统的战略目标。

一般机会研究包括地区研究、部门研究和主要研究等，是一种全方位的搜索过程，需要收集大量的资料并进行整理和分析。

特定机会研究包括市场研究、项目意向的外部环境研究和项目承办者优劣势分析。

构思的选择首先要考察项目的构思是否具有现实性，即是否可以实现，如果是建空中楼阁，尽管设想很好，也必须剔除；其次还要考虑项目是否符合法律法规的要求，如果项目的构思违背了法律法规的要求，则必须剔除；最后，项目构思的选择需要考虑项目的背景和环境条件，并结合自身的能力，来选择最佳的项目构思。

3. 项目的定位

项目的定位是指在项目构思的基础上确定项目的性质、地位和影响力。

首先，项目的定位要明确项目的性质。例如同是建一座机场，该机场是用于民航运输还是用于军事目的，其性质显然不同，因此决定了今后项目的建设目标和建设内容也会有所区别。

其次，项目的定位要确定项目的地位。项目的地位可以是项目在企业发展中的地位，也可以是在城市和区域发展中的地位，或者是在国家发展中的地位。项目地位的确定应该与企业发展规划、城市和区域发展规划及国家发展规划紧密结合。

最后，项目的定位还要确定项目的影响力。项目定位的最终目的是明确项目建设的基本方针，确定项目建设的宗旨和方向。项目构思策划的关键环节，也是项目目标设计的前提条件。

4. 项目的目标系统设计

工程项目的目标系统设计是工程项目前期策划的重要内容，也是工程项目实施的依据。工程项目的目标系统由一系列工程建设目标构成。按照性质不同，这些目标可以分为工程建设投资目标、工程建设质量目标和工程建设进度目标；按照层次不同，这些目标可以分为总目标和子目标。工程项目的目标系统设计需按照不同的性质和不同的层次定义系统的各级控制目标。因此，工程项目的目标系统设计是一项复杂的系统工程，具体步骤包括情况分析、问题定义、目标要素的提出和目标系统的建立等。

（1）情况分析。工程项目的情况分析是工程项目目标系统设计的基础。工程项目的情况分析是指以项目构思为依据对工程项目系统内部条件和外部环境进行调查并做出综合分析与评价。它是对工程项目构思的进一步确认，并可以为项目目标因素的提出奠定基础。工程项目的情况分析需要进行大量的调查工作。在工程背景资料充足的前提下，需要做好以下两方面的工作：①工程项目的内部条件分析；②工程项目的外部环境分析。

情况分析有以下作用：①可以进一步研究和评价项目的构思，将原来的目标建议引导到实用的、理性的目标上，使目标建议更符合上层系统的需求；②可以对上层系统的目标和问题进行定义,从而确定项目的目标因素;③确定项目的边界条件状况;④为目标设计、项目定义、可行性研究及详细设计和计划提供信息;⑤可以对项目中的一些不确定因素即风险进行分析,并对风险提出相应的防护措施。

情况分析可以采用调查表法、现场观察法、专家咨询法、ABC分类法、决策表、价值分析法、敏感性分析法、企业比较法、趋势分析法、回归分析法、产品份额分析法和对过去同类项目的分析法等。

(2) 问题定义。经过情况分析可以从中认识和引导出上层系统的问题,并对问题进行界定和说明。经过详细而缜密的情况分析,就可以进入问题定义阶段。问题定义是目标设计的依据,是目标设计的诊断阶段,其结果是提供项目拟解决问题的原因、背景和界限。问题定义的过程同时也是问题识别和分析的过程,工程项目拟解决的问题可能是由几个问题组成,而每个问题可能又是由几个子问题组成。针对不同层次的问题,可以采用因果关系分析产生问题的原因。另外,有些问题会随着时间的推移而逐渐淡化,而有些问题则会随着时间的推移日趋严重,问题定义的关键就是要发现问题的本质并能准确预测出问题的动态变化趋势,从而制定出有效的策略和目标,以达到解决问题的目的。

(3) 目标因素的提出。问题定义完成后,在建立目标系统前还需要确定目标因素。目标因素应该以工程项目的定位为指导,以问题定义为基础加以确定。工程项目的目标因素有三类:第一类是反映工程项目解决问题程度的目标因素,例如工程项目的建成能解决多少人的居住问题或工程项目的建成能解决多大的交通流量等;第二类是工程项目本身的目标因素,如工程项目的建设规模、投资收益率和项目的时间目标等;第三类是与工程项目相关的其他目标因素,如工程项目对自然和生态环境的影响、工程项目增加的就业人数等。

在目标因素的确定过程中,要注意以下问题:①要建立在情况分析和问题定义的基础上;②要反映客观实际,不能过于保守,也不能过于夸大;③目标因素需要一定的弹性;④目标因素是动态变化的,具有一定的时效性。

目标因素的确立可以根据实际情况,有针对性地采用头脑风暴法、相似情况比较法、指标计算法、费用/效益分析和价值工程法等加以实现。

(4) 目标系统的建立。在目标因素确立后,经过进一步的结构化,即可形成目标系统。

工程项目的目标可以分成不同的种类:①按照控制内容的不同,可以分成投资目标、进度目标和质量目标等。投资、进度和质量目标被认为是工程项目实施阶段的三大目标。②按照重要性的不同,可以分为强制性目标和期望性目标等。强制性目标一般是指法律法规和规范标准规定的工程项目必须满足的目标,例如,工程项目的质量目标必须符合工程相关的质量验收标准的要求等;期望性目标则是指应尽可能满足的、可以进行优化的目标。③按照目标的影响范围,可以分成项目系统内部目标和项目系统外部目标。系统内部目标是直接与项目本身相关的目标,如工程的建设规模等;系统外部目标则是控制项目对外部环境影响而制定的目标,如工程项目的污染物排放控制目标等。④按照目标实现的时间,可以分成长期目标和短期目标。⑤按照层次的不同,可以分成总目标、子目标和操作性目标等。

在工程项目目标系统建立过程中,应注意以下问题。

(1) 理清目标层次结构。目标系统的设计应首先理清目标系统的层次结构。工程项目的目标可以分成三个层次,即系统总目标、子目标和操作性目标。项目的总目标是项目概念性目标,也是项目总控的依据。项目的总目标可以分解成若干个子目标,根据项目某一方面子系统的特点来制定相应的目标要求。将子目标进一步分解得到操作性目标,操作性目标是贯穿项目总目标和其上一级子目标的意图而制定的指导具体操作的目标。工程项目目标系统的各级目标是逐层扩展并逐级细化的。

（2）分清目标主次关系。在目标系统中各目标的制定过程中,要将主要目标和次要目标区分开来,其目的是在今后的目标控制过程中有所侧重,便于抓住关键问题。同时,还要注意将强制性目标与期望性目标区分开来,尤其是在目标之间存在冲突时,应首先满足强制性目标,必要时可以放弃并重新制定期望性目标。

（3）重视目标系统优化。在目标系统的设计过程中,各目标之间往往既有对立关系,又有统一关系。例如,要保证较高的质量目标,可能会引起投资的增加,在制定投资目标时就不一定和期望值相一致。另一方面,如果质量出现问题,也会影响投资。质量目标和投资目标之间既存在着一定的对立性,又存在统一性。因此,在项目目标系统的设计过程中,应根据项目具体的实际情况和约束条件,正确认识项目各目标之间的关系,使项目各个目标组成的目标系统达到最优。

（4）协调内外目标关系。项目的目标既有项目内部目标,又有与项目相关的外部目标。一般情况下,项目的内部目标与项目的外部目标是相辅相成的,有时实现项目内部目标的同时也相应促进了项目外部目标的实现。例如,控制项目的施工噪声对周围居民的影响是项目的外部目标,而项目工期、成本是项目的内部目标。这种情况下为了满足外部目标的要求而采取一些噪声控制和处理措施,可能会影响项目的工期和成本目标。在外部目标与内部目标有冲突时,要正确处理和协调好项目的内部目标和外部目标间的关系,争取使项目的内外各方都能满意。

5. 工程项目的定义

工程项目定义是指以工程项目的目标体系为依据,在项目的界定范围内以书面的形式对项目的性质、用途和建设内容进行的描述。项目定义应包括以下内容:①项目的名称、范围和构成界定;②拟解决的问题及解决问题的意义;③项目的目标系统说明;④项目的边界条件分析;⑤关于项目环境和对项目有重大影响的因素的描述;⑥关于解决问题的方案和实施过程的建议;⑦关于项目总投资、运营费用的说明等。

可以看出,项目定义是对项目构思和目标系统设计工作的总结和深化,也是项目建议书的前导,它是项目前期策划的重要环节。为了保证项目定义的科学性和客观性,必须对其进行审核和确认。

经过定义的项目必须经过审核才能最终确定。一般项目定义的审查应包括以下内容:第一,项目范围与拟解决问题的一致性;第二,项目目标系统的合理性;第三,项目环境和各种影响因素分析的客观性;第四,解决问题的方案和实施过程建议的可操作性,等等。项目定义审核可以作为提出项目建议书的依据,当项目审核过程中发现不符合要求的项目定义时,要重新进行项目的定义。项目定义完成后再进行审核,经过反复确认后,才能据此提出项目建议书,然后通过可行性研究对项目进行决策。

1.3 项目管理责任制度

1.3.1 项目管理责任制度基本概念

项目管理责任制度应作为项目管理的基本制度。

项目管理机构负责人责任制应是项目管理责任制度的核心内容。

项目管理机构的定义:是建设工程项目各实施主体和参与方针对工程项目建设所成立的专门性管理机构,负责各单位职责范围内的项目管理工作。如施工企业的项目经理部,其负责人即为项目经理。

建设工程项目各实施主体和参与方应建立项目管理责任制度,明确项目管理组织和人员分工,建立各方相互协调的机制。

建设工程项目各实施主体和参与方法定代表人应书面授权委托项目管理机构负责人,并实行项目负责人责任制。

项目管理机构负责人应根据法定代表人的授权范围、权限和内容,履行管理职责。

项目管理机构负责人应取得相应资格,并按规定取得安全生产考核合格证书。

项目管理机构负责人应按相关约定在岗履职,对项目实施全过程及全面管理。

1.3.2 项目建设相关责任方管理

项目建设相关责任方应在各自的实施阶段和环节,明确工作责任,实施目标管理,确保项目正常运行。

项目管理机构负责人应按规定接受相关部门的责任追究和监督管理。

项目管理机构负责人应在工程开工前签署质量承诺书,报相关工程管理机构备案。

项目各相关责任方应建立协同工作机制,宜采用例会、交底及其他沟通方式,避免项目运行中的障碍和冲突。

建设单位应建立管理责任排查机制,按项目进度和时间节点,对各方的管理绩效进行验证性评价。

1.3.3 项目管理机构

项目管理机构应承担项目实施的管理任务和实现目标的责任。

项目管理机构应由项目管理机构负责人领导,接受组织职能部门的指导、监督、检查、服务和考核,负责对项目资源进行合理使用和动态管理。

项目管理机构应在项目启动前建立,在项目完成后或按合同约定解体。

建立项目管理机构应遵循下列规定:①机构应符合组织制度和项目实施要求;②应有明确的管理目标、运行程序和责任制度;③机构成员应满足项目管理要求及具备相应的资格;④组织分工应相对稳定并可根据项目实施变化进行调整;⑤应确定机构成员的职责、权限、利益和需承担的风险。

项目管理机构的管理活动应符合下列要求:①应执行管理制度;②应履行管理程序;③应实施计划管理,保证资源的合理配置和有序流动;④应注重项目实施过程的指导、监督、考核和评价。

1.3.4 项目团队建设

项目建设相关责任方均应实施项目团队建设,明确团队管理原则,规范团队运行。

项目建设相关责任方的项目管理团队之间应围绕项目目标协同工作并有效沟通。

项目团队建设应符合下列规定:①建立团队管理机制和工作模式;②各方步调一致,协同工作;③制定团队成员沟通制度,建立畅通的信息沟通渠道和各方共享的信息平台。

项目管理机构负责人应对项目团队建设和管理负责,组织制定明确的团队目标、合理高效的运行程序和完善的工作制度,定期评价团队运作绩效。

项目管理机构负责人应统一团队思想,增强集体观念,和谐团队氛围,提高团队运行效率。

1.3.5 项目管理目标责任书

项目管理目标责任书应在项目实施之前,由组织法定代表人或其授权人与项目管理机构负责人协商制定。

项目管理目标责任书应属于组织内部明确责任的系统性管理文件,其内容应符合组织制度要求和项目自身特点。

编制项目管理目标责任书应依据下列信息:①项目合同文件;②组织管理制度;③项目管理规划大纲;④组织经营方针和目标;⑤项目特点和实施条件与环境。

项目管理目标责任书宜包括下列内容:①项目管理实施目标;②组织和项目管理机构职责、权限和利益的划分;③项目现场质量、安全、环保、文明、职业健康和社会责任目标;④项目设计、采购、施工、试运行管理的内容和要求;⑤项目所需资源的获取和核算办法;⑥法定代表人向项目管理机构负责人委托的相关事项;⑦项目管理机构负责人和项目管理机构应承担的风险;⑧项目应急事项和突发事件处理的原则和方法;⑨项目管理效果和目标实现的评价原则、内容和方法;⑩项目实施过程中相关责任和问题的认定和处理原则;⑪项目完成后对项目管理机构负责人的奖惩依据、标准和办法;⑫项目管理机构负责人解职和项目管理机构解体的条件及办法;⑬缺陷责任期、质量保修期及之后对项目管理机构负责人的相关要求,组织应对项目管理目标责任书的完成情况进行考核和认定,并根据考核结果和项目管理目标责任书的奖惩规定,对项目管理机构负责人和项目管理机构进行奖励或处罚。

项目管理目标责任书应根据项目实施变化进行补充和完善。

1.3.6 项目管理机构负责人职责、权限和管理

项目管理机构负责人应履行下列职责:①项目管理目标责任书中规定的职责;②工程质量安全责任承诺书中应履行的职责;③组织或参与编制项目管理规划大纲、项目管理实施规划,对项目目标进行系统管理;④主持制定并落实质量、安全技术措施和专项方案,负责相关的组织协调工作;⑤对各类资源进行质量监控和动态管理;⑥对进场的机械、设备、工器具的安全、质量和使用进行监控;⑦建立各类专业管理制度,并组织实施;⑧制定有效的安全、文明和环境保护措施并组织实施;⑨组织或参与评价项目管理绩效;⑩进行授权范围内的任务分解和利益分配;⑪按规定完善工程资料,规范工程档案文件,准备工程结算和竣工资料,参

与工程竣工验收;⑫接受审计,处理项目管理机构解体的善后工作;⑬协助和配合组织进行项目检查、鉴定和评奖申报;⑭配合组织完善缺陷责任期的相关工作。

项目管理机构负责人需全面履行工程项目管理职责。以施工单位项目经理为例,其项目管理职责包括:①项目经理需按照经审查合格的施工设计文件和施工技术标准进行工程项目施工,应对因施工导致的工程施工质量、安全事故或问题承担全面责任;②项目经理需负责建立质量安全管理体系,配备专职质量安全等施工现场管理人员,落实质量安全责任制、质量安全管理规章制度和操作规程;③项目经理需负责施工组织设计、质量安全技术措施、专项施工方案的编制工作,认真组织质量、安全技术交底;④项目经理需加强进入现场的建筑材料、构配件、设备、预拌混凝土等的检验、检测和验证工作,严格执行技术标准规范要求;⑤项目经理需对进入现场的超重机械、模板、支架等的安装、拆卸及运行使用全过程进行监督,发现问题应及时整改;⑥项目经理需加强安全文明施工费用的使用和管理,严格按规定配备安全防护和职业健康用具,按规定组织相关人员的岗位教育,严格特种工作人员岗位管理工作。

项目管理机构负责人应具有下列权限:①参与项目招标、投标和合同签订;②参与组建项目管理机构;③参与组织对项目各阶段的重大决策;④主持项目管理机构工作;⑤决定授权范围内的项目资源使用;⑥在组织制度的框架下制定项目管理机构管理制度;⑦参与选择并直接管理具有相应资质的分包人;⑧参与选择大宗资源的供应单位;⑨在授权范围内与项目相关方进行直接沟通;⑩法定代表人和组织授予的其他权利。

组织需加强对项目管理机构负责人管理行为的监督,在项目正常运行的情况下,不应随意撤换项目管理机构负责人。特殊原因需要撤换,需按相关规定报请相关方同意和认可,并履行工程质量监督备案手续。

项目管理机构负责人需定期或不定期参加建设主管部门和行业协会组织的教育活动,及时掌握行业动态,提升自我素质和管理水平。

项目管理机构负责人进行项目管理工作时,需按相关规定签署工程质量终身责任承诺书,对工程建设中应履行的职责、承担的责任做出承诺,并报相关管理机构备案。

项目管理机构负责人需接受相关部门对其履职情况进行的动态监管,如有违规行为,将依照行政处罚规定予以处罚,并记录诚信信息。

项目管理机构负责人应接受法定代表人和组织机构的业务管理,组织有权对项目管理机构负责人给予奖励和处罚。

1.4 工程项目管理体制

我国工程项目管理体制经过多年的改革,在体制结构上已经和国际惯例接近,但整个运作体制还需要不断发展和完善,以适应社会经济的发展要求。

1.4.1 工程项目主要管理制度

按照我国有关规定,在工程建设中,应当实行项目法人责任制、项目资本金制、工程招标投标制、建设工程监理制、合同管理制等主要管理制度。这些制度相互关联、相互支持,共同构成了建设工程管理制度体系。

1. 项目法人责任制

为了建立投资约束机制,规范建设单位的行为,工程项目应当按照政企分开的原则组建项目法人,实行项目法人责任制,即由项目法人对项目的策划、资金筹措、建设实施、生产经营、债务偿还和资产的保值增值,实行全过程负责的制度。

根据《关于实行建设项目法人责任制的暂行规定》,国有单位经营性基本建设大中型项目在建设阶段必须组建项目法人。凡应实行项目法人责任制而没有实行的建设项目,投资计划主管部门不予批准开工,也不予安排年度投资计划。非经营性大中型和小型基本建设项目可参照该规定实行项目法人责任制。

项目法人可按国家《公司法》的规定设立有限责任公司(包括国有独资公司)或股份有限公司。新上项目在项目建议书被批准后,应及时组建项目法人筹备组,具体负责项目法人的筹建工作。项目法人筹备组主要由项目投资方派代表组成。在申报项目可行性研究报告时,需同时提出项目法人组建方案,否则,其项目可行性报告不予审批。项目可行性研究报告经批准后,正式成立项目法人,并按有关规定确保资金按时到位,同时及时办理公司设立登记。

实行项目法人责任制,贯彻执行市场经济下的"谁投资、谁决策、谁承担风险"基本原则,这就为项目法人提出了一个重大问题:如何做好决策和承担风险的工作?也因此对社会提出了需求——需要授权、委托专业机构承担业主方项目管理的重担,建设工程监理制也就应运而生。

2. 工程招标投标制

为了在工程建设领域引入竞争机制,择优选定勘察单位、设计单位、施工单位及材料设备供应单位,需要实行工程招标投标制度。我国《招标投标法》对招标范围和规模标准、招标方式和程序、招标投标活动的监督等内容做出了相应的规定。

《招标投标法》规定:在我国境内进行大型基础设施、公用事业等关系社会公共利益、公众安全的项目,全部或部分使用国有资金投资或者国家融资的项目,使用国际组织或者外国政府贷款、援助资金的项目必须进行招标。招标投标活动应当遵循公开、公平、公正和诚实信用的原则。依法必须进行招标的项目,其招标投标活动不受地区或者部门的限制。任何单位和个人不得违法限制或者排斥本地区、本系统以外的法人或者其他组织参加投标,不得以任何方式非法干涉招标投标活动。

3. 合同管理制

为了使勘察、设计、施工、材料设备供应单位及监理单位、项目管理单位等依法履行各自的责任和义务,在工程建设中必须实行合同管理制,严格推行工程项目合同管理是企业走向国内外市场的重要途径,也是在工程项目实施中处理好各种关系的基础。

合同管理制的基本内容是:建设工程的勘察、设计、施工、材料设备采购和建设工程监理都要依法订立合同;各类合同都要有明确的质量要求、履行担保和违约处罚条款;违约方要承担相应的法律责任。

1.4.2 政府对工程项目的监督管理

政府对工程项目的监督管理实行分级管理。国务院建设行政主管部门对全国的建设工程施工统一监督管理,国务院铁路、交通、水利等有关部门按国务院规定的职责分工,负责对全国有关专业建设工程进行监督管理。县级以上地方人民政府建设行政主管部门对本行政区域内的建设工程实施监督管理。县级以上地方人民政府交通、水利等有关部门在各自职责范围内，负责本行政区域内的专业建设工程的监督管理。

政府有关主管部门不直接参与工程项目的建设过程，而是通过法律和行政手段对项目的实施过程和相关活动实施监督管理。由于建筑产品所具有的特殊性，政府机构对工程项目的实施过程的控制和管理比对其他行业的产品生产都更为严格，且贯穿项目实施的各个阶段。

政府对工程项目的监督管理主要体现在工程项目和建设市场两个方面遵循工程项目建设程序，我国政府对工程项目的监督管理包括对项目的决策阶段和实施阶段的监督管理。按照我国政府机关行政分工的格局，大体上是项目的决策阶段由计划、规划、土地管理、环保和公安(消防)等部门负责，项目实施阶段主要由建设主管部门负责。以上政府部门代表国家或委托专门机构行使政府职能，依照法律法规、标准等依据，运用审查、许可、检查、监督和强制执行等手段，实现对工程项目的监督管理目标。

1. 政府对工程项目决策阶段的监督管理

政府对工程项目决策阶段的监督管理主要是实行工程项目决策审批制度。根据《国务院关于投资体制改革的决定》，政府投资项目和非政府投资项目分别实行审批制、核准制和备案制。

(1) 政府投资项目

对于政府投资项目，项目建议书按要求编制完成后，应根据建设规模和限额划分分别报送有关部门审批。可行性研究报告经批准，项目正式立项。

对于采用直接投资和资本金注入方式的政府投资项目，政府需要从投资决策的角度审批项目建议书和可行性研究报告，除特殊情况外不再审批开工报告，同时还要严格审批其初步设计和概算。对于采用投资补助、转贷和贷款贴息方式的政府投资项目，政府只审批资金申请报告。

政府投资项目一般都要经过符合资质要求的咨询中介机构的评估论证，特别重大的项目还应实施专家评议制度。国家将逐步实行政府投资项目公示制度，以广泛听取各方面的意见和建议。

(2) 非政府投资项目

对于企业不使用政府资金投资建设的项目，一律不再实行审批制，而是区别不同情况实行核准制或登记备案制，企业不需要编制项目建议书而可直接编制项目可行性研究报告。

2. 政府对工程项目实施阶段的监督管理

政府对工程项目实施阶段的监督管理涉及工程项目实施的各个阶段、各个方面，主要有以下几个方面：

(1) 施工图审查

施工图(施工图设计文件的简称)审查是指国务院建设行政主管部门和省、自治区、直辖市人民政府建设行政主管部门委托依法认定的设计审查机构，根据国家法律、法规、技术标准与规范，对施工图结构安全和强制性标准、规范执行情况等进行独立审查。施工图审查是政府主管部门对工程勘察设计质量监督管理的重要环节。

建设单位应当将施工图报送建设行政主管部门，由建设行政主管部门委托有关审查机构来进行审查。施工图的审查内容包括:建筑物的稳定性、安全性审查,即地基基础和主体结构是否安全、可靠;是否符合消防、节能、环保、抗震、卫生和人防等有关强制性标准、规范;施工图是否达到规定的深度要求;是否损害公众利益,等等。

对于审查不合格的项目,由审查机构提出书面意见,将施工图退回建设单位,并由原设计单位修改,重新送审。对于审查合格的项目,建设行政主管部门向建设单位发出施工图审查批准书。施工图一经审查批准,不得擅自进行修改。如遇特殊情况需要进行涉及审查主要内容的修改,则须重新报请原审批部门,由原审批部门委托审查机构审查后再批准实施。

(2) 施工许可制度

建筑工程施工许可制度是建设行政主管部门根据建设单位的申请,依法对建筑工程所应具备的施工条件进行审查,对符合规定条件的,准许该建筑工程开始施工,并颁发施工许可证的一种制度。

我国《建筑法》规定:建筑工程在开工前,建设单位应当按照国家有关规定向工程所在地县级以上人民政府建设行政主管部门申请领取施工许可证。对国务院建设行政主管部门确定的限额以下的小型工程和按照国务院规定的权限和程序批准开工报告的建筑工程,不需领取施工许可证。

工程项目施工许可制度的具体内容包括:①施工许可证的申领时间、申领程序、工程范围、审批权限及施工许可证与开工报告之间的关系;②申请施工许可证的条件和颁发施工许可证的时间规定;③施工许可证的有效时间和延期的规定;④领取施工许可证的建筑工程中止施工和恢复施工的有关规定;⑤取得开工报告的建筑工程不能按期开工或中止施工及开工报告有效期的规定。

(3) 从业资格管理

从事建筑活动的建筑施工企业、勘察单位、设计单位和工程监理单位,按照其拥有的注册资本、专业技术人员、技术装备和已完成的建筑工程业绩等资质条件,划分为不同的资质等级,经资质审查合格,取得相应等级的资质证书后,方可在其资质等级许可的范围内从事建筑活动。

(4) 工程质量监督

为加强对工程质量的管理,我国《建筑法》及《建设工程质量管理条例》明确政府行政主管部门设立专门机构对建设工程质量行使监督职能,其目的是保证工程质量、保证工程的使用安全及环境质量。各级政府质量监督机构对建设工程质量监督的依据是国家、地方和各专业建设管理部门颁发的法律、法规及各类规范和强制性标准。其监督的职能包括两大方面:一是监督工程建设的各方主体(包括建设单位、施工单位、材料设备供应单位、设计勘察单位和监理单位等)的质量行为是否符合国家法律法规及各项制度的规定,并查处违法违规行为和质量事故;二是监督检查工程实体的施工质量,尤其是地基基础、主体结构、专业设备安装等涉及结构安全和使用功能的施工质量。

在工程项目开工前,政府质量监督机构在受理建设工程质量监督的申报手续时,对建设单位提供的文件资料进行审查,审查合格方可签发有关质量监督文件。同时支持召开项目参与各方参加的首次监督会议,公布监督方案,提出监督要求,并进行第一次监督检查。监督检查的主要内容为工程项目质量控制系统及各施工方的质量保证体系是否已经建立,以及完善的程度如何。

在工程项目施工期间,政府质量监督机构按照监督方案对工程项目施工情况进行不定期的检查,其中在基础和结构阶段每月安排监督检查。检查内容为工程参与各方的质量行为及质量责任制的履行情况、工程实体质量和质量保证资料的状况。对工程项目结构主要部位(如桩基、基础、主体结构),除了常规检查外,还要在分部工程验收时,要求建设单位将施工、设计、监理、建设单位签认的质量验收证明在验收后 3 天内报监督机构备案。对施工过程中发生的质量问题、质量事故进行查处;对查实的质量问题签发"质量问题整改通知单"或"局部暂停施工指令单";对问题严重的单位发出"临时收缴资质证书通知书"等处理意见。

在工程项目竣工验收阶段,政府质量监督机构做好竣工验收前的质量复查,参与竣工验收会议,编制单位工程质量监督报告,并建立建设工程质量监督档案,经监督机构负责人签字后归档,按规定年限保存。

(5) 工程质量保修制度

建设行政主管部门在《建设工程质量保证金管理暂行办法》中规定:质量保证金(保修金)是指发包人与承包人在建设工程承包合同中约定,从应付的工程款中预留,用以保证承包人在缺陷责任期内对建设工程出现的缺陷进行维修的资金。缺陷责任期一般为六个月、十二个月或二十四个月,具体可由发、承包双方在合同中约定,缺陷责任期从工程通过竣工验收之日起计。缺陷责任期内,由承包人原因造成的缺陷,承包人应负责维修,并承担鉴定及维修费用。如承包人不维修也不承担费用,发包人可按合同约定扣除质量保证金,并由承包人承担违约责任。承包人维修并承担相应费用后,不免除对工程的一般损失赔偿责任。由他人原因造成的缺陷,发包人负责组织维修,承包人不承担费用,且发包人不得从质量保证金中扣除费用。缺陷责任期内,承包人认真履行合同约定的责任,到期后,承包人向发包人申请返还保证金。

第 2 章　工程项目范围管理

从广义上讲,范围包含有两层意思:①产品范围,即产品的特征和功能包含在产品或服务中;②工作范围,即为了能交付所规定的特征和功能的产品而必须完成的全部工作总和。"项目范围"涵盖了以上两层含义,即为成功达到项目目标,完成最终可交付工程的所有工作总和,它们构成了项目的实施过程。最终可交付工程(产品)是实现项目目标的物质条件,当然也是确定项目范围的核心。

项目范围管理(project scope management)是指对合同中约定的项目工作范围进行的定义、计划、控制和变更等活动。

组织应确定项目范围管理的工作职责和程序。项目范围管理的过程应包括下列内容:①范围计划;②范围界定;③范围确认;④范围变更控制。组织应把项目范围管理贯穿于项目的全过程。

项目范围管理过程可大致分为三个阶段:①项目范围的确定;②项目结构分析;③项目范围控制。

2.1　确定项目范围

1) 提出项目目标的定义或范围说明文件

范围说明文件是在关系人之间达成项目范围共识的一个基础,通常包括:①项目所要满足客户要求的论证(包括必要性、可行性、目的、要求等);②项目简要概况;③项目的可交付成果;④项目成功完成所需满足的定量标准,如费用、进度和质量标准等目标,以及不可量化的目标,如客户满意程度。项目目标称为关键成功因素,没有量化的目标常含有较高的风险。

在项目任务书、设计文件、计划文件、招标文件和投标文件中都应有明确的项目范围说明,并且在以后的实施过程中也应充分利用此说明文件。当然,在工程实施过程中,项目范围会随着项目目标的调整、环境的改变、计划的调整而变更,其变更会导致工期、成本、质量、安全和资源供应的相应调整。

2) 详细调查环境条件

施工企业,应在项目计划实施前委派项目负责人来负责明确调查内容,安排调查工作。

3) 分析项目的限制条件和制约因素

在环境条件调查之后,应考虑限制项目管理组织正常运作的相关因素和限制条件,如有限的资金或劳动力资源等。当然,为了以后的计划的准确性,另外还要考虑可变因素,比如由于某位关键人物到场时间的不确定性,应考虑是否能延期一段时间,或是否有替代者。假设通常包含有一定的风险,因此应充分考虑关联因素及规避措施。这些条件和制约因素作为附加说明应记录下来。

4) 资料方面,要包括类似工程的工期、成本、效率、存在的问题、经验和教训,对承包人而言,还应准确分析、理解合同条件。

在确定了项目范围以后，应制订项目范围管理计划，描述项目范围是如何被管理的，范围变更应该怎样与要求相统一。如在项目稳定评估时，预测范围变更的可能性、程度等，并制定应对策略。在制订项目范围管理计划前还应确定其选择标准，建立相对完善的指标体系，如投资收益率、市场占有率、用户满意度等各方面的指标。

2.2 项目结构分析

2.2.1 结构分析

根据项目范围说明文件，进行项目结构分析，项目管理者应基于此系统来考虑其全局性、整体最优性，强调系统的集成，以及进行目标管理，这正是进行结构分析需要注意的问题。

项目结构分析是整个项目范围管理的核心，它将项目范围分解成更小、更易管理、更易操作的各个工作单元，并保证其定义完整准确，以达到下列目的：①使成本、进度和资源成为更细化和准确的量化数据；②为各种后续进度、质量、成本等工作的计划安排提供一个平台；③便于明确人员职责；④为实施后检查、控制确定一个基准；⑤为项目信息管理做准备。

从项目全生命周期管理角度看，进行项目的结构分析是项目成功的关键环节，不容忽视。项目结构分析准确与否，直接影响后续工作，如果工作单元界定不准确，后续工作的变更就不可避免，对项目进度、成本、质量等计划和控制都会带来不良后果。项目结构分析是一个渐进的过程，它随着项目目标设计、规划、详细设计等工作的进展而逐渐细化。它一般包括项目分解、工作单元定义和工作界面分析。

2.2.2 项目分解

项目分解就是将项目范围逐层分解至各个可供管理的工作单元，形成树状结构图或项目工作任务表，分解结果称为工作分解结构。在项目的计划和实施过程中，应充分利用分解结构，作为成本、进度、质量及安全等管理的对象。

项目分解会随着项目实施进展而逐步细化，但若一开始就不能正确进行结构分解，会给后续管理工作带来很大麻烦，因此有必要提出一些需要注意的基本原则：①项目分解各单元的内容应完整，不能重复或者遗漏任何组成部分；②项目分解应有利于项目实施和管理，便于考核评价，因此需要编码，进行定量分析和管理；③每个工作单元应有明确的工作内容和责任者，应有较高的整体性和独立性，工作单元之间界面应清晰；④项目结构是线性的，一个工作单元只能从属于一个上层单元；⑤项目分解应详略得当，过粗或过细都会对项目的计划和控制带来不利影响，详细程度应与项目的组织层次、参与单位数量、组织的人员数量、项目的大小、工期的长短及复杂程度等因素相适应。

2.3 项目范围控制

项目范围控制是指保证在预定的项目范围内进行项目的实施（包括设计、施工和采购等），对项目范围的变更进行有效的控制，保证项目系统的完备性和合理性。项目组织应严格按照项目的范围和项目分解结构文件(包括设计、施工和采购)进行项目的范围控制。

项目范围的控制一般应遵循以下程序。

1. 检查和记录

在项目实施过程中应经常跟踪检查和记录项目实施状况并建立相应文档,以便判断项目任务的范围(如数量)、标准(如质量标准)和工作内容等的变化情况。

其检查内容包括两方面:①检查实施工作,即检查施工过程中的相关文件,如计划、图样、技术性文件等;②检验工作成果,即检查、实测和评价已完成工程情况和相应的成本及预算。

2. 变更管理

一旦发现项目范围发生变化,应及时进行范围的变更和分析其影响程度,因为这种变更通常会涉及目标变更、设计变更、实施过程变更等,从而导致费用、工期和组织责任的变化,以及实施计划的调整、索赔和合同争议等问题的产生。

项目范围变更管理应符合下列要求:

(1)项目范围变更与一般的工程变更相同,应有严格的审批程序和手续。主要方法是对范围变更控制系统进行硬性规定,一旦发生变更,必须按照规定程序完成。其主要程序包括范围计划文件、项目实施跟踪系统、项目范围变动申请的审批系统。

(2)范围变更后应调整进度、成本、质量等计划。发生范围变更后应及时修正原项目工作分解结构(WBS),在此基础上调整、分析、确定新的相关计划,同时注意变更后各个新计划的责任落实问题。

(3)组织对重大项目范围变更还应分析影响原因和影响程度,提出影响报告。

3. 审查与核实

在工程项目结束阶段,或整个工程竣工时,在将项目最终交付成果移交之前,应对项目的可交付成果进行审查,核实项目范围内规定的各项工作或活动是否完成、交付成果是否完备。范围的确认需要进行必要的测量、考察和试验等活动。核实后的文档也可作为工程决算的依据。

项目结束后,组织应对项目范围管理的经验进行总结,以便能够对今后项目范围管理工作不断地持续改进。通常需要总结的内容包括:①项目范围管理程序和方法等方面的经验,特别是在项目设计、计划和实施控制工作中利用范围文件方面的经验;②本项目在范围确定、项目结构分解和范围控制等方面的准确性和科学性;③项目范围确定、界面划分、项目变更管理及项目范围控制方面的经验和教训。

第 3 章 工程项目组织管理

3.1 工程项目组织结构

组织(organization)是指为实现其目标而具有职责、权限和关系等自身职能的个人或群体。工程项目管理的目标决定了项目管理的组织,而组织是项目管理的目标能否实现的决定性因素。

由于项目管理的核心任务是项目的目标控制,因此按项目管理学的基本理论,没有明确目标的建设工程不是项目管理的对象。

建设工程项目管理的内涵是:自项目开始至项目完成,通过项目策划和项目控制,以使项目的费用目标、进度目标和质量目标得以实现。"项目策划"指的是目标控制前的一系列筹划和准备工作;"费用目标"对业主而言是投资目标,对施工方而言是成本目标。

项目决策期管理工作的主要任务是确定项目的定义,而项目实施期管理的主要任务是通过管理使项目的目标得以实现。

3.1.1 工程项目的承发包模式

业主在决策采用何种承发包模式的同时,应结合工程项目特点来考虑工程项目结构。可以借助项目结构图和项目结构编码对工程项目的结构进行逐层分解,以反映组成该项目的所有工作任务。

1. 平行承发包模式

平行承发包模式是指业主将建设工程的设计、施工及材料设备采购的任务划分为若干合同标段,分别发包给若干个设计单位、施工单位和材料设备供应单位,业主分别与各方签订合同。图 3-1 为平行承发包模式的合同结构图。

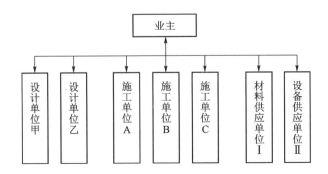

图 3-1 平行承发包模式合同结构图

平行承发包模式的主要特点是:

(1) 有利于缩短工期。由于设计和施工任务经过分解分别发包,业主可以组织实现设计阶段与施工阶段的合理搭接,从而缩短工程建设期。

(2) 有利于业主优选承建单位。在此模式下,每一个合同的内容均较单一、合同价值小、风险小,使得更多承建单位获得竞争机会,也扩大了业主选择承建单位的范围。

(3) 投标竞争激烈,有利于降低工程造价。但工程总造价不易确定,业主需控制多项合同价及支付,故而投资控制难度大。

(4) 业主管理工作量大,尤其是合同管理和"快速路径法"的组织协调量大。

2. 设计和施工总分包模式

设计和施工总分包模式是指业主将建设工程的设计任务发包给一个设计总包单位,施工任务发包给一个施工总包单位,总包单位视需要可以将部分设计或施工任务分包给其他承包单位。图3-2为设计和施工总分包模式的合同结构图。

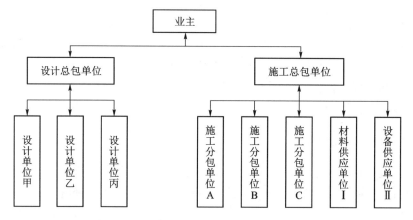

图3-2 设计和施工总分包模式合同结构图

设计和施工总分包模式下,材料设备可以由施工总包单位负责采购,也可以由业主自行采购,还可以由设计单位采购。

设计和施工总分包模式的主要特点是:

(1) 业主只需签订和管理一个设计总包合同和一个施工总包合同,由总包单位管理协调分包单位,使得业主的合同管理和组织协调量减少。

(2) 建设周期较长。由于只有在完成全部设计之后才能进行施工总包的招标,故而不能组织起设计阶段与施工阶段的搭接,无法实现"快速路径法"。

(3) 对工程项目的质量控制、投资控制和进度控制均较有利。因为有总包单位对分包单位的监督管理,有分包单位之间的相互制约,还有设计总包单位与施工总包单位之间的相互监督、制约。

(4) 总包单位报价较高。尤其对于技术较复杂、规模较大的工程项目,具有设计总包和施工总包资质的单位相对较少,投标竞争相对不激烈,不利于降低工程造价。

3. 项目总承包模式

项目总承包模式是业主将工程项目的勘察、设计、施工、设备采购一并发包给一个工程总承包单位。根据我国《建筑法》,国家"提倡对建筑工程实行总承包"。实行项目总承包的主要意义是通过设计与施工过程的组织集成,促进设计与施工的紧密结合,以达到为项目建设增值的目的。图3-3为项目总承包模式的合同结构图。

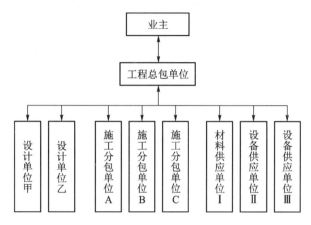

图3-3 项目总承包模式合同结构图

项目总承包模式的主要特点是:

(1) 缩短建设周期。由于设计任务和施工任务都由一个总承包单位负责,因此便于统筹安排,一般都能做到设计阶段与施工阶段互相搭接。

(2) 对业主而言,合同关系简单,组织协调工作量小。业主只与项目总承包单位签订一个合同,合同关系大为简化。设计与施工的协调、分包单位之间的协调、组织"快速路径法"等均由项目总承包单位负责。

(3) 招标发包工作难度大。对项目总承包的招标只能是功能描述性招标,即招标人提出对工程项目的主要功能要求,由投标人给出设计建议书,招投标协调量大。另外,合同条款不易准确确定,履约过程中容易造成较多的合同争议。

(4) 业主择优选择承包人的范围小,工程造价高。由于承包范围大、介入项目时间早、工程信息未知因素多,因此承包人要承担较大的风险,而具备能力的承包单位数量相对较少,这往往会导致合同价格较高。

(5) 业主质量控制难度大。一是因为质量标准和功能要求不易做到全面、具体、准确,二是因为由一个总承包单位担任全部设计和施工任务,"他人控制"薄弱。

4. 项目总承包管理模式

项目总承包管理是指业主将工程建设项目管理任务发包给专门从事项目组织管理的单位(即项目总承包管理单位),具体工程建设任务由若干设计、施工和材料设备供应单位承担。项目总承包管理模式的合同结构有两种:一种是业主不仅与总承包管理单位签订总承包管理合同,还要与各承包单位签订有关工程建设的合同(见图3-4);另一种是业主只与总承包管理单位签订总承包管理合同,由总承包管理单位与各分包单位签订合同(见图3-5)。

项目总承包管理模式的主要特点是:

(1) 项目总承包管理单位一般不承担任何设计、施工任务,而是负责对所有分包单位的总体管理和组织协调,这也是该模式与项目总承包模式的重要区别。

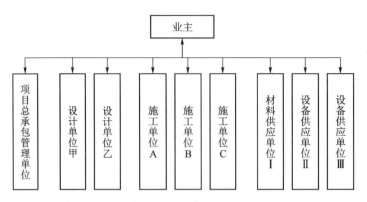

图 3-4 项目总承包管理模式合同结构图之一

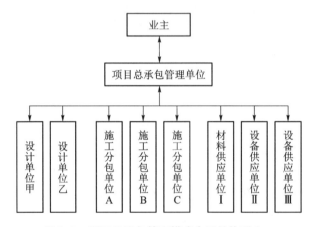

图 3-5 项目总承包管理模式合同结构图之二

（2）由总承包管理单位组织设计阶段和施工阶段的搭接，实现"快速路径法"，缩短工程建设周期。

（3）总承包管理单位向业主只收取总承包管理费。即使是总承包管理单位与分包单位签订合同（见图 3-5），承包合同价对业主也是透明的。

（4）总承包管理单位与业主共同选择分包单位。即使是业主直接与分包单位签订合同（见图 3-4），每一个分包单位的选择和合同的签订都要经过总承包管理单位的认可，否则，总承包管理单位可以拒绝承担对该分包单位的管理责任。

【例 3-1】 建设项目总承包的核心是（　　）。
A. 合同总价包干降低成本　　B. 总承包方负责"交钥匙"
C. 设计与施工的责任明确　　D. 为项目建设增值

【答案】 D

【解析】 本题考查的是建设项目工程总承包的特点。建设项目工程总承包的主要意义并不在于总价包干，也不是"交钥匙"，其核心是通过设计与施工过程的组织集成，促进设计与施工的紧密结合，已达到为项目建设增值的目的。

【例 3-2】 施工总承包管理模式下，如施工总承包管理单位想承接该工程部分工程的施工任务，则其取得施工任务的合理途径应为（　　）。

A. 监理单位委托　　　　　B. 投标竞争
C. 施工总承包人委托　　　D. 自行分配

【答案】 B

【解析】 一般情况下,施工总承包管理方不承担施工任务,它主要进行施工的总体管理和协调。如果施工总承包管理方通过投标(在平等条件下竞标)获得一部分施工任务,则也可参加施工。

3.1.2 工程项目组织结构模式

组织结构模式可用组织结构图来描述,组织结构图(见图3-6)也是一个重要的组织工具,反映一个组织系统中各组成部门(组成元素)之间的组织关系(指令关系)。在组织结构图中,矩形框表示工作部门,上级工作部门对其直接下属工作部门的指令关系用单向箭线表示。

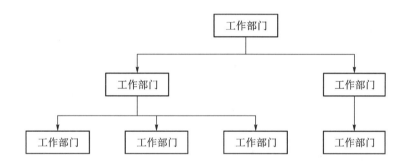

图 3-6　组织结构图

组织论的三个重要的组织工具——项目结构图、组织结构图和合同结构图的区别,见表3-1。

表 3-1　项目结构图、组织结构图和合同结构图的区别

	表达的含义	图中矩形框的含义	矩形框连接的表达
项目结构图	对一个项目的结构进行逐层分解,以反映组成该项目的所有工作任务(该项目的组成部分)	一个项目的组成部分	直线
组织结构图	反映一个组织系统中各组成部门(组成元素)之间的组织关系(指令关系)	一个组织系统中的组成部分(工作部门)	单向箭线
合同结构图	反映一个建设项目参与单位之间的合同关系	一个建设项目的参与单位	双向箭线

常用的组织结构模式包括线性组织结构(如图 3-7 所示)、职能组织结构(如图 3-8 所示)、直线职能制组织结构(如图 3-9 所示)、矩阵组织结构(如图 3-10 所示)等。这几种常用的组织结构模式既可以在企业管理中运用,也可以在建设项目管理中运用。

组织结构模式反映了一个组织系统中各子系统之间或各元素(各工作部门)之间的指令关系。组织分工反映了一个组织系统中各子系统或各元素的工作任务分工和管理职能分

工。组织结构模式和组织分工都是一种相对静态的组织关系。而工作流程组织则反映一个组织系统中各项工作之间的逻辑关系，是一种动态关系。在一个建设工程项目实施过程中，其管理工作的流程、信息处理的流程，以及设计工作、物资采购和施工的流程的组织都属于工作流程组织的范畴。

1. 线性组织结构的特点及其应用

在军事组织系统中，组织纪律非常严谨，军、师、旅、团、营、连、排和班的组织关系是按指令逐级下达，一级指挥一级和一级对一级负责。线性组织结构就是来自这种十分严谨的军事组织系统。在线性组织结构中，每一个工作部门只能对其直接的下属部门下达工作指令，每一个工作部门也只有一个直接的上级部门，因此，每一个工作部门只有唯一指令源，避免了由于矛盾的指令而影响组织系统的运行，如图3-7所示。

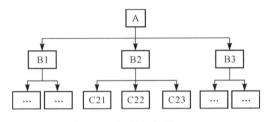

图3-7　线性组织结构

在国际上，线性组织结构模式是建设项目管理组织系统的一种常用模式，因为一个建设项目的参与单位很多，少则数十，多则数百，大型项目的参与单位将数以千计，在项目实施过程中矛盾的指令会给工程项目目标的实现造成很大的影响，而线性组织结构模式可确保工作指令的唯一性。但在一个特大的组织系统中，由于线性组织结构模式的指令路径过长，有可能会造成组织系统在一定程度上运行的困难。

2. 职能组织结构的特点及其应用

在人类历史发展过程中，当手工业作坊发展到一定的规模时，一个企业内需要设置对人、财、物和产、供、销管理的职能部门，这样就产生了初级的职能组织结构。因此，职能组织结构是一种传统的组织结构模式。在职能组织结构中，每一个职能部门可根据它的管理职能对其直接和非直接的下属工作部门下达工作指令。因此，每一个工作部门可

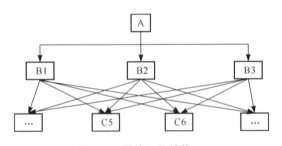

图3-8　职能组织结构

能得到其直接和非直接的上级工作部门下达的工作指令，它就会有多个矛盾的指令源。一个工作部门的多个矛盾的指令源会影响企业管理机制的运行，如图3-8所示。

在一般的工业企业中，设有人、财、物和产、供、销管理的职能部门，另有生产车间和后勤保障机构等。虽然生产车间和后勤保障机构并不一定是职能部门的直接下属部门，但是，职能管理部门可以在其管理的职能范围内对生产车间和后勤保障机构下达工作指令，这是典型的职能组织结构。在高等院校中，设有人事、财务、教学、科研和基本建设等管理的职能部门（处室），另有学院、系和研究中心等教学和科研的机构，其组织结构模式也是职能组织结构，人事处和教务处等都可对学院和系下达其分管范围内的工作指令。我国多数的企业、学校、事业单位目前还沿用这种传统的组织结构模式。许多建设项目也还用这种传统的组织结构模式，在工作中常出现交叉和矛盾的工作指令关系，严重影响了项目管理机制的运行和项目目标的实现。

3. 直线职能制组织结构的特点及其应用

直线职能制是吸收了直线制和职能制的优点而形成的一种组织结构模式。直线指挥部门拥有对下级的指令权,并对该部门的工作全面负责;职能部门是直线指挥人员的参谋,只能对直线指挥部门进行业务指导,而无指令权。图 3-9 为其组织结构图。

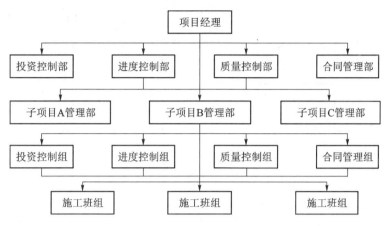

图 3-9　直线职能制组织结构图

直线职能制既保持了直线制的唯一领导、统一指挥、职责分明等优点,又保持了职能制的管理专业化优点,但其缺点是职能部门与直线指挥部门容易产生分歧、矛盾,信息传递路线长,不利于互通情报,决策不够迅速。

4. 矩阵组织结构的特点及其应用

矩阵组织结构是一种较新型的组织结构模式。在矩阵组织结构中,最高指挥者(部门)下设纵向和横向两种不同类型的工作部门。纵向工作部门如人、财、物、产、供、销的职能管理部门,横向工作部门如生产车间等。一个施工企业,如采用矩阵组织结构模式,则纵向工作部门可以是计划管理、技术管理、合同管理、财务管理和人事管理部门等,而横向工作部门可以是项目部。

一个大型建设项目如采用矩阵组织结构模式,则纵向工作部门可以是投资控制、进度制、质量控制、合同管理、信息管理、人事管理、财务管理和物资管理等部门,而横向工作部门可以是各子项目的项目管理部。矩阵组织结构适宜用于大的组织系统,在上海地铁和广州地铁一号线建设时都采用了矩阵组织结构模式。在矩阵组织结构中,每一项纵向和横向交汇的工作指令来自纵向和横向两个工作部门,因此其指令源为两个。当纵向和横向工作部门的指令发生矛盾时,由该组织系统的最高指挥者进行协调或决策。

在矩阵组织结构中为避免纵向和横向工作部门指令矛盾对工作的影响,可以采用以纵向工作部门指令为主。矩阵制是由纵横两套管理系统组成的矩阵型组织结构,实现纵向职能部门和横向子项目经理部门的协同管理。图 3-10 为其组织结构图。

矩阵制的特点是组织中的许多人员是双重身份、双头领导,既要服从直线指挥部门的指令,又要服从职能部门的指令,有利于复合型人才的培养,也容易造成指令矛盾。矩阵制的优点是加强了各职能部门的横向联系,具有较大的机动性、适应性,实现上下左右集权与分权的最优结合,有利于解决复杂难题;缺点是纵横向协调工作量大,处理不当会造成扯皮现

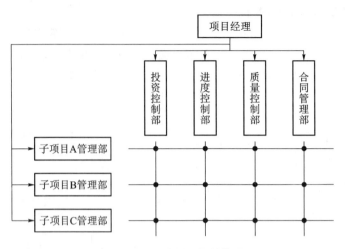

图 3-10 矩阵制组织结构图

象,产生矛盾。

【例 3-3】 某施工企业采用矩阵组织结构模式,其横向工作部门可以是(　　)。

A. 合同管理部　　　B. 计划管理部　　　C. 财务管理部　　　D. 项目管理部

【答案】 D

【解析】 一个施工企业,如采用矩阵组织结构模式,则纵向工作部门可以是计划管理、技术管理、合同管理、财务管理和人事管理部门等,而横向工作部门可以是项目部。故答案为 D。

3.1.3 建造师及项目经理管理制度

1. 建造师的概念

建造师是注册建造师的简称,是指通过考核认定或考试合格取得中华人民共和国建造师资格证书(以下简称资格证书),并按照相关规定在住房和城乡建设部注册,取得中华人民共和国建造师注册证书(以下简称注册证书)和执业印章,担任施工单位项目负责人及从事相关活动的专业技术人员。注册建造师实行注册执业管理制度,注册建造师分为一级注册建造师和二级注册建造师。

建造师是一种专业人士的名称,而项目经理是一个工作岗位的名称。取得建造师执业资格的人员表示其知识和能力符合建造师执业的要求,但其是否担任项目经理工作岗位则由组织视工作需要和安排而定。

建造师与项目经理定位不同,但所从事的都是建设工程的管理。建造师执业的覆盖面较大,可涉及工程建设项目管理的许多方面,担任项目经理只是建造师执业中的一项;项目经理则限于组织内某一特定工程的项目管理。建造师选择工作的权力相对自主,可在社会市场上有序流动,有较大的活动空间;项目经理岗位则是组织设定的,项目经理是组织法人代表授权或聘用的、一次性的工程项目施工管理者。

2. 建造师执业资格考试

执业资格是政府对某些责任较大、社会通用性强、关系公共利益的专业技术工作实行的市场准入控制,是专业技术人员依法独立开业或独立从事某种专业技术工作所必备的学识、技术和能力标准。我国按照有利于国家经济发展、得到社会公认、具有国际可比性、事关社会公共利益等四项原则,在涉及国家、人民生命财产安全的专业技术工作领域,实行专业技术人员执业资格制度。执业资格一般要通过考试方式取得,这体现了执业资格制度公开、公平、公正的原则。我国在工程建设领域继监理工程师、造价工程师执业资格考试后,于2004年设立建造师执业资格考试。

建造师执业资格制度起源于英国,迄今已有一百余年历史。世界上许多发达国家都已经建立了该项制度。具有执业资格的建造师已有了国际性的组织——国际建造师协会。我国建筑业施工组织在从事建设工程项目总承包和施工管理的广大专业技术人员中,特别是在施工项目经理队伍中,建立起建造师执业资格制度非常必要。这项制度的建立,必将促进我国工程项目管理人员素质和管理水平的提高,促进我们进一步开拓国际建筑市场,更好地实施"走出去"的战略方针。

建造师执业资格考试是一种水平考试,是对考生掌握工程项目管理理论和施工实务技能的抽检。我国根据对建造师业务素质和能力的要求,对参加建造师执业资格考试的报名条件从两方面做了限制:一是要具有一定的专业学历,二是要具有一定年限的工程建设实践经验。

1)一级建造师执业资格考试

一级建造师执业资格考试分综合考试和专业考试,综合考试包括"建设工程经济""建设工程项目管理""建设工程法规及相关知识"三个科目,这三个科目为各专业考生统考科目。专业考试为"专业工程管理与实务",该科目分为10个专业,即建筑工程、公路工程、铁路工程、民航机场工程、港口与航道工程、水利水电工程、市政公用工程、通信与广电工程、矿业工程、机电工程。考生根据工作需要和自身条件选择一个专业报考。

一级建造师执业资格考试实行全国统一考试大纲、统一命题、统一组织、统一考试时间、闭卷考试、分科记分、统一合格标准的考试制度,由人事部、住房和城乡建设部共同组织实施,每年举行一次考试。考试成绩实行周期为2年的滚动管理,参加4个科目考试的人员必须在连续2个考试年度内通过4个应试科目,方能获得资格证书。

2)二级建造师执业资格考试

二级建造师执业资格考试分综合考试和专业考试。综合考试包括"建设工程施工管理"和"建设工程法规及相关知识"两个科目,这两个科目为各专业考生统考科目。专业考试为"专业工程管理与实务"科目,该科目分为6个专业,即建筑工程、公路工程、水利水电工程、矿业工程、机电工程、市政公用工程。考生根据工作需要和自身条件选择一个专业报考。

二级建造师执业资格考试由各省、自治区、直辖市人事厅(局)、建设厅(委)共同组织实施。

3. 建造师的注册

根据2007年3月1日起施行的《注册建造师管理规定》(建设部令第153号)规定,取得资格证书的人员,经过注册方能以注册建造师的名义执业。

建造师的注册,根据注册内容的不同分为三种形式,即初始注册、延续注册和变更注册。

1)初始注册

初始注册者,可自资格证书签发之日起3年内提出申请。逾期未申请者,须符合本专业继续教育的要求后方可申请初始注册。

申请初始注册需要提交下列材料：①注册建造师初始注册申请表；②资格证书、学历证书和身份证明复印件；③申请人与聘用单位签订的聘用劳动合同复印件或其他有效证明文件；④逾期申请初始注册的，应当提供达到继续教育要求的证明材料。

取得建造师资格证书并受聘于一家建设工程勘察、设计、施工、监理、招标代理、造价咨询等单位的人员，应当通过聘用单位向单位工商注册所在地的省、自治区、直辖市人民政府建设主管部门提出注册申请。符合条件的，由国务院建设主管部门核发《建造师注册证书》和执业印章。

注册证书和执业印章是注册建造师的执业凭证，由注册建造师本人保管、使用。注册证书与执业印章有效期为3年。

申请人有下列情形之一的，不予注册：①不具有完全民事行为能力的；②申请在两个或者两个以上单位注册的；③未达到注册建造师继续教育要求的；④受到刑事处罚，刑事处罚尚未执行完毕的；⑤因执业活动受到刑事处罚，自刑事处罚执行完毕之日起至申请注册之日止不满5年的；⑥因前项规定以外的原因受到刑事处罚，自处罚决定之日起至申请注册之日止不满3年的；⑦被吊销注册证书，自处罚决定之日起至申请注册之日止不满2年的；⑧在申请注册之日前3年内担任项目经理期间，所负责项目发生过重大质量和安全事故的；⑨申请人的聘用单位不符合注册单位要求的；⑩年龄超过65周岁的；⑪法律、法规规定不予注册的其他情形。

2）延续注册

注册有效期满需继续执业的，应当在注册有效期届满30日前申请延续注册。延续注册的有效期为3年。

申请延续注册的，应当提交下列材料：①注册建造师延续注册申请表；②原注册证书；③申请人与聘用单位签订的聘用劳动合同复印件或其他有效证明文件；④申请人注册有效期内达到继续教育要求的证明材料。

注册建造师在每一个注册有效期内应当达到国务院建设主管部门规定的继续教育要求。继续教育分为必修课和选修课，在每一注册有效期内各为60学时。经继续教育达到合格标准的，颁发继续教育合格证书。

3）变更注册

在注册有效期内，注册建造师变更执业单位，应当与原聘用单位解除劳动关系，并办理变更注册手续，变更注册后仍延续原注册有效期。

申请变更注册的，应当提交下列材料：①注册建造师变更注册申请表；②注册证书和执业印章；③申请人与新聘用单位签订的聘用合同复印件或有效证明文件；④工作调动证明（与原聘用单位解除聘用合同或聘用合同到期的证明文件、退休人员的退休证明）。

4. 建造师的执业

在国际上，建造师的执业范围相当宽，可以在施工组织、政府管理部门、建设单位、工程咨询单位、设计单位、教学和科研单位等执业。

在我国，注册建造师可以从事建设工程项目总承包管理或施工管理、建设工程项目管理服务、建设工程技术经济咨询，以及法律、行政法规和国务院建设主管部门规定的其他业务。

担任施工单位项目负责人的，应当受聘并注册于一个具有施工资质的组织。注册建造师不得同时在两个及两个以上的建设工程项目上担任施工单位项目负责人。未取得注册证书和执业印章的,不得担任大中型建设工程项目的施工单位项目负责人,不得以注册建造师的名义从事相关活动。

一级注册建造师可担任大中小型工程项目负责人,二级注册建造师可担任中小型工程项目负责人。

注册建造师享有下列权利:①使用注册建造师名称;②在规定范围内从事执业活动;③在本人执业活动中形成的文件上签字并加盖执业印章;④保管和使用本人注册证书、执业印章;⑤对本人执业活动进行解释和辩护;⑥接受继续教育;⑦获得相应的劳动报酬;⑧对侵犯本人权利的行为进行申述。

注册建造师应当履行下列义务:①遵守法律、法规和有关管理规定,恪守职业道德;②执行技术标准、规范和规程;③保证执业成果的质量,并承担相应责任;④接受继续教育,努力提高执业水准;⑤保守在执业中知悉的国家秘密和他人的商业、技术等秘密;⑥与当事人有利害关系的,应当主动回避;⑦协助注册管理机关完成相关工作。

注册建造师不得有下列行为:①不履行注册建造师义务;②在执业过程中,索贿、受贿或者谋取合同约定费用外的其他利益;③在执业过程中实施商业贿赂;④签署有虚假记载等不合格的文件;⑤允许他人以自己的名义从事执业活动;⑥同时在两个或者两个以上单位受聘或者执业;⑦涂改、倒卖、出租、出借或以其他形式非法转让资格证书、注册证书和执业印章;⑧超出执业范围和聘用单位业务范围以外从事执业活动;⑨法律、法规、规章禁止的其他行为。

5. 施工方项目经理的责任

项目管理目标责任书应在项目实施之前,由法定代表人或其授权人与项目经理协商制定。编制项目管理目标责任书应依据下列资料(在《工程项目管理实施细则》中"项目管理组织是指实施或参与项目管理,且有明确的职责、权限和相互关系的人员及设施的集合。包括发包人、承包人、分包人和其他有关单位为完成项目管理目标而建立的管理组织,简称为组织"):(1)项目合同文件;(2)组织的管理制度;(3)项目管理规划大纲。

6. 项目经理的权限

① 参与项目招标、投标及合同签订;

② 参与组建项目经理部;

③ 主持项目经理部工作;

④ 决定授权范围内的项目资金的投入和使用;

⑤ 制定内部计酬办法;

⑥ 参与选择并使用具有相应资质的分包人;

⑦ 参与选择物资供应单位;

⑧ 在授权范围内协调与项目有关的内、外部关系;

⑨ 法定代表人授予的其他权力。

3.1.4 工程项目部团队建设

工程项目团队指项目经理及其领导下的项目经理部和各职能管理部门。显然,工程项目的建设任务依靠工程项目团队来完成。无论是技术方面还是管理方面,员工个体的能力都是工程项目团队能力的必要基础,但是,并不是说工程项目团队中的每一个个体能力具备了,工程项目管理目标就一定能够实现。要实现工程项目管理目标,不仅在于专业分工,更在于加强协作,搞好工程项目团队建设,积极开发工程项目团队能力。

1. 树立团队意识

工程项目团队建设的主体是加强组织成员的团队意识,树立团队精神,统一思想,步调一致,沟通顺畅,运作高效。

为树立工程项目团队意识,应做好如下工作:①围绕项目目标形成和谐一致、高效运行的工程项目团队;②建立协同工作的管理机制和工作模式;③建立畅通的信息沟通渠道和各方共享的信息工作平台,保证信息准确、及时和有效地传递。

2. 领导作用

项目经理是工程项目团队的核心,应起到示范和表率作用。项目经理应通过自身的言行、素质调动广大团队成员的工作积极性和向心力,善于用人和激励进取。

项目经理应对工程项目团队建设负责,培育团队精神,定期评估团队运作绩效,有效发挥和调动各成员的工作积极性和责任感。

项目经理应通过表彰奖励、学习交流等各种方式和谐团队氛围,统一团队思想,营造集体观念,通过沟通、协调处理管理冲突,提高项目运作效率。

3. 团队能力开发

为开发工程项目团队能力,应积极开展如下工作:

(1) 加强团队成员的培训。通过培训,提高团队成员的综合素质、工作技能、技术水平、管理水平和道德品质等。根据工程项目管理的特点,培训以采用短期性的、片段式的、针对性强的、见效快的方式为好。

(2) 搞好对团队成员的激励。激励是调动团队成员工作积极性和创造性的重要手段,应做好明确责任、充分授权、科学考评、适当奖惩。要注意:对于不同的员工,应采取不同的激励手段、奖惩时机和奖惩频率;对期望心理、公平心理的疏导;适当拉开实际效价的档次。

(3) 进行有效的冲突管理。解决冲突的方法有协商、妥协、缓和、强制、退出等,工程项目管理中应以前两者为主。

(4) 加强团队文化建设。团队文化属于亚文化范畴,是团队的管理理念、经营目的、管理制度、价值观念、行为规范、道德风尚、社会责任、队伍形象等的综合。

总之,工程项目团队建设应注重管理绩效,有效发挥个体成员的积极性,并充分利用成员集体的协作成果,形成积极向上、凝聚力强的工程项目团队。

3.2 工程项目组织协调

工程项目在建设过程中会涉及很多方面的、纷繁复杂的关系,为了处理好这些关系,保证工程项目目标的实现,组织协调就必不可少。

3.2.1 工程项目组织协调的概念

工程项目组织协调就是联结、联合、调和所有的活动及力量,梳理、畅通工程项目建设中产生的不畅关系,使参建各方配合融洽、协同一致,以实现工程项目的预定目标。

工程项目管理组织是由各类人员组成的工作班子,由于每个人的性格、习惯、能力、岗位、任务、作用的不同,不可避免地存在着人员矛盾或危机。这种人和人之间的隔膜,就是所谓的"人员/人员界面"。

工程项目管理系统是由若干个子项目组成的完整体系,子项目即子系统,由于子系统的功能、目标不同,容易产生各自为政的趋势和相互推诿的现象。这种子系统和子系统之间的隔膜,就是所谓的"系统/系统界面"。

工程项目管理系统是一个典型的开放系统,它具有环境适应性,能主动从外部世界取得必要的能量、物质和信息,在取得的过程中,不可能没有障碍和阻力。这种系统与环境之间的隔膜,就是所谓的"系统/环境界面"。

工程项目组织协调就是在工程项目管理组织的"人员/人员界面""系统/系统界面""系统/环境界面"之间,对所有的活动及力量进行联结、联合、调和的工作。为保证工程项目的参与各方紧密围绕工程项目开展工作,使项目目标顺利实现,组织协调贯穿于整个工程项目实施及其管理过程中,其作用至关重要,但操作起来也极为困难。

3.2.2 工程项目组织协调的范围

从系统方法的角度看,工程项目组织协调的范围分为系统内部的协调和系统外部的协调。系统内部的协调主要包括项目经理部内部的协调、项目经理部与企业的协调、项目经理部与作业层的协调。系统外部的协调又分近外层协调和远外层协调,近外层协调是指就工程项目存在着合同关系的组织之间的协调,如业主、监理单位、设计单位、施工单位、供应单位、保险公司、贷款银行等之间的协调;远外层协调是指项目管理组织与没有合同关系,但却有着法律、法规和社会公德等约束关系的组织之间的协调,如与政府、社区、环保、交通、绿化、文物保护等单位的协调。

3.2.3 工程项目组织协调的内容

1. 工程项目系统内部的协调

工程项目管理工作开展过程中,项目经理和项目经理部是整个工程项目管理组织协调的中心。

1)项目经理部内部的协调

项目经理部内部的协调主要涉及内部人际关系的协调、内部组织关系的协调和内部资源需求的协调等三个方面。

项目经理部是由人组成的工作体系,工作效率在很大程度上取决于人际关系的协调程度。项目经理应做好项目经理部的人力资源管理,加强人际关系的协调,激励项目经理部成员。项目经理还要重视与技术专家的沟通、协调,以确保技术方案实施的可行性和专业协调。

项目经理部是由若干子系统(职能部门、子项目部)组成的工作体系,每个子系统都有自己的目标和任务。若能做好内部组织关系的协调,使得每个子系统都从工程项目的整体利益出发,理解和履行自己的职责,则整个项目经理部就会处于有序的良性状态。项目经理部内部组织关系的协调主要是:合理分解项目管理目标并设置组织机构,以规章制度的形式划分各部门的职责和职权;事先约定各部门在项目管理工作中的相互关系,各部门在一项工作任务上的主次关系;建立信息沟通制度,及时消除工作中的矛盾或冲突等。

2) 项目经理部与企业职能部门的协调

项目经理部与企业职能部门之间的界面沟通是十分重要的,同时又是十分复杂的,尤其是在矩阵式组织结构形式中。企业有关职能部门必须对工程项目提供持续的资源和管理工作支持。项目经理部必须发展与企业职能部门的良好工作关系,这样工程项目管理工作才能顺利进行。项目经理部与企业职能部门之间有着高度的相互依存性。

在企业组织结构设计中,项目经理与职能经理之间的权力和利益的平衡存在着许多内在的矛盾性。两类经理人在工作中时常会有不同意见,产生矛盾,尽管可以通过划分主次的组织设计在一定程度上缓解两者之间的分歧,然而,解决问题的根本还是在于双方应努力建立良好的工作关系,比如在制订计划、给项目分配人员与资源时,项目经理与职能经理应多商量,彼此体谅,达成一致;在项目经理与职能经理之间建立清晰、便捷的信息沟通渠道;对共同下级而言,项目经理与职能经理不能发出相互矛盾的命令,两位经理更是必须保持交流,命令一致。

3) 项目经理部与作业层的协调

以工程施工阶段为例,项目经理部主要承担组织协调、统筹管理,施工安装活动由作业层具体完成。作业层可以是企业内部招募的,大多数情况下,是通过劳务分包招投标产生的。项目经理部有权与企业共同选择并使用具有相应资质的劳务分包人。

项目经理部与劳务分包人的协调主要体现在:项目经理部积极参与劳务分包合同的谈判与签订;项目经理部按合同约定履行义务,及时提供施工场地、工程资料、生产及生活临时设施等;及时向劳务分包人转发工程师指令,在劳务分包人与业主之间起好沟通作用,协调现场各方工作关系;及时支付劳务报酬;督促劳务分包人为其危险作业人员投保职工意外伤害险;出现工程变更、不可抗力、工程事故等事件时,项目经理部与劳务分包人协调配合,积极减损,顾全大局。

2. 工程项目系统近外层协调

工程项目系统近外层单位一般有合同关系,包括直接的和间接的合同关系。工程项目实施过程中,近外层单位的联系相当密切,大量的工作需要互相支持和协调配合,主要从以下几方面做好工程项目系统近外层协调工作。

1) 全面理解工程项目总目标

近外层单位以项目经理为首,必须了解工程项目构思的基础、起因和出发点,了解决策背景,再对总目标进行分解,做到不仅对自己的工作目标、工作内容心中有数,而且也了解其他近外层单位的工作目标、工作内容。

2) 加强合同分析和合同跟踪

合同是所有近外层单位的最高行为准则和工作规范。不仅要重视合同的谈判和签订,近外层单位更要做好各自的合同分析和合同跟踪。合同分析是从合同执行的角度去分析、补充和解释合同的具体内容和要求,将合同目标和合同规定落实到合同实施的具体问题和具体时间上,用于指导具体工作,使合同能符合日常工程项目管理的需要,使工程项目按合同要求实施,为合同执行和控制确定依据。合同跟踪有两个方面的含义:一是近外层单位对合同执行者的履约情况进行跟踪、监督和检查;二是合同执行者本身对合同的执行情况进行跟踪、检查与对比。在合同实施过程中二者缺一不可。

3) 索赔与反索赔的正确对待和处理

凡有直接合同关系的近外层单位之间均有可能发生索赔。索赔是一种正当的权利要求，是合同当事人之间一项正常且普遍存在的双向合同管理业务，是一种以法律和合同为依据的合情合理的行为。反索赔就是反驳、反击或者防止合同对方提出的索赔，不让对方索赔成功或者全部成功。索赔事件一旦发生，合同当事人双方应抱着实事求是、从工程项目大局出发的态度，依据法律法规、合同和工程建设管理标准，友好协商，有礼有节地索赔与反索赔，双方还应协调配合，尽量降低索赔事件对工程项目的不利影响。

4) 彼此相互尊重，加强感情交流

近外层单位在一起参与工程项目建设，最终目标就是完成工程项目的总目标，只是在工程实施的过程中分工不同罢了。这种千丝万缕、彼此相互依存又相互制约的合作关系，要求各方在出现问题、纠纷时一定要本着互相尊重的态度进行沟通，千万不可意气用事，更不可盛气凌人。比如工程变更中，往往涉及业主、设计单位、监理单位、施工单位的多方协商，如果只是某一方的"一言堂"，则难免考虑不周而对工程项目本身造成不利。

此外，近外层单位有关人员在进行协调沟通时，要特别注意语言艺术和感情交流。协调不仅是方法问题、技术问题，更多的是语言艺术、感情交流。

3. 工程项目系统远外层协调

工程项目系统远外层单位（组织）与工程项目管理组织不存在合同关系，主要是通过行政管理和社会公德来进行约束。近外层关系协调好了，但远外层关系若协调不好，工程项目实施也会受到影响。工程项目管理组织不能只专注于工程项目管理，还应接受监督管理，承担社会责任，比如处理好与政府有关职能部门、监督部门的关系，主动办理相关审批或备案手续，积极配合其监督管理，争取其支持和协助；解决好施工噪声扰民、环境污染、占道施工等常见矛盾，争取社团组织、新闻媒体的理解和支持，等等。这些对于顺利实现工程项目目标都是必需的。

3.2.4 工程项目组织协调的主要方法

组织协调的方法很多，工程项目管理实践中常用的有会议协调法、交谈协调法、书面协调法、访问协调法、情况介绍法等。

1. 会议协调法

会议协调法是工程项目管理中最常用的一种协调方法，实践中常见的会议有第一次工地会议、工地例会、竣工验收会等，还可视需要召开专业性协调会议，比如进度协调会、质量协调会、合同争议协调会等。

为了提高开会的效率，在开会前宜先做好会议的组织设计工作，即明确会议的类型，会议的主要议题，会议的主持人及参加人，会议的召开时间和地点，会议纪要的形成、会签和分发等。

2. 交谈协调法

在实践中，并不是所有问题都需要开会来解决，有时可采用交谈协调法。无论是内部协调还是外部协调，交谈协调法使用频率都是相当高的。

交谈包括面对面的交谈和电话交谈两种形式。通过交谈，可以保持信息畅通，及时发布工程指令（随后再以书面形式加以确认）。相对于多方会议或书面寻求协作，人们更难以拒绝一对一、面对面的请求，因此，采用交谈方式请求协作和帮助比采用会议方法、书面方法实现的可能性更大。

3. 书面协调法

当会议或者交谈不方便或不需要,或者需要精确地表达自己的意见时,就会用到书面协调法,其特点是具有合同效力。书面协调法一般常用于:①不需双方直接交流的书面报告、报表、指令和通知等;②需要以书面形式向各方提供详细信息和情况通报的报告、信函和备忘录等;③事后对会议记录、交谈内容或口头指令的书面确认。

4. 访问协调法

访问法主要用于外部协调中,有走访和邀访两种形式。走访主要是对与工程施工有关的各政府主管部门、公共事业机构、新闻媒体或工程毗邻单位等进行访问,交流信息。邀访是指项目经理部邀请其他参与单位、政府主管部门、新闻媒体等的代表到工程现场进行指导性巡视,了解现场工作。邀访可以适当避免以上这些单位因为不了解工程实际情况而做出一些不恰当的干预或行为。

5. 情况介绍法

情况介绍法通常是与其他协调方法紧密结合在一起的,它可能是在会议(交谈、访问)中先向对方进行情况介绍,或是听取他人的情况介绍,形式上主要是口头的,有时也伴有书面的。介绍往往作为其他协调的引导,目的是使彼此首先了解情况。

工程项目组织协调是一种工作技巧,深刻地体现了管理工作的艺术性,每一个工程项目管理人员尤其是项目经理,有必要掌握一定的领导科学、心理学、行为科学等方面的知识和技能,努力提升自己的协调、沟通能力。

3.3　工程项目管理的类型

3.3.1　业主方项目管理的目标和任务

业主方的项目管理是管理的核心。投资方、开发方和由咨询公司提供的代表业主方利益的项目管理服务都属于业主方的项目管理。

业主方项目管理的目标和任务:①业主方项目管理服务于业主的利益,其项目管理的目标包括项目的投资目标、进度目标和质量目标;②项目的投资目标、进度目标和质量目标之间既有矛盾的一面,也有统一的一面,它们之间的关系是对立统一的关系;③项目的实施阶段包括设计前的准备阶段、设计阶段、施工阶段、动用前准备阶段和保修期;④业主方的项目管理工作涉及项目实施阶段的全过程,其中安全管理是项目管理中的最重要的任务。"三控三管一协调"分别为:①投资控制;②进度控制;③质量控制;④安全管理;⑤合同管理;⑥信息管理;⑦组织和协调。

3.3.2　施工方项目管理的目标和任务

施工方作为项目建设的一个参与方,其项目管理主要服务于项目的整体利益和施工方本身的利益。其项目管理的目标包括施工的成本目标、施工的进度目标和施工的质量目标。

施工方的项目管理工作主要在施工阶段进行,但它也涉及设计准备阶段、设计阶段、动用前准备阶段和保修期。

1. 施工方项目管理的任务

施工方是承担施工任务的单位的总称谓,他可能是施工总承包方、施工总承包管理方、分包施工方、建设项目总承包的施工任务执行方或仅仅是提供施工劳务的参与方。

2. 施工总承包方的管理任务

施工总承包方对所承包的建设工程承担施工任务的执行和组织的总责任,它的主要管理任务如下:

(1) 负责整个工程的施工安全、施工总进度控制、施工质量控制和施工的组织等。

(2) 控制施工的成本(这是施工总承包方内部的管理任务)。

(3) 施工总承包方是工程施工的总执行者和总组织者,它除了完成自己承担的施工任务外,还负责组织和指挥它自行分包施工单位和业主指定的分包施工单位的施工(业主指定的分包施工单位有可能与业主单独签订合同,也可能与施工总承包方签约,不论采用何种合同模式,施工总承包方应负责组织和管理业主指定的分包施工单位的施工,这也是国际惯例),并为分包施工单位提供和创造必要的施工条件。

(4) 负责施工资源的供应组织。

(5) 代表施工方与业主方、设计方、工程监理方等外部单位进行必要的联系和协调等。

3. 施工总承包管理方的主要特征

(1) 一般情况下,施工总承包管理方不承担施工任务,它主要进行施工的总体管理和协调。如果施工总承包管理方通过投标(在平等条件下竞标),获得一部分施工任务,则它也可参与施工。

(2) 一般情况下,施工总承包管理方不与分包方和供货方直接签订施工合同,这些合同都由业主方直接签订。业主方也可能要求施工总承包管理方负责整个施工的招标和发包工作。

(3) 不论是业主方选定的分包方,或经业主方授权由施工总承包管理方选定的分包方,施工总承包管理方都承担对其的组织和管理责任。

(4) 施工总承包管理方和施工总承包方承担相同的管理任务和责任,即负责整个工程的施工安全控制、施工总进度控制、施工质量控制和施工的组织等。由业主方选定的分包方应经施工总承包管理方的认可,否则施工总承包管理方难以承担对工程管理的总的责任。

(5) 负责组织和指挥分包施工单位的施工,并为分包施工单位提供和创造必要的施工条件。

(6) 与业主方、设计方、工程监理方等外部单位进行必要的联系和协调等。

3.3.3 工程其他参与方的目标和任务

1. 设计方项目管理的目标和任务

设计方作为项目建设的一个参与方,其项目管理主要服务于项目的整体利益和设计方本身的利益。其项目管理的目标包括设计的成本目标、设计的进度目标和设计的质量目标,以及项目的投资目标。

2. 供货方项目管理的目标和任务

供货方作为项目建设的一个参与方,其项目管理主要服务于项目的整体利益和供货方本身的利益。其项目管理的目标包括供货方的成本目标、供货的进度目标和供货的质量目标。

3. 建设项目工程总承包方项目管理的目标和任务

建设项目工程总承包方作为项目建设的一个参与方，其项目管理主要服务于项目的利益和建设项目总承包方本身的利益。其项目管理的目标包括项目的总投资目标和总承包方的成本目标、项目的进度目标和项目的质量目标。建设项目工程总承包方项目管理工作涉及项目实施阶段的全过程。

第4章 工程项目进度管理

进度管理（schedule management）是指为实现项目的进度目标而进行的计划、组织、指挥、协调和控制等活动。进度管理制度包括进度管理内容、程序、进度管理的部门和岗位职责及工作具体要求。项目进度计划分别由不同的项目管理组织，如建设单位、施工单位、勘察设计单位、监理单位等编制，其内部相关成员均需承担相应的进度管理责任。项目进度管理应遵循下列程序：①编制进度计划；②进度计划交底，落实管理责任；③实施进度计划；④进行进度控制和变更管理。

4.1 工程项目进度计划

项目进度计划编制依据应包括下列主要内容：①合同文件和相关要求；②项目管理规划文件；③资源条件、内部与外部约束条件。

4.1.1 建设工程项目进度计划系统

1. 建设工程项目进度计划系统的概念

组织应提出项目控制性进度计划。项目管理机构应根据组织的控制性进度计划，编制项目的作业性进度计划。

从项目整体角度看，建设工程包括多个相互关联的进度计划，各项目参与方、各不同层次项目管理者都有他们的进度计划，它们组成了一个系统，即建设工程项目进度计划系统。业主方控制项目实施的全过程的进度；设计方控制设计阶段的设计进度；施工方控制项目施工的进度，确保工程按合同要求交付使用；供货方依据供货合同，按进度要求提供材料和设备。对于总目标的实现而言，这些参与方缺一不可。建设工程项目进度计划系统是项目进度控制的依据。建设工程项目进度计划系统一般由业主方来建立，也可能委托工程总承包方来建立。

为了满足不同管理和研究的需要，还可以从多个不同角度来看待建设工程项目进度计划系统，这样就有了不同的进度计划系统类型。

2. 进度计划系统的类型

根据项目进度控制不同的需要和不同的用途，业主方和项目各参与方可以构建多个不同的建设工程项目进度计划系统。

多个不同的建设工程项目进度计划系统如下：

(1) 由不同深度的计划构成进度计划系统。该系统包括：①总进度规划（计划）；②项目子系统进度规划（计划）；③项目子系统中的单位工程（或单项工程）进度计划等。

(2) 由不同功能的计划构成进度计划系统。该系统包括：①控制性进度规划（计划）；②指导性进度规划（计划）；③实施性（操作性）进度计划等。

控制性进度计划可包括以下种类：①项目总进度计划；②分阶段进度计划；③子项目进

度计划和单体进度计划;④年(季)度计划。

作业性进度计划可包括以下种类:①分部分项工程进度计划;②月(周)进度计划。

(3)由不同项目参与方的计划构成进度计划系统。该系统包括:①业主编制的整个项目实施的进度计划;②设计进度计划;③施工进度计划;④采购和供货进度计划等。

(4)由不同周期的计划构成进度计划系统。该系统包括:①五年建设进度计划;②年度、季度、月度、旬和周进度计划等。

各类进度计划应包括下列内容:①编制说明;②进度安排;③资源需求计划;④进度保证措施。

编制进度计划应遵循下列步骤:①确定进度计划目标;②进行工作结构分解与工作活动定义;③确定工作之间的顺序关系;④估算各项工作投入的资源;⑤估算工作的持续时间;⑥编制进度图(表);⑦编制资源需求计划;⑧审批并发布。

在建设工程项目进度计划系统中,各进度计划或各子系统进度计划编制和调整时必须注意其相互之间的联系和协调。

4.1.2 工程项目进度计划的编制方法

选择编制进度计划的相关方法时,还需考虑:①作业性进度计划应优先采用网络计划方法;②宜借助项目管理软件编制进度计划,并跟踪控制。

编制进度计划应根据需要选用下列方法:①里程碑表;②工作量表;③横道计划;④网络计划。

项目进度计划应按有关规定经批准后实施。项目进度计划实施前,应由负责人向执行者交底、落实进度责任;进度计划执行者应制定实施计划的措施。

工程项目进度计划的编制过程是一个由粗到细,即由总进度规划(计划)到单位工程进度计划,再到详细的分部分项工程作业计划的过程。

1. 工程项目进度目标的确定

在编制工程项目进度计划时,首先确定进度目标。建设工程项目总进度目标的控制是业主方项目管理的任务。

2. 进度计划控制的措施

工程项目进度控制采取的主要措施有组织措施、管理措施、经济措施、技术措施等。

(1)组织措施。组织是目标能否实现的决定性因素,为实现项目的进度目标,应充分重视项目管理的组织体系,落实好工程项目中各层次进度目标的管理部门及责任人。

(2)管理措施。建设工程项目进度控制的管理措施涉及管理的思想、管理的方法、管理的手段、承发包模式,合同管理和风险管理等。在理顺组织的前提下,科学和严谨的管理显得十分重要。

(3)经济措施。建设工程项目进度控制的经济措施涉及资金需求计划、资金供应的条件及经济激励措施等。

(4)技术措施。建设工程项目进度控制的技术措施涉及对实现进度目标有利的设计技术和施工方案。

4.2 工程项目进度控制

在工程项目进度计划的实施过程中,由于受到种种因素的干扰,经常造成实际进度与计划进度的偏差。这种偏差得不到及时纠正,必将影响进度目标的实现。为此,项目进度计划执行过程中,必须采取系统的控制措施,经常进行实际进度与计划进度的比较,发现偏差,及时采取纠偏措施。进度计划控制的具体内容包括:对造成进度变化的因素施加影响,以保证这种变化朝着有利的方向发展;确定进度是否已发生变化;在变化实际发生时,对这种变化实施管理。

项目进度控制应遵循下列步骤:①熟悉进度计划的目标、顺序、步骤、数量、时间和技术要求;②实施跟踪检查,进行数据记录与统计;③将实际数据与计划目标对照,分析计划执行情况;④采取纠偏措施,确保各项计划目标实现。

项目管理机构的进度控制过程应符合下列规定:将关键线路上的各项活动过程和主要影响因素作为项目进度控制的重点;②对项目进度有影响的相关方的活动进行跟踪协调。

跟踪协调是进度控制的重要内容。需跟踪协调的相关方的活动过程如下:①与建设单位有关的活动过程,包括项目范围的变化、工程款支付、建设单位提供的材料、设备和服务;②与设计单位有关的活动过程,包括设计文件的交付,设计文件的可施工性,设计交底与图纸会审,设计变更;③与分包商有关的活动过程,包括合格分包商的选择与确定,分包工程进度控制;④与供应商有关的采购活动过程,包括材料取样和设备选型,材料与设备验收;⑤以上各方内部活动过程之间的接口。

项目管理机构应按规定的统计周期,检查进度计划并保存相关记录。进度计划检查应包括下列内容:①工作完成数量;②工作时间的执行情况;③工作顺序的执行情况;④资源使用及其与进度计划的匹配情况;⑤前次检查提出问题的整改情况。

进度计划检查记录可选用下列方法:①文字记录;②在计划图(表)上记录;③用切割线记录;④用"S"形曲线或"香蕉曲线"记录;⑤用实际进度前锋线记录。进度计划检查后,项目管理机构应编制进度管理报告并向相关方发布。

进度管理报告应包括下列内容:①进度执行情况的综合描述;②实际进度与计划进度对比;③进度计划执行中的问题及其原因分析;④进度计划执行情况对质量、安全、成本、环境的影响分析;⑤已经采取及拟采取的措施;⑥对未来计划进度的预测;⑦需协调解决的问题。

【例 4-1】 大型建设工程项目进度目标分解的工作有:①编制各子项目施工进度计划;②编制施工总进度计划;③编制施工总进度规划;④编制项目各子系统进度计划。正确的目标分解过程是(   )。

A. ②—③—①—④ B. ②—③—④—①
C. ③—②—①—④ D. ③—②—④—①

【答案】 D

【解析】 施工进度目标的逐层分解是从施工开始前和在施工过程中,逐步地由宏观到微观,由粗到细编制深度不同的进度计划的过程。对于大型建设工程项目,应通过编制施工总进度规划、施工总进度计划、项目各子系统和各子项目施工进度计划等进行项目施工进度目标的逐层分解。

4.2.1 工程项目进度控制原理

1. 动态控制原理

施工项目进度控制是一个不断进行的动态控制,也是一个循环进行的过程。从项目施工开始,实际进度显出了运动的轨迹,也就是计划进入执行的动态。当实际进度按照计划进度进行时,两者相吻合;当实际进度与计划进度不一致时,便产生超前或落后的偏差。分析偏差的原因,采取相应的措施,调整原来计划,使两者在新的起点上重合,继续按其进行施工活动,并且尽量发挥组织管理的作用,使实际工作按计划进行。但是在新的干扰因素作用下,又会产生新的偏差。施工进度计划控制就是采用这种动态循环的控制方法。

2. 系统原理

(1) 施工项目计划系统。为了对施工项目实行进度计划控制,首先必须编制施工项目的各种进度计划。其中有施工项目总进度计划、单位工程进度计划、分部分项工程进度计划、季度和月(旬)作业计划,这些计划组成一个施工项目进度计划系统。计划的编制对象由大到小,计划的内容从粗到细。编制时从总体计划到局部计划,逐层进行控制目标分解,以保证计划控制目标落实。执行计划时,从月(旬)作业计划开始实施,逐级按目标控制,从而达到对施工项目整体进度目标控制。

(2) 施工项目进度实施组织系统。施工项目实施全过程的各专业队伍都是遵照计划规定的目标去努力完成一个个任务的。施工项目经理和有关劳动调配、材料设备、采购运输等各职能部门都按照施工进度规定的要求进行严格管理,落实和完成各自的任务。施工组织各级负责人,从项目经理、施工队长、班组长到其所属全体成员组成了施工项目实施的完整组织系统。

(3) 施工项目进度控制组织系统。为了保证施工项目进度实施还有一个项目进度的检查控制系统。自公司经理、项目经理,一直到作业班组都设有专门职能部门或人员负责检查汇报,统计整理实际施工进度的资料,并与计划进度比较分析和进行调整。当然不同层次人员负有不同进度控制职责,分工协作,形成一个纵横连接的施工项目控制组织系统。事实上,有的领导可能是计划的实施者又是计划的控制者,实施是计划控制的落实,控制是保证计划按期实施。

3. 信息反馈原理

信息反馈是施工项目进度控制的主要环节,施工的实际进度通过信息反馈给基层施工项目进度控制的工作人员,在分工的职责范围内,经过对其加工,再将信息逐级向上反馈,直到主控制室,主控制室整理统计各方面的信息,经比较分析做出决策,调整进度计划,仍使其符合预定工期目标。若不应用信息反馈原理,不断地进行信息反馈,则无法进行计划控制。施工项目进度控制的过程就是信息反馈的过程。

4. 弹性原理

施工项目进度计划工期长、影响进度的原因多,其中有的已被人们掌握,根据统计经验估计出影响的程度和出现的可能性,并在确定进度目标时,进行实现目标的风险分析。在计划编制者具备了这些知识和实践经验之后,编制施工项目进度计划时就会留有余地,就是使施工进度计划具有弹性。在进行施工项目进度控制时,便可以利用这些弹性,缩短有关工作的时间,或者改变它们之间的搭接关系,使检查之前拖延了的工期,通过缩短剩余计划工期的方法,仍然达到预期的计划目标。这就是施工项目进度控制中对弹性原理的应用。

5. 封闭循环原理

项目的进度计划控制的全过程是计划、实施、检查、比较分析、确定调整措施、再计划。从编制项目施工进度计划开始,经过实施过程中的跟踪检查,收集有关实际进度的信息,比较和分析实际进度与施工计划进度之间的偏差,找出产生原因和解决办法,确定调整措施,再修改原进度计划,形成一个封闭的循环系统。

6. 网络计划技术原理

在施工项目进度的控制中利用网络计划技术原理编制进度计划,根据收集的实际进度信息,比较和分析进度计划,又利用网络计划的工期优化,工期与成本优化和资源优化的理论调整计划。网络计划技术原理是施工项目进度控制的完整的计划管理和分析计算理论基础。

4.2.2 项目进度计划控制的检查

项目管理机构应根据进度管理报告提供的信息,纠正进度计划执行中的偏差,对进度计划进行变更调整。在工程项目实施过程中,管理者应经常地、定期地对进度计划的实际进度数据与计划进度数据进行比较,以确定建设工程实际执行状况与计划目标之间的差距。为了直观反映实际进度偏差,通常采用表格或图形进行实际进度与计划进度的对比分析,从而得出实际进度比计划进度超前、滞后还是一致的结论。常用的进度比较方法有以下几种。

1. 横道图比较法

横道图比较法是将在项目进展中通过观测、检查、搜集到的信息,经整理后直接用横道线并列标于原计划的横道线一起进行直观比较的方法。

例如,某工程项目基础工程的计划进度和截止到第 10 周末的实际进度如图 4-1 所示,其中粗实线表示该工程计划进度,双线条表示实际进度。从图中实际进度与计划进度的比较可以看出,到第 10 周末进行实际进度检查时,挖土方和垫层两项工作已经完成;支模按计划也应已经完成,但实际只完成 66.7%,任务量拖欠 33.3%;绑扎钢筋按计划应该完成 40%,而实际只完成 20%,任务量拖欠 20%。

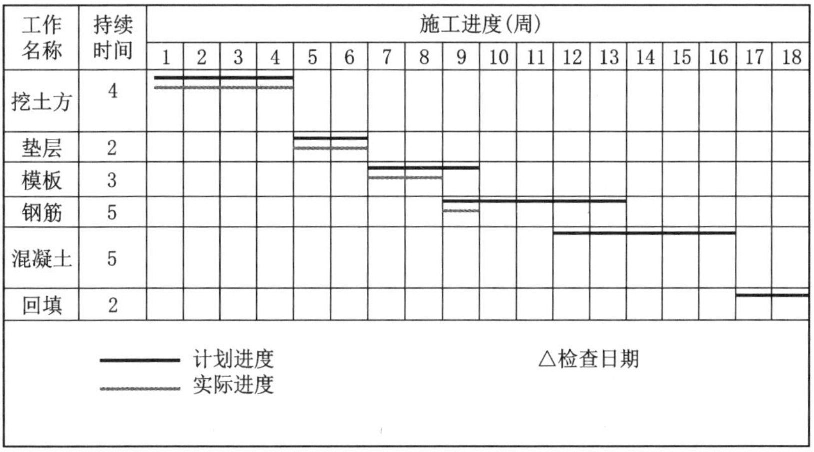

图 4-1 横道图比较法示例

该表达方法仅适用于工程项目中的各项工作都是均衡进展的情况,即每项工作在单位时间内完成的任务量相等。实际中,工程项目中各项工作的进展情况不一定是匀速的。根据工程项目中各项工作的进展是否匀速,可分别采取以下两种方法进行实际进度与计划进度的比较。

(1) 匀速进展横道图比较法,指工程项目中每项工作在单位时间内完成的任务量相等,因此每项工作累计完成的任务量和时间呈线性关系,完成的任务量可以用实物工程量、劳动消耗量或费用支出表示,或用其物理量的百分比表示。

(2) 非匀速进展横道图比较法,指当工作在不同单位时间里的进展速度不相等时,在用涂黑粗线表示工作实际进度的同时,还要标出其对应时刻完成任务量的累计百分比。并将该百分比与其同时刻计划完成任务量的累计百分比相比较,判断工作实际进度与计划进度之间的关系。

2. 前锋线比较法

前锋线比较法是按照项目实际进度绘制其前锋线,根据前锋线与工作箭线交点的位置判断项目实际进度与计划进度偏差,以分析判断项目相关工作的进度状况和项目整体进度状况的方法。网络图前锋线法是利用时标网络计划图检查和判定工程进度实施情况的方法。该方法适用于时标网络计划。

由图 4-2 可见,该计划执行到第 9 周末检查实际进度时,发现工作 A、B 和 C 已经全部完成,工作 D、E、F 和 G 分别完成计划任务量的 83.33%、25%、50% 和 20%。图中虚线表示第 9 周末实际进度检查结果。通过比较可以看出:

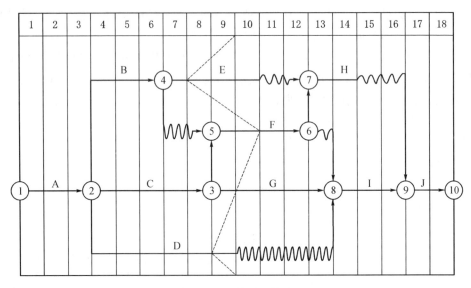

图 4-2 前锋线比较法

① 工作 D 实际进度拖后 1 周,但由于有 4 周自由时差,因此,对后续工作 I 的最早开始时间没有影响,也不影响总工期。

② 工作 E 实际进度拖后 2 周,由于有 2 周自由时差,既不影响总工期,也不影响其后续工作的正常进行。

③ 工作F实际进度提前1周,对后续工作和总工期没有影响。
④ 工作G按计划执行。

综上所述,目前进度偏差对总工期和后续工作均无影响。

根据实际进度前锋线的比较分析可以判断项目进度状况对项目的影响。关键工作提前或拖后将会对项目工期产生提前或拖后影响;而非关键工作的影响,则应根据其总时差的大小加以分析判断。一般来说,非关键工作的提前不会造成项目工期的提前;非关键工作如果拖后,且拖后的量在其总时差范围之内,则不会影响总工期;但若超出总时差的范围,则会对总工期产生影响,若单独考虑该工作的影响,其超出总时差的数值就是工期拖延量。需要注意的是,在某个检查日期,往往并不是一项工作的提前或拖后,而是多项工作均未按计划进行,这时则应考虑其交互作用。

3. S曲线比较法

S曲线比较法是以横坐标表示时间,纵坐标表示累计完成任务量,绘制一条按计划时间累计完成任务量的S曲线;后将工程项目实施过程中各检查时间实际累计完成任务量的S曲线也绘制在同一坐标系中,进行实际进度与计划进度比较的一种方法。

从整个工程项目实际进展全过程看,单位时间投入的资源量一般是开始和结束时较少,中间阶段较多。与其相对应,单位时间完成的任务量也呈同样的变化规律。而随工程进展累计完成的任务量则应呈S形变化。由于其形似英文字母"S",S曲线因此而得名。

S曲线比较法也是在图上进行工程项目实际进度与计划进度的直观比较。在工程项目实施过程中,按照规定时间将检查收集到的实际累计完成任务量绘制在原计划S曲线图上,即可得到实际进度S曲线。

S形曲线比较法,同横道图一样,是在图上直观地进行施工项目实际进度与计划进度相比较,一般情况下,计划进度控制人员在计划实施前绘制出S形曲线。在项目施工过程中,按规定时间将检查的实际完成情况与计划S形曲线绘制在同一张图上,可得出实际进度S形曲线,比较两条S形曲线可以得到如下信息:

① 项目实际进度与计划进度比较,当实际工程进展点落在计划S形曲线左侧,表示此时实际进度比计划进度超前;若落在其右侧,表示拖后;若刚好落在其上,则表示二者一致。

② 项目实际进度比计划进度超前或拖后的时间,ΔT_a 表示 T_a 时刻实际进度超前的时间;ΔT_b 表示 T_b 时刻实际进度拖后的时间。

③ 项目实际进度比计划进度超额或拖欠的任务量,如图4-3所示。ΔQ_a 表示 Q_a 时刻超额完成的任务量;ΔQ_b 表示在 T_b 时刻拖欠的任务量。

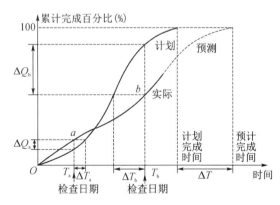

图4-3 S形曲线比较法

④ 预测工程进度,后期工程按原计划速度进行,则工期拖延预测值为 ΔT。

通过比较实际进度 S 曲线和计划进度 S 曲线,可以获得如下信息。

(1) 工程项目实际进展状况。如果工程实际进展点落在计划 S 曲线左侧,则表明此时实际进度比计划进度超前;如果工程实际进展点落在计划 S 曲线右侧,则表明此时实际进度拖后;如果工程实际进展点正好落在计划 S 曲线上,则表明此时实际进度与计划进度一致。

(2) 工程项目实际进度超前或拖后的时间。在 S 曲线中,可以直接读出实际进度比计划进度超前或拖后的时间。

(3) 工程项目实际超额或拖欠的任务量。在 S 曲线比较图中也可以直接读出实际进度比计划进度超额或拖欠的任务量。

(4) 后期工程进度预测。如果后期工程按原计划速度进行,则可作出后期工程计划 S 曲线,从而可以确定工期拖延预测值 ΔT。

4.2.3 工程项目进度调整方法

当采取措施后仍不能实现原目标时,项目管理机构应变更进度计划,并报原计划审批部门批准。产生进度变更(如延误)后,受损方可按合同及有关索赔规定向责任方进行索赔。进度变更(如延误)索赔应由发起索赔方提交工期影响分析报告,以得到批准确认的进度计划为基准申请索赔。

项目管理机构进度计划的变更控制应符合下列规定:①调整相关资源供应计划,并与相关方进行沟通;②变更计划的实施应与组织管理规定及相关合同要求一致。

1. 进度拖延的原因

项目管理者应按预定的项目计划定期评审实施进度情况,一旦发现进度出现拖延,则根据计划进度与实际进度对比的结果,以及相关的实际工程信息,分析并确定拖延的根本原因。进度拖延是工程项目过程中经常发生的现象,各层次的项目单元,各个项目阶段都可能出现延误。因此从以下几个方面分析进度拖延的原因。

1) 工期及相关计划的失误

计划失误是常见的现象,包括计划时遗漏部分必需的功能或工作;计划值(例如计划工作量、持续时间)估算不足;资源供应能力不足或资源有限;出现了计划中未能考虑到的风险和状况,未能使工程实施达到预定的效率等。

此外,在现代工程中,上级(业主、投资者、企业主管)常常在一开始就提出很紧迫的、不切实际的工期要求,使承包商或设计单位、供应商的工期太紧。而且许多业主为了缩短工期,常常压缩承包商的投标期、前期准备的时间。

2) 边界条件的变化

边界条件的变化往往是项目管理者始料不及的,而且也是实际工程中经常出现的,项目各参加单位对此比较敏感,下列边界条件的变化对他们产生的影响各不相同。

(1) 工作量的变化。可能是由于设计的修改、设计的错误、业主新的要求、修改项目的目标及系统范围的扩展造成的。

(2) 外界(如政府、上层系统)对项目新的要求或限制,设计标准的提高可能造成项目资源的缺乏,使得工程无法及时完成。

(3) 环境条件的变化,如不利的施工条件不仅造成对工程实施过程的干扰,有时直接要求调整原来已确定的计划。

(4) 发生不可抗力事件,如地震、台风、动乱、战争等。

3) 管理过程中的失误

(1) 计划部门与实施者之间,总分包商之间,业主与承包商之间缺少沟通。

(2) 项目管理者缺乏工期意识,例如项目组织者拖延了图纸的供应和批准,任务下达时缺少必要的工期说明和责任落实,拖延了工程活动。

(3) 项目参加者对各个活动(各专业工程和供应)之间的逻辑关系(活动链)没有清楚地了解,下达任务时也没有做详细的解释,同时对活动的必要的前提条件准备不足,各单位之间缺少协调和信息沟通,许多工作脱节,资源供应出现问题。

(4) 由于其他方面未完成项目计划规定的任务造成拖延。例如设计单位拖延设计、运输不及时、上级机关拖延批准手续、质量检查拖延、业主不果断处理问题等。

(5) 承包商没有集中力量施工,材料供应拖延,资金缺乏,工期控制不紧等现象。这可能是由于承包商同期工程太多,施工力量不足造成的。

(6) 业主没有集中资金的供应,拖欠工程款,或业主的材料、设备供应不及时。所以在项目管理中,项目管理者应明确各自的责任,做好充分的准备工作,加强沟通。尤其是项目组织者在项目实施前组织安排责任重大。

4) 其他原因

例如由于采取其他调整措施造成工期的拖延,如设计的变更、质量问题的返工、实施方案的修改等。

2. 分析进度偏差的影响

当查明进度偏差产生的原因之后,要分析进度偏差对后续工作和总工期的影响程度,以确定是否应采取措施调整进度计划。分析时需要利用网络计划中工作总时差和自由时差的概念进行判断,分析步骤如下:

(1) 分析出现进度偏差的工作是否为关键工作

如果出现进度偏差的工作位于关键线路上,即该工作为关键工作,则无论其偏差有多大,都将对后续工作和总工期产生影响,必须采取相应的调整措施;如果出现偏差的工作是非关键工作,则需要根据进度偏差值与总时差和自由时差的关系做进一步分析。

(2) 分析进度偏差是否超过总时差

如果工作的进度偏差大于该工作的总时差,则此进度偏差必将影响其后续工作和总工期,必须采取相应的调整措施;如果工作的进度偏差未超过该工作的总时差,则此进度偏差不影响总工期。至于对后续工作的影响程度,还需要根据偏差值与其自由时差的关系做进一步分析。

(3) 分析进度偏差是否超过自由时差

如果工作的进度偏差大于该工作的自由时差,则此进度偏差将对其后续工作产生影响,此时应根据后续工作的限制条件确定调整方法;如果工作的进度偏差未超过该工作的自由时差,则此进度偏差不影响后续工作,因此,原进度计划可以不做调整。

进度偏差的分析判断过程如图 4-4 所示。通过分析,进度控制人员可以根据进度偏差的影响程度,制定相应的纠偏措施进行调整,以获得符合实际进度情况和计划目标的新进度计划。

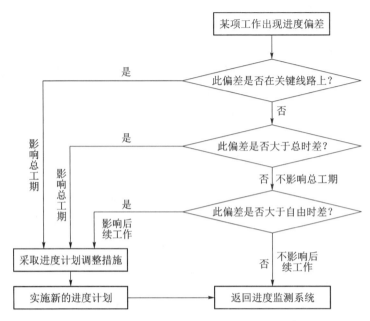

图 4-4 进度偏差对后续工作和总工期的影响分析过程图

3. 工程项目进度计划的调整

当工程项目的实际进度偏差影响到后续工作及总工期，需要调整进度计划时，其调整方法主要有两种：

(1) 改变某些工作间的逻辑关系

当工程项目实施过程中产生的进度偏差影响到总工期，且有关工作的逻辑关系允许改变时，可以改变关键线路和超过计划工期的非关键线路上的有关工作之间的逻辑关系，达到缩短工期的目的。例如，将顺序进行的工作改为平行作业或搭接作业以及分段组织流水作业等，都可以有效地缩短工期。

(2) 缩短某些工作的持续时间

不改变工程项目中各项工作之间的逻辑关系，而通过采取增加资源投入、提高劳动生产率等措施来缩短某些工作的持续时间，使工程进度加快，以保证按计划工期完成该工程项目。被压缩持续时间的工作是位于关键线路和超过计划工期的非关键工作线路上的工作。同时，这些工作又是其持续时间可被压缩的工作。这种调整方法通常可以在网络计划图上直接进行。其调整方法根据有关限制条件及其对后续工作和总工期的影响程度不同而有所区别，一般可分为以下三种情况：

① 网络计划中某项工作进度拖延的时间已超过其自由时差但未超过其总时差

在这种情况下，由于该工作的进度偏差不会影响总工期，而只对其后续工作产生影响。因此，在调整前需要确定其后续工作允许拖延的时间限制，并以此作为进度调整的限制条件。实际工作中，限制条件的确定往往十分复杂，尤其是当后续工作有多个平行的分包商负责实施时更是如此。后续工作如不能按原计划进行，在时间上的任何变化都可能使合同无法正常履行，从而导致蒙受损失的一方提出索赔。因此，寻求合理的调整方案，把进度拖延对后续工作的不利影响减少到最低程度,是项目管理人员的一项重要工作。

② 网络计划中某项工作进度拖延的时间超过其总时差

如果网络计划中某项工作进度拖延的时间超过其总时差,则无论该工作是否为关键工作,其实际进度都将对后续工作和总工期产生影响。此时,进度计划的调整方法又可分为以下三种情况:

a. 项目总工期不允许拖延。如果工程项目必须按照原计划工期完成,则只能采取缩短关键线路上后续工作的持续时间来达到调整计划的目的,这种方法实质上就是网络计划工期优化的方法。

b. 项目总工期允许拖延。如果项目总工期允许拖延,则此时只需以实际数据取代原计划数据,并重新绘制实际进度检查日期之后的简化网络计划即可。

c. 项目总工期允许拖延的时间有限。如果项目总工期允许拖延,但允许拖延的时间有限,则当实际进度拖延的时间超过此限制时,也需要对网络计划进度调整,以满足工期要求。

以上三种情况均以总工期为限制条件来调整进度计划。当某项工作实际进度拖延的时间超过其总时差而需要对进度计划进行调整时,除需要考虑总工期的选择条件外,还应考虑网络计划中后续工作的限制条件,特别是对总进度计划的控制更应注意这一点。因为在这类网络计划中,后续工作也许就是一些独立的合同段,时间上的任何变化,都会带来协调上的麻烦或者引起索赔。因此,当网络计划中某些后续工作对时间的拖延有限制时,同样需要以此为条件,按前述方法进行调整。

③ 网络计划中某项工作超前

在工程项目计划阶段所确定的工期目标,往往是综合考虑了各方面因素而确定的合理工期。因此,时间上的任何变化,无论是进度的拖延还是超前,都可能造成其他目标的失控。例如,在工程项目施工总进度计划中,由于某项工作的进度超前,致使资源的需求发生了变化,打乱了原计划对人、材料、机械等资源的合理安排。特别是当项目有多个平行的承包商分包组织实施时,由此引起后续工作时间的变化,势必会给项目管理人员带来协调上的许多麻烦。因此,如果工程项目实施过程中出现进度超前的情况,进度控制人员必须综合分析进度超前对后续工作产生的影响,并同承包商协商,提出合理的进度调整方案,以确保工期总目标的顺利实现。

4. 解决进度拖延的措施

1) 基本策略

(1) 采取积极的措施赶工,以弥补或部分地弥补已经产生的拖延。主要通过调整后期计划、采取措施赶工、修改网络计划等方法解决进度拖延问题。

(2) 不采取特别的措施,在目前进度状态的基础上,仍然照原计划安排后期工作。但在通常情况下,拖延的影响会越来越大。有时刚开始仅一两周的拖延,到最后会导致一年拖延的结果。这是一种消极的办法,最终结果必然损害工期目标和经济效益。

2) 可以采取的赶工措施

与在制定计划阶段压缩工期一样,解决进度拖延有许多方法,但每种方法都有它的适用条件限制,并且会带来一些负面影响。实际工作中,常出现将解决拖延的重点集中在时间问题上,但往往效果不佳,甚至引起严重的问题,最典型的是增加成本开支、现场的混乱和引起质量问题。所以应该将解决进度拖延作为一个新的计划过程来处理。

在实际工程中经常采用如下赶工措施：

(1) 增加资源投入，例如增加劳动力、材料、周转材料和设备的投入量。这是最常用的办法。它会带来如下问题：

① 造成费用的增加，如增加人员的调遣费用、周转材料一次性费、设备的进出场费；

② 由于增加资源造成资源使用效率的降低；

③ 加剧资源供应的困难。

(2) 重新分配资源，例如将服务部门的人员投入到生产中去，投入风险准备资源，采用加班或多班制工作。

(3) 减少工作范围，包括减少工作量或删去一些工作包（或分项工程）。但这可能产生如下影响：

① 损害工程的完整性、经济性、安全性、运行效率，或提高项目运行费用。

② 由于必须经过上层管理者，如投资者、业主的批准，这可能造成工程的怠工，增加拖延。

(4) 改善工具器具以提高劳动效率。

(5) 提高劳动生产率，主要通过辅助措施和合理的工作过程。这里要注意如下问题：

① 加强培训，通常培训应尽可能提前；

② 注意工人级别与工人技能的协调；

③ 工作中的激励机制，例如增发奖金、发扬精神、个人负责制、明确目标等；

④ 改善工作环境及项目的公用设施；

⑤ 项目小组时间上和空间上合理的组合和搭接；

⑥ 避免项目组织中的矛盾，多沟通。

(6) 将部分任务，如分包、委托给另外的单位，将原计划由自己生产的结构构件改为外购等。当然这不仅有风险，产生新的费用，而且需要增加控制和协调工作。

(7) 改变网络计划中工程活动的逻辑关系，如将前后顺序工作改为平行工作，或采用流水施工的办法。这又可能产生如下问题：

① 工程活动逻辑上的矛盾性；

② 资源的限制，平行施工要增加资源的投入强度，尽管投入总量不变；

③ 工作面限制及由此产生的现场混乱和低效率问题。

(8) 修改实施方案，例如将现浇混凝土改为场外预制、现场安装。这样可以提高施工速度。当然这一方面必须有可用的资源，另一方面又要考虑会造成成本的增加。

3) 应注意的问题

(1) 在选择措施时，要考虑到：赶工应符合项目的总目标与总战略；措施应是有效的、可以实现的；注意成本的节约；对项目的实施影响较小；对承包商、供应商的影响面较小。

(2) 在制订后续工作计划时，这些措施应与项目的其他过程相协调。

(3) 在实际工作中，人们常常采用了许多事先认为有效的措施，但实际效力却很小，常常达不到预期的缩短工期的效果。这是由于：

① 这些措施不完善，常常是不周全的。

② 缺少协调，没有将加速的措施要求、新的计划、可能引起的问题通知相关各方，如其

他分包商、供应商、运输单位、设计单位。

③ 人们对当前造成拖延的问题的影响认识不清。虽然有些拖延在当前还不大,如仅有两周的拖延,实质上这些影响是有惯性的,随着时间的推移其影响将继续扩大。所以即使现在采取措施,在一段时间内,其效果是很小的,拖延仍会继续扩大。

4.3 工程项目进度计划的优化

网络计划的优化是指在一定的约束条件下,按既定目标对网络计划进行不断改进,以寻求满意方案的过程。

网络计划的优化目标应按计划任务的需要和条件选定,包括工期目标、费用目标和资源目标。根据优化目标的不同,网络计划的优化可分为工期优化、费用优化和资源优化三种。

4.3.1 工期优化

所谓工期优化,是指网络计划的计算工期不满足要求工期时,通过压缩关键工作的持续时间以满足要求工期目标的过程。

网络计划工期优化的基本方法是在不改变网络计划中各项工作之间逻辑关系的前提下,通过压缩关键工作的持续时间来达到优化目标。在工期优化过程中,按照经济合理的原则,不能将关键工作压缩成非关键工作。此外,当工期优化过程中出现多条关键线路时,必须将各条关键线路的总持续时间压缩相同数值;否则,不能有效地缩短工期。

网络计划的工期优化可按下列步骤进行:

(1) 确定初始网络计划的计算工期和关键线路。

(2) 按要求工期计算应缩短的时间 ΔT。

$$\Delta T = T_c - T_r$$

式中,T_c——网络计划的计算工期;

T_r——要求工期。

(3) 选择应缩短持续时间的关键工作。选择压缩对象时宜在关键工作中考虑下列因素:

① 缩短持续时间对质量和安全影响不大的工作;

② 有充足备用资源的工作;

③ 缩短持续时间所需增加的费用最少的工作。

(4) 将所选定的关键工作的持续时间压缩至最短,并重新确定计算工期和关键线路。若被压缩的工作变成非关键工作,则应延长其持续时间,使之仍为关键工作。

(5) 当计算工期仍超过要求工期时,则重复上述步骤(2)~(4),直至计算工期满足要求工期或计算工期已不能再缩短为止。

(6) 当所有关键工作的持续时间都已达到其能缩短的极限而寻求不到继续缩短工期的方案,但网络计划的计算工期仍不能满足要求工期时,应对网络计划的原技术方案、组织方案进行调整,或对要求工期重新审定。

4.3.2 工期—费用优化

费用优化又称工期成本优化,是指寻求工程总成本最低时的工期安排,或按要求工期寻求最低成本的计划安排的过程。

1. 费用和时间的关系

1) 工程费用与工期的关系

工程总费用由直接费和间接费组成。直接费由人工费、材料费、机械使用费、其他直接费及现场经费等组成。施工方案不同,直接费也就不同;如果施工方案一定,工期不同,直接费也不同。直接费会随着工期的缩短而增加。间接费包括企业经营管理的全部费用,它一般会随着工期的缩短而减少。在考虑工程总费用时,还应考虑工期变化带来的其他损益,包括效益增量和资金的时间价值等。工程费用与工期的关系如图4-5所示。

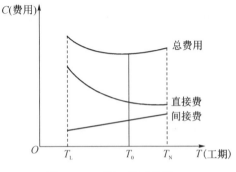

图4-5 工期—费用曲线

2) 工作直接费与持续时间的关系

由于网络计划的工期取决于关键工作的持续时间,为了进行工期成本优化,必须分析网络计划中各项工作的直接费与持续时间之间的关系,它是网络计划工期成本优化的基础。

工作的直接费与持续时间之间的关系类似于工程直接费与工期之间的关系,工作的直接费随着持续时间的缩短而增加,如图4-6所示。为简化计算,工作的直接费与持续时间之间的关系被近似地认为是一条直线,当工作划分不是很粗略时,其计算结果还是比较精确的。

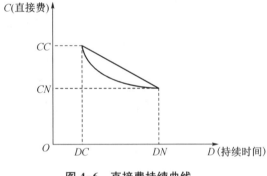

图4-6 直接费持续曲线

寻求最低费用和最优工期的过程一般由计算机进行。简单的网络计划可由手工完成,其基本思路是从网络计划的各工作持续时间和费用的关系中,依次找出能使计划工期缩短而又能使直接费用增加最少的工作,不断地缩短其持续时间,同时考虑其间接费用叠加,即可求出工程总费用最低时的最优工期和工期指定时相应的最低费用。

2. 费用优化的步骤

(1) 按工作的正常持续时间确定计算工期和关键线路。

(2) 计算各项工作的直接费用率。工作的持续时间每缩短单位时间而增加的直接费称为直接费用率。当有多条关键线路出现而需要同时压缩多个关键工作的持续时间时,应将它们的直接费用率之和(组合直接费用率)最小者作为压缩对象。

(3) 确定间接费用率。间接费用率是指一项工作每缩短一个单位时间所减少的间接费。它一般都是由各单位根据工作的实际情况而加以确定的。

(4) 计算工程总费用。

(5) 确定缩短持续时间的关键工作。当只有一条关键线路时,应找出直接费用率最小的一项关键工作,作为缩短持续时间的对象;当有多条关键线路时,应找出组合直接费用率最小的一组关键工作,作为缩短持续时间的对象。

(6) 对于选定的压缩对象(一项关键工作或一组关键工作),首先比较其直接费用率或组合直接费用率与工程间接费用率的大小。

① 如果被压缩对象的直接费用率或组合直接费用率大于工程间接费用率,说明压缩关键工作的持续时间会使工程总费用增加,此时应停止缩短关键工作的持续时间,在此之前的方案即为优化方案。

② 如果被压缩对象的直接费用率或组合直接费用率等于工程间接费用率,说明压缩关键工作的持续时间不会使工程总费用增加,故应缩短关键工作的持续时间。

③ 如果被压缩对象的直接费用率或组合直接费用率小于工程间接费用率,说明压缩关键工作的持续时间会使工程总费用减少,故应缩短关键工作的持续时间。

(7) 确定持续时间的缩短值。当需要缩短关键工作的持续时间时,其缩短值的确定必须符合下列两条原则:

① 缩短后工作的持续时间不能小于其最短持续时间;

② 缩短持续时间的工作不能变成非关键工作。

(8) 计算关键工作持续时间缩短后相应增加的总费用。工作持续时间压缩后,工期会相应缩短,项目的直接费会增加,而间接费会减少。

4.3.3 工期—资源优化

工程项目中的资源包括人力、材料、动力、设备、机具、资金等。资源的供应情况是影响工程进度的主要因素。因此在编制进度计划时一定要以现有的资源条件为基础,通过改变工作的开始时间,使资源按时间的分布符合优化目标。资源优化包括资源有限—工期最短的优化及工期固定—资源均衡的优化。

1. 资源有限—工期最短的优化

资源有限—工期最短的优化是通过调整计划安排以满足资源限制条件并使工期延长最少,其调整步骤如下:

(1) 计算网络计划每天资源需用量。

(2) 从计划开始日期起,逐日检查每天资源需用量是否超过资源限量。

(3) 调整网络计划。对资源冲突的诸项工作做新的顺序安排。顺序安排的选择标准是工期延长的时间最短。

(4) 重复以上步骤,直至出现优化方案为止。

2. 工期固定—资源均衡的优化

工期固定—资源均衡的优化是通过调整计划安排,在工期保持不变的条件下,使资源需用量尽可能均衡的过程。

评价资源均衡性的指标常用方差或标准差。方差值越小越均衡。利用方差最小进行网络计划资源均衡优化的基本思路是用初步网络计划所得到的局部时差改善进度计划的安排,使资源动态曲线的方差值变为最小,从而达到均衡的目的。

4.3.4 工程延期和工程延误

在工程项目实施过程中，往往由于各种因素导致工程无法按计划完成，造成工期延长。对于工程无法按合同要求按时完成的处理，是项目管理者的重要任务，必须充分分析工期延长的原因，及时应对，合理解决。

由于影响工期的因素非常多，导致的结果也不同，因此，根据处理方式的不同，可将工期的延长分为工程延期和工程延误。

1) 工程延期

工程延期是指由于非承包商原因造成的工期拖延。这里的非承包商原因又分为两类：一类是不可抗力因素，包括自然因素、社会因素、经济因素、恐怖袭击因素等，属于管理者无法预测和控制的因素；另一类是业主原因，包括由于业主方的原因导致工程延期交付设计图、延期提供场地、设计变更、工程量变更(增加)，等等。

对于非承包商原因造成的工期拖延，承包商是没有责任的。承包商可以通过正常程序，在合同规定的期限内，向监理工程师申报，经审核批准，报业主同意后，工期顺延。

2) 工程延误

工程延误是指由于承包商原因造成的工期拖延，承包商自身的原因包括施工方案不合理、工程质量事故造成返工、发生安全事故导致停工、机械故障等。

工程延误有可能造成业主的索赔(或罚款)，因此，应引起项目经理的足够重视，及时采取措施处理，确保工期按合同日期完成。

【例 4-2】 某工程网络计划如图 4-7，在执行过程中，由于业主原因、不可抗力原因和承包商原因，各项工作的 D_{i-j} 变化如表 4-1；承包商按工程延期向监理工程师申报，要求延长工期 11 天。试问要求是否合理？如不合理实际应为多少天？工期延误多少天？

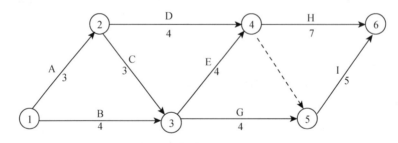

图 4-7 某分部工程网络计划

表 4-1 各项工作时间参数变化表

工作	时间参数变化的原因			小计
	业主原因	不可抗力原因	承包商	
A	1	0	1	2
B	1	1	1	3
C	0	0	1	1

(续表)

工作	时间参数变化的原因			小计
	业主原因	不可抗力原因	承包商	
D	0	0	1	1
E	1	1	1	3
G	2	1	1	4
H	1	0	1	2
I	1	1	2	4
小计	7	4	9	20

【解】 关键线路：①②③④⑥ $T_c=17$ d

(1) 工程延期：

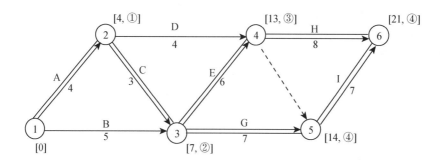

关键线路：①②③⑤⑥ $T_c=21$ d
　　　　　①②③④⑥ $T_c=21$ d

工程延期：$21-17=4$ (d)

因此，要求不合理，工期应延期 4 d。

(2) 工程延误：

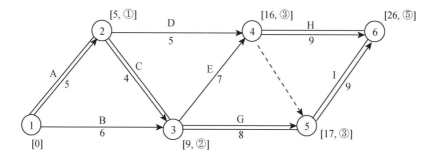

关键线路：①②③⑤⑥ $T_c=26$ d

因此，工程延误：$26-21=5$ (d)

4.4 工程项目流水施工法

4.4.1 流水施工原理

当组织将同类项目或一个项目分成若干个施工区段进行施工时,可以采用不同的施工组织方式,如依次施工、平行施工、流水施工等。

(1) 依次施工

依次施工组织方式是将拟建工程项目的整个建造过程分解成若干个施工过程,按照一定的施工顺序,前一个施工过程完成后,后一个施工过程才开始施工;或前一个工程完成后,后一个工程才开始施工。它是一种最基本、最原始的施工组织方式。

【例 4-3】 拟兴建四幢相同的建筑物,其编号分别为Ⅰ、Ⅱ、Ⅲ、Ⅳ。它们的基础工程量都相等,而且均由挖土方、做垫层、砌基础和回填土四个施工过程组成,每个施工过程在每个建筑物中的施工天数均为 5 天。其中,挖土方时,工作队由 8 人组成;做垫层时,工作队由 6 人组成;砌基础时,工作队由 14 人组成;回填土时,工作队由 5 人组成(如图 4-8 所示)。请组织流水施工。

【解】 依次施工具有以下特点:
(1) 由于没有充分地利用工作面,所以工期长。
(2) 工作队不能实现专业化施工,不利于提高工程质量和劳动生产率。
(3) 工作队及生产工人不能连续作业。

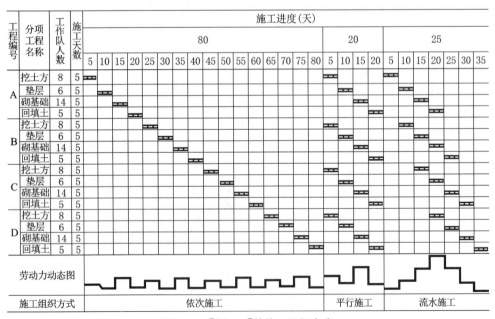

图 4-8 [例 4-3]的施工组织方式

(4) 单位时间内投入的资源数量比较少,有利于资源供应的组织工作。
(5) 施工现场的组织、管理比较简单。

(2) 平行施工

平行施工是全部工程的各施工段同时开工、同时完成的一种施工组织方式。在拟建工程项目任务十分紧迫、工作面允许以及资源能够保证供应的条件下，可以组织几个相同的工作队，在同一时间、不同的空间上进行施工。这种方法一般适用于工期要求紧、大规模的建筑群。

平行施工组织方式具有以下特点：

① 充分利用了工作面，争取了时间、缩短了工期。

② 工作队不能实现专业化生产，不利于提高工程质量和劳动生产率。

③ 工作队及生产工人不能连续作业。

④ 单位时间内投入施工的资源数量大，现场临时设施也相应增加。

⑤ 施工现场组织、管理复杂。

(3) 流水施工

流水施工是指所有的施工过程均按一定的时间间隔依次投入施工，各个施工过程陆续开工，陆续竣工，使同一施工过程的施工班组保持连续、均衡，不同施工过程尽可能实现平行搭接施工的组织方式。组织流水施工的一般过程：将拟建工程项目的整个建造过程分解成若干个施工过程；同时将拟建工程项目在平面上划分成若干个劳动量大致相等的施工段；在竖向上划分成若干个施工层，按照施工过程分别建立相应的专业工作队；各专业工作队按照一定的施工顺序投入施工，完成第一个施工段上的施工任务后，在专业工作队的人数、使用机具和材料不变的情况下，依次地、连续地投入到第二、三……一直到最后一个施工段的施工，在规定的时间内，完成同样的施工任务。

流水施工具有以下特点：

① 科学地利用了工作面，争取了时间，工期比较短。

② 工作队及生产工人实现了专业化施工，更好地保证了工程质量，提高了劳动生产率。

③ 专业工作队及生产工人能够连续作业。

④ 单位时间投入施工的资源较为均衡，有利于资源供应组织工作。

⑤ 为工程项目的科学管理创造了有利条件。

流水施工的技术经济效果包括如下几方面：

① 由于流水施工的连续性，减少了专业工作队的间歇作业时间，达到了缩短工期的目的。

② 有利于劳动组织的改善及操作方法的改进，从而提高了劳动生产率。

③ 专业化的生产可提高生产工人的技术水平，使工程质量相应提高。

④ 工人技术水平和劳动生产率的提高，可减少用工量和施工临时设施的建造量，从而降低工程成本。

⑤ 可以保证施工机械和劳动力得到充分、合理的利用。

4.4.2 流水施工的主要参数

在组织拟建工程项目流水施工时，用来表达流水施工在工艺流程、空间布置和时间安排等方面开展状态的参数，称为流水参数。它主要包括工艺参数、空间参数和时间参数三类。

1. 工艺参数

在组织流水施工时，用以表达施工工艺的开展顺序及其特征的参数称为工艺参数，主要是指施工过程数。施工过程数是指参与一组流水的施工过程数目，以符号 n 表示。施工过程划分的数目、粗细程度应根据下列因素确定：

(1) 施工计划的性质与作用

对于起控制作用的控制性进度计划，一般是针对工程规模大、结构复杂、难度大、工期长的工程的，这种计划要求施工过程划分得粗一些，也就是数目少一些。而对于起指导作用的指导性计划即实施性计划，是针对一些中小型单位工程的，这种计划施工过程可划分得细一些，即数目多一些，一般可划分到分项工程。

(2) 施工方案及工程结构

对于工程结构复杂的施工进度计划，施工过程可划分得粗一些，数目少一些，反之则细一些，数目多一些。

(3) 劳动组织及劳动量大小

劳动量较少时，可将几个施工过程合起来组成混合班组，则施工过程可划分得少一些。劳动量较大的应实行专业班组，则施工过程可分得多一些。

(4) 施工过程内容和工作范围

拟建工程的完成一般均需要经过制备、运输及砌筑安装三个阶段，而实际中常常只对场内的砌筑安装阶段，即实体的施工过程进行划分，对场外劳动内容即制备及运输的施工过程则不划入流水施工过程。

在划分施工过程时，只有那些对工程施工具有直接影响的施工内容才予以考虑并组织在流水之中。施工过程应根据计划的需要确定其粗细程度，它既可以是一个个工序，也可以是一项项分项工程，还可以是它们的组合。组织流水的施工过程如果各由一个专业队（组）施工，则施工过程数和专业队数相等。若由几个专业队共同负责完成一个施工过程或一个专业队完成几个施工过程，此时施工过程数与专业队数便不相等。计算时可以用 n 表示施工过程数，用 n_1 表示专业队数。

对工期影响最大的，或对整个流水施工起决定性作用的施工过程（工程量大，需配备大型机械），称为主导施工过程。划分施工过程以后，首先应甄别主导施工过程，以便抓住流水施工的关键环节。

2. 空间参数

空间参数是指在组织流水施工时，用以表达流水施工在空间布置上所处状态的参数。空间参数包括工作面、施工段和施工层三种。

(1) 工作面

某专业工种的工人在从事建筑产品生产加工过程中，必须具备一定的活动空间，这个活动空间就称为工作面。

(2) 施工段

为了有效地组织流水施工，通常把拟建工程项目在平面上划分成若干个劳动量大致相等的施工段落，这些施工段落称为施工段。施工段的数目，通常用 m 表示。

施工段划分的原则：

① 专业工作队在各个施工段上的劳动量要大致相等，以便组织节奏流水，使施工连续、均衡、有节奏地进行。

② 对多层或高层建筑物，施工段的数目要满足合理流水施工组织的要求，即 $m \geqslant n$。施工段数应与主导施工过程相协调，以主导施工过程为主形成工艺组合。多层工程的工艺组

合数应等于或小于每层的施工段数,分段不宜过多,过多可能会延长工期或使工作面狭窄;过少则无法组织流水,使劳动力或机械设备窝工。

③ 为了充分发挥工人、主导施工机械的生产效率,每个施工段要有足够的工作面。以机械为主的施工对象还应考虑机械台班能力的发挥。混合结构、大模板现浇混凝土结构、全装配结构等工程的分段大小,都应考虑吊装机械能力的充分利用。

④ 为了保证拟建工程项目结构整体的完整性,施工段的分界线应尽可能与结构的自然界线相一致。

⑤ 对于多层的拟建工程项目,既要划分施工段,又要划分施工层。

(3) 施工层

在组织流水施工时,为了满足专业工作队对操作高度和施工工艺的要求,将拟建工程项目在竖向上划分为若干个操作层,这些操作层称为施工层。施工层一般用 r 来表示。施工层的划分,要根据工程项目的具体情况,如建筑物的高度、楼层等来确定。

3. 时间参数

时间参数是指在组织流水施工时,用以表达流水施工在时间排序上所处状态的参数。时间参数主要包括流水节拍、流水步距。

(1) 流水节拍

在组织流水施工时,每个专业工作队在各个施工段上完成相应的施工任务所需的工作延续时间。流水节拍数值的确定参见上一节中项目活动持续时间的估计方法。

(2) 流水步距

在组织流水施工时,相邻两个专业工作队在保证施工顺序、满足连续施工、最大限度地搭接和保证工程质量要求的条件下,相继投入施工的最小时间间隔,称为流水步距。流水步距用 $K_{j,\,j+1}$ 来表示。流水步距与工期的关系见图4-9。

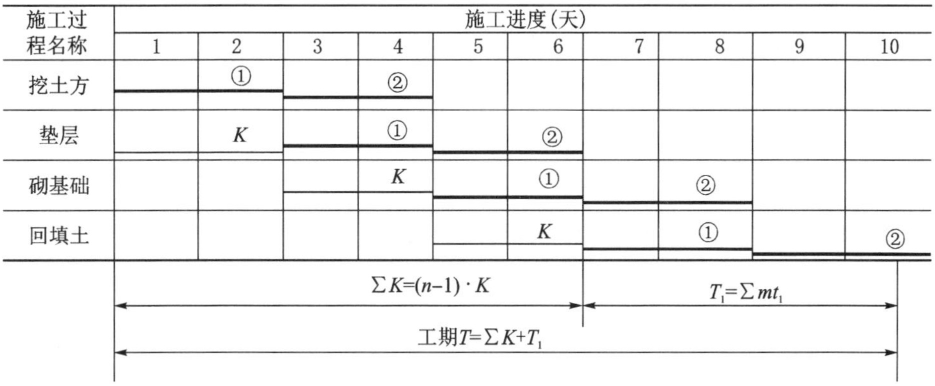

施工过程名称	施工进度(天)									
	1	2	3	4	5	6	7	8	9	10
挖土方		①		②						
垫层		K		①		②				
砌基础					K		①		②	
回填土							K		①	②

$\sum K=(n-1)\cdot K$ $T_1=\sum mt_1$

工期 $T=\sum K+T_1$

图4-9 流水步距与工期的关系

确定流水步距的原则:

① 流水步距要满足相邻两个专业工作队在施工顺序上的相互制约关系;

② 流水步距要保证各专业工作队连续作业;

③ 流水步距要保证相邻两个专业工作队在开始作业的时间上最大限度地合理搭接;

④ 流水步距的确定要保证工程质量,满足安全生产。

(3) 平行搭接时间

在组织流水施工时,有时为了缩短工期,在工作面允许的条件下,前一个专业工作队完成部分施工任务后,提前为后一个专业工作队提供了工作面,使后者提前进入前一个施工段,两者在同一施工段上平行搭接施工。这个搭接的时间称为平行搭接时间,通常用 $C_{j,j+1}$ 来表示。

(4) 技术间歇时间

在组织流水施工时,除要考虑相邻专业工作队之间的流水步距外,有时根据建筑材料或现浇构件等的工艺性质,还要考虑合理的工艺等待时间,这个等待时间称为技术间歇时间,常用 $Z_{j,j+1}$ 来表示。

(5) 组织间歇时间

由于施工组织的原因,造成的间歇时间称为组织间歇时间。如墙体砌筑前的墙体位置弹线,施工人员、机械设备转移,回填土前地下管道检查验收等,组织间歇时间用 $G_{j,j+1}$ 来表示。

4.4.3 流水施工的基本方式

流水施工根据各施工过程时间参数的不同特点,可以分为等节拍专业流水、异节拍专业流水和无节奏专业流水等几种基本方式。

1. 等节拍专业流水

等节拍专业流水是指在组织流水施工时,所有的施工过程在各个施工段上的流水节拍彼此相等,也称固定节拍流水或全等节拍流水或同步距流水。它是一种最理想的流水施工组织方式。

(1) 基本特点

① 流水节拍彼此相等。

如果有 n 个施工过程,流水节拍为 t_i,则

$$t_1 = t_2 = \cdots = t_i = \cdots = t_{n-1} = t_n = t(常数)$$

② 流水步距彼此相等,而且等于流水节拍,即

$$K_{j,j+1} = t$$

③ 每个专业工作队都能够连续施工,施工段之间没有空闲时间。

④ 专业工作队数(n_1)等于施工过程数(n)。

(2) 组织步骤

① 确定施工顺序,分解施工过程。

② 确定施工起点流向,划分施工段。

划分施工段时,其数目 m 的确定过程如下:

a. 无层间关系或无施工层时,可取 $m=n$。

b. 有层间关系或施工层时,施工段数目分下面两种情况:

无技术和组织间歇时,取 $m=n$。

有技术和组织间歇时,为了保证专业工作队能够连续施工,应取 $m>n$,每层的施工段数 m 可按如下公式确定:

$$m = n + \frac{\sum Z_1}{K} + \frac{Z_2}{K}$$

式中，$\sum Z_1$——同一个楼层内各施工过程间的技术、组织间歇时间之和；

Z_2——楼层间技术、组织间歇时间。

③ 根据等节拍专业流水要求，确定流水节拍 t 的数值。

④ 确定流水步距 $K=t$。

⑤ 计算流水施工的工期。

a. 不分施工层时，工期计算公式为：

$$T = (m+n-1) \cdot K + \sum Z_{j,j+1} + \sum G_{j,j+1} - \sum C_{j,j+1}$$

b. 分施工层时，工期计算公式为：

$$T = (m \cdot r + n - 1) \cdot K + \sum Z_1 - \sum C_{j,j+1}$$

式中，$\sum Z_1$——同一个楼层内各施工过程间的技术、组织间歇时间之和；

r——施工层数。

⑥ 绘制流水施工进度图。

(3) 应用举例

【例 4-4】 某分部工程由 A、B、C、D 四个分项工程组成，流水节拍均为 2 d，无技术、组织间歇时间。试确定流水步距，计算工期并绘制流水施工进度表。

【解】 由已知条件 $t_i = t = 2$ 可知，本分部工程宜组织等节拍专业流水。

由等节拍专业流水的特点知：

流水步距 $K = t = 2$ d，

工期 $T = (m+n-1) \cdot K = (4+4-1) \times 2 = 14$ (d)

绘制流水施工进度图，如图 4-10 所示。

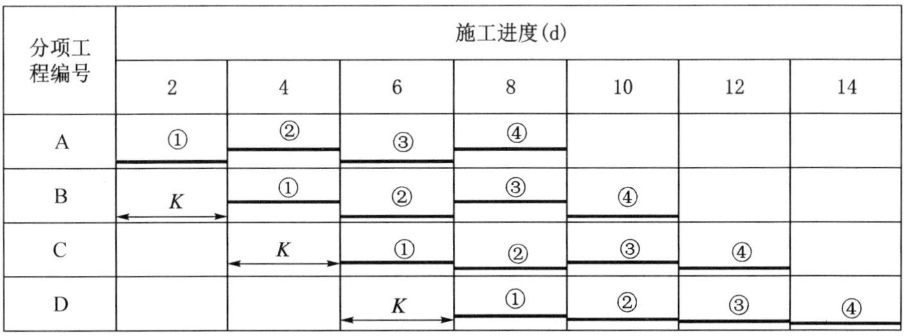

分项工程编号	施工进度(d)						
	2	4	6	8	10	12	14
A	①	②	③	④			
B	K	①	②	③	④		
C		K	①	②	③	④	
D			K	①	②	③	④

图 4-10 [例 4-4]等节拍专业流水施工进度图

【例 4-5】 某项目由 A、B、C、D 四个施工过程组成，划分为两个施工层组织流水施工。施工过程 B 完成后需养护 1 d，下一个施工过程才能施工，层间技术间歇为 1 d，流水节拍均为 1 d。为了保证工作队连续作业，试确定施工段数，计算工期，绘制流水施工进度表。

【解】 由已知条件 $t_i=t=1$ d,可知:

流水步距 $K=t=1$ d。

因项目施工时分两个施工层,其施工段数 m 为:

$$m = n + \frac{\sum Z_1}{K} + \frac{Z_2}{K} = 4 + 1/1 + 1/1 = 6(段)$$

计算工期 T 为:

$$T = (m \cdot r + n - 1) \cdot K + \sum Z_1 - \sum C_{j,j+1} = (6 \times 2 + 4 - 1) \times 1 + 1 - 0 = 16 \text{ (d)}$$

绘制流水施工进度图,如图 4-11 所示。

施工层	施工过程编号	施工进度(d)															
		1	2	3	4	5	6	7	8	9	10	11	12	13	14	15	16
1	A	①	②	③	④	⑤	⑥										
	B		①	②	③	④	⑤	⑥									
	C			①	②	③	④	⑤	⑥								
	D					①	②	③	④	⑤	⑥						
2	A							①	②	③	④	⑤	⑥				
	B								①	②	③	④	⑤	⑥			
	C										①	②	③	④	⑤	⑥	
	D											①	②	③	④	⑤	⑥

图 4-11 分层并有技术、组织间歇时间的等节拍专业流水

2. 异节拍专业流水

异节拍专业流水是指在组织流水施工时,同一施工过程在各施工段上的流水节拍彼此相等,不同施工过程在同一施工段上的流水节拍彼此不等,但均为某一常数的整数倍的流水施工组织方式,也称为成倍节拍专业流水。

(1) 基本特点

① 同一施工过程在各施工段上的流水节拍彼此相等,不同的施工过程在同一施工段上的流水节拍彼此不等,但均为某一常数的整数倍;

② 流水步距彼此相等,且等于各施工过程流水节拍的最大公约数;

③ 各专业工作队能够保证连续施工,施工段没有空闲;

④ 专业工作队数大于施工过程数,即 $n_1 > n$。

(2) 组织步骤

① 确定施工顺序,分解施工过程。

② 确定施工起点、流向,划分施工段。

划分施工段时,其数目 m 的确定过程如下:

① 不分施工层时，可按划分施工段的原则确定。

② 分施工层时，每层的施工段数可按下式确定：

$$m = n_1 + \frac{\max \sum Z_1}{K_b} + \frac{\max Z_2}{K_b}$$

式中，m——施工段数；

n_1——专业施工队数；

$\sum Z_1$——同一个楼层内各施工过程的技术、组织间歇时间之和；

Z_2——楼层间技术、组织间歇时间；

K_b——等步距的异节拍流水的流水步距。

③ 按异节拍专业流水确定流水节拍。

④ 确定流水步距，按下式计算：

$$K_b = 最大公约数\{t_1, t_2, \cdots, t_n\}$$

⑤ 确定专业工作队数：

$$b_j = \frac{t_j}{K_b}$$

$$n_1 = \sum_{j=1}^{n} b_j$$

式中，b_j——第 j 个施工过程所要组织的专业施工队数；

t_j——第 j 个施工过程在各施工段上的流水节拍；

K_b——等步距的异节拍流水的流水步距；

j——施工过程编号，$1 \leqslant j < n$；

n_1——专业施工队数。

⑥ 计算总工期：

$$T = (m \cdot r + n_1 - 1) \cdot K_b + \sum Z_1 - \sum C_{j, j+1}$$

式中，r——施工层数。

⑦ 绘制施工进度图表。

（3）应用举例

【例 4-6】 某项目由 A、B、C 三个施工过程组成，流水节拍分别为 2 d、6 d、4 d，试组织等步距的异节拍专业流水施工。

【解】 由已知确定流水步距 $K_b =$ 最大公约数$\{2, 6, 4\} = 2$ d

计算专业工作队数 n_1 为：

$$n_1 = \sum_{j=1}^{n} b_j = \frac{2}{2} + \frac{6}{2} + \frac{4}{2} = 6（个）$$

为了使各专业工作队都能连续工作，取：

$$m = n_1 = 6 段$$

计算工期 T 为：

$$T = (m \cdot r + n_1 - 1) \cdot K_b + \sum Z_1 - \sum C_{j,j+1} = (6-1) \times 2 + 3 \times 4 = 22 \text{ d}$$

绘制流水施工进度图如图 4-12 所示。

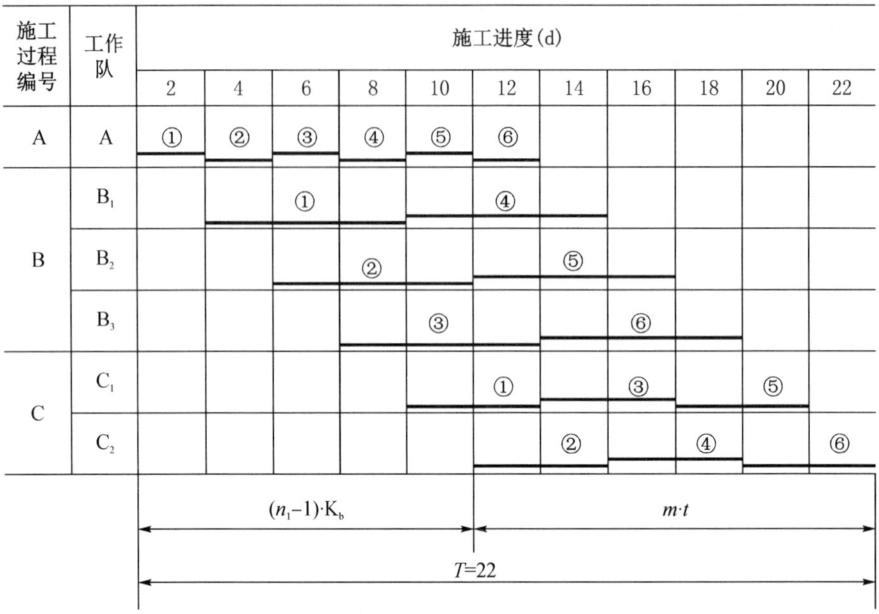

施工过程编号	工作队	施工进度(d)										
		2	4	6	8	10	12	14	16	18	20	22
A	A	①	②	③	④	⑤	⑥					
B	B_1			①			④					
	B_2				②			⑤				
	B_3					③			⑥			
C	C_1						①		③		⑤	
	C_2							②		④		⑥

图 4-12 等步距异节拍专业流水施工进度图

【例 4-7】 某两层现浇钢筋混凝土工程，施工过程分为安装模板、绑扎钢筋和浇筑混凝土。已知每段每层各施工过程流水节拍分别为：$t_{模} = 2 \text{ d}$，$t_{扎} = 2 \text{ d}$，$t_{混} = 1 \text{ d}$。当安装模板专业工作队转移到第二层的第一施工段时，需待第一层第一段的混凝土养护 1 d 后才能进行。在保证各专业工作队连续施工的条件下，绘出流水施工进度图。

【解】 由已知条件可知，本工程宜采用等步距异节拍专业流水。确定流水步距得：

$$K_b = 最大公约数\{2, 2, 1\} = 1 \text{ d}$$

计算专业工作队数 n_1 为：

$$n_1 = \sum_{j=1}^{n} b_j = \frac{2}{1} + \frac{2}{1} + \frac{1}{1} = 5（个）$$

为了使各专业工作队都能连续工作，取：

$$m = n_1 + \frac{\max \sum Z_1}{K_b} = 5 + 1 = 6（段）$$

计算工期 T 为：

$$T = (m \cdot r + n_1 - 1) \cdot K_b + \sum Z_1 - \sum C_{j,j+1}$$
$$= (2 \times 5 - 1) \times 1 + 6 \times 1 + 1 = 16 \text{ (d)}$$

绘制流水施工进度图如图4-13所示。

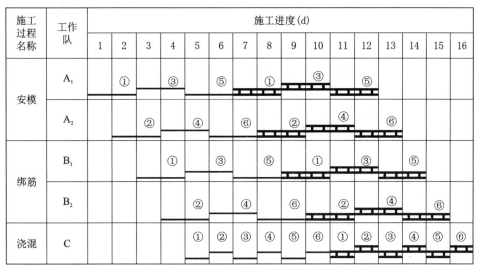

图4-13 流水施工进度图

3. 无节奏专业流水

在实际施工中,通常每个施工过程在各个施工段上的工程量彼此不等,各专业工作的生产效率相差较大,导致大多数的流水节拍也彼此不相等,不可能组织等节拍专业流水或异节拍专业流水。在这种情况下,往往利用流水施工的基本概念,在保证施工工艺满足施工顺序要求的前提下,按照一定的计算方法,确定相邻专业工作队之间的流水步距,使其在开工时间上最大限度地、合理地搭接起来,每个专业工作队都能够连续作业。这种流水施工方式称为无节奏专业流水,也称分别流水。

(1) 基本特点

① 每个施工过程在各个施工段上的流水节拍不尽相等。

② 在多数情况下,流水步距彼此不相等,而且流水步距与流水节拍二者之间存在着某种函数关系。

③ 各专业工作队都能够连续施工,个别施工段可能有空闲。

④ 专业工作队数等于施工过程数,即 $n_1 = m$。

(2) 组织步骤

① 确定施工顺序,分解施工过程。

② 确定施工起点、流向,划分施工段。

③ 确定各施工过程在各个施工段上的流水节拍。

④ 确定相邻两个专业工作队的流水步距。

⑤ 计算流水施工的计划工期。

⑥ 绘制流水施工进度图。

4.4.4 流水施工网络计划方法

利用网络图的形式表达一项工程中各项工作的先后顺序及逻辑关系,经过计算分析,找出关键工作和关键线路,并按照一定目标使网络计划不断完善,以选择最优方案;在计划执行过程中进行有效的控制和调整,力求以较小的消耗取得最佳的经济效益和社会效益。

网络计划优点是把施工过程中的各有关工作组成了一个有机的整体,能全面而明确地反映出各项工作之间的相互制约和相互依赖的关系。可以进行各种时间参数的计算,能在工作繁多、错综复杂的计划中找出影响工程进度的关键工作和关键线路,便于管理人员抓住主要矛盾,集中精力确保工期,避免盲目抢工。通过对各项工作机动时间(时差)的计算,可以更好地运用和调配人员与设备,节约人力、物力,达到降低成本的目的;在计划执行过程中,当某一项工作因故提前或拖后时,能从网络计划中预见到它对其后续工作及总工期的影响程度,便于采取措施;可利用计算机进行计划的编制、计算、优化和调整。

【例4-8】 某项目经理部拟承建一工程,基础为条形,包括挖基槽(Ⅰ)、做垫层(Ⅱ)、砌筑基础(Ⅲ)、回填土(Ⅳ)四个施工过程。施工时在平面上划分成三个施工段,每个施工过程在各个施工段上的流水节拍见表4-2。规定施工过程砌筑基础(Ⅲ)完成后,其相应施工段要养护1周,施工过程间不允许搭接施工,试编制施工进度横道图,并绘制双代号网络图(不考虑养护1周)。

表4-2 各施工过程在各施工段上的流水节拍

施工段过程	施工过程			
	Ⅰ	Ⅱ	Ⅲ	Ⅳ
	流水节拍(d)			
①	3	3	5	2
②	3	3	5	2
③	3	3	5	2

【解】

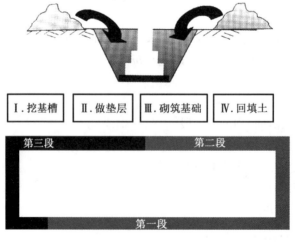

(a) 条形基础施工

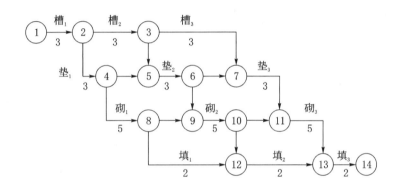

(b) 横道图

(c) 双代号网络图

图 4-14 ［例 4-8］施工进度横道图及双代号网络图

第5章 建设工程施工质量控制

建设工程质量是实现建设工程功能与效果的基本要素。要进行有效的工程质量控制,必须熟悉工程质量形成过程及其影响因素,了解工程质量管理的制度,掌握建设工程参与主体单位的工程质量责任。建设工程质量不仅关系到建设工程的适用性、可靠性、耐久性和建设项目的投资效益,而且直接关系到人民群众生命和财产的安全。切实加强建设工程施工质量管理,正确处理可能发生的工程质量事故,保证工程质量达到预期目标,是建设工程施工的主要任务之一。

(1) 适用性,是指工程满足使用目的的各种性能,包括理化性能、结构性能、使用性能、外观性能。

(2) 可靠性,是指工程在规定的时间和规定的条件下完成规定功能的能力,即工程项目具有坚实稳固,以承担它负载的人和物的质量,以及满足抗风和抗震的要求的属性等。

(3) 耐久性,是指工程在规定的条件下,满足规定功能要求使用的年限,也就是工程竣工后的合理使用寿命周期。

(4) 安全性,是指工程建成后在使用过程中保证结构安全,保证人身和环境免受危害的程度。

(5) 经济性,是指工程从规划、勘察、设计、施工到整个产品使用寿命周期内成本和消耗的费用。工程经济性具体表现为设计成本、施工成本、使用成本三者之和,即工程项目在形成中和交付使用后的全寿命周期经济节约属性,如工程项目建设成本低,使用中节省能源和维护修理费用低等。

(6) 与环境的协调性,是指工程与其周围生态环境协调,与所在地区经济环境协调及与周围已建工程相协调,以适应可持续发展的要求。

5.1 施工质量管理与施工质量控制

质量管理需满足明示的、通常隐含的或必须履行的需求或期望,包括达到发包人、相关方满意以及法律法规、技术标准和产品的质量要求。

5.1.1 施工质量的基本要求

1. 质量与施工质量

我国标准《质量管理体系 基础和术语》(GB/T 19000—2016)关于质量的定义是:客体的一组固有特性满足要求的程度。该定义可理解为:质量不仅是指产品的质量,也包括产品生产活动或过程的工作质量,还包括质量管理体系运行的质量;质量由一组固有的特性来表征,这些固有特性是指满足顾客和其他相关方要求的特性,以其满足要求的程度来衡量。而质量要求是指明示的、隐含的或必须履行的需要和期望,这些要求又是动态的、发展的和相对的。

施工质量是指建设工程施工活动及其产品的质量,即通过施工使工程的固有特性满足建设单位需要并符合国家法律、行政法规和技术标准规范的要求,包括在安全、使用功能、耐久性、环境保护等方面满足所有明示和隐含的需要和期望的能力的特性总和。

2. 施工质量要达到的基本要求

施工质量要达到的最基本要求是:施工建成的工程实体按照国家《建筑工程施工质量验收统一标准》(GB 50300—2013)及相关专业验收规范检查验收合格。建筑工程施工质量验收合格应符合下列规定:

(1) 符合工程勘察、设计文件的要求。

(2) 符合上述标准和相关专业验收规范的规定。

上述规定(1)是要符合勘察、设计对施工提出的要求。工程勘察、设计单位针对本工程的水文地质条件,根据建设单位的要求,从技术和经济结合的角度,为满足工程的使用功能和安全性、经济性、与环境的协调性等要求,以图纸、文件的形式对施工提出要求,是针对每个工程项目的个性化要求。这个要求可以归结为"按图施工"。

规定(2)是要符合国家法律、法规的要求。国家建设主管部门为了加强建筑工程质量管理,规范建筑工程施工质量的验收,保证工程质量,制定相应的标准和规范。这些标准、规范主要是从技术的角度,为保证房屋建筑各专业工程的安全性、可靠性、耐久性而提出的一般性要求。这个要求可以归结为"依法施工"。

施工质量在合格的前提下,还应符合施工承包合同约定的要求。施工承包合同的约定具体体现了建设单位的要求和施工单位的承诺,全面反映了对施工形成的工程实体在适用性、安全性、耐久性、可靠性、经济性和与环境的协调性等六个方面的质量要求。为了达到上述要求,施工单位必须建立完善的质量管理体系,并努力提高该体系的运行质量,对影响施工质量的各项因素实行有效的控制,以保证施工过程的工作质量来保证施工形成的工程实体的质量。

5.1.2 影响施工质量的主要因素

影响工程的因素很多,但归纳起来主要有五个方面,即人(Man)、材料(Material)、机械(Machine)、方法(Method)和环境(Environment),简称 4M1E。

项目管理机构应通过对人员、机具、材料、方法、环境要素的全过程管理,确保工程质量满足质量标准和相关方要求。

1. 人员素质

人是生产经营活动的主体,也是工程项目建设的决策者、管理者、操作者,工程建设的规划、决策、勘察、设计、施工与竣工验收等全过程,都是通过人的工作来完成的。人员的素质,即人的文化水平、技术水平、决策能力、管理能力、组织能力、作业能力、控制能力、身体素质及职业道德等,都将直接和间接地对规划、决策、勘察、设计和施工的质量产生影响,而规划是否合理,决策是否正确,设计是否符合所需要的质量功能,施工能否满足合同、规范、技术标准的需要等,都将对工程质量产生不同程度的影响。人员素质是影响工程质量的一个重要因素。因此,建筑行业实行资质管理和各类专业从业人员持证上岗制度是保证人员素质的重要管理措施。

2. 工程材料

工程材料是指构成工程实体的各类建筑材料、构配件、半成品等,它是工程建设的物质条件,是工程质量的基础。工程材料的选用是否合理、产品是否合格、材质是否经过检验、保管使用是否得当等,都将直接影响建设工程的结构刚度和强度,影响工程外表及观感,影响工程的使用功能,影响工程的使用安全。

3. 机械设备

机械设备可分为两类:一类是指组成工程实体及配套的工艺设备和各类机具,如电梯、泵机、通风设备等,它们构成了建筑设备安装工程或工业设备安装工程,形成完整的使用功能;另一类是指施工过程中使用的各类机具设备,包括大型垂直与横向运输设备、各类操作工具、各种施工安全设施、各类测量仪器和计量器具等,简称施工机具设备,它们是施工生产的手段。施工机具设备对工程质量也有重要的影响。工程所用机具设备,其产品质量优劣直接影响工程使用功能质量。施工机具设备的类型是否符合工程施工特点,性能是否先进稳定,操作是否方便安全等,都将会影响工程项目的质量。

4. 方法

方法是指工艺方法、操作方法和施工方案。在工程施工中,施工方案是否合理,施工工艺是否先进,施工操作是否正确,都将对工程质量产生重大的影响。采用新技术、新工艺、新方法,不断提高工艺技术水平,是保证工程质量稳定提高的重要因素。

5. 环境条件

环境条件是指对工程质量特性起重要作用的环境因素,包括工程技术环境,如工程地质、水文、气象等;工程作业环境,如施工环境作业面大小、防护设施、通风照明和通信条件等;工程管理环境,主要指工程实施的合同环境与管理关系的确定,组织体制及管理制度等;周边环境,如工程邻近的地下管线、建(构)筑物等。环境条件往往对工程质量产生特定的影响。加强环境管理,改进作业条件,把握好技术环境,辅以必要的措施,是控制环境对质量影响的重要保证。

5.1.3 施工质量管理、控制的特点与责任

1. 施工质量管理、控制

(1) 质量管理与施工质量管理

质量管理就是关于质量的管理,是在质量方面指挥和控制组织的协调活动,可包括制定质量方针和质量目标,以及通过质量策划、质量保证、质量控制和质量改进实现这些质量目标的过程。所以,质量管理就是确定和建立质量方针、质量目标及职责,并在质量管理体系中通过质量策划、质量控制、质量保证和质量改进等手段来实施和实现全部质量管理职能的所有活动。施工质量管理是指在工程项目施工安装和竣工验收阶段,指挥和控制施工组织关于质量的相互协调的活动,是工程项目施工围绕着使施工产品质量满足质量要求,而开展的策划、组织、计划、实施、检查、监督和审核等所有管理活动的总和。它是工程项目施工各级职能部门领导的共同职责,而工程项目施工的最高领导即施工项目经理应负全责。施工项目经理必须调动与施工质量有关的所有人员的积极性,共同做好本职工作,才能完成施工质量管理的任务。

(2) 质量控制与施工质量控制

根据《质量管理体系 基础和术语》(GB/T 19000—2016)的定义,质量控制是质量管理的一部分,致力于满足质量要求。施工质量控制是在明确的质量方针指导下,通过对施工方

案和资源配置的计划、实施、检查和处置,为了实现施工质量目标而进行的事前控制、事中控制和事后控制的系统过程。

2. 工程质量的特点

建设工程质量的特点是由建设工程本身和建设生产的特点决定的。建设工程(产品)及其生产的特点:一是产品的固定性,生产的流动性;二是产品的多样性,生产的单件性;三是产品形体庞大、高投入、生产周期长、具有风险性;四是产品的社会性,生产的外部约束性。正是由于上述建设工程的特点而形成了工程质量本身的以下特点。

(1) 影响因素多

建设工程质量受到多种因素的影响,如决策、设计、材料、机具设备、施工方法、施工工艺、技术措施、人员素质、工期、工程造价等,这些因素直接或间接地影响工程项目质量。

(2) 质量波动大

由于建筑生产的单件性、流动性,不像一般工业产品的生产那样,有固定的生产流水线、有规范化的生产工艺和完善的检测技术、有成套的生产设备和稳定的生产环境,所以工程质量容易产生波动且波动较大。同时由于影响工程质量的偶然性因素和系统性因素比较多,其中任一因素发生变动,都会使工程质量产生波动。如材料规格品种使用错误、施工方法不当、操作未按规程进行、机械设备过度磨损或出现故障、设计计算失误等,都会发生质量波动,产生系统因素的质量变异,造成工程质量事故。为此,要严防出现系统性因素的质量变异,要把质量波动控制在偶然性因素范围内。

(3) 质量隐蔽性

建设工程在施工过程中,分项工程交接多、中间产品多、隐蔽工程多,因此质量存在隐蔽性。若在施工中不及时进行质量检查,事后只能从表面上检查,就很难发现内在的质量问题,这样就容易产生判断错误,即将不合格品误认为合格品。

(4) 终检的局限性

工程项目建成后不可能像一般工业产品那样依靠终检来判断产品质量,或将产品拆卸、解体来检查其内在质量,或对不合格零部件进行更换。而工程项目的终检(竣工验收)无法进行工程内在质量的检验,发现隐蔽的质量缺陷。因此,工程项目的终检存在一定的局限性。这就要求工程质量控制应以预防为主,防患于未然。

(5) 评价方法的特殊性

工程质量的检查评定及验收是按检验批、分项工程、分部工程、单位工程进行的。检验批的质量是分项工程乃至整个工程质量检验的基础,检验批合格质量主要取决于主控项目和一般项目检验的结果。隐蔽工程在隐蔽前要检查合格后验收,涉及结构安全的试块、试件以及有关材料,应按规定进行见证取样检测,涉及结构安全和使用功能的重要分部工程要进行抽样检测。工程质量是在施工单位按合格质量标准自行检查评定的基础上,由项目监理机构组织有关单位、人员进行检验确认验收。这种评价方法体现了"验评分离、强化验收、完善手段、过程控制"的指导思想。

3. 施工质量控制的责任

施工单位应当建立质量责任制,确定工程项目的项目经理、技术负责人和施工管理负责人。施工单位项目经理应当按照经审查合格的施工图设计文件和施工技术标准进行施工,对因施工导致的工程质量事故或质量问题承担责任。建筑施工项目经理必须对工程项目施工质量安全负全责;其质量终身责任,是指参与新建、扩建、改建的施工单位项目经理按照国家法律法规和有关规定,在工程设计使用年限内对工程质量承担相应责任。

工程质量终身责任实行书面承诺和竣工后永久性标牌等制度。符合下列情形之一的,县级以上地方人民政府住房和城乡建设主管部门应当依法追究项目负责人的质量终身责任:

(1) 发生工程质量事故;
(2) 发生投诉、举报、群体性事件、媒体报道并造成恶劣社会影响的严重工程质量问题;
(3) 由于勘察、设计或施工原因造成尚在设计使用年限内的建筑工程不能正常使用;
(4) 存在其他需追究责任的违法违规行为。

发生上述情形之一的,对施工单位项目经理按以下方式进行责任追究:

(1) 项目经理为相关注册执业人员的,责令停止执业1年;造成重大质量事故的,吊销执业资格证书,5年内不予注册;情节特别恶劣的,终身不予注册;
(2) 构成犯罪的,移送司法机关依法追究刑事责任;
(3) 处单位罚款数额5%以上10%以下的罚款;
(4) 向社会公布曝光。

5.1.4 工程质量控制主体和原则

1. 工程质量控制主体

工程质量控制贯穿于工程项目实施的全过程,其侧重点是按照既定目标、准则、程序,使产品和过程的实施保持受控状态,预防不合格品的发生,持续稳定地生产合格品。

工程质量控制按其实施主体不同,分为自控主体和监控主体,前者是指直接从事质量职能的活动者,后者是指对他人质量能力和效果的监控者。主要包括以下五个方面:

(1) 政府的工程质量控制。政府属于监控主体,它主要是以法律法规为依据,通过抓工程报建、施工图设计文件审查、施工许可、材料和设备准用、工程质量监督、工程竣工验收备案等主要环节实施监控。

(2) 建设单位的工程质量控制。建设单位属于监控主体,工程质量控制按工程质量形成过程,建设单位的质量控制包括建设全过程各阶段:

① 决策阶段的质量控制,主要是通过项目的可行性研究,选择最佳建设方案,使项目的质量要求符合业主的意图,并与投资目标相协调,与所在地区环境相协调。

② 工程勘察设计阶段的质量控制,主要是要选择好勘察设计单位,要保证工程设计符合决策阶段确定的质量要求,保证设计符合有关技术规范和标准的规定,要保证设计文件、图纸符合现场和施工的实际条件,其深度能满足施工的需要。

③ 工程施工阶段的质量控制,一是择优选择能保证工程质量的施工单位,二是择优选择服务质量好的监理单位,委托其严格监督施工单位按设计图纸进行施工,并形成符合合同文件规定质量要求的最终建设产品。

(3) 工程监理单位的质量控制。工程监理单位属于监控主体,主要是受建设单位的委托,根据法律法规、工程建设标准、勘察设计文件及合同,制定和实施相应的监理措施。

(4) 勘察设计单位的质量控制。勘察设计单位属于自控主体,它是以法律、法规及合为依据,对勘察设计的整个过程进行控制,包括工作质量和成果文件质量的控制,确保提交的勘察设计文件所包含的功能和使用价值,满足建设单位工程建造的要求。

(5) 施工单位的质量控制。施工单位属于自控主体,它是以工程合同、设计图纸和技术规范为依据,对施工准备阶段、施工阶段、竣工验收交付阶段等施工全过程的工作质量和工程质量进行控制,以达到施工合同文件规定的质量要求。

2. 工程质量控制原则

项目监理机构在工程质量控制过程中,应遵循以下几条原则:

(1) 坚持质量第一的原则

建设工程质量不仅关系工程的适用性和建设项目投资效果,而且关系到人民群众生命财产的安全。所以,项目监理机构在进行投资、进度、质量三大目标控制时,在处理三者关系时,应坚持"百年大计,质量第一",在工程建设中自始至终把"质量第一"作为对工程质量控制的基本原则。

(2) 坚持以人为核心的原则

人是工程建设的决策者、组织者、管理者和操作者。工程建设中各单位、各部门、各岗位人员的工作质量水平和完善程度,都直接和间接地影响工程质量。所以在工程质量控制中,要以人为核心,重点控制人的素质和人的行为,充分发挥人的积极性和创造性,以人的工作质量保证工程质量。

(3) 坚持预防为主的原则

工程质量控制应该是积极主动的,应事先对影响质量的各种因素加以控制,而不能是消极被动的,等出现质量问题再进行处理,会造成不必要的损失。所以,要重点做好质量的事先控制和事中控制,以预防为主,加强过程和中间产品的质量检查和控制。

(4) 以合同为依据,坚持质量标准的原则

质量标准是评价产品质量的尺度,工程质量是否符合合同规定的质量标准要求,应通过质量检验并与质量标准对照。符合质量标准要求的才合格,不符合质量标准要求的就不合格,必须返工处理。

(5) 坚持科学、公平、守法的职业道德规范

在工程质量控制中,项目监理机构必须坚持科学、公平、守法的职业道德规范,要尊重科学,尊重事实,以数据资料为依据,客观、公平地进行质量问题的处理;要坚持原则,遵纪守法,秉公监理。

5.2 施工质量管理体系及制度

质量管理体系是为了实现质量管理目标而建立的组织结构、职责、过程、资源、方法的有机整体。质量管理体系是围绕工程产品质量管理需要建立的。

5.2.1 确定项目质量体系及创优目标

工程开工前需根据工程合同、工程特点、体量、规模及企业自身经营发展理念等确定项目创优的目标。项目质量创优的工程还应符合优质工程申报条件。

项目质量创优需注重事前策划、细部处理、深化设计和技术创新。施工质量策划确定项

目施工质量目标、措施和主要技术管理程序,同时制定施工分项分部工程的质量控制标准,为施工质量提供控制依据。

项目质量创优不是组织必须实施的工作,是组织根据合同要求或组织的承诺实施的一种特殊质量管理行为,其工程质量结果一般应高于国家规定的合格标准。

项目质量创优控制宜符合下列规定:①明确质量创优目标和创优计划;②精心策划和系统管理;③制定高于国家标准的控制准则。

1. 质量保证体系的内涵和作用

质量保证体系是为了保证某项产品或某项服务能满足给定的质量要求的体系,包括质量方针和目标,以及为实现目标所建立的组织结构系统、管理制度办法、实施计划方案和必要的物质条件组成的整体。质量保证体系的运行包括该体系全部有目标、有计划的系统活动。在工程项目施工中,完善的质量保证体系是满足用户质量要求的保证。施工质量保证体系通过对那些影响施工质量的要素进行连续评价,对建筑、安装、检验等工作进行检查,并提供证据。质量保证体系是企业内部的一种系统的技术和管理手段;在合同环境中,施工质量保证体系可以向建设单位(业主)证明,施工单位具有足够的管理和技术上的能力,保证全部施工是在严格的质量管理中完成的,从而取得建设单位(业主)的信任。

2. 施工质量保证体系的内容

工程项目的施工质量保证体系以控制和保证施工产品质量为目标,从施工准备、施工生产到竣工投产的全过程,运用系统的概念和方法,在全体人员的参与下,建立一套严密、协调、高效的全方位的管理体系,从而实现工程项目施工质量管理的制度化、标准化。其内容主要包括以下几个方面:

(1) 项目施工质量目标

项目施工质量保证体系必须要有明确的质量目标,并符合项目质量总目标的要求;要以工程承包合同为基本依据,逐级分解目标以形成在合同环境下的各级质量目标。项目施工质量目标的分解主要从两个角度展开,即从时间角度展开,实施全过程的控制;从空间角度展开,实现全方位和全员的质量目标管理。

(2) 项目施工质量计划

项目施工质量保证体系应有可行的质量计划。质量计划应根据企业的质量手册和项目质量目标来编制。工程项目施工质量计划可以按内容分为施工质量工作计划和施工质量成本计划。施工质量工作计划主要内容包括:质量目标的具体描述和对整个项目施工质量形成的各工作环节的责任和权限的定量描述;采用的特定程序、方法和工作指导书;重要工序(工作)的试验、检验、验证和审核大纲;质量计划修订程序;为达到质量目标所采取的其他措施。施工质量成本计划是规定最佳质量成本水平的费用计划,是开展质量成本管理的基准。质量成本可分为运行质量成本和外部质量保证成本。运行质量成本是指为运行质量体系达到和保持规定的质量水平所支付的费用,包括预防成本、鉴定成本、内部损失成本和外部损失成本。外部质量保证成本是指依据合同要求向顾客提供所需要的客观证据所支付的费用,包括特殊的和附加的质量保证措施、程序、数据、检测试验和评定的费用。

(3) 思想保证体系

思想保证体系是项目施工质量保证体系的基础。该体系就是运用全面质量管理的思想、观点和方法,使全体人员树立"质量第一"的观点,增强质量意识,全面贯彻"一切为用户服务"的思想,以达到提高施工质量的目的。

(4) 组织保证体系

工程施工质量是各项管理工作成果的综合反映,也是管理水平的具体体现。项目施工质量保证体系必须建立健全各级质量管理组织,分工负责,形成一个有明确任务、职责、权限、互相协调和互相促进的有机整体。组织保证体系主要由成立质量管理小组(QC小组),健全各种规章制度,明确规定各职能部门主管人员和参与施工人员在保证和提高工程质量中所承担的任务、职责和权限,建立质量信息系统等内容构成。

(5) 工作保证体系

工作保证体系主要是明确工作任务和建立工作制度,落实在以下三个阶段:

① 施工准备阶段。施工准备是为整个项目施工创造条件。准备工作的好坏,不仅直接关系到工程建设能否高速、优质地完成,而且也决定了能否对工程质量事故起到一定的预防、预控作用。在这个阶段要完成各项技术准备工作,进行技术交底和技术培训,制订相应的技术管理制度;按质量控制和检查验收的需要,对工程项目进行划分并分级编号;建立工程测量控制网和测量控制制度;进行施工平面设计,建立施工场地管理制度;建立健全材料、机械管理制度等。

② 施工阶段。施工过程是建筑产品形成的过程,这个阶段的质量控制是确保施工质量的关键。必须加强工序管理,建立质量检查制度,严格实行自检、互检和专检,开展群众性的QC活动,强化过程控制,以确保施工阶段的工作质量。

③ 竣工验收阶段。工程竣工验收,是指单位工程或单项工程竣工,经检查验收,移交给下道工序或移交给建设单位。这一阶段主要应做好成品保护,严格按规范标准进行检查验收和必要的处置,不让不合格工程进入下一道工序或进入市场,并做好相关资料的收集整理和移交,建立回访制度等。

3. 施工质量保证体系的运行

施工质量保证体系的运行,应以质量计划为主线,以过程管理为重心,应用信息应及时反馈,以便进行质量保证体系的能力评价。质量保证体系运行状态和结果信息及时反馈,以便进行质量保证体系的能力评价。

(1) 计划(Plan)

质量保证工作计划,就是为实现上述质量管理目标所采取的具体措施和实施步骤。质量保证工作计划应做到材料、技术、组织三落实。实施包含两个环节,即计划行动方案的交底和按计划规定的方法及要求展开的施工作业技术活动。

(2) 实施(Do)

首先,要做好计划的交底和落实。落实包括组织落实、技术和物资材料的落实。其次,在按计划进行的施工作业技术活动中,依靠质量保证工作体系,保证质量计划的执行。具体地说,就是要依靠思想工作体系,做好思想教育工作;依靠组织体系,完善组织机构,落实责任制、规章制度等;依靠产品形成过程的质量控制体系,做好施工过程的质量控制工作。

(3) 检查(Check)

检查就是对照计划,检查执行的情况和效果,及时发现计划执行过程中的偏差和问题。检查是否严格执行了计划的行动方案,检查实际条件是否发生了变化,总结成功执行的经验,查明没按计划执行的原因,施工质量是否达到标准的要求,并对此进行评价和确认。

（4）处理（Action）

处理是在检查的基础上,把成功的经验加以肯定,形成标准,以利于在今后的工作中以此作为处理的依据,巩固成果;同时采取措施,纠正计划执行中的偏差,克服缺点,改正错误,对于暂时未能解决的问题,可记录在案留到下一次循环加以解决。质量保证体系的运行就是反复按照 PDCA 循环周而复始地运转,每运转一次,施工质量就提高一步。

5.2.2 施工企业质量管理体系的建立和认证

所谓"管理体系",是建立管理方针和目标并实现这些目标的体系。施工企业质量管理体系是在质量方面指挥和控制企业的管理体系,即施工企业为实施质量管理而建立的管理体系。施工企业质量管理体系应按照我国现行质量管理体系标准建立和认证,为企业的工程承包经营和质量管理奠定基础。

1. 质量管理原则

《质量管理体系 基础和术语》（GB/T 19000—2016）提出了质量管理的七项原则,内容如下：

（1）以顾客为关注焦点

质量管理的首要关注点是满足顾客要求并且努力超越顾客期望。

（2）领导作用

各级领导建立统一的宗旨和方向,并创造全员积极参与实现组织的质量目标的条件。

（3）全员积极参与

（4）过程方法

将活动作为相互关联、功能连贯的过程组成的体系来理解和管理时,可以更加有效和高效地得到一致的、可预知的结果。

（5）改进

成功地组织,持续关注改进。

（6）询证决策

基于数据和信息的分析和评价的决策,更有可能产生期望的结果。

（7）关系管理

为了持续成功,组织需要管理与有关相关方（如供方）的关系。

2. 企业质量管理体系文件的构成

质量管理体系标准明确要求,企业应有完整的和科学的质量体系文件,这是企业开展质量管理的基础,也是企业为达到所要求的产品质量,实施质量体系审核、认证,进行质量改进的重要依据。质量管理体系文件主要由质量手册、程序文件、质量计划和质量记录等构成。

（1）质量手册

质量手册是质量管理体系的规范,是阐明一个企业的质量政策、质量体系和质量实践的文件,是实施和保持质量体系过程中长期遵循的纲领性文件。质量手册的主要内容包括：企业的质量方针、质量目标;组织机构和质量职责;各项质量活动的基本控制程序或体系要素;质量评审、修改和控制管理办法。

（2）程序文件

程序文件是质量手册的支持性文件,是企业落实质量管理工作而建立的各项管理标准、规章制度,是企业各职能部门为贯彻落实质量手册要求而制定的实施细则。程序文件一般至少应包括文件控制程序、质量记录管理程序、不合格品控制程序、内部审核程序、预防措施控制程序、纠正措施控制程序等。

(3) 质量计划

质量计划是为了确保过程的有效运行和控制,在程序文件的指导下,针对特定的产品、过程、合同或项目,而制定出的专门质量措施和活动顺序的文件。质量计划的内容包括:应达到的质量目标;该项目各阶段的责任和权限;应采用的特定程序、方法、作业指导书;有关阶段的实验、检验和审核大纲;随项目的进展而修改和完善质量计划的方法;为达到质量目标必须采取的其他措施。

(4) 质量记录

质量记录是产品质量水平和质量体系中各项质量活动进行及结果的客观反映,是证明各阶段产品质量达到要求和质量体系运行有效的证据。

3. 施工质量管理体系的建立

建立完善的质量管理体系并使之有效运行,是企业质量管理的核心。施工企业质量管理体系的建立一般可分为三个阶段,即质量管理体系的建立、质量管理体系文件的编制和质量管理体系的运行。

(1) 质量管理体系的建立

质量管理体系是企业根据质量管理八项原则,在确定市场及顾客需求的前提下,制定企业的质量方针、质量目标、质量手册、程序文件和质量记录等体系文件,并将质量目标分解落实到相关层次、相关岗位的职能和职责中,形成企业质量管理体系执行系统的一系列工作。

(2) 质量管理体系文件的编制

质量管理体系文件是质量管理体系的重要组成部分,也是企业进行质量管理和质量保证的基础。编制质量管理体系文件是建立和保持体系有效运行的重要基础工作。质量管理体系文件包括质量手册、质量计划、质量体系程序、详细作业文件和质量记录等。

(3) 质量管理体系的运行

质量管理体系的运行即是在生产及服务的全过程按质量管理文件体系规定的程序、标准、工作要求及岗位职责进行操作运行,在运行过程中监测其有效性,做好质量记录,并实现持续改进。

4. 企业质量管理体系的认证与监督

(1) 质量管理体系的认证

质量管理体系由公正的第三方认证机构,依据质量管理体系的要求标准,审核企业质量管理体系要求的符合性和实施的有效性,进行独立、客观、科学、公正的评价,得出结论。认证应按申请、审核、审批与注册发证等程序进行。

(2) 获准认证后的监督管理

企业获准认证的有效期为三年。企业获准认证后,应经常性地进行内部审核,保持质量管理体系的有效性,并每年一次接受认证机构对企业质量管理体系实施的监督管理。获准认证后监督管理工作的主要内容有企业通报、监督检查、认证注销、认证暂停、认证撤销、复评及重新换证等。

5.2.3 工程质量管理制度

项目质量管理应按下列程序实施：①确定质量计划；②实施质量控制；③开展质量检查与处置；④落实质量改进。

1. 工程质量管理制度体系

1）工程质量管理体制

（1）建设工程管理的行为主体

根据我国投资建设项目管理体制，建设工程管理的行为主体可分为三类。

第一类是政府部门，包括中央政府和地方政府的发展和改革部门、城乡和住房建设部门、国土资源部门、环境保护部门、安全生产管理部门等相关部门。政府部门对建设工程的管理属行政管理范畴，主要是从行政上对建设工程进行管理，其目标是保证建设工程符合国家经济和社会发展的要求，维护国家经济安全、监督建设工程活动不危害社会公众利益。其中，政府对工程质量的监督管理就是为保障公众安全与社会利益不受到危害。

第二类是建设单位。在建设工程管理中，建设单位自始至终是建设工程管理的主导者和责任人，其主要责任是对建设工程的全过程、全方位实施有效管理，保证建设工程总体目标的实现，并承担项目的风险以及经济、法律责任。

第三类是工程建设参与方，包括工程勘察设计单位、工程施工承包单位、材料设备供应单位，以及工程咨询、工程监理、招标代理、造价咨询单位等工程服务机构。他们的主要任务是按照合同约定，对其承担的建设工程相关任务进行管理，并承担相应的经济和法律责任。

（2）工程质量管理体系

工程质量管理体系是指为实现工程项目质量管理目标，围绕着工程项目质量管理而建立的质量管理体系。工程质量管理体系包含三个层次：一是承建方的自控，二是建设方（含监理等咨询服务方）的监控，三是政府和社会的监督。其中，承建方包括勘察单位、设计单位、施工单位、材料供应单位等；咨询服务方包括监理单位、咨询单位、项目管理公司、审图机构、检测机构等。

因此，我国工程建设实行"政府监督、社会监理与检测、企业自控"的质量管理与保证体系。但社会监理的实施，并不能取代建设单位和承建方按法律法规规定的应有的质量责任。

2）政府监督管理职能

（1）建立和完善工程质量管理法规

包括行政性法规和工程技术规范标准，前者如《建筑法》《招标投标法》《建设工程质量管理条例》等，后者如工程设计规范、建筑工程施工质量验收统一标准、工程施工质量验收规范等。

（2）建立和落实工程质量责任制

包括工程质量行政领导的责任、项目法定代表人的责任、参建单位法定代表人的责任和工程质量终身负责制等。

（3）建设活动主体资格的管理

国家对从事建设活动的单位实行严格的从业许可证制度，对从事建设活动的专业技术人员实行严格的执业资格制度。建设行政主管部门及有关专业部门按各自分工，负责各类资质标准的审查、从业单位的资质等级的最后认定、专业技术人员资格等级的核查和注册，并对资质等级和从业范围等实施动态管理。

（4）工程承发包管理

包括规定工程招投标承发包的范围、类型、条件，对招投标承发包活动的依法监督和工程合同管理。

（5）工程建设程序管理

包括工程报建、施工图设计文件审查、工程施工许可、工程材料和设备准用、工程质量监督、施工验收备案等管理。

2. 工程质量管理主要制度

近年来，我国建设行政主管部门先后颁发了多项建设工程质量管理规定。工程质量管理的主要制度有：

1）工程质量监督

国务院建设行政主管部门对全国的建设工程质量实施统一监督管理。国务院铁路、交通、水利等有关部门按国务院规定的职责分工，负责对我国的有关专业建设工程质量进行监督管理。县级以上地方人民政府建设行政主管部门对本行政区域内的建设工程质量实施监督管理。县级以上地方人民政府交通、水利等有关部门在各自职责范围内，负责本行政区域内的专业建设工程质量的监督管理。

国务院发展和改革委员会按照国务院规定的职责，组织稽查特派员，对国家出资的重大建设项目实施监督检查；国务院工业与信息产业部门按国务院规定的职责，对国家重大技术改造项目实施监督检查。国务院建设行政主管部门和国务院交通运输、水利等有关专业部门、县级以上地方人民政府建设行政主管部门和其他有关部门，对有关建设工程质量的法律、法规和强制性标准执行情况加强监督检查。

县级以上政府建设行政主管部门和其他有关部门履行检查职责时，有权要求被检查的单位提供有关工程质量的文件和资料，有权进入被检查单位的施工现场进行检查。在检查中发现工程质量存在问题时，有权责令改正。政府的工程质量监督管理具有权威性、强制性、综合性的特点。

建设工程质量监督管理，可以由建设行政主管部门或者其他有关部门委托的建设工程质量监督机构具体实施。工程质量监督管理的主体是各级政府建设行政主管部门和其他有关部门。但由于工程建设周期长、环节多、点多面广，工程质量监督工作是一项专业技术性强且很繁杂的工作，政府部门不可能亲自进行日常检查工作。因此，工程质量监督管理由建设行政主管部门或其他有关部门委托的工程质量监督机构具体实施。

工程质量监督机构是经省级以上建设行政主管部门或有关专业部门考核认定，具有独立法人资格的单位。它受县级以上地方人民政府建设行政主管部门或有关专业部门的委托，依法对工程质量进行强制性监督，并对委托部门负责。

工程质量监督机构的主要任务：

（1）根据政府主管部门的委托，受理建设工程项目的质量监督。

（2）制定质量监督工作方案。确定负责该项工程的质量监督工程师和助理质量监督师。根据有关法律、法规和工程建设强制性标准，针对工程特点，明确监督的具体内容、监督方式。在方案中对地基基础、主体结构和其他涉及结构安全的重要部位和关键过程，做出实施监督的详细计划安排，并将质量监督工作方案通知建设、勘察、设计、施工、监理单位。

(3) 检查施工现场工程建设各方主体的质量行为。检查施工现场工程建设各方主体及有关人员的资质或资格；检查勘察、设计、施工、监理单位的质量管理体系和质量责任制落实情况；检查有关质量文件、技术资料是否齐全并符合规定。

(4) 检查建设工程实体质量。按照质量监督工作方案，对建设工程地基基础、主体结构和其他涉及安全的关键部位进行现场实地抽查，对用于工程的主要建筑材料、构配件的质量进行抽查。对地基基础分部、主体结构分部和其他涉及安全的分部工程的质量验收进行监督。

(5) 监督工程质量验收。监督建设单位组织的工程竣工验收的组织形式、验收程序以及在验收过程中提供的有关资料和形成的质量评定文件是否符合有关规定，实体质量是否存在严重缺陷，工程质量验收是否符合国家标准。

(6) 向委托部门报送工程质量监督报告。报告的内容应包括对地基基础和主体结构质量检查的结论，工程施工验收的程序、内容和质量检验评定是否符合有关规定，以及历次抽查该工程的质量问题和处理情况等。

(7) 对预制建筑构件和商品混凝土的质量进行监督。

(8) 政府主管部门委托的工程质量监督管理的其他工作。

2) 施工图设计文件审查

施工图设计文件（以下简称施工图）审查是政府主管部门对工程勘察设计质量监督管理的重要环节。施工图审查是指国务院建设行政主管部门和省、自治区、直辖市人民政府建设行政主管部门委托依法认定的设计审查机构，根据国家法律、法规，对施工图涉及公共利益、公众安全和工程建设强制性标准的内容进行的审查。

(1) 施工图审查的范围

房屋建筑工程、市政基础设施工程施工图设计文件均属审查范围。省、自治区、直辖市人民政府建设行政主管部门，可结合本地的实际情况，确定具体的审查范围。

建设单位应当将施工图送审查机构审查。建设单位可以自主选择审查机构，但审查机构不得与所审查项目的建设单位、勘察设计单位有隶属关系或其他利害关系。建设单位应当向审查机构提供的资料：①作为勘察、设计的批准文件及附件；②全套施工图。

(2) 施工图审查的主要内容

① 是否符合工程建设强制性标准；

② 地基基础和主体结构的安全性；

③ 勘察设计企业和注册执业人员以及相关人员是否按规定在施工图上加盖相应的图章和签字；

④ 其他法律、法规、规章规定必须审查的内容。

(3) 施工图审查有关各方的职责

① 国务院建设行政主管部门负责规定审查机构的条件、施工图审查工作管理办法，并对全国的施工图审查工作实施指导监管。省、自治区、直辖市人民政府建设行政主管部门负责认定本行政区域内的审查机构，对施工图审查工作实施监督管理，并接受国务院建设主管部门的指导和监督。

② 勘察、设计单位必须按照工程建设强制性标准进行勘察、设计，并对勘察、设计质量负责。审查机构按照有关规定对勘察成果、施工图设计文件进行审查，但并不改变勘察、设

计单位的质量责任。

③ 建设工程经施工图设计文件审查后因勘察设计原因发生工程质量问题,审查机构承担审查失职的责任。

(4) 施工图审查管理

① 施工图审查的时限

施工图审查原则上不超过下列时限:

a. 一级以上建筑工程,大型市政工程为15个工作日,二级及以下建筑工程,中型及以下市政工程为10个工作日。

b. 工程勘察文件,甲级项目为7个工作日,乙级及以下项目为5个工作日。

② 施工图审查合格的处理

审查合格的,审查机构应当向建设单位出具审查合格书,并将经审查机构盖章的全套施工图交还建设单位。审查合格书应当有各专业的审查人员签字,经法定代表人签发,并加盖审查机构公章。审查机构应当在5个工作日内将审查情况报工程所在地县级以上地方人民政府建设主管部门备案。

③ 施工图审查不合格的处理

审查不合格的,审查机构应当将施工图退建设单位并书面说明不合格原因。同时,应当将审查中发现的建设单位、勘察设计单位和注册执业人员违反法律、法规和工程建设强制性标准的问题,报工程所在地县级以上地方人民政府建设主管部门。

施工图退建设单位后,建设单位应当要求原勘察设计单位进行修改,并将修改后的施工图返原审查机构审查。

任何单位或者个人不得擅自修改审查合格的施工图。

3) 建设工程施工许可

建设工程开工前,建设单位应当按照国家有关规定向工程所在地县级以上人民政府建设行政主管部门申请领取施工许可证,但国务院建设行政主管部门确定的限额以下的小型工程除外。办理施工许可证应满足的条件是:

(1) 已经办理该建设工程用地批准手续;

(2) 在城市规划区的建设工程,已经取得规划许可证;

(3) 需要拆迁的,其拆迁进度符合施工要求;

(4) 已经确定建筑施工企业;

(5) 有满足施工需要的施工图纸及技术资料;

(6) 有保证工程质量和安全的具体措施;

(7) 建设资金已经落实;

(8) 法律、行政法规规定的其他条件。

4) 工程质量检测

工程质量检测工作是对工程质量进行监督管理的重要手段之一。工程质量检测机构是对建设工程、建筑构件、制品及现场所用的有关建筑材料、设备质量进行检测的法定单位。在建设行政主管部门领导和标准化管理部门指导下开展检测工作,其出具的检测报告具有法定效力。法定的国家级检测机构出具的检测报告,在国内为最终裁定,在国外具有代表国家的性质。

(1) 国家级检测机构的主要任务

① 受国务院建设行政主管部门和专业部门委托，对指定的国家重点工程进行检测复核，提出检测复核报告和建议。

② 受国家建设行政主管部门和国家标准部门委托，对建筑构件、制品及有关材料、设备及产品进行抽样检验。

(2) 各省级、市（地区）级、县级检测机构的主要任务

① 本地区正在施工的建设工程所用的材料、混凝土、砂浆和建筑构件等进行随机抽样检测，向本地建设工程质量主管部门和质量监督部门提出抽样报告和建议。

② 受同级建设行政主管部门委托，对本省、市、县的建筑构件、制品进行抽样检测。对违反技术标准、失去质量控制的产品，检测单位有权提供主管部门停止其生产的证明，不合格产品不准出厂，已出厂的产品不得使用。

③ 建设工程质量检测机构的业务内容分为专项检测和见证取样检测，由工程项目建设单位委托。检测结果利害关系人对检测结果发生争议的，由双方共同认可的检测机构复验，复验结果由提出复验方报当地建设主管部门备案。

质量检测试样的取样应严格执行有关工程建设标准和国家有关规定，在建设单位或工程监理单位监督下现场取样。提供质量检测试样的单位和个人，应当对试样的真实性负责。

检测机构完成检测业务后，应当及时出具检测报告。检测报告经检测人员签字，检测机构法定代表人或其授权的签字人签署，并加盖检测机构公章或检测专用章后方可生效。

检测报告经建设单位或工程监理单位确认后，由施工单位归档。

检测机构应当将检测过程中发现的建设单位、监理单位和施工单位违反有关法律、法规和工程建设强制性标准的情况，以及涉及结构安全检测结果的不合格情况，及时报告工程所在地建设主管部门。

5) 工程竣工验收与备案

项目建成后必须按国家有关规定进行竣工验收，并由验收人员签字负责。

建设单位收到建设工程竣工报告后，应当组织设计、施工、工程监理等有关单位进行竣工验收。建设工程竣工验收应当具备下列条件：

(1) 完成建设工程设计和合同约定的各项内容。

(2) 有完整的技术档案和施工管理资料。

(3) 有工程使用的主要建筑材料、建筑构配件和设备的进场试验报告。

(4) 有勘察、设计、施工、工程监理等单位分别签署的质量合格文件。

(5) 有施工单位签署的工程保修书。

建设工程经验收合格，方可交付使用。建设单位应当自工程竣工验收合格起15日内，向工程所在地的县级以上地方人民政府建设行政主管部门备案。

建设单位办理工程竣工验收备案时应当提交下列文件：

(1) 工程竣工验收备案表。

(2) 工程竣工验收报告。竣工验收报告应当包括工程报建日期，施工许可证号，施工图设计文件审查意见，勘察、设计、施工、工程监理等单位分别签署的质量合格文件及验收人员签署的竣工验收原始文件，市政基础设施的有关质量检测和功能性试验资料，以及备案机关认为需要提供的有关资料。

(3) 法律、行政法规规定应当由规划、公安消防、环保等部门出具的认可文件或者准许使用文件。

(4) 施工单位签署的工程质量保修书。

(5) 法规、规章规定必须提供的其他文件。

备案机关收到建设单位报送的竣工验收备案文件,验证文件齐全后,应当在工程竣工验收备案表上签署文件收讫。工程竣工验收备案表一式二份,一份由建设单位保存,一份留备案机关存档。

6) 工程质量保修

建设工程质量保修制度是指建设工程在办理交工验收手续后,在规定的保修期限内,因勘察、设计、施工、材料等原因造成的质量问题,要由施工单位负责维修、更换,由责任单位负责赔偿损失。质量问题是指工程不符合国家工程建设强制性标准、设计文件以及合同中对质量的要求。

建设工程承包单位在向建设单位提交工程竣工验收报告时,应向建设单位出具工程质量保修书,质量保修书中应明确建设工程保修范围、保修期限和保修责任等。

在正常使用条件下,建设工程的最低保修期限为:

(1) 基础设施工程、房屋建筑工程的地基基础和主体结构工程,为设计文件规定的该工程的合理使用年限。

(2) 屋面防水工程,有防水要求的卫生间、房间和外墙面的防渗漏,为5年。

(3) 供热与供冷系统,为2个采暖期、供冷期。

(4) 电气管线、给排水管道、设备安装和装修工程,为2年。

建设工程在保修范围和保修期限内发生质量问题的施工单位应当履行保修义务。保修义务的承担和经济责任的承担应按下列原则处理:

(1) 施工单位未按国家有关标准、规范和设计要求施工,造成的质量问题,由施工单位负责返修并承担经济责任。

(2) 由于设计方面的原因造成的质量问题,先由施工单位负责维修,其经济责任按有关规定通过建设单位向设计单位索赔。

(3) 因建筑材料、构配件和设备质量不合格引起的质量问题,先由施工单位负责维修,其经济责任属于施工单位采购的,由施工单位承担经济责任;属于建设单位采购的,由建设单位承担经济责任。

(4) 因建设单位(含监理单位)错误管理造成的质量问题,先由施工单位负责维修,其经济责任由建设单位承担,如属监理单位责任,则由建设单位向监理单位索赔。

(5) 因使用单位使用不当造成的损坏问题,先由施工单位负责维修,其经济责任由使用单位自行负责。

(6) 因地震、洪水、台风等不可抗拒原因造成的损坏问题,先由施工单位负责维修,建设参与各方根据国家具体政策分担经济责任。

5.2.4 工程参建各方的质量责任

组织应根据需求制定项目质量管理和质量管理绩效考核制度,配备质量管理资源。项目管理机构的质量管理需与国家有关质量管理法律法规和标准要求相一致;建立项目质量管理制度,包括质量终身责任和竣工后永久性标牌制度,对项目负责人履行质量责任不到位的情况进行追究;制定项目质量管理评定考核制度,包括合理配备质量管理资源及明确各自的质量责任和义务,以监督落实项目负责人的质量终身责任。

在工程项目建设中,参与工程建设的各方,应根据《建设工程质量管理条例》以及合同、协议及有关文件的规定承担相应的质量责任。相关各方可能是建设单位(或工程用户)、勘察、设计单位、监理单位、供应商、分包等。

1. 建设单位的质量责任

(1)建设单位要根据工程特点和技术要求,按有关规定选择相应资质等级的勘察、设计和施工单位,在合同中必须有质量条款,明确质量责任,并真实、准确、齐全地提供与建设工程有关的原始资料。凡法律法规规定建设工程勘察、设计、施工、监理以及工程建设有关重要设备材料采购实行招标的,必须实行招标,依法确定程序和方法,择优选定中标者。不得将应由一个承包单位完成的建设工程项目分解成若干部分发包给几个承包单位;不得迫使承包方以低于成本的价格竞标;不得任意压缩合理工期;不得明示或暗示设计单位或施工单位违反建设强制性标准,降低建设工程质量。

(2)建设单位应根据工程特点,配备相应的质量管理人员。对国家规定强制实行监理的工程项目,必须委托有相应资质等级的工程监理单位进行监理。建设单位应与工程监理单位签订监理合同,明确双方的责任和义务。

(3)建设单位在工程开工前,负责办理有关施工图设计文件审查、工程施工许可证和工程质量监督手续,组织设计和施工单位认真进行设计交底;在工程施工中,应按国家现行有关工程建设法规、技术标准及合同规定,对工程质量进行检查,涉及建筑主体和承重结构变动的装修工程,建设单位应在施工前委托原设计单位或者相应资质等级的设计单位提出设计方案,经原审查机构审批后方可施工。工程项目竣工后,应及时组织设计、施工、工程监理等有关单位进行施工验收,未经验收备案或验收备案不合格的,不得交付使用。

(4)建设单位按合同的约定负责采购供应的建筑材料、建筑构配件和设备,应符合设计文件和合同要求,对发生的质量问题,应承担相应的责任。

2. 勘察、设计单位的质量责任

(1)勘察、设计单位必须在其资质等级许可的范围内承揽相应的勘察设计任务,不许承揽超越其资质等级许可范围以外的任务,不得将承揽工程转包或违法分包,也不得以任何形式用其他单位的名义承揽业务或允许其他单位或个人以本单位的名义承揽业务。

(2)勘察、设计单位必须按照国家现行的有关规定、工程建设强制性标准和合同要求进行勘察、设计工作,并对所编制的勘察、设计文件的质量负责。

勘察单位提供的地质、测量、水文等勘察成果文件应当符合国家规定的勘察深度要求,必须真实、准确。勘察单位应参与施工验槽,及时解决工程设计和施工中与勘察工作有关的问题;参与建设工程质量事故的分析,对因勘察原因造成的质量事故,提出相应的技术处理方案。勘察单位的法定代表人、项目负责人等相应人员,应在勘察文件上签字或盖章并对勘察质量负责。勘察单位的法定代表人对本企业的勘察质量全面负责,项目负责人对项目勘察文件负主要质量责任,项目审核人、审定人对其审核、审定项目的勘察文件负审核、审定的质量责任。

设计单位提供的设计文件应当符合国家规定的设计深度要求,注明工程合理使用年限。

设计文件中选用的材料、构配件和设备,应当注明规格、型号、性能等技术指标,其质量必须符合国家规定的标准。除有特殊要求的建筑材料、专用设备、工艺生产线外,不得指定生产厂、供应商。设计单位应就审查合格的施工图文件向施工单位做出详细说明,解决施工中对设计提出的问题,负责设计变更。

3. 施工单位的质量责任

(1) 施工单位必须在其资质等级许可的范围内承揽相应的施工任务,不许承揽超越其资质等级业务范围以外的任务,不得将承接的工程转包或违法分包,也不得以任何形式用其他施工单位的名义承揽工程或允许其他单位或个人以本单位的名义承揽工程。

(2) 施工单位对所承包的工程项目的施工质量负责。应当建立健全质量管理体系,落实质量责任制,确定工程项目的项目经理、技术负责人和施工管理负责人。实行总承包的工程,总承包单位应对全部建设工程质量负责。建设工程勘察、设计、施工、设备采购的一项或多项实行总承包的,总承包单位应对其承包的建设工程或采购的设备的质量负责;实行总分包的工程,分包单位应按照分包合同约定对其分包工程的质量向总承包单位负责,总承包单位对分包工程的质量承担连带责任。

(3) 施工单位必须按照工程设计图纸和施工技术规范标准组织施工。未经设计单位同意,不得擅自修改工程设计。在施工中,必须按照工程设计要求、施工技术规范标准和合同约定,对建筑材料、构配件、设备和商品混凝土进行检验;不得偷工减料,不使用不符合设计和强制性标准要求的产品,不使用未经检验或检验不合格的产品。

工程项目总承包是指从事工程总承包的企业受建设单位委托,按照合同约定对工程项目的勘察、设计、采购、施工、试运行(竣工验收)等实行全过程或若干阶段的承包。设计采购施工总承包是指工程总承包企业按照合同约定,承担工程项目的设计、采购、施工等工作。

工程项目总承包企业按照合同约定承包内容对工程项目的(设计、材料及设备采购、施工)质量向建设单位负责。工程项目总承包企业可依法将所承包工程中的部分工作发包给具有相应资质的分包企业,分包企业按照分包合同的约定对总承包企业负责。

4. 工程监理单位的质量责任

(1) 工程监理单位应按其资质等级许可的范围承担工程监理业务,不许超越本单位资质等级许可的范围或以其他工程监理单位的名义承担工程监理业务,不得转让工程监理业务,不许其他单位或个人以本单位的名义承担工程监理业务。

(2) 工程监理单位应依照法律、法规以及有关技术标准、设计文件和建设工程承包合同,与建设单位签订监理合同,代表建设单位对工程质量实施监理,并对工程质量承担监理责任。监理责任主要有违法责任和违约责任两个方面。如果工程监理单位故意弄虚作假,降低工程质量标准,造成质量事故的,要承担法律责任。如果工程监理单位与承包单位串通,谋取非法利益,给建设单位造成损失的,应当与承包单位承担连带赔偿责任。

5. 工程材料、构配件及设备生产或供应单位的质量责任

工程材料、构配件及设备生产或供应单位对其生产或供应的产品质量负责。生产厂或供应商必须具备相应的生产条件、技术装备和质量管理体系,所生产或供应的工程材料、构配件及设备的质量应符合国家和行业现行的技术规定的合格标准和设计要求,并与说明书和包装上的质量标准相符,且应有相应的产品检验合格证,设备应有详细的使用说明等。

5.3 施工质量控制的内容和方法

项目质量管理应坚持缺陷预防的原则,按照策划、实施、检查、处置的循环方式进行系统运作。

质量控制是一个动态的过程,需根据实际情况的变化,采取适当的措施。质量控制需注意有关过程的接口,例如设计与施工的接口,施工总承包与分包的接口及施工与试运行的接口,单位工程、分部分项、检验批的接口等。

质量控制需要建立在真实可靠的数据基础上,包括采用适当的统计技术。数据信息也包括发包人及其他相关方对是否满足要求的感受信息。

5.3.1 施工质量控制的基本环节和一般方法

项目质量控制应确保下列内容满足规定要求:①实施过程的各种输入;②实施过程控制点的设置;③实施过程的输出;④各个实施过程之间的接口。

1. 施工质量控制的基本环节

施工质量控制应贯彻全面、全过程质量管理的思想,运用动态控制原理,进行事前质量控制、事中质量控制、事后质量控制。

(1) 事前质量控制

即在正式施工前进行的事前主动质量控制,通过编制施工质量计划,明确质量标准,制定施工方案,设置质量管理点,落实质量责任,分析可能导致质量目标偏离的因素,针对这些影响因素制定有效的预防措施,防患于未然。

(2) 事中质量控制

即在施工质量形成过程中,对影响施工质量的各种因素进行全面的动态控制。事中控制首先是对质量活动的行为约束,其次是对质量活动过程和结果的监督控制。事中控制的关键是坚持质量标准,控制的重点是对工序质量、工作质量和质量控制点的控制。

(3) 事后质量控制

也称为事后质量把关,以使不合格的工序或最终产品(包括单位工程或整个工程项目)不流入下道工序、不进入市场。事后控制包括对质量活动结果的评价、认定和对质量偏差的纠正。控制的重点是发现施工质量方面的缺陷,并通过分析提出施工质量改进的措施,保持质量处于受控状态。

以上三大环节不是互相孤立和截然分开的,而是共同构成有机的系统过程,实质上也就是质量管理 PDCA 循环的具体化,在每一次滚动循环中不断提高,达到质量管理和质量控制的持续改进。

2. 施工质量控制的依据

(1) 共同性依据

指适用于施工阶段,且与质量管理有关的通用的、具有普遍指导意义和必须遵守的基本条件。主要包括:工程建设合同、设计文件、设计交底及图纸会审记录、设计修改和技术变更等;国家和政府有关部门颁布的与质量管理有关的法律和法规性文件,如《建筑法》《招标投标法》和《建设工程质量管理条例》等。

(2) 专门技术法规性依据

针对不同的行业、不同质量控制对象制定的专门技术法规文件,包括规范、规程、标准、规定等。如:工程建设项目质量检验评定标准;有关建筑材料、半成品和构配件质量方面的专门技术法规性文件;有关材料验收、包装和标志等方面的技术标准和规定;施工工艺质量等方面的技术法规性文件;有关新工艺、新技术、新材料、新设备的质量规定和鉴定意见等。

3. 施工质量控制的一般方法

(1) 质量文件审核

审核有关技术文件、报告或报表,是对工程质量进行全面管理的重要手段。这些文件包括:

① 施工单位的技术资质证明文件和质量保证体系文件;
② 施工组织设计和施工方案及技术措施;
③ 有关材料和半成品及构配件的质量检验报告;
④ 有关应用新技术、新工艺、新材料的现场试验报告和鉴定报告;
⑤ 反映工序质量动态的统计资料或控制图表;
⑥ 设计变更和图纸修改文件;
⑦ 有关工程质量事故的处理方案;
⑧ 相关方在现场签署的有关技术签证和文件等。

(2) 现场质量检查

① 现场质量检查的内容包括:a. 开工前的检查:主要检查是否具备开工条件,开工后是否能够保持连续正常施工,能否保证工程质量。b. 工序交接检查:对于重要的工序或对工程质量有重大影响的工序,应严格执行"三检"制度,即自检、互检、专检。未经监理工程师认可,不得进行下道工序施工。c. 隐蔽工程的检查:施工中凡是隐蔽工程必须检查认证后方可进行隐蔽掩盖。d. 停工后复工的检查:因客观因素停工或处理质量事故等停工复工时,经检查认可后方能复工。e. 分项、分部工程完工后的检查:分项、分部工程完工后应经检查认可,并签署验收记录后,才能进行下一工程项目的施工。f. 成品保护的检查:检查成品有无保护措施以及保护措施是否有效可靠。

② 现场质量检查的方法主要有目测法、实测法和试验法等。

a. 目测法:即凭借感官进行检查,也称观感质量检验。其手段可概括为"看、摸、敲、照"四个字。所谓"看",就是根据质量标准要求进行外观检查。例如,清水墙面是否洁净,喷涂的密实度和颜色是否良好、均匀,工人的操作是否正常,内墙抹灰的大面及口角是否平直,混凝土外观是否符合要求等。"摸",就是通过触摸手感进行检查、鉴别。例如油漆的光滑度,浆活是否牢固、不掉粉等。"敲",就是运用敲击工具进行音感检查。例如,对地面工程、装饰工程中的水磨石等,均应进行敲击检查。"照",就是通过人工光源或反射光照射,检查难以看到或光线较暗的部位。例如,管道井、电梯井等内部的管线、设备安装质量,装饰吊顶内连接及设备安装质量等。

b. 实测法:就是通过实测,将实测数据与施工规范、质量标准的要求及允许偏差值进行对照,以此判断质量是否符合要求。其手段可概括为"靠、量、吊、套"四个字。所谓"靠",就是用直尺、塞尺检查诸如墙面、地面等的平整度;"量",就是指用测量工具和计量仪表等检查断面尺寸、轴线、标高等的偏差,例如,大理石板拼缝尺寸与超差数量、摊铺沥青拌合料的温度、混凝土坍落度的检测等;"吊",就是利用托线板以及线锤吊线检查垂直度,例如,砌体、门窗安装的垂直度检查等;"套",是以方尺套方,辅以塞尺检查,例如,对阴阳角的方正、踢脚线的垂直度、预制构件的方正、门窗口及构件的对角线检查等。

c. 试验法:是指通过必要的试验手段对质量进行判断的检查方法。主要包括:

• 理化试验。工程中常用的理化试验包括物理力学性能方面的检验和化学成分及其含量的测定等两个方面。力学性能的检验如各种力学指标的测定,包括抗拉强度、抗压强度、抗弯强度及抗折强度等。各种物理性能方面的测定如密度、含水量、凝结时间、安定性及抗渗、耐磨、耐热性能等。化学成分及其含量的测定如钢筋中的磷、硫含量,混凝土中粗骨料中的活性氧化硅成分,以及耐酸、耐碱、抗腐蚀性等。此外,根据规定有时还需进行现场试验,例如,对桩或地基的静载试验、下水管道的通水试验、压力管道的耐压试验、防水层的蓄水或淋水试验等。

• 无损检测。利用专门的仪器仪表从表面探测结构物、材料、设备的内部组织结构或损伤情况。常用的无损检测方法有超声波探伤、X 射线探伤、γ 射线探伤等。

5.3.2 施工准备的质量控制

施工质量控制应包括下列流程:①施工质量目标分解;②施工技术交底与工序控制;③施工质量偏差控制;④产品或服务的验证、评价和防护。

项目管理机构应根据项目管理策划要求实施检验和监测,并按照规定配备检验和监测设备。

检验和监测设备的控制包括下列内容:①确定设备的型号、数量;②明确相关工作过程;③制定质量保证措施。

1. 施工质量控制的准备工作

(1) 工程项目划分与编号

一个建设工程从施工准备开始到竣工交付使用,要经过若干工序、工种的配合施工。施工质量的优劣,取决于各个施工工序、工种的管理水平和操作质量。因此,为了便于控制、检查、评定和监督每个工序和工种的工作质量,就要把整个工程逐级划分为单位工程、分部工程、分项工程和检验批,并分级进行编号,据此来进行质量控制和检查验收,这是进行施工质量控制的一项重要基础工作。建筑工程施工质量验收的项目划分,应按《建筑工程施工质量验收统一标准》(GB 50300—2013)(以下简称《统一标准》)的规定进行:

① 建筑工程施工质量验收应划分为单位工程、分部工程、分项工程和检验批。

② 单位工程的划分应按下列原则确定:

a. 具备独立施工条件并能形成独立使用功能的建筑物或构筑物为一个单位工程。

b. 对于规模较大的单位工程,可将其能形成独立使用功能的部分划分为若干个子单位工程。

③ 分部工程的划分应按下列原则确定:

a. 可按专业性质、工程部位确定。

b. 当分部工程较大或较复杂时,可按材料种类、施工特点、施工程序、专业系统及类别等划分为若干子分部工程。

④ 分项工程可按主要工种、材料、施工工艺、设备类别等进行划分。

⑤ 检验批可根据施工质量控制和专业验收需要,按工程量、楼层、施工段、变形缝等进行划分。

⑥ 建筑工程的分部、分项工程划分宜按《统一标准》附录 B 进行。

⑦ 室外工程可根据专业类别和工程规模按《统一标准》附录 C 的规定划分单位工程、分部工程。

(2) 技术准备的质量控制

技术准备是指在正式开展施工作业活动前进行的技术准备工作。这类工作内容繁多,主要在室内进行,例如:熟悉施工图纸,进行详细的设计交底和图纸审查;细化施工技术方案和施工人员、机具的配置方案,编制施工作业技术指导书,绘制各种施工详图(如测量放线图、大样图及配筋、配板、配线图表等),进行必要的技术交底和技术培训。技术准备的质量控制,包括对上述技术准备工作成果的复核审查,检查这些成果有无错漏,是否符合相关技术规范、规程的要求和对施工质量的保证程度;制订施工质量控制计划,设置质量控制点,明确关键部位的质量管理点等。

2. 现场施工准备的质量控制

(1) 工程定位和标高基准的控制

工程测量放线是建设工程产品由设计转化为实物的第一步。施工测量质量的好坏,直接决定工程的定位和标高是否正确,并且制约施工过程有关工序的质量。因此,施工单位必须对建设单位提供的原始坐标点、基准线和水准点等测量控制点线进行复核,并将复测结果上报监理工程师审核,批准后施工单位才能据此建立测控网,进行工程定位和标高基准的控制。

(2) 施工平面布置的控制

建设单位应按照合同约定并考虑施工单位施工的需要,事先划定并提供施工用地和现场临时设施用地的范围。施工单位要合理科学地规划使用好施工场地,保证施工现场道路的畅通、材料的合理堆放、良好的防洪排水能力、充分的给水和供电设施以及正确的设备安装布置;还要制定施工场地质量管理制度,并做好施工现场的质量检查记录。

3. 材料的质量控制

建筑工程采用的主要材料、半成品、成品建筑构配件等(统称"材料",下同)均应进行现场验收。凡涉及工程安全及使用功能的有关材料,应按各专业工程质量验收规范规定进行复验,并应经监理工程师(建设单位技术负责人)检查认可。为了保证工程质量,施工单位应从以下几个方面把好原材料的质量控制关。

(1) 采购订货关

施工单位应制订合理的材料采购供应计划,在广泛掌握市场信息的基础上,优选材料的生产单位或者销售总代理单位(以下简称"材料供货商"),建立严格的合格供应方资格审查制度,确保采购订货的质量。

① 材料供货商对下列材料必须提供《生产许可证》:钢筋混凝土用热轧带肋钢筋、冷轧带肋钢筋、预应力混凝土用钢材(钢丝、钢棒和钢绞线)、建筑防水卷材、水泥、建筑外窗、建筑幕墙、建筑钢管脚手架扣件、人造板、铜及铜合金管材、混凝土输水管、电力电缆等材料产品。

② 材料供货商对下列材料必须提供《建材备案证明》:水泥、商品混凝土、商品砂浆、混凝土掺料、混凝土外加剂、烧结砖、砌块、建筑用砂、建筑用石、排水管、给水管、电工套管、

防水涂料、建筑门窗、建筑涂料、饰面石材、木制板材、沥青混凝土、三渣混合料等材料产品。

③ 材料供货商要对外墙外保温、外墙内保温材料实施建筑节能材料备案登记。

④ 材料供货商要对下列产品实施强制性产品认证(简称"CCC"或"3C 认证"):建筑安全玻璃(包括钢化玻璃、夹层玻璃、(安全)中空玻璃)、瓷质砖、混凝土防冻剂、溶剂型木器涂料、电线电缆、断路器、漏电保护器、低压成套开关设备等产品。

⑤ 除上述材料或产品外,材料供货商对其他材料或产品必须提供出厂合格证或质量证明书。

(2) 进场检验关

施工单位必须对主要材料进行进场抽样复验试验,合格后才能使用。

① 通用硅酸盐水泥

复验项目为凝结时间、安定性、强度。同一生产厂家、同一等级、同一品种、同一批号且连续进场的水泥,袋装不超过 200 t 为一批,散装不超过 500 t 为一批,每批抽样不少于一次。取样应有代表性,可连续取,亦可从 20 个以上的不同部位取等量样品,总量至少 12 kg。

② 热轧钢筋

复验项目为力学性能、弯曲性能、尺寸偏差、重量偏差、化学成分等。每批由同一牌号、同一炉罐号、同一规格的钢筋组成,每批重量应不大于 60 t。取样试验共 10 个(9 根):力学性能 2 个,弯曲性能 2 个,尺寸及重量偏差 5 个,化学成分 1 个(化学成分检测无需单独取一根试样,所以共取 9 根试样即可)。超过 60 t 的部分,每增加 40 t(或不足 40 t 的余数),增加一个拉伸试验试样和一个弯曲试验试样。在切取试样时,应将钢筋端头的 500 mm 去掉后再切取 500 mm。

③ 普通混凝土用砂、石

复验项目:a. 砂:筛分析、堆积密度、含泥量、泥块含量等;b. 石:筛分析、针片状颗粒含量、含泥量、泥块含量等。检验组批应按砂、石的同产地、同规格以 400 m^3 或 600 t 为一批,不足 600 t 亦为一批。取样时,取样部位应均匀分布,取样前先将取样部位表面铲除,然后从不同部位抽取大致相等的砂 8 份(每份约 11 kg)、石 16 份(每份约 5~40 kg),分别组成一组样品,砂用四分法缩至约 20 kg,石缩至 40~80 kg 送试。

④ 混凝土

复验项目为抗压强度。每拌制 100 盘且不超过 100 m^3 的同配合比的混凝土,取样不得少于一次;每工作班拌制的同一配合比的混凝土不足 100 盘时,取样不得少于一次;当一次连续浇筑超过 1 000 m^3 时,同一配合比的混凝土每 200 m^3 取样不得少于一次。每次取样应至少留置一组标准养护试件,同条件养护试件的留置组数应根据实际需要确定。用于检查结构构件混凝土质量的试件,应在混凝土浇筑地点随机取样制作。

⑤ 混凝土外加剂

外加剂种类繁多,复验项目各不相同。一般包括:pH、密度或细度、含气量、氨释放量、混凝土凝结时间、碱含量等。同一生产厂的掺量大于 1%(含 1%)的同品种的外加剂,每一批号为 100 t,不足 100 t 也按一批计。

(3) 存储和使用关

施工单位必须加强材料进场后的存储和使用管理,避免材料变质(如水泥的受潮结块、钢筋的锈蚀等)和使用规格、性能不符合要求的材料造成工程质量事故。例如,混凝土工程中使用的水泥,因保管不妥,放置时间过久,受潮结块就会失效。使用不合格或失效劣质的水泥,就会对工程质量造成危害。某住宅楼工程中使用了未经检验的安定性不合格的水泥,导致现浇混凝土楼板拆模后出现了严重的裂缝,随即对混凝土进行强度检验,结果表明其结构强度达不到设计要求,造成返工。混凝土工程由于水泥品种的选择不当或外加剂的质量低劣及用量不准同样会引起质量事故。如某学校的教学综合楼工程,在冬季进行基础混凝土施工时,采用火山灰质硅酸盐水泥配制混凝土,因工期要求较紧又使用了未复试的不合格早强防冻剂,结果导致混凝土结构的强度不能满足设计要求,不得不返工。因此,施工单位既要做好对材料的合理调度,避免现场材料的大量积压,又要做好材料的合理堆放,并正确使用材料,在使用材料时进行及时的检查和监督。

4. 施工机械设备的质量控制

施工机械设备的质量控制,就是要使施工机械设备的类型、性能、参数等与施工的实际条件、施工工艺、技术要求等因素相匹配,满足施工生产的实际要求。

(1) 机械设备的选型:机械设备的选择,应按照技术上先进、生产上适用、经济上合理、使用上安全、操作上方便的原则进行。选配的施工机械应具有工程的适用性,具有使用操作的方便性和安全性。

(2) 主要性能参数指标的确定:主要性能参数是选择机械设备的依据,其参数指标的确定必须满足施工的需要和保证质量的要求。只有正确确定主要的性能参数,才能保证正常的施工,不致引起安全质量事故。

(3) 使用操作要求:合理使用机械设备,正确地进行操作,是保证项目施工质量的重要环节。应贯彻"持证上岗"和"人机固定"原则,实行定机、定人、定岗位职责的使用管理制度,在使用中严格遵守操作规程和机械设备的技术规定,做好机械设备的例行保养,使机械保持良好的技术状态,防止出现安全质量事故,确保工程施工质量。

5.3.3 施工过程的质量控制

对项目质量计划设置的质量控制点,项目管理机构应按规定进行检验和监测。

质量控制点可包括下列内容:①对施工质量有重要影响的关键质量特性、关键部位或重要影响因素;②工艺上有严格要求,对下道工序的活动有重要影响的关键质量特性、部位;③严重影响项目质量的材料质量和性能;④影响下道工序质量的技术间歇时间;⑤与施工质量密切相关的技术参数;⑥容易出现质量通病的部位;⑦紧缺工程材料、构配件和工程设备或可能对生产安排有严重影响的关键项目;⑧隐蔽工程验收。

1. 技术交底

做好技术交底是保证施工质量的重要措施之一。项目开工前应由项目技术负责人向承担施工的负责人或分包人进行书面技术交底,技术交底资料应办理签字手续并归档保存。每一分部工程开工前均应进行作业技术交底。技术交底书应由施工项目技术人员编制,并经项目技术负责人批准实施。技术交底的内容主要包括任务范围、施工方法、质量标准和验收标准,施工中应注意的问题,可能出现意外的预防措施及应急方案,文明施工和安全防护措施以及成品保护要求等。技术交底应围绕施工材料、机具、工艺、工法、施工环境和具体的管理措施等方面进行,应明确具体的步骤、方法、要求和完成的时间等。技术交底的形式有书面、口头、会议、挂牌、样板、示范操作等。

2. 测量、计量控制

项目开工前应编制测量控制方案，经项目技术负责人批准后实施。对相关部门提供的测量控制点应在施工准备阶段做好复核工作，经审批后进行施工测量放线，并保存测量记录。在施工过程中应对设置的测量控制点、线妥善保护，不准擅自移动。施工过程中必须认真进行施工测量复核工作，这是施工单位应履行的技术工作职责，其复核结果应报送监理工程师复验确认后，方能进行后续相关工序的施工。常见的施工测量复核有：

（1）工业建筑测量复核：厂房控制网测量、桩基施工测量、柱模轴线与高程检测、厂房结构安装定位检测、设备基础与预埋螺栓定位检测等。

（2）民用建筑测量复核：建筑物定位测量、基础施工测量、墙体皮数杆检测、楼层轴线检测、楼层间高程传递检测等。

（3）高层建筑测量复核：建筑场地控制测量、基础以上的平面与高程控制和施工过程中沉降变形观测等。

（4）管线工程测量复核：管网或输配电线路定位测量、地下管线施工检测、架空管线施工检测、多管线交汇点高程检测等。

计量控制是工程项目质量保证的重要内容，是施工项目质量管理的一项基础工作。施工过程中的计量工作，包括施工生产时的投料计量、施工测量、监测计量以及对项目、产品或过程的测试、检验、分析、计量等。

3. 巡视与旁站

1）巡视

（1）巡视的内容

巡视是项目监理机构对施工现场进行的定期或不定期的检查活动，是项目监理机构对工程实施建设监理的方式之一。

项目监理机构应安排监理人员对工程施工质量进行巡视。巡视应包括下列主要内容：

① 施工单位是否按工程设计文件、工程建设标准和批准的施工组织设计、（专项）施工方案施工。施工单位必须按照工程设计图纸和施工技术标准施工，不得擅自修改工程设计，不得偷工减料。

② 使用的工程材料、构配件和设备是否合格。应检查施工单位使用的工程原材料、构配件和设备是否合格。不得在工程中使用不合格的原材料、构配件和设备，只有经过复试检测合格的原材料、构配件和设备才能够用于工程。

③ 施工现场管理人员，特别是施工质量管理人员是否到位。应对其是否到位及履职情况做好检查和记录。

④ 特种作业人员是否持证上岗。应对施工单位特种作业人员是否持证上岗进行检查。根据《建筑施工特种作业人员管理规定》，对于建筑电工、建筑架子工、建筑起重机械司机、建筑起重机械安装拆卸工、高处作业吊篮安装拆卸工、焊接切割操作工以及经省级以上人民政府建设主管部门认定的其他特种作业人员，必须持施工特种作业人员操作证上岗。

（2）巡视检查要点

① 检查原材料

施工现场原材料、构配件的采购和堆放是否符合施工组织设计（方案）要求；其规格、型号等是否符合设计要求；是否已见证取样，并检测合格；是否已按程序报验并允许使用；有无使用不合格材料,有无使用质量合格证明资料欠缺的材料。

② 检查施工人员

a. 施工现场管理人员,尤其是质检员、安全员等关键岗位人员是否到位,各项管理制度和质量保证体系是否落实;

b. 特种作业人员是否持证上岗,人证是否相符;

c. 现场施工人员是否按照规定佩戴安全防护用品。

③ 检查基坑土方开挖工程

a. 土方开挖前的准备工作是否到位,开挖条件是否具备;

b. 土方开挖顺序、方法是否与设计要求一致;

c. 挖土是否分层、分区进行,分层高度和开挖面放坡坡度是否符合要求,垫层混凝土的浇筑是否及时;

d. 基坑坑边和支撑上的堆载是否在允许范围,是否存在安全隐患;

e. 挖土机械有无碰撞或损伤基坑围护和支撑结构、工程桩、降压(疏干)井等现象;

f. 是否限时开挖,尽快形成围护支撑,尽量缩短围护结构无支撑暴露时间;

g. 每道支撑底面黏附的土块、垫层、竹笆等是否及时清理;每道支撑上的安全通道和临边防护的搭设是否及时、符合要求;

h. 挖土机械工作是否有专人指挥,有无违章、冒险作业现象。

④ 检查砌体工程

a. 基层清理是否干净,是否按要求用细石混凝土水泥砂浆进行了找平;

b. 是否有"碎砖"集中使用和外观质量不合格的块材使用现象;

c. 是否按要求使用皮数杆,墙体拉结筋型式、规格、尺寸、位置是否正确,砂浆饱满度是否合格,灰缝厚度是否超标,有无透明缝、"瞎缝"和"假缝";

d. 墙上的架眼,工程需要的预留、预埋等有无遗漏等。

⑤ 检查钢筋工程

a. 钢筋有无锈蚀、被隔离剂和淤泥等污染现象;

b. 垫块规格、尺寸是否符合要求,强度能否满足施工需要,有无用木块、大理石板等代替水泥砂浆(或混凝土)垫块的现象;

c. 钢筋搭接长度、位置、连接方式是否符合设计要求,搭接区段箍筋是否按要求加密;对于梁柱或梁梁交叉部位的"核心区"有无主筋被截断、箍筋漏放等现象。

⑥ 检查模板工程

a. 模板安装和拆除是否符合施工组织设计(方案)的要求,支模前隐蔽内容是否已验收合格;

b. 模板表面是否清理干净、有无变形损坏,是否已涂刷隔离剂,模板拼缝是否严密,安装是否牢固;

c. 拆模是否事先按程序和要求向项目监理机构报审并签认,拆模有无违章冒险行为;模板捆扎、吊运、堆放是否符合要求。

⑦ 检查混凝土工程

a. 现浇混凝土结构构件的保护是否符合要求;

b. 构件拆模后构件的尺寸偏差是否在允许范围内,有无质量缺陷,缺陷修补处理是否符合要求；

c. 现浇构件的养护措施是否有效、可行、及时等；

d. 采用商品混凝土时，是否留置标养试块和同条件试块，是否抽查砂与石子的含泥量和粒径等。

⑧ 检查钢结构工程

主要检查内容：钢结构零部件加工条件是否合格（如场地、温度、机械性能等），安装条件是否具备（如基础是否已验收合格等），施工工艺是否合理、符合相关规定，钢结构原材料及零部件的加工、焊接、组装、安装及涂饰质量是否符合设计文件和相关标准、要求等。

⑨ 检查屋面工程

a. 基层是否平整坚固、清理干净；

b. 防水卷材搭接部位、宽度、施工顺序、施工工艺是否符合要求，卷材收头、节点、细部处理是否合格；

c. 屋面块材搭接、铺贴质量如何，有无损坏现象等。

⑩ 检查装饰装修工程

a. 基层处理是否合格，是否按要求使用垂直、水平控制线，施工工艺是否符合要求；

b. 需要进行隐蔽的部位和内容是否已经按程序报验并通过验收；

c. 细部制作、安装、涂饰等是否符合设计要求和相关规定；

d. 各专业之间工序穿插是否合理，有无相互污染、相互破坏现象等。

⑪ 检查安装工程等

重点检查是否按规范、规程、设计图纸、图集和批准的施工组织设计（方案）施工；是否有专人负责，施工是否正常等。

⑫ 检查施工环境

a. 施工环境和外界条件是否对工程质量、安全等造成不利影响，施工单位是否已采取相应措施；

b. 各种基准控制点、周边环境和基坑自身监测点的设置、保护是否正常，有无被压（损）现象；

c. 季节性天气中，工地是否采取了相应的季节性施工措施，比如暑期、冬季和雨季施工措施等。

2）旁站

旁站是指项目监理机构对工程的关键部位或关键工序的施工质量进行的监督活动。项目监理机构应根据工程特点和施工单位报送的施工组织设计，将影响工程主体结构安全的、完工后无法检测其质量的或返工会造成较大损失的部位及其施工过程作为旁站的关键部位、关键工序，安排监理人员进行旁站，并应及时记录旁站情况。旁站记录应按《建设工程监理规范》(GB/T 50319—2013)的要求填写。

(1) 旁站工作程序

① 开工前，项目监理机构应根据工程特点和施工单位报送的施工组织设计，确定旁站的关键部位、关键工序，并书面通知施工单位；

② 施工单位在需要实施旁站的关键部位、关键工序进行施工前书面通知项目监理机构；

③ 接到施工单位书面通知后，项目监理机构应安排旁站人员实施旁站。

(2) 旁站工作要点

① 编制监理规划时，应明确旁站的部位和要求。

② 根据部门规范性文件，房屋建筑工程旁站的关键部位是：以基础工程方面为例包括土方回填，混凝土灌注桩浇筑，地下连续墙、土钉墙、后浇带及其他结构混凝土、防水混凝土浇筑，卷材防水层细部构造处理，钢结构安装；主体结构工程方面包括梁柱节点钢筋隐蔽工程，混凝土浇筑，预应力张拉，装配式结构安装，钢结构安装，网架结构安装等。

③ 其他工程的关键部位、关键工序，应根据工程类别、特点及有关规定和施工单位报送的施工组织设计确定。

(3) 旁站人员的主要职责

① 检查施工单位现场质检人员到岗、特殊工种人员持证上岗及施工机械、建筑材料准备情况；

② 在现场监督关键部位、关键工序的施工执行施工方案以及工程建设强制性标准情况；

③ 核查进场建筑材料、构配件、设备和商品混凝土的质量检验报告等，并可在现场监督施工单位进行检验或者委托具有资格的第三方进行复验；

④ 做好旁站记录，保存旁站原始资料。

a. 对施工中出现的偏差及时纠正，保证施工质量。发现施工单位有违反工程建设强制性标准行为的，应责令施工单位立即整改。

b. 对需要旁站的关键部位、关键工序的施工，凡没有实施旁站监理或者没有旁站记录的，专业监理工程师或总监理工程师不得在相应文件上签字。工程竣工验收后，项目监理机构应将旁站记录存档备查。

c. 旁站记录内容应真实、准确并与监理日志相吻合。对旁站的关键部位、关键工序，应按照时间或工序形成完整的记录。必要时可进行拍照或摄影，记录当时的施工过程。

4. 工序施工质量控制

施工过程由一系列相互联系与制约的工序构成，工序是人、材料、机械设备、施工方法和环境因素对工程质量综合起作用的过程，所以对施工过程的质量控制，必须以工序质量控制为基础和核心。因此，工序的质量控制是施工阶段质量控制的重点。只有严格控制工序质量，才能确保施工项目的实体质量。工序施工质量控制主要包括工序施工条件质量控制和工序施工效果质量控制。

1) 工序施工条件质量控制

工序施工条件是指从事工序活动的各生产要素质量及生产环境条件。工序施工条件控制就是控制工序活动的各种投入要素质量和环境条件质量。控制的手段主要有检查、测试、试验、跟踪监督等。控制的依据主要有设计质量标准、材料质量标准、机械设备技术性能标准、施工工艺标准以及操作规程等。

2) 工序施工效果质量控制

工序施工效果是工序产品的质量特征和特性指标的反映。对工序施工效果的控制就是控制工序产品的质量特征和特性指标达到设计质量标准以及施工质量验收标准的要求。工序施工质量控制属于事后质量控制，其控制的主要途径是：实测获取数据、统计分析所获取的数据、判断认定质量等级和纠正质量偏差。按有关施工验收规范规定,下列工程质量必须进行现场质量检测,合格后才能进行下道工序施工。

(1) 地基基础工程

① 地基及复合地基承载力静载检测

② 桩的承载力检测

③ 桩身完整性检测

(2) 主体结构工程

① 混凝土、砂浆、砌体强度现场检测

检测同一强度等级、同条件养护的试块强度,以此检测结果代表工程实体的结构强度。混凝土:按统计方法评定混凝土强度的基本条件是,同一强度等级的同条件养护试件的留置数量不宜少于10组;按非统计方法评定混凝土强度时,留置数量不应少于3组。砂浆抽检数量:每一检验批且不超过250 m^3 砌体的各种类型及强度等级的砌筑砂浆每台搅拌机应至少抽检一次。砌体:将检测对象划分为可以独立进行分析的结构单元和若干个检测单元,测区和测点的设定以及各种检测方法的测点数按国家相关标准执行。

② 钢筋保护层厚度检测

钢筋保护层厚度检验的结构部位,应由监理(建设)、施工等各方根据结构构件的重要性共同选定,应各抽取构件数量的2%且不少于5个构件进行检验。

③ 混凝土预制构件结构性能检测

对成批生产的构件,应按同一工艺正常生产的不超过1 000件且不超过3个月的同类型产品为一批,在每批中应随机抽取一个构件作为试件进行检验。

(3) 建筑幕墙工程

① 铝塑复合板的剥离强度检测。

② 石材的弯曲强度;室内用花岗石的放射性检测。

③ 玻璃幕墙用结构胶的邵氏硬度、标准条件拉伸粘结强度、相容性试验;石材用结构胶粘结强度及石材用密封胶的污染性检测。

④ 建筑幕墙的气密性、水密性、风压变形性能、层间变位性能检测。

⑤ 硅酮结构胶相容性检测。

(4) 钢结构及管道工程

① 钢结构及钢管焊接质量无损检测。对有无损检验要求的焊缝,竣工图上应标明焊缝编号、无损检验方法、局部无损检验焊缝的位置、底片编号、热处理焊缝位置及编号、焊缝补焊位置及施焊焊工代号。焊缝施焊记录及检查、检验记录应符合相关标准的规定。

② 钢结构、钢管防腐及防火涂装检测。

③ 钢结构节点、机械连接用紧固标准件及高强度螺栓力学性能检测。

5. 特殊过程的质量控制

特殊过程是指该施工过程或工序的施工质量不易或不能通过其后的检验和试验而得到充分的验证,或者万一发生质量事故则难以挽救的施工过程。特殊过程的质量控制是施工阶段质量控制的重中之重。对在项目质量计划中界定的特殊过程,应设置工序质量控制点,抓住影响工序施工质量的主要因素进行强化控制。

1) 选择质量控制点的原则

质量控制点的选择应以那些保证质量的难度大、对质量影响大或是发生质量问题时危害大的对象进行设置。选择的原则是：对工程质量形成过程产生直接影响的关键部位、工序或环节及隐蔽工程；施工过程中的薄弱环节，或者质量不稳定的工序、部位或对象；对下道工序有较大影响的上道工序；采用新技术、新工艺、新材料的部位或环节；施工上无把握的、施工条件困难的或技术难度大的工序或环节；用户反馈指出和过去有过返工的不良工序设置。

2）质量控制点的重点控制对象

质量控制点的设置要正确、有效，要根据对重要质量特性进行重点控制的要求，选择施工过程的重点部位、重点工序和重点质量因素作为质量控制的对象，进行重点预控和过程控制，从而有效地控制和保证施工质量。质量控制点中重点控制的对象主要包括以下几个方面。

① 人的行为。某些操作或工序，应以人为重点控制对象，比如：高空、高温、水下、易燃易爆、重型构件吊装作业以及操作要求高的工序和技术难度大的工序等，都应从人的生理、心理、技术能力等方面进行控制。

② 材料的质量与性能。这是直接影响工程质量的重要因素，在某些工程中应作为控制的重点。例如：钢结构工程中使用的高强度螺栓、某些特殊焊接使用的焊条，都应重点控制其材质与性能；又如水泥的质量是直接影响混凝土工程质量的关键因素，施工中就应对进场的水泥质量进行重点控制，必须检查核对其出厂合格证，并按要求进行强度和安定性的复试等。

③ 施工方法与关键操作。某些直接影响工程质量的关键操作应作为控制的重点，如预应力钢筋的张拉工艺操作过程及张拉力的控制，是可靠地建立预应力值和保证预应力构件质量的关键过程。同时，那些易对工程质量产生重大影响的施工方法，也应列为控制的重点，如大模板施工中模板的稳定和组装问题、液压滑模施工时支承杆稳定问题、升板法。

④ 施工技术参数。如混凝土的外加剂掺量、水灰（胶）比，回填土的含水量，防水混凝土的抗渗等级、钢筋混凝土结构的实体检测结果及混凝土冬期施工受冻临界强度等技术参数都应重点控制其质量参数与指标。

⑤ 技术间歇。有些工序之间必须留有必要的技术间歇时间，例如砌筑与抹灰之间，应在墙体砌筑后留 6~10 天时间，让墙体充分沉陷、稳定、干燥，再抹灰；抹灰层干燥后，才能喷白、刷浆；混凝土浇筑与模板拆除之间，应保证混凝土有一定的硬化时间，达到规定拆模强度后方可拆除等。

⑥ 施工顺序。对于某些工序之间必须严格控制施工的先后顺序，比如对冷拉的钢筋应当先焊接后冷拉，否则会失去冷强；屋架的安装固定，应采取对角同时施焊方法，否则会由于焊接应力导致校正好的屋架发生倾斜。

⑦ 易发生或常见的质量通病。例如：混凝土工程的蜂窝、麻面、空洞、墙、地面、屋面防水工程渗水、漏水、空鼓、起砂、裂缝等，都与工序操作有关，均应事先研究对策，提出预防措施。

⑧ 新技术、新材料及新工艺的应用。由于缺乏经验，施工时应将其作为重点进行控制。

⑨ 产品质量不稳定和不合格率较高的工序应列为重点，认真分析、严格控制。

⑩ 特殊地基或特种结构。对于湿陷性黄土、膨胀土、红黏土等特殊土地基的处理，以及大跨度结构、高耸结构等技术难度较大的施工环节和重要部位，均应予以特别的重视。

3）特殊过程质量控制的管理

特殊过程的质量控制除按一般过程质量控制的规定执行外,还应由专业技术人员编制作业指导书,经项目技术负责人审批后执行。作业前施工员、技术员做好交底和记录,使操作人员在明确工艺标准、质量要求的基础上进行作业。为保证质量控制点的目标实现,应严格按照三级检查制度进行检查控制。

6. 成品保护的控制

所谓成品保护一般是指在项目施工过程中,某些部位已经完成,而其他部位还在施工,在这种情况下,施工单位必须负责对已完成部分采取妥善的措施予以保护,以免因成品缺乏保护或保护不善而造成损伤或污染,影响工程的实体质量。加强成品保护,首先要加强教育,提高全体员工的成品保护意识,同时要合理安排施工顺序,采取有效的保护措施。成品保护的措施一般有防护、包裹、覆盖及封闭等几种方法。

7. 施工过程的工程质量验收

施工过程的工程质量验收,是在施工过程中、在施工单位自行质量检查评定的基础上,参与建设活动的有关单位共同对检验批、分项、分部、单位工程的质量进行抽样复验,根据相关标准以书面形式对工程质量是否合格做出确认。

(1) 检验批质量验收合格应符合下列规定:

① 主控项目的质量经抽样检验均应合格;

② 一般项目的质量经抽样检验合格;

③ 具有完整的施工操作依据、质量检查记录。

检验批是工程验收的最小单位,是分项工程乃至整个建筑工程质量验收的基础。检验批是施工过程中条件相同并有一定数量的材料、构配件或安装项目,由于其质量基本均匀一致,因此可以作为检验的基础单位,并按批验收。

检验批质量合格的条件有两个方面:资料检查完整、合格,主控项目和一般项目检验合格。

质量控制资料反映了检验批从原材料到最终验收的各施工工序的操作依据、检查情况记录以及保证质量所必需的管理制度等。对其完整性的检查,实际上是对过程控制的确认,这是检验批合格的前提。检验批的合格质量主要取决于对主控项目和一般项目的检验结果。主控项目是对检验批的基本质量起决定性影响的检验项目,因此,必须全部符合有关专业工程验收规范的规定。这意味着主控项目不允许有不符合要求的检验结果,这种项目的检查具有"否决权"。鉴于主控项目对基本质量的决定性影响,必须从严要求。

(2) 分项工程质量验收合格应符合下列规定:

① 所含检验批的质量均应验收合格;

② 所含检验批的质量验收记录应完整。

分项工程的质量验收在检验批验收的基础上进行。一般情况下,两者具有相同或相近的性质,只是批量的大小不同而已。将有关的检验批验收汇集起来就构成分项工程验收。分项工程质量验收合格的条件比较简单,只要构成分项工程的各检验批的验收资料文件完整,并且均已验收合格,则分项工程验收合格。

(3) 分部工程质量验收合格应符合下列规定:

① 所含分项工程的质量均应验收合格;

② 质量控制资料应完整;

③ 有关安全、节能、环境保护和主要使用功能的检验结果应符合相应规定；

④ 观感质量应符合要求。

分部工程的验收在其所含各分项工程验收的基础上进行。分部工程验收合格的条件是：首先，分部工程的各分项工程必须已验收合格且相应的质量控制资料文件必须完整，这是验收的基本条件；其次，由于各分项工程的性质不尽相同，因此分部工程不能简单地将各分项工程组合进行验收，尚需增加以下两类检查项目：

① 涉及安全和使用功能的地基基础、主体结构及有关安全及重要使用功能的安装分部工程应进行有关见证取样、送样试验或抽样检测；

② 观感质量验收。这类检查往往难以定量，只能以观察、触摸或简单量测的方式进行，并由个人的主观印象判断，检查结果并不给出"合格"或"不合格"的结论，而是综合给出质量评价。对于评价为"差"的检查点应通过返修处理等补救。

(4) 单位工程质量验收合格应符合下列规定：

① 所含分部工程的质量均应验收合格；

② 质量控制资料应完整；

③ 所含分部工程有关安全、节能、环境保护和主要使用功能的检验资料应完整；

④ 主要使用功能的抽查结果应符合相关专业质量验收规范的规定；

⑤ 观感质量应符合要求。

单位工程质量验收也称质量竣工验收。进行监理的工程项目，单位工程完工后，施工单位应组织有关人员进行自检。总监理工程师应组织各专业监理工程师对工程质量进行预验收。存在施工质量问题时，应由施工单位整改。整改完毕后，由施工单位向建设单位提交工程竣工报告，申请工程竣工验收。

在施工过程的工程质量验收中发现质量不符合要求的处理办法如下：

一般情况下，不合格现象在最基层的验收单位——检验批验收时就应发现并及时处理，否则将影响后续批和相关的分项工程、分部工程的验收。所有质量隐患必须尽快消灭在萌芽状态，这是以强化验收促进过程控制原则的体现。对质量不符合要求的处理分以下四种情况。

第一种情况，是指在检验批验收时，其主控项目不能满足验收规范或一般项目超过偏差限值的子项不符合检验规定的要求时，应及时进行处理的检验批。其中，严重的缺陷应推倒重来；一般的缺陷通过翻修或更换器具、设备予以解决，应允许在施工单位采取相应的措施后重新验收，如能够符合相应的专业工程质量验收规范，则应认为该检验批合格。

第二种情况，是指个别检验批发现试块强度不满足要求等问题，难以确定可否验收时，应请具有法定资质的检测单位检测鉴定。当鉴定结果能够达到设计要求时，该检验批仍应认为通过验收。

第三种情况，如经检测鉴定达不到设计要求，但经原设计单位核算，仍能满足结构安全和使用功能的情况，该检验批可以予以验收。一般情况下，规范标准给出了满足安全和功能的最低限度要求，而设计往往在此基础上留有一些余量。不满足设计要求和符合相应规范标准的要求，两者并不一定矛盾。

第四种情况，更为严重的缺陷或者超过检验批的更大范围内的缺陷，可能影响结构的安全性和使用功能。若经法定检测单位检测鉴定以后认为达不到规范标准的相应要求，即不能满足最低限度的安全储备和使用功能,则必须按一定的技术方案进行加固处理,使之能保证其满足安全使用的基本要求。这样会造成一些永久性的缺陷,如改变结构外形尺寸,影响一些次要的使用功能等。

通过返修或加固处理仍不能满足安全使用要求的分部工程、单位(子单位)工程,严禁通过验收。

8. 施工项目竣工质量验收

施工项目竣工质量验收是施工质量控制的最后一个环节,是对施工过程质量控制成果的全面检验,是从终端把关方面进行质量控制。未经验收或验收不合格的工程,不得交付使用。

1) 施工项目竣工质量验收的依据

施工项目竣工质量验收的依据主要包括:上级主管部门的有关工程竣工验收的文件和规定;国家和有关部门颁发的施工、验收规范和质量标准;批准的设计文件、施工图纸及说明书;双方签订的施工合同;设备技术说明书;设计变更通知书;有关的协作配合协议等。

2) 施工项目竣工质量验收的条件

施工项目符合下列要求方可进行竣工验收:

(1) 完成工程设计和合同约定的各项内容。

(2) 施工单位在工程完工后对工程质量进行检查,确认工程质量符合有关法律、法规和工程建设强制性标准,符合设计文件及合同要求,并提出工程竣工报告。工程竣工报告应经项目经理和施工单位有关负责人审核签字。

(3) 对于委托监理的工程项目,监理单位对工程进行质量评估,具有完整的监理资料,并提出工程质量评估报告。工程质量评估报告应经总监理工程师和监理单位有关负责人审核签字。

(4) 勘察、设计单位对勘察、设计文件及施工过程中由设计单位签署的设计变更通知书进行检查,并提出质量检查报告。质量检查报告应经该项目勘察、设计负责人和勘察、设计单位有关负责人审核签字。

(5) 有完整的技术档案和施工管理资料。

(6) 有工程使用的主要建筑材料、建筑构配件和设备的进场试验报告,以及工程质量和功能性试验资料。

(7) 建设单位已按合同约定支付工程款。

(8) 有施工单位签署的工程质量保修书。

(9) 对于住宅工程,进行分户验收并验收合格,建设单位按户出具《住宅工程质量分户验收表》。

(10) 建设主管部门及工程质量监督机构责令整改的问题全部整改完毕。

(11) 法律、法规规定的其他条件。

3) 施工项目竣工质量验收程序

竣工质量验收应当按以下程序进行:

(1) 工程完工并对存在的质量问题整改完毕后,施工单位向建设单位提交工程竣工报告,申请工程竣工验收。实行监理的工程,工程竣工报告须经总监理工程师签署意见。

(2) 建设单位收到工程竣工报告后,对符合竣工验收要求的工程,组织勘察、设计、施工、监理等单位组成验收组,制定验收方案。对于重大工程和技术复杂工程,根据需要可邀请有关专家参加验收组。

(3) 建设单位应当在工程竣工验收 7 个工作日前将验收的时间、地点及验收组名单书面通知负责监督该工程的工程质量监督机构。

(4) 建设单位组织工程竣工验收

① 建设、勘察、设计、施工、监理单位分别汇报工程合同履约情况和在工程建设各个环节执行法律、法规和工程建设强制性标准的情况。

② 审阅建设、勘察、设计、施工、监理单位的工程档案资料。

③ 实地查验工程质量。

④ 对工程勘察、设计、施工、设备安装质量和各管理环节等方面做出全面评价,形成经验收组人员签署的工程竣工验收意见。参与工程竣工验收的建设、勘察、设计、施工、监理等各方不能形成一致意见时,应当协商提出解决的方法,待意见一致后,重新组织工程竣工验收。

4) 竣工验收报告的内容

工程竣工验收合格后,建设单位应当及时提出工程竣工验收报告。工程竣工验收报告主要包括工程概况,建设单位执行基本建设程序情况,对工程勘察、设计、施工、监理等方面的评价,工程竣工验收时间、程序、内容和组织形式,工程竣工验收意见等内容。

工程竣工验收报告还应附有下列文件:

(1) 施工许可证。

(2) 施工图设计文件审查意见。

(3) 上述竣工质量验收的条件中(2)、(3)、(4)、(8)项规定的文件。

(4) 验收组人员签署的工程竣工验收意见。

(5) 法规、规章规定的其他有关文件。

9. 见证取样与平行检验

1) 见证取样

见证取样是指项目监理机构对施工单位进行的涉及结构安全的试块、试件及工程材料现场取样、封样、送检工作的监督活动。

(1) 见证取样的工作程序

① 工程项目施工前,由施工单位和项目监理机构共同对见证取样的检测机构进行考察确定。对于施工单位提出的试验室,专业监理工程师要进行实地考察。试验室一般是和施工单位没有行政隶属关系的第三方。试验室要具有相应的资质,经国家或地方计量、试验主管部门认证,试验项目满足工程需要,试验室出具的报告对外具有法定效果。

② 项目监理机构要将选定的试验室报送负责本项目的质量监督机构备案并得到认可,同时要将项目监理机构中负责见证取样的专业监理工程师在该质量监督机构备案。

③ 施工单位应按照规定制定检测试验计划,配备取样人员,负责施工现场的取样工作,并将检测试验计划报送项目监理机构。

④ 施工单位在对进场材料、试块、试件、钢筋接头等实施见证取样前要通知负责见证取样的专业监理工程师,在该专业监理工程师现场监督下,施工单位按相关规范的要求,完成材料、试块、试件等的取样过程。

⑤ 完成取样后,施工单位取样人员应在试样或其包装上做出标识、封志。标识和封志应标明工程名称、取样部位、取样日期、样品名称和样品数量等信息,并由见证取样的专业监理工程师和施工单位取样人员签字。如钢筋样品、钢筋接头,则贴上专用加封标志,然后送往试验室。

(2) 实施见证取样的要求

① 试验室要具有相应的资质并进行备案、认可。

② 负责见证取样的专业监理工程师要具有材料、试验等方面的专业知识,并经培训考核合格,且要取得见证人员培训合格证书。

③ 施工单位从事取样的人员一般应是试验室人员或由专职质检人员担任。

④ 试验室出具的报告一式两份,分别由施工单位和项目监理机构保存,并作为归档材料,是工序产品质量评定的重要依据。

⑤ 见证取样的频率,国家或地方主管部门有规定的,执行相关规定;施工承包合同中如有明确规定的,执行施工承包合同的规定。

⑥ 见证取样和送检的资料必须真实、完整,符合相应规定。

2) 平行检验

平行检验是指项目监理机构在施工单位自检的同时,按有关规定、建设工程监理合同约定对同一检验项目进行的检测试验活动。项目监理机构应根据工程特点、专业要求,以及建设工程监理合同约定,对施工质量进行平行检验。

平行检验的项目、数量、频率和费用等应符合建设工程监理合同的约定。对平行检验不合格的施工质量,项目监理机构应签发监理通知单,要求施工单位在指定的时间内整改并重新报验。项目监理中心试验室进行平行检验试验的是:

(1) 验证试验。材料或商品构件运入现场后,应按规定的批量和频率进行抽样试验,不合格的材料或商品构件不准用于工程。

(2) 标准试验。在各项工程开工前合同规定或合理的时间内,应由施工单位先完成标准试验。监理中心试验室应在施工单位进行标准试验的同时或以后,平行进行复核(对比)试验,以肯定、否定或调整施工单位标准试验的参数或指标。

(3) 抽样试验。在施工单位的工地试验室(流动试验室)按技术规范的规定进行全频率抽样试验的基础上,监理中心试验室应按规定的频率独立进行抽样试验,以鉴定施工单位的抽样试验结果是否真实可靠。当施工现场的监理人员对施工质量或材料产生疑问并提出要求时,监理中心试验室随时进行抽样试验。

10. 工程变更的控制

施工过程中,由于前期勘察设计的原因,或由于外界自然条件的变化,未探明的地下障碍物、管线、文物、地质条件不符等,以及施工工艺方面的限制、建设单位要求的改变,均会涉及工程变更。做好工程变更的控制工作,是工程质量控制的一项重要内容。

工程变更单,由提出单位填写,写明工程变更原因、工程变更内容,并附必要的附件,包括工程变更的依据、详细内容、图纸;对工程造价、工期的影响程度分析,以及对功能、安全影响的分析报告。

对于施工单位提出的工程变更,项目监理机构可按下列程序处理:

(1) 总监理工程师组织专业监理工程师审查施工单位提出的工程变更申请,提出审查意见。对涉及工程设计文件修改的工程变更,应由建设单位转交原设计单位修改工程设计文件。必要时,项目监理机构应建议建设单位组织设计、施工等单位召开论证工程设计文件修改方案的专题会议。

(2) 总监理工程师组织专业监理工程师对工程变更费用及工期影响做出评估。

(3) 总监理工程师组织建设单位、施工单位等共同协商确定工程变更费用及工期变化,会签工程变更单。

(4) 项目监理机构根据批准的工程变更文件监督施工单位实施工程变更。

施工单位提出工程变更的情形一般有:①图纸出现错、漏等缺陷而无法施工;②图纸不便施工,变更后更经济、方便;③采用新材料、新产品、新工艺、新技术的需要;④施工单位考虑自身利益,为费用索赔而提出工程变更。

施工单位提出的工程变更,当为要求进行某些材料/工艺/技术方面的修改时,即根据施工现场具体条件和自身的技术、经验和施工设备等,在不改变原设计文件原则的前提下,提出的对设计图纸和技术文件的某些技术上的修改要求,例如,对某种规格的钢筋采用替代规格的钢筋、对基坑开挖边坡的修改等。应在工程变更单及其附件中说明要求修改的内容及原因或理由,并附上有关文件和相应图纸。经各方同意签字后,由总监理工程师组织实施。

当施工单位提出的工程变更要求对设计图纸和设计文件所表达的设计标准、状态有改变或修改时,项目监理机构经与建设单位、设计单位、施工单位研究并做出变更决定后,由建设单位转交原设计单位修改工程设计文件,再由总监理工程师签发工程变更单,并附设计单位提交的修改后的工程设计图纸交施工单位按变更后的图纸施工。

建设单位提出的工程变更,可能是由于局部调整使用功能,也可能是方案阶段考虑不周,项目监理机构应对工程变更可能造成的设计修改、工程暂停、返工损失、增加工程造价等进行全面的评估,为建设单位正确决策提供依据,避免工程反复和不必要的浪费。对于设计单位要求的工程变更,应由建设单位将工程变更设计文件下发项目监理机构,由总监理工程师组织实施。

如果变更涉及项目功能、结构主体安全,该工程变更还要按有关规定报送施工图原审查机构及管理部门进行审查与批准。

5.4 施工质量事故预防与处理

组织需比较和分析所获取的数据,比较、分析既包括对产品功能的比较分析,也包括对质量管理体系适宜性和有效性的证实。

分析的结果需给出有关发包人及其他相关方满意与否以及与产品要求是否符合的评价、项目实施过程的特性和趋势、采取预防措施的机会以及有关供方(分包、供货方等)的信息,并基于以上分析结果,提出对不合格品的处置和有关的预防措施。

5.4.1 工程质量事故分类

项目管理机构应定期对项目质量状况进行检查、分析,向组织提交质量报告,明确质量状况、发包人及其他相关方满意程度、产品功能的符合性以及项目管理机构的质量改进措施。

1. 工程质量事故的概念

（1）质量不合格

根据我国《质量管理体系 基础和术语》(GB/T 19000—2016)的术语解释，凡工程产品未满足质量要求，就称之为质量不合格；与预期或规定用途有关的不合格，称为质量缺陷。

（2）质量问题

凡是工程质量不合格，必须进行返修、加固或报废处理，由此造成的直接经济损失低于规定限额的称为质量问题。

（3）质量事故

由于建设、勘察、设计、施工、监理等单位违反工程质量有关法律法规和工程建设标准，使工程产生结构安全、重要使用功能等方面的质量缺陷，造成人身伤亡或者重大经济损失的称为质量事故。

2. 工程质量事故的分类

由于工程质量事故具有复杂性、严重性、可变性和多发性的特点，所以建设工程质量事故的分类有多种方法，但一般可按以下条件进行分类：

（1）按事故造成损失的程度分级

按照住房和城乡建设部《关于做好房屋建筑和市政基础设施工程质量事故报告和调查处理工作的通知》(建质〔2010〕111号)，根据工程质量事故造成的人员伤亡或者直接经济损失，工程质量事故分为以下4个等级。

① 特别重大事故：是指造成30人以上死亡，或者100人以上重伤，或者1亿元以上直接经济损失的事故；

② 重大事故：是指造成10人以上30人以下死亡，或者50人以上100人以下重伤，或者5 000万元以上1亿元以下直接经济损失的事故；

③ 较大事故：是指造成3人以上10人以下死亡，或者10人以上50人以下重伤，或者1 000万元以上5 000万元以下直接经济损失的事故；

④ 一般事故：是指造成3人以下死亡，或者10人以下重伤，或者100万元以上1 000万元以下直接经济损失的事故。

该等级划分所称的"以上"包括本数，所称的"以下"不包括本数。

上述质量事故等级划分标准与《生产安全事故报告和调查处理条例》(国务院令第493号)规定的生产安全事故等级划分标准相同。工程质量事故和安全事故往往会互为因果地连带发生。

（2）按事故责任分类

① 指导责任事故：指由于工程指导或领导失误而造成的质量事故。例如，由于工程负责人不按规范指导施工，强令他人违章作业，或片面追求施工进度，放松或不按质量标准进行控制和检验，降低施工质量标准等而造成的质量事故。

② 操作责任事故：指在施工过程中，由于操作者不按规程和标准实施操作，而造成的质量事故。例如，浇筑混凝土时随意加水，或振捣疏漏造成混凝土质量事故等。

③ 自然灾害事故：指由于突发的严重自然灾害等不可抗力造成的质量事故。例如地震、台风、暴雨、雷电及洪水等造成工程破坏甚至倒塌。这类事故虽然不是人为责任直接造成的，但事故造成的损害程度也往往与事前是否采取了预防措施有关，相关责任人也可能负

有一定的责任。

(3) 按质量事故产生的原因分类

① 技术原因引发的质量事故:指在工程项目实施中由于设计、施工在技术上的失误而造成的质量事故。例如,结构设计计算错误,对地质情况估计错误,采用了不适宜的施工方法或施工工艺等引发质量事故。

② 管理原因引发的质量事故:指管理上的不完善或失误引发的质量事故。例如,施工单位或监理单位的质量管理体系不完善,检验制度不严密,质量控制不严格,质量管理措施落实不力,检测仪器设备管理不善而失准,材料检验不严等原因引起的质量事故。

③ 社会、经济原因引发的质量事故:是指由于经济因素及社会上存在的弊端和不正之风导致建设中的错误行为,而发生质量事故。

④ 其他原因引发的质量事故:指由于其他人为事故(如设备事故、安全事故等)或严重的自然灾害等不可抗力的原因,导致连带发生的质量事故。

5.4.2 施工质量事故的预防

组织应根据不合格的信息,评价采取改进措施的需求,实施必要的改进措施。当经过验证效果不佳或未完全达到预期的效果时,应重新分析原因,采取相应措施。

项目管理机构是质量改进的主要实施者,按组织要求定期进行质量分析,提出持续改进的措施,将有助于管理层了解、促进项目管理机构的质量改进工作。组织可采取质量方针、目标、审核结果、数据分析、纠正预防措施以及管理陪审人员等持续改进质量措施,确保管理的有效性。

建立健全施工质量管理体系,加强施工质量控制,都是为了预防施工质量问题和质量事故,在保证工程质量合格的基础上,不断提高工程质量。所以,所有施工质量控制的措施和方法,都是预防施工质量问题和质量事故的手段。具体来说,施工质量事故的预防,可以从分析常见的质量通病入手,深入挖掘和研究可能导致质量事故发生的原因,抓住影响施工质量的各种因素和施工质量形成过程的各个环节,采取针对性的有效预防措施。

1. 常见的质量通病

房屋建筑工程常见的质量通病有:

(1) 基础不均匀下沉,墙身开裂;

(2) 现浇钢筋混凝土工程出现蜂窝、麻面、露筋;

(3) 现浇钢筋混凝土阳台、雨篷根部开裂或倾覆、坍塌;

(4) 砂浆、混凝土配合比控制不严,任意加水,强度得不到保证;

(5) 屋面、厨房、卫生间渗水、漏水;

(6) 墙面抹灰起壳、裂缝、起麻点、不平整;

(7) 地面及楼面起砂、起壳、开裂;

(8) 门窗变形,缝隙过大,密封不严;

(9) 水暖电工安装粗糙,不符合使用要求;

(10) 结构吊装就位偏差过大;

(11) 预制构件裂缝,预埋件移位,预应力张拉不足;

(12) 砖墙接槎或预留脚手眼不符合规范要求;

(13) 金属栏杆、管道、配件锈蚀;
(14) 墙纸粘贴不牢,空鼓、褶皱,压平起光;
(15) 饰面砖拼缝不平、不直、空鼓,脱落;
(16) 喷浆不均匀,脱色、掉粉等。

2. 施工质量事故发生的原因

施工质量事故发生的原因大致有:

(1) 非法承包,偷工减料

由于社会腐败现象对施工领域的侵袭,非法承包,偷工减料,"豆腐渣"工程,成为近年来重大施工质量事故的首要原因。

(2) 违背基本建设程序

《建设工程质量管理条例》规定,从事建设工程活动,必须严格执行基本建设程序,坚持先勘察、后设计、再施工的原则。但是现实情况是,违反基本建设程序的现象屡禁不止,无立项、无报建、无开工许可、无招投标、无资质、无监理、无验收的"七无"工程,边勘察、边设计、边施工的"三边"工程屡见不鲜,几乎所有的重大施工质量事故都能从这些方面找到原因。

(3) 勘察设计的失误

地质勘察过于疏略,勘察报告不准不细,致使地基设计采用不正确的方案;或构造设计方案不正确,计算失误,构造设计不符合规范要求等。这些勘察设计的失误在施工中显现出来,导致地基不均匀沉降,结构失稳、开裂甚至倒塌。

(4) 施工的失误

施工管理人员及实际操作人员的思想、技术素质差,是造成施工质量事故的普遍原因。缺乏基本业务知识,不具备上岗的技术资质,不懂装懂瞎指挥,胡乱施工盲目干;施工管理混乱,施工组织、施工工艺技术措施不当;不按图施工,不遵守相关规范,违章作业;使用不合格的工程材料、半成品、构配件;忽视安全施工,发生安全事故等,所有这一切都可能引发施工质量事故。

(5) 自然条件的影响

建筑施工露天作业多,恶劣的天气或其他不可抗力都可能引发施工质量事故。

3. 施工质量事故预防的具体措施

(1) 严格依法进行施工组织管理

认真学习、严格遵守国家相关政策法规和建筑施工强制性条文,依法进行施工组织管理,是从源头上预防施工质量事故的根本措施。

(2) 严格按照基本建设程序办事

建设项目立项首先要做好可行性论证,未经深入调查分析和严格论证的项目不能盲目拍板定案;要彻底搞清工程地质水文条件方可开工;杜绝无证设计、无图施工;禁止任意修改设计和不按图纸施工;工程竣工不进行试车运转、不经验收不得交付使用。

(3) 认真做好工程地质勘察

地质勘察时要适当布置钻孔位置和设定钻孔深度。钻孔间距过大,不能全面反映地基实际情况;钻孔深度不够,难以查清地下软土层、滑坡、墓穴、孔洞等有害地质构造。地质勘察报告必须详细、准确,防止因根据不符合实际情况的地质资料而采用错误的基础方案,导致地基不均匀沉降、失稳,使上部结构及墙体开裂、破坏、倒塌。

(4) 科学地加固处理好地基

对软弱土、冲填土、杂填土、湿陷性黄土、膨胀土、岩层出露、熔岩、土洞等不均匀地基要做科学的加固处理。要根据不同地基的工程特性，按照地基处理与上部结构相结合使其共同工作的原则，从地基处理与设计措施、结构措施、防水措施、施工措施等方面综合考虑处理。

(5) 进行必要的设计审查复核

要请具有合格专业资质的审图机构对施工图进行审查复核，防止因设计考虑不周、结构构造不合理、设计计算错误、沉降缝及伸缩缝设置不当、悬挑结构未通过抗倾覆验算等原因，导致质量事故的发生。

(6) 严格把好建筑材料及制品的质量关

要从采购订货、进场验收、质量复验、存储和使用等几个环节，严格控制建筑材料及制品的质量，防止不合格或变质、损坏的材料和制品用到工程上。

(7) 对施工人员进行必要的技术培训

通过技术培训使施工人员掌握基本的建筑结构和建筑材料知识，理解并认同遵守施工验收规范对保证工程质量的重要性，从而在施工中自觉遵守操作规程，不蛮干，不违章操作，不偷工减料。

(8) 加强施工过程的管理

施工人员首先要熟悉图纸，对工程的难点和关键工序、关键部位应编制专项施工方案并严格执行；施工中必须按照图纸和施工验收规范、操作规程进行；技术组织措施要正确，施工顺序不可搞错，脚手架和楼面不可超载堆放构件和材料。

(9) 做好应对不利施工条件和各种灾害的预案

要根据当地气象资料的分析和预测，事先针对可能出现的风、雨、高温、严寒、雷电等不利施工条件，制定相应的施工技术措施；还要对不可预见的人为事故和严重自然灾害做好应急预案，并有相应的人力、物力储备。

(10) 加强施工安全与环境管理

许多施工安全和环境事故都会连带发生质量事故，加强施工安全与环境管理，也是预防施工质量事故的重要措施。

5.4.3 施工质量事故的处理方法

项目管理机构应在质量控制过程中，跟踪、收集、整理实际数据，与质量要求进行比较，分析偏差，采取措施予以纠正和处置，并对处置效果复查。

组织需规定处置不合格品的有关职责和权限，处置不合格品应根据国家的有关规定进行，并保持记录，在得到纠正后还需再次进行验证，以证明符合要求。当在交付后发现不合格品，组织需采取消除影响的适当措施。

项目管理机构对不合格品控制应符合下列规定：①对检验和监测中发现的不合格品，按规定进行标识、记录、评价、隔离，防止非预期的使用或交付；②采用返修、加固、返工、让步接受和报废措施，对不合格品进行处置。

1. 施工质量事故处理的依据

(1) 质量事故的实况资料

包括质量事故发生的时间、地点；质量事故状况的描述；质量事故发展变化的情况；有关质量事故的观测记录、事故现场状态的照片或录像；事故调查组调查研究所获得的第一手资料。

（2）有关的合同文件

包括工程承包合同、设计委托合同、设备与器材购销合同、监理合同及分包合同等。

（3）有关的技术文件和档案

主要是有关的设计文件（如施工图纸和技术说明），与施工有关的技术文件、档案和资料（如施工方案、施工计划、施工记录、施工日志、有关建筑材料的质量证明资料、现场制备材料的质量证明资料、质量事故发生后对事故状况的观测记录、试验记录或试验报告等）。

（4）相关的建设法规

主要包括《中华人民共和国建筑法》《建设工程质量管理条例》和《关于做好房屋建筑和市政基础设施工程质量事故报告和调查处理工作的通知》（建质〔2010〕111号）等与工程质量及质量事故处理有关的法规，勘察、设计、施工、监理等单位资质管理方面的法规，从业者资格管理方面的法规，建筑市场方面的法规，建筑施工方面的法规，以及标准化管理方面的法规等。

2. 施工质量事故的处理程序

施工质量事故发生后，按照上述建质〔2010〕111号文的规定，事故现场有关人员应立即向工程建设单位负责人报告。工程建设单位负责人接到报告后，应于1h内向事故发生地县级以上人民政府住房和城乡建设主管部门及有关部门报告。同时，施工项目有关负责人应根据事故现场实际情况，及时采取必要措施抢救人员和财产，保护事故现场，防止事故扩大。

（1）事故调查

事故调查应力求及时、客观、全面，以便为事故的分析与处理提供正确的依据。调查结果，要整理撰写成事故调查报告，其主要内容包括：工程项目和参建单位概况；事故基本情况；事故发生后所采取的应急防护措施；事故调查中的有关数据、资料；对事故原因和事故性质的初步判断，对事故处理的建议；事故涉及人员与主要责任者的情况等。

（2）事故的原因分析

要建立在事故调查的基础上，避免情况不明就主观推断事故的原因，特别是对涉及勘察、设计、施工、材料和管理等方面的质量事故，往往事故的原因错综复杂，因此，必须对调查所得到的数据、资料进行仔细的分析，去伪存真，找出造成事故的主要原因。

（3）制定事故处理的技术方案

事故的处理要建立在原因分析的基础上，并广泛地听取专家及有关方面的意见，经科学论证，决定事故是否进行处理和怎样处理。在制定事故处理方案时，应做到安全可靠，技术可行，不留隐患，经济合理，具有可操作性，满足结构安全和使用功能要求。

（4）事故处理

根据制定的质量事故处理的方案，对质量事故进行认真处理。处理的内容主要包括：事故的技术处理，以解决施工质量不合格和缺陷问题；事故的责任处罚，根据事故的性质、损失大小、情节轻重对事故的责任单位和责任人做出相应的行政处分直至追究刑事责任。

（5）事故处理的鉴定验收

质量事故的处理是否达到预期的目的,是否依然存在隐患,应当通过检查鉴定和验收做出确认。事故处理的质量检查鉴定,应严格按施工验收规范和相关的质量标准的规定进行,必要时还应通过实际量测、试验和仪器检测等方法获取必要的数据,以便准确地对事故处理的结果做出鉴定,最终形成结论。

(6) 提交处理报告

事故处理结束后,必须尽快向主管部门和相关单位提交完整的事故处理报告,其内容包括事故调查的原始资料、测试的数据;事故原因分析、论证;事故处理的依据;事故处理的方案及技术措施;实施质量处理中有关的数据、记录、资料;检查验收记录;事故处理的结论等。

3. 施工质量事故处理的基本要求

施工质量事故处理的基本要求是:

(1) 质量事故的处理应达到安全可靠、不留隐患、满足生产和使用要求、施工方便;

(2) 重视消除造成事故的原因,注意综合治理,达到经济合理的目的;

(3) 正确确定处理的范围和正确选择处理的时间和方法;

(4) 加强事故处理的检查验收工作,认真复查事故处理的实际情况;

(5) 确保事故处理期间的安全。

4. 施工质量缺陷和质量事故处理的基本方法

(1) 返修处理

当工程的某些部分的质量虽未达到规范、标准或设计规定的要求,存在一定的缺陷,但经过返修后可以达到要求的质量标准,又不影响使用功能或外观的要求时,可采取返修处理的方法。例如,某些混凝土结构表面出现蜂窝、麻面,经调查分析,该部位经返修处理后,不会影响其使用及外观;对混凝土结构局部出现的损伤,如结构受撞击、局部未振实、冻害、火灾、酸类腐蚀、碱骨料反应等,当这些损伤仅仅在结构的表面或局部,不影响其使用和外观时,可进行返修处理。再比如对混凝土结构出现的裂缝,经分析研究后如果不影响结构的安全和使用时,也可采取返修处理。

(2) 加固处理

主要是针对危及承载力的质量缺陷的处理。通过对缺陷的加固处理,使建筑结构恢复或提高承载力,重新满足结构安全性及可靠性的要求,使结构能继续使用或改作其他用途。例如,对混凝土结构常用的加固方法主要有:增大截面加固法、外包角钢加固法、粘钢加固法、增设支点加固法、增设剪力墙加固法和预应力加固法等。

(3) 返工处理

当工程质量缺陷经过返修处理后仍不能满足规定的质量标准要求,或不具备补救可能性,则必须实行返工处理。例如,某防洪堤坝填筑压实后,其压实土的干密度未达到规定值,经核算将影响土体的稳定且不满足抗渗能力的要求,须挖除不合格土,重新填筑,进行返工处理;某公路桥梁工程预应力按规定张拉系数为1.3,而实际仅为0.8,属严重的质量缺陷,也无法返修,只能返工处理。

(4) 限制使用

当工程质量缺陷按返修方法处理后无法保证达到规定的使用要求和安全要求,而又无返工处理的情况下,不得已时可做出诸如结构卸荷或减荷以及限制使用的决定。

(5) 不做处理

某些工程质量问题虽然达不到规定的要求或标准,但其情况不严重,对工程或结构的使用及安全影响很小,经过分析、论证、法定检测单位鉴定和设计单位等认可后可不专门做处理。一般可不做专门处理的情况有以下几种:

① 不影响结构安全、生产工艺和使用要求的。例如,有的工业建筑物出现放线定位的偏差,且严重超过规范标准规定,若要纠正会造成重大经济损失,但经过分析、论证其偏差不影响生产工艺和正常使用,在外观上也无明显影响,可不做处理。又如,某些部位的混凝土表面的裂缝,经检查分析,属于表面养护不够的干缩微裂,不影响使用和外观,也可不做处理。

② 后道工序可以弥补的质量缺陷。例如,混凝土结构表面的轻微麻面,可通过后续的抹灰、刮涂、喷涂等弥补,也可不做处理。再比如,混凝土现浇楼面的平整度偏差达到 10 mm,但由于后续垫层和面层的施工可以弥补,所以也可不做处理。

③ 法定检测单位鉴定合格的。例如,某检验批混凝土试块强度值不满足规范要求,强度不足,但经法定检测单位对混凝土实体强度进行实际检测后,其实际强度达到规范允许和设计要求值时,可不做处理。对经检测未达到要求值,但相差不多,经分析论证,只要使用前经再次检测达到设计强度,也可不做处理,但应严格控制施工荷载。

④ 出现的质量缺陷,经检测鉴定达不到设计要求,但经原设计单位核算,仍能满足结构安全和使用功能的。例如,某一结构构件截面尺寸不足,或材料强度不足,影响结构承载力,但按实际情况进行复核验算后仍能满足设计要求的承载力时,可不进行专门处理。这种做法实际上是挖掘设计潜力或降低设计的安全系数,应谨慎处理。

(6) 报废处理

出现质量事故的工程,通过分析或实践,采取上述处理方法后仍不能满足规定的质量要求或标准,则必须予以报废处理。

【例 5-1】 下列建设工程资料中,可以作为施工质量事故处理依据的有(   )。
A. 质量事故状况的描述   B. 工程竣工报告
C. 设计委托合同   D. 施工记录
E. 现场制备材料的质量证明资料

【答案】 ACDE

【解析】 施工质量事故处理的依据有:
(1) 质量事故的实况资料;(2) 有关的合同文件;(3) 有关的技术文件和档案;(4) 相关的建设法规。

5.5 施工质量的政府监督措施及内容

我国《建筑法》及《建设工程质量管理条例》规定,国家实行建设工程质量监督管理制度,由政府行政主管部门设立专门机构对建设工程质量进行监督管理。

国务院建设行政主管部门对全国的建设工程质量实施统一监督管理。国家交通、水利等有关部门按照国务院规定的职责分工,负责对全国有关专业建设工程质量的监督管理。

县级以上地方人民政府建设行政主管部门对本行政区域内的建设工程质量实施监督管

理。县级以上地方人民政府交通、水利等有关部门在各自的职责范围内,负责对本行政区域内的专业建设工程质量进行监督管理。

政府质量监督的性质属于行政执法行为,是为了保护人民生命和财产安全,由主管部门依据有关法律法规和工程建设强制性标准,对工程实体质量和工程建设、勘察、设计、施工、监理单位(此五类单位简称为工程质量责任主体)和质量检测等单位的工程质量行为实行监督。工程实体质量监督,是指主管部门对涉及工程主体结构安全、主要使用功能的工程实施监督。工程质量行为监督,是指主管部门对工程质量责任主体和质量检测等单位履行法定责任主体和义务的情况实施监督。工程质量监督管理的具体工作可以由县级以上地方人民政府建设主管部门委托所属的工程质量监督机构实施。

主管部门实施监督检查时,有权采取下列措施:
(1) 要求被检查的单位提供有关工程质量的文件和资料;
(2) 进入被检查单位的施工现场进行检查;
(3) 发现有影响工程质量的问题时,责令改正。

有关单位和个人对政府建设行政主管部门和其他有关部门进行的监督检查应当支持与配合,不得拒绝或者阻碍建设工程质量监督检查人员依法执行职务。

工程质量监督管理包括下列内容:
(1) 执行法律法规和工程建设强制性标准的情况;
(2) 抽查涉及工程主体结构安全和主要使用功能的工程实体质量;
(3) 抽查工程质量责任主体和质量检测等单位的工程质量行为;
(4) 抽查主要建筑材料、建筑构配件的质量;
(5) 对工程竣工验收进行监督;
(6) 组织或者参与工程质量事故的调查处理;
(7) 定期对本地区工程质量状况进行统计分析;
(8) 依法对违法违规行为实施处罚。

其中,对涉及工程主体结构安全和主要使用功能的工程实体质量抽查的范围应包括地基基础、主体结构、防水与装饰装修、建筑节能、设备安装等相关建筑材料和现场实体的检测。

第6章 工程项目费用管理

组织应建立项目全面成本管理制度,明确职责分工和业务关系,把管理目标分解到各项技术和管理过程。

在完成任何一个工程项目的过程中,必然会产生各种物化劳动和活劳动的耗费,把这些日常分散、个别反映的耗费,运用一定的方法,归集到工程项目中就构成工程项目的费用。工程项目费用管理,就是在完成一个工程项目过程中,对所发生的所有费用支出,有组织、系统地进行预测、计划、控制、核算、分析等一系列科学管理工作的总称。其目的是在保证工期和质量满足要求的情况下,充分利用组织、经济、技术、合同措施及各种方法手段将费用控制在计划范围内,以尽可能少的费用实现预定目标。

项目成本管理应符合下列规定:①组织管理层,应负责项目成本管理的决策,确定项目的成本控制重点、难点,确定项目成本目标,并对项目管理机构进行过程和结果的考核;②项目管理机构,应负责项目成本管理,遵守组织管理层的决策,实现项目管理的成本目标。

由于参与工程项目的各方主体不同,它们对费用管理的出发点就有所不同,因而费用的具体名称和内容也不同。对于业主来说,是对整个工程项目负责,以尽可能少的投资保质保量地按期完成工程项目,称为投资计划与控制;而承包商则是针对合同任务对象根据合同价来进行管理,以最低成本获取最大利润,称为成本计划与控制;至于监理、设计等单位,主要是协助业主进行投资控制,它们自身的费用管理则相对较简单。工程项目费用管理是项目管理的一个重要方面,其管理水平的高低体现了整个工程项目管理水平,以及企业管理水平。因此,工程项目费用管理在项目管理中的重要地位是不可替代的。

项目合同价是项目成本管理的基准。根据有关法规规定,建设工程项目一般通过招投标方式确定项目合同价。

项目成本管理应遵循下列程序:①掌握生产要素的价格信息;②确定项目合同价;③编制成本计划,确定成本实施目标;④进行成本控制;⑤进行项目过程成本分析;⑥进行项目过程成本考核;⑦编制项目成本报告;⑧项目成本管理资料归档。

6.1 投资计划与控制

投资计划与控制,就是在项目目标设计、可行性研究决策阶段、设计阶段、发包阶段、施工阶段和竣工阶段,通过不断地修改补充形成完整的投资计划,在实施过程中将具体的投资金额控制在计划限额之内,随时纠正发生的偏差,以保证项目投资管理目标的实现,力求在建设工程中能合理使用人力、物力、财力,取得较好的投资效益和社会效益。

6.1.1 工程项目投资构成

建设项目总投资一般是指进行某项工程建设花费的全部费用。生产性建设项目总投资包括建设投资和铺底流动资金两部分。建设工程费用也称建设投资,由建筑安装工程费、设备工器具购置费、工程建设其他费用、预备费和建设期货款利息组成。建设项目总投资是指项目建设期用于建设项目的建设投资、建设期贷款利息和流动资金的总和。

建设项目总投资的各项费用按资产属性分别形成固定资产、无形资产和其他资产。建设投资可以分为静态投资部分和动态投资部分。静态投资是指建设项目在不考虑物价上涨、建设期贷款利息等动态因素情况下估算的建设投资。静态投资部分由建筑安装工程费、设备工器具购置费、工程建设其他费用和基本预备费构成;动态投资部分是指在建设期内,因建设期利息和国家新批准的税费、汇率、利率变动以及建设期价格变动引起的建设投资增加额。动态投资适应了市场价格运行机制的要求,使投资的计划、估算、控制更加符合实际。设备工器具购置费是指按照建设项目设计文件要求,建设单位或其委托单位购置或自制达到固定资产标准的设备和新扩建项目配置的工器具及生产家具所需的费用。设备工器具购置费由设备原价、工器具原价和运杂费组成。建筑安装工程费由建筑工程费和安装工程费两部分组成。

在工程建设中,建筑安装工程是创造价值的活动。建筑安装工程费用作为建筑安装工程价值的货币表现,也称为建筑安装工程造价。建筑工程费是指项目涉及范围内的建筑物、构筑物、场地平整、土石方工程费用等。安装工程费是指主要生产、辅助生产等单项工程中需要安装的机械设备、电气设备、仪器仪表等设备的安装及配件工程费,以及工艺、供水等各种管道、配件和供电外线安装工程费用等。工程建设其他费用是指从工程筹建起到工程竣工验收交付生产或使用止的整个建设期间,除建筑安装工程费用和设备及工器具购置费用以外的,为保证工程建设顺利完成和交付使用后能够正常发挥效益或效能而发生的各项费用。

6.1.2 工程项目投资计划

在项目的策划和实施过程中,投资计划分为若干个阶段,它们从项目建议书(目标设计)开始直到竣工验收,形成专业性非常强的计价过程。从总体上看,投资计划通常是经过确定项目总投资目标、费用目标逐层分解、项目单元费用估算,再由下而上逐层汇总,并进行对比分析的过程。

1. 投资估算

在整个投资决策阶段,根据现有数据资料和一定方法对项目所需的投资额进行估算称为投资估算。投资估算可由业主委托设计单位或咨询单位编制,也可由业主单位有关人员编制。投资估算的精确度在详细可行性研究阶段为±10%以内。当可行性研究报告批准后,投资估算作为批准下达的投资限额对初步设计概算及整个工程造价起着控制作用,同时也是编制投资计划、进行资金筹措及申请建设贷款的主要依据。

2. 设计概算

业主委托设计单位(或造价事务所)在设计阶段根据设计文件规定的总体布置及各单项工程的主要建筑结构、设备清单和其他工程的费用综合而成设计概算,它根据颁布的概算定额合理计算而得。设计总概算一经批准,就确定了固定资产投资计划、签订贷款合同金额,控制了建设拨款,形成施工图预算的上限。修正总概算是在初步设计完成后需要进行技术设计时编制的设计总概算的修正部分。

3. 施工图预算

设计单位在施工图设计阶段对各单位工程的分部分项工程量做出更精确的描述,相应编制更详细的实施计划,进而在 WBS 工作包中根据预算定额及取费标准对费用做出更精确的计算,形成施工图预算。一旦施工图预算得到确认,则工程项目的投资计划就相对固定下来,成为编制标底和签订建筑安装工程承包合同的依据。

4. 合同价

业主一般通过招标投标方式选择承包商,承包商根据招标文件和施工的实际情况编制投标报价,业主的标底和承包商的投标报价会有所差异,但一旦双方认可某一价款后,就形成了约束双方的合同价,在承包合同中予以规定。因此,合同价成为业主和承包商的共同目标成本,是双方结算的基础和索赔的依据。

5. 结算价

在合同实施阶段业主根据承包合同规定的结算方式对承包商进行费用结算并予以支付,成为结算工程的实际价格。

6. 竣工决算

竣工决算不仅反映了项目竣工后的实际价格,同时也是核定新增固定资产价值、考核分析投资效果、办理交付使用验收的依据。它是竣工验收报告的重要组成部分。

6.1.3 工程项目投资控制

投资控制是项目控制的主要内容之一,其控制是动态的,并贯穿于项目建设周期的始终。从造价管理的角度看,投资控制是对于工程项目整个实现过程的全面造价管理。

1. 建设工程投资决策的主要内容

1) 可行性研究

可行性研究是运用多种科学手段综合论证工程项目在技术上是否先进可靠,在财务上是否盈利,做出环境影响、社会效益和经济效益的分析与评价,以及抗风险能力等的结论,为投资决策提供科学依据。可行性研究一般分为机会研究、初步可行性研究和(详细)可行性研究三个阶段。机会研究的精确度为±30%,初步可行性研究为±20%,(详细)可行性研究为±10%。一般业主会委托有资质的设计院等机构进行可行性研究。

可行性研究的最终成果是可行性研究报告,其内容一般包括:总论,市场调查与预测,资源条件评价,建设规模与产品方案,场址选择,技术方案、设备方案和工程方案,原材料燃料供应,节能措施,节水措施,环境影响评价,劳动安全卫生与消防,组织机构与人力资源配置,项目实施进度,投资估算,融资方案,财务评价,国民经济评价,社会评价,风险分析,研究结论与建议。

2) 投资估算的编制与审查

投资估算是可行性研究的重要组成部分,它包含两部分估算内容:建设投资估算和流动资金估算。建设投资估算在不同的研究阶段可采用详略不同、深度不同的估算方法,常见的有生产能力指数法、资金周转率法、比例估算法、综合指标投资估算法。流动资金估算一般参照现有同类企业的状况采用分项详细估算法,个别情况或小型项目可采用扩大指标法。投资估算的审查部门在审查时应注意以下几点:①依据的时效性、准确性;②估算方法的科学性、适用性;③编制内容与规划要求的一致性;④费用项目、费用数额的真实性。

3) 项目评价

项目评价是可行性研究中十分重要的分析论证部分,它一般包括五个方面内容:

(1) 环境影响评价。在研究确定场址方案和技术方案中,调查研究环境条件,识别和分析拟建项目影响环境的因素,研究提出治理和保护环境的措施,比选和优化环境保护方案。

(2) 财务评价。即在国家现行财税制度和价格体系下,分析预测项目的财务效益与费用,计算财务指标,考察拟建项目的盈利能力、偿债能力,进行不确定性分析(盈亏平衡分析、敏感性分析、概率分析),据以判断项目的财务可行性。

(3) 国民经济评价。按照经济资源合理配置的原则,用影子价格和社会折现率等国民经济评价参数,从国民经济整体角度考察项目所耗费的社会资源和对社会的贡献,评价投资项目的经济合理性。

(4) 社会评价。分析项目对当地社会的影响、当地社会条件对项目的适应性和可接受程度,评价项目的社会可行性。

(5) 风险分析。在这些评价的基础上,进一步分析识别项目在建设和运营中潜在的主要风险因素,揭示风险来源,判别风险程度,提出规避风险对策,降低风险损失。

2. 设计阶段的投资控制方法

设计对整个建设工程的效益十分重要,我们控制投资的关键环节就在设计阶段。业主在此阶段的工作内容主要是提出设计要求,用技术经济方法组织评选设计方案,选择勘察、设计单位,商签勘察、设计合同并组织实施,审查设计、概预算。提高设计经济合理性的途径有以下几条。

1) 执行设计标准,认真履行设计合同

设计标准是国家经济建设的重要技术规范,各类建设的设计部门应制订与执行相应不同层次的设计标准规范,认真履行设计合同。业主应落实设计合同中双方的权利义务,若为设计单位原因而造成的工期、质量和经济损失,可追讨其设计赔偿金;若为自身原因造成的损失,应另行增加设计费;业主方不履行合同的,无权返还定金,承包设计方不履行合同的,应双倍偿还定金。

2) 采用标准设计

工程设计中可在一定范围内采用通用的标准图、通用图和复用图,可促进工业化水平、加快工程进度、节约材料、降低建设投资。据统计,采用标准设计一般可加快设计进度的1～2倍,节约建设投资 10%～15%。

3) 推行限额设计

限额设计就是按批准的投资估算控制初步设计,按批准的初步设计总概算控制施工图设计。即将上阶段设计审定的投资额和工程量先行分解到各专业,然后再分解到各单位工程和分部工程。各专业在保证使用功能的前提下,按分配的投资限额控制设计,严格控制技术设计和施工图设计的不合理变更,以保证总投资限额不被突破。简单地说,限额设计就是分级管理费用限额的设计过程。

限额设计体现了设计标准、规模、原则的合理确定和有关概算基础资料的合理确定,是衡量勘察设计工作质量的综合标志,但若运用不当,或过分强调限额,有可能使某专业设计特色表现不出来,因此应根据实际情况考虑实行限额设计。

4) 推行设计招标或方案竞赛

设计招标或方案竞赛是大型工程项目或标志性建筑中较常用的方式,目的是通过对多个设计方案的技术经济分析和综合比较,结合工程实际条件和各方面因素,选择功能完善、技术先进、经济合理的最佳设计方案。在设计方案的评审过程中可运用价值工程原理,正确处理方案的功能和全寿命周期成本的关系,保证设计方案的最优性。评审结果的第一名往往是设计任务的承担者,当然也可能综合某几个设计方案的优点来确定设计任务的取向。业主及设计单位应仔细对设计概算、施工图预算进行审查。设计概算的审查一般采用集中会审的方式进行,主要是对设计概算的编制依据、单位工程设计概算、综合概算、总概算进行逐级审查。建筑工程概算中主要审查工程量、定额或指标,材料价格,以及各项费用有无遗漏、重复多计算或错误等;设备及安装工程概算中审查重点应放在设备清单及安装费用上。施工图预算的审查与设计概算的内容大致相同,只不过更详细具体,可采用不同方法审查,包括逐级审查法、标准预算审查法、分组计算审查法、对比审查法、筛选审查法、重点审查法。

6.1.4 招投标阶段的投资控制

建设项目的招投标阶段中,发包类型一般有:建设项目的总发包、设计总发包、建安工程发包、设备材料采购发包。招标阶段的投资控制应按照业主的意愿、项目类型等实际情况进行合理控制。招标投标在国际上广泛采用。招投标实际上是一种市场竞争行为,分别代表了采购方和供应方的交易行为。

1. 招标方式

工程项目的招标方式主要有公开招标和邀请招标两种。

公开招标就是招标人通过各种媒体信息发布招标公告,只要有资格的承包人或供应商均可公平参加投标的方式,这种方式可最大限度地使招标人选择有实力、技术强且管理水平高的投标人,因此又称为无限竞争型招标。

邀请招标是指招标人在熟悉实力强且信誉高的几个(三个以上)潜在投标人的情况下,向他们发出投标邀请函来邀请其参加投标的方式,这种方式可缩短招投标周期,节约费用,减少资格评审和评标的工作量,因此又称为有限竞争型招标。

2. 工程量清单计价

整个招投标阶段可采用定额计价或工程量清单计价方法进行。目前我国大力推行的是工程量清单计价,目的是与国际惯例接轨,节约工程投资,即招标人承担"量"的风险,承包人承担"价"的风险,促使双方加强工程费用的控制与管理,同时在合理低价中标的原则上,提高了评标的透明度,强化市场自由竞争机制。在工程量清单计价中,投标人自主选择施工方法和施工措施,自主根据企业定额采用综合单价法定价,而招标人只提供项目名称、简要说明、单位及工程量。

3. 设备与材料采购招标

设备材料采购招标与建安工程招标的程序大体相同,但要注意材料采购的询价。

材料询价过程一般为:询价—报送—送审认可—签订合同,通常要"货比三家"以获得优质且价格合理的材料。

6.1.5 施工阶段的投资控制

由于施工阶段有合同价作为约束业主和承包商的依据,因而业主想要降低投资的可能性不大,进行投资控制难度较大,此时主要依靠监理工程师来协助完成,尽可能将投资控制在计划投资额范围内,保证投资控制目标的实现。

投资控制措施应从组织、经济、技术、合同四个方面考虑。

(1) 组织措施有:①在项目管理班子中落实从投资控制角度进行施工跟踪的人员、任务分工和职能分工;②编制本阶段投资工作计划和详细的工作流程图。

(2) 经济措施有:①编制资金使用计划,确定、分解投资控制目标,对工程项目造价目标进行风险分析,并制定防范性对策;②进行工程计量;③复核工程付款账单,签发付款证书;④在施工过程中定期进行投资实际值与计划值的比较,进行偏差分析,发现问题随时采取纠偏措施;⑤协商确定工程变更价款,审核竣工结算;⑥定期对投资支出进行分析与预测,并向业主提交报告。

(3) 技术措施有:①对设计变更进行技术经济比较,严格控制设计变更;②继续寻求通过设计能够节约投资的可能;③审核承包商编制的施工组织设计。

(4) 合同措施有:①做好施工记录,保存各种文件图样,为可能发生的索赔提供依据,参与处理索赔事宜;②参与合同修改和补充工作,着重考虑它对投资控制的影响。

下面按经济措施的顺序分别讲解如何进行施工阶段的投资控制。

1. 投资控制目标和资金使用计划

施工阶段的总投资控制目标应是合同价款,再对目标进行分解,确定分目标值、各详细目标值。若无明确的投资控制目标,就无法进行项目投资实际支出值与目标值的比较,找不出两者的差异及其偏差程度,导致控制措施缺乏针对性。

2. 工程价款的结算

1) 主要结算方式

(1) 按月结算。即先预付工程备料款,在施工过程中按月(月末)结算已完分部分项工程的进度款,跨年度竣工的工程在年终进行工程盘点,办理年度结算,竣工后清算。此方式是目前我国实行的较常见的结算方式。

(2) 竣工后一次结算。每月月中预支工程价款,竣工后一次结算,适用于工期短(12个月以内)、合同价小(100万元以下)的建设项目或单项工程。

(3) 分段结算。按月预支工程款,分阶段结算,适用于当年不能完工的单项或单位工程,如按开工、基础完工、主体完工、竣工验收等阶段按比例拨付工程款。

(4) 双方约定结算的其他方式。例如,按合同规定,由业主供应材料的,其材料可按预算价格给承包商,材料价款在结算工程款时陆续抵扣这部分材料,承包商不应收取备料款。实行竣工后一次结算和分段结算的工程,当年结算的工程款应与分年度的工程量一致,年终不另清算。当然,结算款的支付一般不超过合同价的97%,预留3%的保修保证金,在保修期满后清算。

2) 按月结算工程价款的一般程序

工程预付款是建设工程施工合同订立后由发包人按合同约定,在正式开工前预先支付给承包人的工程款。它是施工准备和所需材料、结构件等流动资金的主要来源,又称为预付备料款。发包人预付工程备料款应不迟于约定的开工日期前7天,开工后按约定的时间和比例逐次扣回。

(1) 预付备料款限额。预付备料款限额通常根据主要材料占施工产值的比重、材料储备天数、施工工期、建安工程量等因素来测定,即对于一般建筑工程,备料款不应超过当年建筑工程量(包括水、电、暖)的30%;安装工程按年安装工程量的10%～15%拨付。

(2) 工程预付款的扣回方法。工程预付款的扣回方法有:①通过合同的形式确定,采用等比率或等额扣款的方式予以扣回;②从未施工工程尚需的主要材料及构件的价值相当于备料款数额时起扣,从每次结算工程价款中,按材料比重扣抵工程价款,竣工前全部扣清。因此,确定起扣点是此方式的关键。

【例6-1】 某建筑工程承包合同总额为600万元,预付备料款按25%预付,主要材料及构件金额占合同总额的65%,保修金为合同总额的3%,工期4个月,计划各月的施工产值为:二月100万元、三月140万元、四月180万元、五月180万元。若按未完成施工工程所需主材费等于工程预付款的方式进行预付款的扣回,试求如何按月结算工程价款。

【解】 ① 预付备料款 $IM=600 \times 25\%=150$(万元)。
② 起扣点: $T=600-150/65\%=600-230.7=369.3$(万元)。
③ 二月完成产值100万元$<T$,结算100万元。
④ 三月完成产值140万元,累计240万元$<T$,结算140万元。
⑤ 四月完成产值180万元,累计420万$>T$,
四月份应扣回的预付备料款$=(420-369.3) \times 65\%=33$(万元)。
故四月应结算:$180-33=147$(万元),累计结算387万元。
⑥ 五月完成产值180万元,全部要扣预付备料款,并预留保修金,应结算:$180-180 \times 65\%-600 \times 3\%=45$(万元),累计结算432万元,
其中,预付备料款150万元,结算款共计432万元,预留保修金18万元。

3) 工程价款的动态结算

即把各种动态因素渗透到结算过程中,结算大体能反映实际的消耗费用。常见的动态结算方法有以下三类。

(1) 按实际价格结算法。有些地区规定对钢材、木材、水泥等三大材的价格按实际价格结算。承包商可凭发票实报实销。这种方法很方便,但降低了承包商节约成本的积极性。

(2) 按调价文件结算法。如按主材计算价差、按竣工调价系数计算价差等,根据调价文件来结算。

(3) 调值公式法。根据国际惯例,对建设工程已完投资费用的结算一般按此法进行。调值公式包括固定部分、材料部分和人工部分三项,典型的材料包括钢筋、水泥、木材、钢结构、沥青制品等,人工包括普通工和技术工,其公式为

$$P = P_0(a_0 + a_1 \cdot A/A_0 + a_2 \cdot B/B_0 + a_3 \cdot C/C_0 + a_4 \cdot D/D_0)$$

式中:P——调值后合同价款或工程实际结算款;
P_0——合同价款中工程预算进度款;
a_0——合同支付中不能调整的部分,一般指管理费和利润占合同价的比重(5%～15%);
a_1、a_2、a_3、a_4——各项费用(如人工费、钢材费、水泥费等)在合同总价中所占比重;

A_0、B_0、C_0、D_0——签订合同时与 a_1、a_2、a_3、a_4 对应的各种费用基期价格指数或价格；

A、B、C、D——与特定付款证书有关期限最后一天的 49 天前与 a_1、a_2、a_3、a_4 对应各种费用的现行价格指数或价格。

6.1.6 投资偏差分析

1. 概念

1) 投资偏差

投资偏差是指投资的实际值与计划值的差异，即在完成相同工程量的情况下，实际单价与计划单价的差异。具体计算公式如下：

$$投资偏差 = 已完工程实际投资 - 已完工程计划投资$$

其中，
$$已完工程计划投资 = 已完实际工程量 \times 计划单价$$

$$已完工程实际投资 = 已完实际工程量 \times 实际单价 + 其他款项$$

结果为"＋"(正号)表示投资超支，"－"(负号)表示投资节约。

2) 进度偏差

进度偏差有两种表达方法，一种是我们常见的用时间来表示进度的快慢，另一种是用投资额度来表达其进度的快慢，其差异主要在于工程量的变化。如在计划单价相同的情况下，实际工程量超过计划工程量，表示进度超前，其偏差为负值。具体公式如下：

$$进度偏差 = 已完工程实际时间 - 已完工程计划时间$$

$$或进度偏差 = 拟完工程计划投资 - 已完工程计划投资$$

其中，
$$拟完工程计划投资 = 拟完工程量(计划工程量) \times 计划单价$$

结果为"＋"表示工期拖延，"－"表示工期提前。

2. 分析方法

偏差分析可采用不同的方法，常用的有横道图法、表格法和曲线法。

(1) 横道图法。横道图法比较形象、直观，但所反映的信息量少，一般用在项目的高层管理中。

(2) 表格法。表格法是进行偏差分析的最常用方法。各偏差参数都在表中列出，使投资管理者能综合地了解这些数据并用计算机进行处理。

(3) 曲线法。曲线法是用投资累计曲线(S 形曲线)来进行投资偏差分析，形象直观，但较难直接用于定量分析。

3. 偏差原因分析

进行偏差分析，就是要找出产生偏差的原因，采取有针对性的措施，以减少或避免同样问题的发生。工程项目产生投资偏差的原因包括物价上涨、设计原因、业主原因、施工原因和客观原因五个方面。从投资控制的角度考虑，业主原因和设计原因才是投资管理者应注意的问题，是纠偏的主要对象。因为有些偏差原因是无法主动控制的，如客观原因和物价原因，而承包商自身原因造成的成本增加不需要业主考虑。

6.2 施工项目成本计划与控制

项目管理机构应根据项目成本控制要求编制、确定项目成本计划。其中项目施工成本计划一般由施工单位编制。施工单位应围绕施工组织设计或相关文件进行编制,以确保对施工项目成本控制的适宜性和有效性。具体可按成本组成(如直接费、间接费、其他费用等)、项目结构(如各单位工程或单项工程)和工程实施阶段(如基础、主体、安装、装修等或月、季、年等)进行编制,也可以将几种方法结合使用。

项目管理机构应通过系统的成本策划,按成本组成、项目结构和工程实施阶段分别编制项目成本计划。

工程项目中很大一部分的成本是由承包人在实施过程中产生的,而业主和监理单位对实施过程中具体发生的成本不感兴趣,因此,施工项目成本计划与控制一般由承包人来完成。

6.2.1 施工项目的成本管理概述

1. 成本的概念

成本是一种耗费,是耗费劳动的货币表现形式。

施工项目成本是施工企业为完成施工合同所约定的施工项目的全部任务所耗费的各项生产、管理、服务和经营费用等的总和。施工项目成本管理一般分为以下两个层次。

(1) 组织管理层

以总经理为首,主要负责项目全面成本管理的决策,确定项目的合同价格和成本计划,确定项目管理层的成本目标。当然除了管理生产成本以外,还要管理经营成本。其生产成本管理贯穿于项目投标、实施和结算过程,体现效益中心的管理职能。

(2) 项目经理部

以项目经理为首,执行组织确定的成本管理目标,进行成本控制,实现项目管理目标责任书中的成本目标,发挥现场生产成本控制中心的管理职能。施工项目成本管理应从工程投标报价开始,直至项目竣工结算完成为止,贯穿于项目施工全过程。

2. 施工项目成本费用分类

施工项目成本是项目在施工过程中所发生的费用支出总和。由于各种费用的性质和特点各异,必须对这些费用进行科学分类,成本的分类方法很多,按照研究目的的不同,有不同的分类。

1) 按成本习性划分,可分为固定成本和变动成本

(1) 固定成本是指在一定的时期和一定的工程范围内不随工程变化而改变的成本。

(2) 变动成本是指随着工程量变化而变化的成本,如人工费、材料费、施工机械使用费等。

2) 按生产费用计入成本的方法划分,可分为直接成本和间接成本

3) 按成本发生的时间划分,可分为预算成本、计划成本和实际成本

(1) 预算成本是按照建筑安装工程实物量和国家(或部)或地区或企业制定的预算定额及取费标准计算的社会平均成本或企业平均成本,以施工图预算为基础进行分析、预测、归集和计算确定的。预算成本包括直接费用和间接费用。

(2) 计划成本是在预算成本的基础上确定的标准成本。计划成本确定的根据是施工企业的要求（如内部承包合同的规定），结合施工项目的技术特征、项目管理人员素质、劳动力素质及设备情况等。它是成本管理的目标，也是控制项目成本的标准。

(3) 实际成本是项目施工过程中实际发生的可以列入成本支出的费用总和。

实际成本与预算成本比较，反映的是对社会平均成本（或企业平均成本）的超支或节约；计划成本与预算成本比较，差额是计划成本降低额；计划成本与实际成本相比较，差额是实际成本降低额，是项目经理部的经济效益。

3. 施工项目成本计划与控制

1) 施工项目成本计划与控制的概念

施工项目成本计划与控制是指在满足合同规定的条件下制订施工项目的成本计划，并对施工过程所发生的各种费用支出，进行指导、监督、调节，及时控制和纠正即将发生和已经发生的偏差，保证项目计划成本目标实现。

2) 施工项目成本计划与控制的一般原则

施工项目成本计划与控制的一般原则有：①效益原则；②全面性原则；③责、权、利相结合的原则；④目标管理原则。

3) 施工项目成本计划与控制程序

工程项目成本的控制过程是与承包商承揽合同（投标报价）、实施合同（施工阶段）及合同结束（竣工验收）的全过程相对应的。其控制程序如下。

（1）企业在项目成本预测投标报价阶段，进行项目成本预测，提出投标决策。

（2）项目经理部编制成本计划签约以后，在施工准备阶段项目经理部按照与企业签订的项目管理目标责任书中的责任目标成本为基础，确定项目的计划成本目标，编制成本计划，以此作为项目经理部的成本目标。

（3）项目经理部实施成本计划，项目经理部以项目经理为核心实施该成本计划，及时反馈实际成本情况，进行过程控制。

（4）项目经理进行成本核算和工程价款结算，项目经理部在施工阶段收集实际发生的成本来进行成本核算和工程价款结算，及时收回工程款。

（5）项目经理部进行成本分析并编制月度及项目的成本报告，通过成本核算，项目经理部进行成本分析，编制月度及项目的成本报告。

（6）编制成本资料并按规定存档，合同结束阶段汇总成本资料，将实际成本作为评价本项目成本完成情况好坏的依据，并作为今后成本预测的依据存档。

4. 责任目标成本与计划目标成本

1) 责任目标成本

在投标报价中企业经过预测的成本，主要考虑报价会不会造成赔本。而在施工合同签订后企业为了营造内部竞争、提高项目管理水平和多创毛利等考虑，首先根据合同造价、施工图和招标文件中的工程量清单确定正常情况下的企业管理费、财务费用和制造成本，再按此成本与项目经理进行"谈判"并签订项目内部责任成本合同（即"项目管理目标责任书"），以确定项目经理的责任目标成本。也就是说，它是企业要求项目经理负责实施和控制的目标成本。因此项目经理将还有部分减少成本开支的空间，这个空间因工程所在地、工程结构、工程类型的不同，也与项目经理管理水平的不同，而表现不同的系数，一般在2％～

5%之间。

2) 计划目标成本

项目经理部的计划目标成本,也称为现场目标成本,是责任目标成本的具体化,它把项目成本在企业管理层和项目经理部的运行有机地连接起来。

6.2.2 成本计划

1. 项目成本计划编制依据

应包括下列内容:①合同文件;②项目管理实施规划;③相关设计文件;④价格信息;⑤相关定额;⑥本项目的成本资料。

2. 成本计划内容

项目成本计划是建设工程项目十分重要的一项管理文件,其中施工成本计划内容需包括:①通过标价分离,测算项目成本;②确定项目施工总体成本目标;③编制施工项目总体成本计划;④根据项目管理机构与企业职能部门的责任成本范围,分别确定其具体成本目标,分解相关成本要求;⑤编制相应的专门成本计划,包括单位工程、分部分项成本计划等;⑥针对以上成本计划,制定相应的控制方法,包括确保落实成本计划的施工组织措施、施工方案等;⑦编制施工项目管理目标责任书和企业职能部门管理目标;⑧配备相应的施工管理与实施资源,明确成本管理责任与权限。按照上述要求形成的项目施工成本计划应经过施工企业授权人批准后实施。

3. 编制成本计划应符合下列规定

①由项目管理机构负责组织编制;②项目成本计划对项目成本控制具有指导性;③各成本项目指标和降低成本指标明确。

4. 项目成本计划编制应符合下列程序

①预测项目成本;②确定项目总体成本目标;③编制项目总体成本计划;④项目管理机构与组织的职能部门根据其责任成本范围,分别确定自己的成本目标,并编制相应的成本计划;⑤针对成本计划制定相应的控制措施;⑥由项目管理机构与组织的职能部门负责人分别审批相应的成本计划。

6.2.3 成本控制

项目管理机构成本控制应依据下列内容:①合同文件;②成本计划;③进度报告;④工程变更与索赔资料;⑤各种资源的市场信息。

项目成本控制应遵循下列程序:①确定项目成本管理分层次目标;②采集成本数据,监测成本形成过程;③找出偏差,分析原因;④制定对策,纠正偏差;⑤调整改进成本管理方法。

成本控制中的"找出偏差,分析原因"和"制定对策,纠正偏差"过程宜运用价值工程和赢得值法。

1. 成本控制

成本控制的目标是合同文件和成本计划。进度报告、工程变更与索赔资料作为控制动态资料,承包人就可以按程序顺利进行成本控制了。成本控制程序与投资控制程序基本相同,即:①收集实际成本数据;②实际成本数据与成本计划目标进行比较;③分析成本偏差及原因;④采取措施纠正偏差;⑤必要时修改成本计划;⑥按规定的时间间隔编制成本报告。

2. 成本控制的一般内容

(1) 按照计划成本目标值来控制生产要素的采购价格,并认真做好材料、设备进场数量和质量的检验、验收与保管。

(2) 控制生产要素利用效率和消耗定额,如任务单管理、限额领料、验收报告审核等。同时做好不可预见成本风险的分析与预控工作,包括编制相应的应急措施等。

(3) 控制影响效率和消耗量的其他因素(如工程变更等)所造成的成本增加。

(4) 把项目成本管理责任制度与对项目管理者的激励机制结合起来,以增强管理人员的成本意识和控制能力。

(5) 在企业已建立的项目财务管理制度基础上,按规定的权限和程序审核项目资金的使用和进行费用的结算支付。

(6) 加强施工合同和施工索赔管理,正确运用施工合同条件和有关法规,及时进行索赔。

3. 施工项目成本的日常控制

施工项目日常成本控制,必须由项目全员参加,根据各自的责任成本对自己分工内容负责成本控制。

1) 施工技术和计划经营部门及职能人员

(1) 根据施工项目管理大纲,科学地组织施工;及时组织已完工程的计量、验收、计价、收回工程价款,保证施工所用资金的周转。业主要求加快施工必须有加快施工具体签证文件,避免无效的资金占用。

(2) 按建设工程施工合同示范文本通用条款规定,资金到位组织施工,避免垫付资金施工。

2) 材料和设备部门及职能人员

(1) 根据施工项目管理规划的材料需要用量计划制定合理的材料采购计划,严格控制主材的储备量,既保证施工需要,又不增大储备资金。

(2) 按采购计划和经济批量进行采购订货,严格控制采购成本,如就近采购,选择最经济的运输方式,将采购的材料、配件直接运入施工现场等。

(3) 量大的主要材料可以公开或邀请招标。这样可以降低成本,保证材料质量,按时供应,保证连续施工。

(4) 签订材料供应合同,保证采购材料质量。供应商违约,可以利用索赔减少损失或增加收益。

(5) 坚持限额领料,控制材料消耗。可以分别按施工任务书控制,定额控制、指标控制、计量控制,小型配件或零星材料可以钱代物包干控制。

3) 财务部门或职能人员

(1) 按间接费使用计划控制间接费用。其中,特别是要控制财务费用和项目经理不可控的成本费用,如上交管理费、折旧费、税金、提取工会会费、劳动保险费、待业保险费、固定资产大修理费、机械退场费等。财务费用主要是控制资金的筹集和使用,调剂资金的余缺,减少利息的支出,增加收入。

(2) 严格执行其他应收款、预付款的支付手续规定,如所购材料配件等的预付款,一般不得超过合同价的80%,并经项目经理部集体研究确定。

(3) 其他费用按计划、标准、定额控制执行。

(4) 对分包商、施工队支付工程价款时,手续应齐全,有计量、验工计价单及项目部领导签字方可支付。

4) 其他职能部门或职能人员

其他职能部门,根据分工不同控制施工成本。如质监部门责任是控制质量,安全不出大事故;合同管理部门防止自己违约,避免对方向自己索赔,等等。

5) 施工队或职工

施工队包括机械作业队,主要控制人工费、材料费、机械费的发生和可控的间接费用。

6) 班(机)组或职工

主要控制人工费、材料费、机械使用费的使用。要严格领料退料,避免窝工、返工,注重提高劳动效率。机组主要控制燃料费、动力费和经常修理费,认真执行维修保养制度,保持设备的完好率和出勤率。

4. 常用的施工项目成本控制方法

1) 价值工程

价值工程是把技术和经济结合起来的管理技术,其运用需要多方面的业务知识和实际数据,涉及经济和技术部门,所以必须按系统工程的要求,有组织地集合各部门的智慧,才能取得较理想的效果。

用价值工程控制成本的核心目的是合理处理成本与功能的关系(性价比),在确保功能的前提下降低成本。价值工程的公式为

$$V = F/C$$

式中,V——项目的生产要素和实施方案的价值;

F——项目的生产要素和实施方案的功能;

C——项目的生产要素和实施方案的全寿命成本。

价值工程原理不仅在施工期间被承包商广泛使用,而且在设计阶段能对设计方案进行选择和优化。

2) 赢得值法

赢得值法(又称偏差分析法)是对成本和进度综合控制的方法,始于20世纪70年代美国的国防工程。在线国际工程承包的业主出于自身考虑,在选择工程公司时,把能否运用赢得值法进行项目管理和控制作为审查和能否中标的先决条件之一。此法的原理与投资偏差分析一致,不过计算的指标有所出入。

3) 成本计划评审法

成本计划评审法,是在施工项目的网络图上标出各工作的计划成本的工期,箭线下方数字为工期,箭线上方C后的数字为成本费用。在计划开始实施后,将实际进度和费用的开支(主要是直接费)累计算出,标在箭杆的方格中,就可以看出每道工序的计划进度和实际进度对比情况。若出现偏差,及时分析原因,采取措施加以纠正。

当然,成本控制方法还有很多,比如成本横道图法、香蕉图法可对实际成本和计划成本进行比较,及时发现偏差予以纠正。在实际工作中由于计算机应用的普及,通过项目管理软件的快速信息处理,运用不同的控制方法可以及时地计划和监控每个环节的费用支出,并加

以有效控制,取得很好的经济效果。

以上是成本与进度相结合的成本控制方法,下面还将介绍成本与质量相结合的控制方法,称为质量成本控制。

4) 质量成本控制法

质量成本是指为保证质量而必须支出的和未达到质量标准而损失的费用总和。质量成本占产品总成本的比重是不尽相同的,最少的仅占1%~2%,最高的可达10%左右。但它的重要意义在于,通过开展质量成本统计核算工作,可以看到施工质量及管理问题存在的薄弱环节,提醒管理者采取措施,提高的经济效益是客观的。

(1) 质量成本的内容

① 控制成本未达到质量标准造成的损失费用,包括内部故障成本,如质量管理工作费、质量保证宣传费等,以及鉴定成本。如材料检验试验费、工序检测和计量费等。控制成本与质量成正比关系,即质量越高此费用越高。

② 故障成本未达到质量标准造成的损失费用,包括内部故障成本,如返工、返修、停工损失费、事故处理费等,以及外部故障成本,如保修、赔偿费、担保费、诉讼费等。故障成本与质量成反比关系,即质量越高此成本越低。

(2) 质量成本控制步骤

① 编制质量成本计划。质量成本计划编制的依据,理论上应该是故障成本和预防成本之和最低时的值,即成本最佳值。同时还应考虑本企业或本项目的实际管理能力、生产能力和管理水平,考虑本企业质量管理与质量成本管理的历史资料,综合编制,计划就有可能更接近实际。

② 核算质量成本。按照质量成本的分类,主要通过会计账簿和财务报表的资料整理加工而得,也有一部分可从技监部门获得资料。

③ 分析质量成本。主要分析质量成本总额的构成内容、构成比例,各要素间的比例关系,以及它占预算成本的比例,反映在质量成本分析表中。

④ 控制质量成本。根据分析资料,确定影响质量成本较大的关键因素,并执行有效措施加以控制。

5. 降低施工项目成本的主要途径

降低施工项目成本的途径可从组织措施、技术措施、经济措施几个方面分别来考虑:①制订先进合理、经济适用的施工方案;②认真审核图样,积极提出修改意见;③组织流水施工,加快施工进度;④切实落实技术组织措施;⑤以激励机制调动职工增产节约的积极性;⑥加强合同管理,增创工程收入;⑦降低材料成本;⑧降低机械使用费。

6.2.4 成本核算

项目管理机构应根据项目成本管理制度明确项目成本核算的原则、范围、程序、方法、内容、责任及要求,健全项目核算台账。项目管理机构应按规定的会计周期进行项目成本核算。项目成本核算应坚持形象进度、产值统计、成本归集同步的原则。项目管理机构应编制项目成本报告。

1. 成本核算与项目经理部的职责

成本核算是对施工过程中的劳动消耗、资金占用和效果进行记录、计算、分析和控制,反映的是施工项目的实际支付和耗费,是项目成本控制中的基础性工作,一般以制度的形式规定下来。进行项目的成本核算,应明确成本核算的原则、范围、程序、方法、内容、责任及要求,并设置核算台账,记录原始数据,保证数据的准确、真实、可靠。在项目经理领导下,项目经理部应根据财务制度和会计制度的有关规定,在企业职能部门的指导下,建立一系列项目业务核算台账和施工成本会计账户,实施全过程的成本核算,具体分为定期的(每周或每月)成本核算和竣工工程成本核算。项目经理部在施工过程中应该按照规定的时间间隔(每月末)对单位工程进行项目成本跟踪核算,做到口径统一,有可比性,账账相符,坚持施工形象进度、施工产值统计、实际成本归集"三同步"的原则,在此基础上编制月度项目成本报告以便上级部门检查和考核。

2. 成本核算的方法

(1)以单位工程为核算对象,包括预算成本、计划成本、实际成本。

(2)划清各项费用开支界限,严格遵守成本控制范围。比如,人工费按劳动管理人员提供的用工分析和收益对象进行账务处理;材料费按当月项目材料消耗和实际价格计算当期消耗,周转材料实行内部调配制,按当月使用时间、数量、单价计算,计算人工实际成本;机械使用费按项目当月使用台班和单价计入工程实际成本等。

(3)建立目标成本考核体系,落实到每个负责人和个人。

(4)加强成本基础工作,坚持成本核算的程序,保证成本计算资料的准确。

① 对各分项工程中消耗的人工、材料、机械台班及费用的数量做好准确、详细的记录。

② 本期内施工项目完成状况的量度。根据实际进度来计算已完建筑产品所支出的成本,它的量度的准确性与否,直接关系到成本核算、成本分析和趋势预测的准确性。已开始尚未结束的分项工程较难估算其量度,一般笼统地认为工作任务开始后直到完成前其完成程度为50%,完成后为100%。

③ 工程工地管理费及总部管理费开支的汇总、核算和分摊应准确。

④ 各分项工程及总工程的各项费用核算和盈亏核算应准确,并提出工程成本核算报表。

实际工作中,成本核算也可以通过工程项目结构分解 WBS 系统进行成本核算编码,将每期(月或周)成本核算输入计算机,并与工作项目的任务、进度计划协调一致,就能得到该期的劳动力(人工)消耗报告。

6.2.5 成本分析与考核

1. 成本分析

项目成本分析依据应包括下列内容:①项目成本计划;②项目成本核算资料;③项目的会计核算、统计核算和业务核算的资料。

成本分析宜包括下列内容:①时间节点成本分析;②工作任务分解单元成本分析;③组织单元成本分析;④单项指标成本分析;⑤综合项目成本分析。

成本分析程序是实施成本管理的重要过程,组织只有按照规定程序实施成本分析,才能有效保证成本分析结果的准确性和完整性。

成本分析方法需满足项目成本分析的内在需求,包括:①基本方法:比较法、因素分析法、差额分析法和比率法;②综合成本分析方法:分部分项成本分析、年季月(或周、旬等)成本分析、竣工成本分析;③其他方法。

成本分析应遵循下列步骤:①选择成本分析方法;②收集成本信息;③进行成本数据处理;④分析成本形成原因;⑤确定成本结果。

项目成本分析必须依据会计核算、统计核算和业务核算的资料进行,它实际上是成本核算的延续。成本分析方法有多种,可以单独使用,也可以结合使用,特别是综合分析时,应进行定量与定性相结合的分析方法。具体包括实际成本与责任目标成本的比较分析、实际成本与计划目标成本的比较分析两方面内容。

常见的成本分析方法有比较法、比率法、因素差异分析法等。

1) 比较法

项目经理部可按量价分离原则,用比较法分析影响成本节约或超支的主要因素,常用已完工程成本分析指标:

$$成本偏差 = 实际成本 - 计划成本$$

式中,成本偏差分为局部成本偏差和累计成本偏差,与 6.2.1 节中的概念一致。

$$成本偏差率 = (成本偏差/计划成本) \times 100\%$$

$$利润 = 已完工程价格 - 实际成本$$

2) 比率法

(1) 工期和进度的分析指标:

$$时间消耗程度 = (已用工期/计划总工期) \times 100\%$$

$$工程完成程度 = (已完工程量/计划总工期量) \times 100\%$$

$$或 = (已完工程价格/工程价格总价) \times 100\%$$

$$或 = (已投入人工工时/计划使用总工时) \times 100\%$$

(2) 已完工程效率比:

$$机械生产效率 = 实际台班数/计划台班数$$

$$劳动效率 = 实际使用人工工时/计划使用人工工时$$

至于材料消耗的比较及各项费用消耗的比较,可用上述类似办法计算。

3) 因素差异分析法

此方法通过分析各影响成本因素对成本的影响程度,从而找出成本变动的根源。计算时,先假定一个因素变动,而其他因素不变,然后逐个替换,并分别计算其结果,以确定各个因素的变化对成本的影响程度,但要注意各个因素的排列顺序应固定不变,否则会得出不同的计算结果和结论。

导致成本增加最多的原因是供应量的增加,应究其原因,制定可控制措施。另外,对损耗率降低的原因和是否还能有降低的空间也应做进一步的研究。在成本分析之后应编制定期成本报告,不同层次的管理人员需要不同的信息及分析报告。分项工程成本报告主要有实际成本消耗、成本的正负偏差、可能措施及趋势分析等内容,可对项目经理提供较粗略的信息,如控制结果、项目总成本现状、主要节约或超支的项目等。

2. 成本考核

项目成本考核是项目管理激励机制的体现。

（1）企业以确定的责任目标成本为依据，对项目经理部进行成本管理考核。其主要考核指标是

$$成本计划降低率=(成本计划降低额/责任目标成本)\times 100\%$$

（2）项目经理部以控制过程为重点，结合竣工考核指标，对项目内部各岗位及各作业队进行成本管理考核。其主要考核指标是

$$成本实际降低额=计划目标成本-实际成本$$
$$成本实际降低率=(成本实际降低额/计划目标成本)\times 100\%$$

项目成本考核内容包括计划目标成本完成情况考核、成本管理工作业绩考核，通常采用评分制考核，还应与进度、质量、安全等指标的完成情况相联系，防止项目管理在企业内部异化为靠少数人承担风险的以包代管模式。企业对项目经理部进行考核与奖惩时，既要防止虚盈实亏，也要避免实际成本归集差错等的影响，使项目成本考核真正做到公平、公正、公开，在此基础上兑现项目成本管理责任制的奖惩或激励措施。

通过以上介绍，我们可以清晰地认识到工程项目成本控制的基本任务是全过程的核算控制项目成本，即对设计、采购、制造、质量、管理等发生的所有费用进行跟踪，执行有关的成本开支范围、费用开支标准、工程预算定额等，制定积极的、合理的计划成本和降低成本的措施，严格、准确地控制和核算施工过程中发生的各项成本，及时地提供可靠的成本分析报告和有关资料，并与计划成本相对比，对项目进行经济责任、承包的考核，以期改善经营管理，降低成本，提高经济效益。

6.3 工程变更与合同价款调整

6.3.1 工程变更概述

1. 工程变更的分类

工程变更包括工程量变更、工程项目的变更（如发包人提出增加或者删减原项目内容）、进度计划的变更、施工条件的变更等。考虑到设计变更在工程变更中的重要性，往往将工程变更分为设计变更和其他变更两大类。

（1）设计变更

在施工过程中如果发生设计变更，将对施工进度产生很大的影响。因此，应尽量减少设计变更，如果必须对设计进行变更，必须严格按照国家的规定和合同约定的程序进行。

由于发包人对原设计进行变更，以及经工程师同意的、承包人要求进行的设计变更，导致合同价款的增减及造成的承包人损失，由发包人承担，延误的工期相应顺延。

（2）其他变更

合同履行中发包人要求变更工程质量标准及发生其他实质性的变更，由双方协商解决。

2. 工程变更的处理要求

(1) 如果出现了必须变更的情况,应当尽快变更。

(2) 工程变更后,应当尽快落实变更。工程变更指令发出后,应当迅速落实指令,全面修改相关的各种文件。承包人也应当抓紧落实,如果承包人不能全面落实变更指令,则扩大的损失应当由承包人承担。

(3) 对工程变更的影响应当做进一步分析。

6.3.2 《建设工程施工合同(示范文本)》条件下的工程变更

1. 工程变更的程序

监理人发出变更指示包括下列三种情形:

(1) 监理人认为可能要发生变更的情形

在合同履行过程中,可能发生上述变更情形的,监理人可向承包人发出变更意向书。变更意向书应说明变更的具体内容和发包人对变更的时间要求,并附必要的图纸和相关资料。变更意向书应要求承包人提交包括拟实施变更工作的计划、措施和竣工时间等内容的实施方案。发包人同意承包人根据变更意向书要求提交变更实施方案的,由监理人发出变更指示。若承包人收到监理人的变更意向书后认为难以实施此项变更,应立即通知监理人,说明原因并附详细依据。监理人与承包人和发包人协商后确定撤销、改变或不改变原变更意向书。

(2) 监理人认为发生了变更的情形

在合同履行过程中,发生合同约定的变更情形的,监理人应向承包人发出变更指示。承包人收到变更指示后,应按变更指示进行变更工作。

(3) 承包人认为可能要发生变更的情形

承包人收到监理人按合同约定发出的图纸和文件,经检查认为其中存在变更情形的,可向监理人提出书面变更建议。变更建议应阐明要求变更的依据,并附必要的图纸和说明。监理人收到承包人书面建议后,应与发包人共同研究,确认存在变更的,应在收到承包人书面建议后的14天内做出变更指示。经研究后不同意作为变更的,应由监理人书面答复承包人。

无论何种情况确认的变更,变更指示只能由监理人发出。变更指示应说明变更的目的、范围、变更内容以及变更的工程量及其进度和技术要求,并附有关图纸和文件。承包人收到变更指示后,应按变更指示进行变更工作。

2. 工程变更的范围和内容

(1) 更改有关部分的标高、基线、位置和尺寸;

(2) 增减合同中约定的工程量;

(3) 改变有关工程的施工时间和顺序;

(4) 其他有关工程变更需要的附加工作。

3. 变更后合同价款的确定

(1) 变更后合同价款的确定程序

变更发生后,承包人在工程变更确定后14天内,提出变更工程价款的报告,经工程师确认后调整合同价款,承包人在确定变更后14天内不向工程师提出变更工程价款报告时,视为该项变更不涉及合同价款的变更。工程师收到变更工程价款报告之日起 7 天内，予以确认。工程师无正当理由不确认时，自变更工程价款报告送达之日起 14 天后变更工程价款报告自行生效。

（2）变更后合同价款的确定方法

变更合同价款按照下列方法进行：

① 已标价工程量清单中有适用于变更工作子目的，采用该子目的单价。此种情况适用于变更工作采用的材料、施工工艺和方法与工程量清单中已有子目相同，同时也不因变更工作增加关键线路工程的施工时间。

② 已标价工程量清单中无适用于变更工作子目但有类似子目的，可在合理范围内参照类似子目的单价，由发、承包双方商定或确定变更工作的单价。此种情况适用于变更工作采用的材料、施工工艺和方法与工程量清单中已有子目基本相似，同时也不因变更工作增加关键线路上工程的施工时间。

③ 已标价工程量清单中无适用或类似子目的单价，可按照成本加利润的原则，由发、承包双方商定或确定变更工作的单价。

④ 因分部分项工程量清单漏项或非承包人原因的工程变更，引起措施项目发生变化，造成施工组织设计或施工方案变更，原措施费中已有的措施项目，按原措施费的组价方法调整；原措施费中没有的措施项目，由承包人根据措施项目变更情况，提出适当的措施费变更，经发包人确认后调整。

4. 承包人的合理化建议

在履行合同过程中，承包人对发包人提供的图纸、技术要求以及其他方面提出的合理化建议，均应以书面形式提交监理人。合理化建议书的内容应包括建议工作的详细说明、进度计划和效益以及与其他工作的协调等，并附必要的文件。监理人应与发包人协商是否采纳建议。建议被采纳并构成变更的，监理人应向承包人发出变更指示。

承包人提出的合理化建议降低了合同价格、缩短了工期或者提高了工程经济效益的，发包人可按国家有关规定在专用合同条款中约定给予奖励。

5. 暂列金额与计日工

暂列金额只能按照监理人的指示使用，并对合同价格进行相应调整。尽管暂列金额列入合同价格，但并不属于承包人所有，也不必然发生。只有按照合同约定实际发生后，才成为承包人的应得金额，纳入合同结算价款中。扣除实际发生额后的暂列金额余额仍属于发包人所有。

发包人认为有必要时，由监理人通知承包人以计日工方式实施变更的零星工作，其价款按列入已标价工程量清单中的计日工计价子目及其单价进行计算。采用计日工计价的任何一项变更工作，应从暂列金额中支付，承包人应在该项变更的实施过程中，每天提交以下报表和有关凭证报送监理人审批：

（1）工作名称、内容和数量。

（2）投入该工作所有人员的姓名、工种、级别和耗用工时。

（3）投入该工作的材料类别和数量。

（4）投入该工作的施工设备型号、台数和耗用台时。

（5）监理人要求提交的其他资料和凭证。

6. 暂估价

在工程招标阶段已经确定的材料、工程设备或专业工程项目,但无法在当时确定准确价格,而可能影响招标效果的,可由发包人在工程量清单中给定一个暂估价。确定暂估价实际开支分三种情况:

(1) 依法必须招标的材料、工程设备和专业工程

发包人在工程量清单中给定暂估价的材料、工程设备和专业工程属于依法必须招标的范围并达到规定的规模标准的,由发包人和承包人以招标的方式选择供应商或分包人。发包人和承包人的权利义务关系在专用合同条款中约定。中标金额与工程量清单中所列的暂估价的金额差以及相应的税金等其他费用列入合同价格。

(2) 依法不需要招标的材料、工程设备

发包人在工程量清单中给定暂估价的材料和工程设备不属于依法必须招标的范围或未达到规定的规模标准的,应由承包人提供。经监理人确认的材料、工程设备的价格与工程量清单中所列的暂估价的金额差以及相应的税金等其他费用列入合同价格。

(3) 依法不需要招标的专业工程

发包人在工程量清单中给定暂估价的专业工程不属于依法必须招标的范围或未达到规定的规模标准的,由监理人按照合同约定的变更估价原则进行估价。经估价的专业工程与工程量清单中所列的暂估价的金额差以及相应的税金等其他费用列入合同价格。

6.3.3 FIDIC 合同条件下的工程变更

1. 工程变更的范围

由于工程变更属于合同履行过程中的正常管理工作,工程师可以根据施工进展的实际情况,在认为必要时就以下几个方面发布变更指令。

(1) 对合同中任何工作工程量的改变;
(2) 任何工作质量或其他特性的变更;
(3) 工程任何部分标高、位置和尺寸的改变;
(4) 删减任何合同约定的工作内容;
(5) 新增工程按单独合同对待;
(6) 改变原定的施工顺序或时间安排。

2. 变更程序

颁发工程接收证书前的任何时间,工程师可以通过发布变更指示或以要求承包商递交建议书的任何一种方式提出变更。

1) 指令变更

工程师在业主授权范围内根据施工现场的实际情况,在确属需要时有权发布变更指令。指令的内容应包括详细的变更内容、变更工程量、变更项目的施工技术要求和有关部门文件图纸,以及变更处理的原则。

2) 要求承包商递交建议书后再确定的变更。其程序为:

(1) 工程师将计划变更事项通知承包商,并要求他递交实施变更的建议书。
(2) 承包商应尽快予以答复。一种情况可能是通知工程师由于受到某些非自身原因的限制而无法执行此项变更,另一种情况是承包商依据工程师的指令递交实施此项变更的说

明,内容包括:

① 将要实施的工作的说明书以及该工作实施的进度计划。

② 承包商依据合同规定对进度计划和竣工时间做出任何必要修改的建议,提出工期顺延要求。

③ 承包商对变更估价的建议,提出变更费用要求。

(3) 工程师做出是否变更的决定,尽快通知承包商说明批准与否或提出意见。在这一过程中应注意的问题是:

① 承包商在等待答复期间,不应延误任何工作。

② 工程师发出每一项实施变更的指令,应要求承包商记录支出的费用。

③ 承包商提出的变更建议书,只是作为工程师决定是否实施变更的参考。除了工程师做出指令或批准以总价方式支付的情况外,每一项变更应依据计量工程量进行估价和支付。

3. 变更估价

(1) 变更估价的原则

承包人按照工程师的变更指示实施变更工作后,往往会涉及对变更工程的估价问题。变更工程的价格或费率,往往是双方协商时的焦点。计算变更工程应采用的费率或价格,可分为三种情况:

① 变更工作在工程量表中有同种工作内容的单价或价格,应以该单价计算变更工程费用。实施变更工作未引起工程施工组织和施工方法发生实质性变动,不应调整该项目的单价。

② 工程量表中虽然列有同类工作的单价或价格,但对具体变更工作而言已不适用,则应在原单价或价格的基础上制定合理的新单价或价格。

③ 变更工作的内容在工程量表中没有同类工作的单价或价格,应按照与合同单价水平相一致的原则,确定新的单价或价格。任何一方不能以工程量表中没有此项价格为借口,将变更工作的单价定得过高或过低。

(2) 可以调整合同工作单价的原则

具备以下条件时,允许对某一项工作规定的单价或价格加以调整:

① 此项工作实际测量的工程量比工程量表或其他报表中规定的工程量的变动大于 10%;

② 工程量的变更与对该项工作规定的具体单价的乘积超过了接受的合同款额的 0.01%;

③ 由此工程量的变更直接造成该项工作每单位工程量费用的变动超过 1%。

(3) 删减原定工作后对承包商的补偿

工程师发布删减工作的变更指示后承包商不再实施部分工作,合同价款中包括的直接费部分没有受到损害,但摊销在该部分的间接费、税金和利润实际不能合理回收。因此承包商可以就其损失向工程师发出通知并提供具体的证明资料,工程师与合同双方协商后确定一笔补偿金额加入合同价内。

4. 承包商申请的变更

承包商根据工程施工的具体情况,可以向工程师提出对合同内任何一个项目或工作的详细变更请求报告。未经工程师批准前承包商不得擅自变更,若工程师同意则按工程师发布变更指示的程序执行。

(1) 承包商提出变更建议。承包商认为如果采纳其建议将可能：
① 加速完工；
② 降低业主实施、维护或运行工程的费用；
③ 对业主而言能提高竣工工程的效率或价值；
④ 为业主带来其他利益。
(2) 承包商应自费编制此类建议书。
(3) 如果由工程师批准的承包商建议包括一项对部分永久工程的设计的改变，通用条款规定如果双方没有其他协议，承包商应设计该部分工程。如果他不具备设计资质，也可以委托有资质单位进行分包。
(4) 接受变更建议的估价。

如果此改变造成该部分工程的合同的价值减少，工程师应与承包商商定或决定一笔费用，并将之加入合同价格。这笔费用应是以下金额差额的一半（50%）：

合同价的减少——由此改变造成的合同价值的减少，不包括依据后续法规变化做出的调整和因物价浮动调价所做的调整；

变更对使用功能的影响——考虑到质量、预期寿命或运行效率的降低，对业主而言已变更工作价值上的减少（如有时）。

5. 按照计日工作实施的变更

对于一些小的或附带性的工作，工程师可以指示按计日工作实施变更。这时，工作应当按照包括在合同中的计日工作计划表进行估价。

6.4 建设工程价款结算

6.4.1 工程价款结算方法

1. 工程价款结算的重要意义

所谓工程价款结算是指承包商在工程实施过程中，依据承包合同中关于付款条款的规定和已经完成的工程量，并按照规定的程序向建设单位（业主）收取工程价款的一项经济活动。

工程价款结算是工程项目承包中的一项十分重要的工作，主要表现在：
(1) 工程价款结算是反映工程进度的主要指标。
(2) 工程价款结算是加速资金周转的重要环节。
(3) 工程价款结算是考核经济效益的重要指标。

2. 工程价款的主要结算方式

(1) 按月结算

实行旬末或月中预支，月终结算，竣工后清算的方法。跨年度竣工的工程，在年终进行工程盘点，办理年度结算。我国现行建筑安装工程价款结算中，相当一部分是实行这种按月结算。

(2) 竣工后一次结算

建设项目或单项工程全部建筑安装工程建设期在 12 个月以内，或者工程承包合同价值在100万元以下的,可以实行工程价款每月月中预支,竣工后一次结算。

(3) 分段结算

即当年开工,当年不能竣工的单项工程或单位工程按照工程形象进度,划分不同阶段进行结算。分段结算可以按月预支工程款。

对于以上三种主要结算方式的收支确认,财政部在1999年1月1日起实行的《企业会计准则——建造合同》讲解中做了如下规定:

——实行旬末或月中预支,月终结算,竣工后清算办法的工程合同,应分期确认合同价款收入的实现,即:各月份终了,与发包单位进行已完工程价款结算时,确认为承包合同已完工部分的工程收入实现,本期收入额为月终结算的已完工程价款金额。

——实行合同完成后一次结算工程价款办法的工程合同,应于合同完成,施工企业与发包单位进行工程合同价款结算时,确认为收入实现,实现的收入额为承发包双方结算的合同价款总额。

——实行按工程形象进度划分不同阶段、分段结算工程价款办法的工程合同,应按合同规定的形象进度分次确认已完阶段工程收益实现。即:应于完成合同规定的工程形象进度或工程阶段,与发包单位进行工程价款结算时,确认为工程收入的实现。

(4) 目标结款方式

即在工程合同中,将承包工程的内容分解成不同的控制界面,以业主验收控制界面作为支付工程价款的前提条件。也就是说,将合同中的工程内容分解成不同的验收单元,当承包商完成单元工程内容并经业主(或其委托人)验收后,业主支付构成单元工程内容的工程价款。目标结款方式实质上是运用合同手段、财务手段对工程的完成进行主动控制。

(5) 结算双方约定的其他结算方式。

3. 工程预付款及其计算

(1) 预付备料款的限额

施工企业承包工程,一般都实行包工包料,这就需要有一定数量的备料周转金。在工程承包合同条款中,一般要明文规定发包人在开工前拨付给承包人一定限额的工程预付款。预付款是发包人为解决承包人在施工准备阶段资金周转问题提供的协助。此预付款构成施工企业为该承包工程项目储备主要材料、结构件所需的流动资金。

预付备料款限额由下列主要因素决定:主要材料(包括外购构件)占工程造价的比重;材料储备期;施工工期。

对于施工企业常年应备的备料款限额,可按下式计算:

$$备料款限额 = \frac{年度承包工程总值 \times 主要材料所占比重}{年度施工日历天数 \times 材料储备天数}$$

一般建筑工程不应超过当年建筑工作量(包括水、电、暖)的30%,安装工程按年安装工作量的10%;材料占比重较多的安装工程按年计划产值的15%左右拨付。

(2) 工程预付款的支付时间

按照《建设工程价款结算暂行办法》的规定,在具备施工条件的前提下,发包人应在双方签订合同后的一个月内或不迟于约定的开工日期前的7天内预付工程款,发包人不按约定预付,承包人应在预付时间到期后10天内向发包人发出要求预付的通知,发包人收到通知后仍不按要求预付,承包人可在发出通知 14 天后停止施工,发包人应从约定应付之日起向承包人支付应付款的利息(利率按同期银行贷款利率计),并承担违约责任。

工程预付款仅用于承包人支付施工开始时与本工程有关的动员费用。如承包人滥用此款,发包人有权立即收回。除专用合同条款另有约定外,承包人应在收到预付款的同时向发包人提交预付款保函,预付款保函的担保金额与预付款金额相同,在发包人全部扣回预付款之前,该银行保函将一直有效。当预付款被发包人扣回时,银行保函金额相应递减。

(3) 工程预付款的扣回

发包单位拨付给承包单位的备料款属于预支性质,工程实施后,随着工程所需主要材料储备的逐步减少,应以抵充工程价款的方式陆续扣回。扣款的方法有两种:

① 可以从未施工工程尚需的主要材料及构件的价值相当于备料款数额时起扣,从每次结算工程价款中,按材料比重扣抵工程价款,竣工前全部扣清。其基本表达公式是:

$$T = p - M/N$$

式中,T——起扣点,即预付备料款开始扣回时的累计完成工作量金额;

M——预付备料款限额;

N——主要材料所占比重;

p——承包工程价款总额。

② 扣款的方法也可以在承包方完成金额累计达到合同总价的一定比例后,由承包方开始向发包方还款,发包方从每次应付给承包方的金额中扣回工程预付款,发包方至少在合同规定的完工期前将工程预付款的总计金额逐次扣回。

【例 6-2】 某建设项目工程合同价款为 1000 万元,材料费比重为 50%,预付款为 20%。问何时开始扣回预付款?

【解】 预付款=1000×20%=200(万元)。

起扣时已完工程价值(起扣点)=合同价款−工程预付款/材料费比重
$$=1000-200/50\%=600(万元)$$

即当已完工程价值达 600 万元,就可开始扣回工程预付款了。

4. 工程进度款的支付(中间结算)

施工企业在施工过程中,按逐月(或形象进度、或控制界面等)完成的工程数量计算各项费用,向建设单位(业主)办理工程进度款的支付(即中间结算)。

(1) 已完工程量的计量

根据工程量清单计价规范形成的合同价中包含综合单价和总价包干两种不同形式,应采取不同的计量方法。除专用合同条款另有约定外,综合单价子目已完成工程量按月计算,总价包干子目的计量周期按批准的支付分解报告确定。

① 综合单价子目的计量。已标价工程量清单中的单价子目工程量为估算工程量。若发现工程量清单中出现漏项、工程量计算偏差,以及工程量变更引起的工程量增减,应在工程进度款支付即中间结算时调整。结算工程量是承包人在履行合同义务过程中实际完成,并按合同约定的计量方法进行计量的工程量。

② 总价包干子目的计量。总价包干子目的计量和支付应以总价为基础,不因物价波动

引起的价格调整的因素而进行调整。承包人实际完成的工程量,是进行工程目标管理和控制进度支付的依据。总价包干子目的支付分解表形成一般有以下三种方式:

a. 对于工期较短的项目,将总价包干子目的价格按合同约定的计量周期平均。

b. 对于合同价值不大的项目,按照总价包干子目的价格占签约合同价的百分比,以及各个支付周期内所完成的总价值,以固定百分比方式均摊支付。

c. 根据有合同约束力的进度计划、预先确定的里程碑形象进度节点(或者支付周期)、组成总价子目的价格要素的性质(与时间、方法和(或)当期完成合同价值等的关联性),将组成总价包干子目的价格分解到各个形象进度节点(或者支付周期中),汇总形成支付分解表。实际支付时,经检查核实其实际形象进度,达到支付分解表的要求后,即可支付经批准的每阶段总价包干子目的支付金额。

(2) 已完工程量复核

当发、承包双方在合同中未对工程量的复核时间、程序、方法和要求做约定时,按以下规定办理:

① 承包人应提供条件并按时参加。如承包人收到通知后不参加计量核对,则由发包人核实的计量应认为是对工程量的正确计量。如发包人未在规定的核对时间内通知承包人,致使承包人未能参加计量核对的,则由发包人所做的计量核实结果无效。如发、承包双方均同意计量结果,则双方应签字确认。

② 如发包人未在规定的核对时间内进行计量核对,承包人提交的工程计量视为发包人已经认可。

③ 对于承包人超出施工图纸范围或因承包人原因造成返工的工程量,发包人不予计量。

④ 如承包人不同意发包人核实的计量结果,承包人应在收到上述结果后 7 天内向发包人提出,申明承包人认为不正确的详细情况。发包人收到后,应在 2 天内重新核对有关工程量的计量,或予以确认,或将其修改。

发、承包双方认可的核对后的计量结果,应作为支付工程进度款的依据。

(3) 承包人提交进度款支付申请

在工程量经复核认可后,承包人应在每个付款周期末,向发包人递交进度款支付申请,并附相应的证明文件。除合同另有约定外,进度款支付申请应包括下列内容:

① 本期已实施工程的价款。

② 累计已完成的工程价款。

③ 累计已支付的工程价款。

④ 本周期已完成计日工金额。

⑤ 应增加和扣减的变更金额。

⑥ 应增加和扣减的索赔金额。

⑦ 应抵扣的工程预付款。

⑧ 应扣减的质量保证金。

⑨ 根据合同应增加和扣减的其他金额。

⑩ 本付款周期实际应支付的工程价款。

(4) 进度款支付时间

发包人应在收到承包人的工程进度款支付申请后 14 天内核对完毕。否则,从第 15 天起承包人递交的工程进度款支付申请视为被批准。发包人应在批准工程进度款支付申请 14 天内,向承包人按不低于计量工程价款的 60%,不高于计量工程价款的 90% 向承包人支付工程进度款。若发包人未在合同约定时间内支付工程进度款,可按以下规定办理:

① 发包人超过约定的支付时间不支付工程进度款,承包人应及时向发包人发出要求付款的通知,发包人收到承包人通知后仍不能按要求付款,可与承包人协商签订延期付款协议,经承包人同意后可延期支付,协议应明确延期支付的时间和从付款申请生效后按同期银行贷款利率计算应付工程进度款的利息。

② 发包人不按合同约定支付工程进度款,双方又未达成延期付款协议,导致施工无法进行,承包人可停止施工,由发包人承担违约责任。

5. 工程保修金(尾留款)的预留

按照有关规定,工程项目总造价中应预留出一定比例的尾留款作为质量保修费用(又称保留金),待工程项目保修期结束后最后拨付。

(1) 保证金的预留和返还

① 承发包双方的约定。发包人应当在招标文件中明确保证金预留、返还等内容,并与承包人在合同条款中对涉及保证金的下列事项进行约定:

a. 保证金预留、返还方式。

b. 保证金预留比例、期限。

c. 保证金是否计付利息,如计付利息,利息的计算方式。

d. 缺陷责任期的期限及计算方式。

e. 保证金预留、返还及工程维修质量、费用等争议的处理程序。

f. 缺陷责任期内出现缺陷的索赔方式。

② 保证金的预留。从第一个付款周期开始,在发包人的进度付款中,按约定比例扣留质量保证金,直至扣留的质量保证金总额达到专用条款约定的金额或比例为止。全部或者部分使用政府投资的建设项目,按工程价款结算总额 5% 左右的比例预留保证金。社会投资项目采用预留保证金方式的,预留保证金的比例可参照执行。

③ 保证金的返还。缺陷责任期内,承包人认真履行合同约定的责任。约定的缺陷责任期满,承包人向发包人申请返还保证金。如无异议,发包人应当在核实后 14 日内将保证金返还给承包人,逾期支付的,从逾期之日起,按照同期银行贷款利率计付利息,并承担违约责任。

缺陷责任期满时,承包人没有完成缺陷责任的,发包人有权扣留与未履行责任剩余工作所需金额相应的质量保证金余额,并有权根据约定要求延长缺陷责任期,直至完成剩余工作为止。

(2) 保证金的管理及缺陷修复

① 保证金的管理。缺陷责任期内,实行国库集中支付的政府投资项目,保证金的管理应按国库集中支付的有关规定执行。

② 缺陷责任期内缺陷责任的承担。缺陷责任期内,由承包人原因造成的缺陷,承包人应负责维修,并承担鉴定及维修费用。如承包人不维修也不承担费用,发包人可按合同约定扣除保证金,并由承包人承担违约责任。承包人维修并承担相应费用后,不免除对工程的一

一般损失赔偿责任。由他人原因造成的缺陷,发包人负责组织维修,承包人不承担费用,且发包人不得从保证金中扣除费用。

6. 工程价款调整

1) 工程合同价款中综合单价的调整

对实行工程量清单计价的工程,应采用单价合同方式。即合同约定的工程价款中所包含的工程量清单项目综合单价在约定条件内是固定的,不予调整,工程量允许调整。工程量清单项目综合单价在约定的条件外,允许调整。调整方式、方法应在合同中约定。若合同未做约定,可参照以下原则办理:

(1) 当工程量清单项目工程量的变化幅度在10%以内时,其综合单价不做调整,执行原有综合单价。

(2) 当工程量清单项目工程量的变化幅度在10%以外,且其影响分部分项工程费超过0.1%时,其综合单价以及对应的措施费(如有)均应做调整。调整的方法是由承包人对增加的工程量或减少后剩余的工程量提出新的综合单价和措施项目费,经发包人确认后调整。

2) 物价波动引起的价格调整

一般情况下,因物价波动引起的价格调整,可采用以下两种方法中的某一种计算。

(1) 采用价格指数调整价格差额。此方式主要适用于使用的材料品种较少,但每种材料使用量较大的土木工程,如公路、水坝等。因人工、材料和设备等价格波动影响合同价格时,根据投标函附录中的价格指数和权重表约定的数据,按以下价格调整公式计算差额并调整合同价格:

$$\Delta P = P_0 \left[A + \left(B_1 \times \frac{F_{t1}}{F_{01}} + B_2 \times \frac{F_{t2}}{F_{02}} + B_3 \times \frac{F_{t3}}{F_{03}} + \cdots + B_n \times \frac{F_{tn}}{F_{0n}} \right) - 1 \right]$$

式中,ΔP——需调整的价格差额;

P_0——根据进度付款、竣工付款和最终结清等付款证书中,承包人应得到的已完成工程量的金额(此项金额应不包括价格调整、不计质量保证金的扣留和支付、预付款的支付和扣回;变更及其他金额已按现行价格计价的,也不计在内);

A——定值权重(即不调部分的权重);

$B_1, B_2, B_3, \cdots, B_n$——各可调因子的变值权重(即可调部分的权重)为各可调因子在投标函投标总报价中所占的比例;

$F_{t1}, F_{t2}, F_{t3}, \cdots, F_{tn}$——各可调因子的现行价格指数,指根据进度付款、竣工付款和最终结清等约定的付款证书相关周期最后一天的前42天的各可调因子的价格指数;

$F_{01}, F_{02}, F_{03}, \cdots, F_{0n}$——各可调因子的基本价格指数,指基准日期(即投标截止时间前28天)的各可调因子的价格指数。

在运用这一价格调整公式进行工程价格差额调整时,应注意以下三点:

① 暂时确定调整差额。在计算调整差额时得不到现行价格指数的,可暂用上一次价格指数计算,并在以后的付款中再按实际价格指数进行调整。

② 权重的调整。按变更范围和内容所约定的变更,导致原定合同中的权重不合理时,由监理人与承包人和发包人协商后进行调整。

③ 承包人工期延误后的价格调整。由于承包人原因未在约定的工期内竣工的,则对原约定竣工日期后继续施工的工程,在使用价格调整公式时,应采用原约定竣工日期与实际竣工日期的两个价格指数中较低的一个作为现行价格指数。

(2) 采用造价信息调整价格差额。此方式适用于使用的材料品种较多,相对而言每种材料使用量较小的房屋建筑与装饰工程。

① 人工单价发生变化时,发、承包双方应按省级或行业建设主管部门或其授权的工程造价管理机构发布的人工成本文件调整工程价款。

② 材料价格变化超过省级或行业建设主管部门或其授权的工程造价管理机构规定的幅度时应当调整,承包人应在采购材料前就采购数量和新的材料单价报发包人核对,确认用于本合同工程时,发包人应确认采购材料的数量和单价。发包人在收到承包人报送的确认资料后 3 个工作日内不予答复的视为已经认可,作为调整工程价款的依据。如果承包人未报经发包人核对即自行采购材料,再报发包人确认调整工程价款的,如发包人不同意,则不做调整。

③ 施工机械台班单价或施工机械使用费发生变化,超过省级或行业建设主管部门或其授权的工程造价管理机构规定的范围时,按其规定进行调整。

3) 法律、政策变化引起的价格调整

在基准日后,因法律、政策变化导致承包人在合同履行中所需要的工程费用发生增减时,监理人应根据法律,国家或省、自治区、直辖市有关部门的规定,商定或确定需调整的合同价款。

4) 工程价款调整的程序

工程价款调整报告应由受益方在合同约定时间内向合同的另一方提出,经对方确认后调整合同价款。受益方未在合同约定时间内提出工程价款调整报告的,视为不涉及合同价款的调整。当合同未做约定时,可按下列规定办理:

(1) 调整因素确定后 14 天内,由受益方向对方递交调整工程价款报告。受益方在 14 天内未递交调整工程价款报告的,视为不调整工程价款。

(2) 收到调整工程价款报告的一方应在收到之日起 14 天内予以确认或提出协商意见,如在 14 天内未做确认也未提出协商意见时,视为调整工程价款报告已被确认。

经发、承包双方确定调整的工程价款,作为追加(减)合同价款,与工程进度款同期支付。

7. 工程竣工结算及其审查

(1) 工程竣工结算的含义及要求

工程竣工结算是指施工企业按照合同规定的内容全部完成所承包的工程,经验收质量合格,并符合合同要求之后,向发包单位进行的最终工程价款结算。

《建设工程施工合同(示范文本)》中对竣工结算做了详细规定:

① 工程竣工验收报告经发包方认可后 28 天内,承包方向发包方递交竣工结算报告及完整的结算资料,双方按照协议书约定的合同价款及专用条款约定的合同价款调整内容,进行工程竣工结算。

② 发包方收到承包方递交的竣工结算报告及结算资料后 28 天内进行核实,给予确认或者提出修改意见。发包方确认竣工结算报告后通知经办银行向承包方支付工程竣工结算价款。承包方收到竣工结算价款后 14 天内将竣工工程交付发包方。

③ 发包方收到竣工结算报告及结算资料后 28 天内无正当理由不支付工程竣工结算价款,从第 29 天起按承包方同期向银行贷款利率支付拖欠工程价款的利息,并承担违约责任。

④ 发包方收到竣工结算报告及结算资料后 28 天内不支付工程竣工结算价款,承包方可以催告发包方支付结算价款。发包方在收到竣工结算报告及结算资料后 56 天内仍不支付的,承包方可以与发包方协议将该工程折价,也可以由承包方申请人民法院将该工程依法拍卖,承包方就该工程折价或者拍卖的价款优先受偿。

⑤ 工程竣工验收报告经发包方认可后 28 天内,承包方未能向发包方递交竣工结算报告及完整的结算资料,造成工程竣工结算不能正常进行或工程竣工结算价款不能及时支付,承包方要求交付工程的,承包方应当交付;发包方不要求交付工程的,承包方承担保管责任。

⑥ 发包方和承包方对工程竣工结算价款发生争议时,按争议的约定处理。

(2) 工程竣工结算的内容

在采用工程量清单计价的方式下,工程竣工结算的编制内容应包括工程量清单计价表所包含的各项费用内容:

① 分部分项工程费应依据双方确认的工程量、合同约定的综合单价计算,如发生调整的,以发、承包双方确认调整的综合单价计算。

② 措施项目费的计算应遵循以下原则:

a. 采用综合单价计价的措施项目,应依据发、承包双方确认的工程量和综合单价计算。

b. 明确采用"项"计价的措施项目,应依据合同约定的措施项目和金额或发、承包双方确认调整后的措施项目费金额计算。

c. 措施项目费中的安全文明施工费应按照国家或省级、行业建设主管部门的规定计算。施工过程中,国家或省级、行业建设主管部门对安全文明施工费进行了调整的,措施项目费中的安全文明施工费应做相应调整。

③ 其他项目费应按以下规定计算:

a. 计日工的费用应按发包人实际签证确认的数量和合同约定的相应项目综合单价计算。

b. 暂估价中的材料单价应按发、承包双方最终确认价在综合单价中调整;专业工程暂估价应按中标价或发包人、承包人与分包人最终确认价计算。

c. 总承包服务费应依据合同约定金额计算,如发生调整的,以发、承包双方确认调整的金额计算。

d. 索赔费用应依据发、承包双方确认的索赔事项和金额计算。

e. 现场签证费用应依据发、承包双方签证资料确认的金额计算。

f. 暂列金额应减去工程价款调整与索赔、现场签证金额计算,如有余额归发包人。

g. 规费和税金应按照国家或省级、行业建设主管部门对规费和税金的计取标准计算。

在实际工作中,当年开工、当年竣工的工程,只需办理一次性结算。跨年度的工程,在年终办理一次年终结算,将未完工程结转到下一年度,此时竣工结算等于各年度结算的总和。

办理工程价款竣工结算的一般公式为:

竣工结算工程价款=预算(概算)或合同价款+施工过程中预算或合同价款调整数额
—预付及已结算工程价款—保修金

(3) 工程竣工结算的审查

工程竣工结算审查是竣工结算阶段的一项重要工作。经审查核定的工程竣工结算是核定建设工程造价的依据,也是建设项目验收后编制竣工决算和核定新增固定资产价值的依据。因此,建设单位、监理公司以及审计部门等,都十分关注竣工结算的审核把关。一般从以下几方面入手:

① 核对合同条款。
② 检查隐蔽验收记录。
③ 落实设计变更签证。
④ 按图核实工程数量。
⑤ 认真核实单价。
⑥ 注意各项费用计取。
⑦ 防止各种计算误差。

【例 6-3】 某承包商于某年承包某外资工程项目施工,与业主签订的承包合同的部分内容有:

(1) 工程合同价 2 000 万元,工程价款采用调值公式动态结算。该工程的人工费占工程价款的 35%,材料费占 50%,不调值费用占 15%。具体的调值公式为:

$$P = P_0 \times (0.15 + 0.35 A/A_0 + 0.23 B/B_0 + 0.12 C/C_0 + 0.08 D/D_0 + 0.07 E/E_0)$$

式中,A_0、B_0、C_0、D_0、E_0——基期价格指数;

A、B、C、D、E——工程结算日期的价格指数。

(2) 开工前业主向承包商支付合同价 20% 的工程预付款,当工程进度款达到 60% 时,开始从工程结算款中按 60% 抵扣工程预付款,竣工前全部扣清。

(3) 工程进度款逐月结算。

(4) 业主自第一个月起,从承包商的工程价款中按 5% 的比例扣留质量保证金。工程保修期为一年。

该合同的原始报价日期为当年 3 月 1 日。结算各月份的工资、材料价格指数如下表所示。

代 号	A_0	B_0	C_0	D_0	E_0
3 月指数	100	153.4	154.4	160.3	144.4
代 号	A	B	C	D	E
5 月指数	110	156.2	154.4	162.2	160.2
6 月指数	108	158.2	156.2	162.2	162.2
7 月指数	108	158.4	158.4	162.2	164.2
8 月指数	110	160.2	158.4	164.2	162.4
9 月指数	110	160.2	160.2	164.2	162.8

未调值前各月完成的工程情况为:

5 月份完成工程 200 万元,本月业主供料部分材料费为 5 万元。

6月份完成工程300万元。

7月份完成工程400万元,另外由于业主方设计变更,导致工程局部返工,造成拆除材料费损失1 500元,人工费损失1 000元,重新施工人工、材料等费用合计1.5万元。

8月份完成工程600万元,另外由于施工中采用的模板形式与定额不同,造成模板增加费用3 000元。

9月份完成工程500万元,另有批准的工程索赔款1万元。

问题:

1. 工程预付款是多少?
2. 确定每月业主应支付给承包商的工程款。
3. 工程在竣工半年后,发生屋面漏水,业主应如何处理此事?

【解】 问题1:

工程预付款:2 000×20%=400(万元)

问题2:

(1) 工程预付款的起扣点:$T=2\ 000×60\%=1\ 200$(万元)

(2) 每月终业主应支付的工程款:

5月份月终支付:

$200×(0.15+0.35×110/100+0.23×156.2/153.4+0.12×154.4/154.4+0.08×162.2/160.3+0.07×160.2/144.4)×(1-5\%)-5=194.08$(万元)

6月份月终支付:

$300×(0.15+0.35×108/100+0.23×158.2/153.4+0.12×156.2/154.4+0.08×162.2/160.3+0.07×162.2/144.4)×(1-5\%)=298.16$(万元)

7月份月终支付:

$[400×(0.15+0.35×108/100+0.23×158.4/153.4+0.12×158.4/154.4+0.08×162.2/160.3+0.07×164.2/144.4)+0.15+0.1+1.5]×(1-5\%)=400.34$(万元)

8月份月终支付:

$600×(0.15+0.35×110/100+0.23×160.2/153.4+0.12×158.4/154.4+0.08×164.2/160.3+0.07×162.4/144.4)×(1-5\%)-300×60\%=423.62$(万元)

9月份月终支付:

$[500×(0.15+0.35×110/100+0.23×160.2/153.4+0.12×160.2/154.4+0.08×164.2/160.3+0.07×162.8/144.4)+1]×(1-5\%)-(400-300×60\%)=284.74$(万元)

问题3:

答:工程在竣工半年后,发生屋面漏水,由于在保修期内,业主应首先通知原承包商进行维修。如果原承包商不能在约定的时限内派人维修,业主也可委托他人进行修理,费用从质量保证金中支付。

6.4.2 设备、工器具和材料价款的支付与结算

1. 国内设备、工器具和材料价款的支付与结算

1) 国内设备、工器具价款的支付与结算

按照我国现行规定,银行、单位和个人办理结算都必须遵守结算原则:一是恪守信用,及

时付款;二是谁的钱进谁的账,由谁支配;三是银行不垫款。

2) 国内材料价款的支付与结算

建筑安装工程承发包双方的材料往来,可以按以下方式结算:

(1) 由承包单位自行采购建筑材料的,发包单位可以在双方签订工程承包合同后按年度工作量的一定比例向承包单位预付备料资金。

(2) 按工程承包合同规定,由承包方包工包料的,则由承包方负责购货付款,并按规定向发包方收取备料款。

(3) 按工程承包合同规定,由发包单位供应材料的,其材料可按材料预算价格转给承包单位。材料价款在结算工程款时陆续抵扣。

2. 进口设备、工器具和材料价款的支付与结算

进口设备分为标准机械设备和专制设备两类。标准机械设备是指通用性广泛、供应商(厂)有现货,可以立即提交的货物。专制设备是指根据业主提交的定制设备图纸专门为该业主制造的设备。

1) 标准机械设备的结算

标准机械设备的结算,大都使用国际贸易广泛使用的不可撤销的信用证。这种信用证在合同生效之后一定日期由买方委托银行开出,经买方认可的卖方所在地银行为议付银行。以卖方为收款人的不可撤销的信用证,其金额与合同总额相等。

(1) 标准机械设备首次合同付款。当采购货物已装船,卖方提交下列文件和单证后,即可支付合同总价的90%。

① 由卖方所在国的有关当局颁发的允许卖方出口合同货物的出口许可证,或不需要出口许可证的证明文件;

② 由卖方委托买方认可的银行出具的以买方为受益人的不可撤销保函,担保金额与首次支付金额相等;

③ 装船的海运提单;

④ 商业发票副本;

⑤ 由制造厂(商)出具的质量证书副本;

⑥ 详细的装箱单副本;

⑦ 向买方信用证的出证银行开出以买方为受益人的即期汇票;

⑧ 相当于合同总价形式的发票。

(2) 最终合同付款。机械设备在保证期截止时,卖方提交下列单证后支付合同总价的尾款,一般为合同总价的10%。

① 说明所有货物无损、无遗留问题、完全符合技术规范要求的证明书;

② 向出证行开出以买方为受益人的即期汇票;

③ 商业发票副本。

(3) 支付货币与时间。

① 合同付款货币:买方以卖方在投标书标价中说明的一种或几种货币,和卖方在投标书中说明在执行合同中所需的一种或几种货币比例进行支付。

② 付款时间:每次付款在卖方所提供的单证符合规定之后,买方需从卖方提出日期的一定期限内(一般45天内)将相应的货款付给卖方。

2) 专制机械设备的结算

专制机械设备的结算一般分为三个阶段，即预付款、阶段付款和最终付款。

（1）预付款。一般专制机械设备的采购，在合同签订后开始制造前，由买方向卖方提供合同总价的 10%～20% 的预付款。

预付款一般在提出下列文件和单证后进行支付：

① 由卖方委托银行出具以买方为受益人的不可撤销的保函，担保金额与预付款货币金额相等；

② 相当于合同总价形式的发票；

③ 商业发票；

④ 由卖方委托的银行向买方的指定银行开具由买方承兑的即期汇票。

（2）阶段付款。按照合同条款，当机械制造开始加工到一定阶段，可按设备合同价一定的百分比进行付款。阶段的划分是当机械设备加工制造到关键部位时进行一次付款，到货物装船买方收货验收后再付一次款。每次付款都应在合同条款中做较详细的规定。

机械设备制造阶段付款的一般条件如下：

① 当制造工序达到合同规定的阶段时，制造厂应以电传或信件通知业主；

② 开具经双方确认完成工作量的证明书；

③ 提交以买方为受益人的所完成部分保险发票；

④ 提交商业发票副本。

机械设备装运付款，包括成批订货分批装运的付款，应由卖方提供下列文件和单证：

① 有关运输部门的收据；

② 交运合同货物相应金额的商业发票副本；

③ 详细的装箱单副本；

④ 由制造厂（商）出具的质量和数量证书副本；

⑤ 原产国证书副本；

⑥ 货物到达买方验收合格后，当事双方签发的合同货物验收合格证书副本。

（3）最终付款。最终付款指在保证期结束时的付款。付款时应提交：

① 商业发票副本；

② 全部设备完好无损，所有待修缺陷及待办的问题，均已按技术规范说明圆满解决后的合格证副本。

3) 利用出口信贷方式支付进口设备、工器具和材料价款

对进口设备、工器具和材料价款的支付，我国还经常利用出口信贷的形式。出口信贷根据借款的对象分为卖方信贷和买方信贷。

① 卖方信贷是卖方将产品赊销给买方，规定买方在一定时期内延期或分期付款。卖方通过向本国银行申请出口信贷，来填补占用的资金。

② 买方信贷有两种形式：一种是由产品出口国银行把出口信贷直接贷给买方，买卖双方以即期现汇成交，另一种是由出口国银行把出口信贷贷给进口国银行，再由进口国银行转贷给买方，买方用现汇支付借款，进口国银行分期向出口国银行偿还借款本息。

6.5 资金使用计划的编制和应用

6.5.1 编制施工阶段资金使用计划的相关因素

前序阶段的资金投入与策划直接影响到后序工作的进程与效果,资金的不断投入过程即是工程造价的逐步实现过程。施工阶段工程造价的计价与控制与其前序阶段的众多因素密切相关。

可行性研究报告、设计方案、施工图预算是施工阶段造价计价与控制的重要关键因素。

与施工阶段造价计价与控制有直接关系的是施工组织设计,其任务是实现建设计划和实际要求,对整个工程施工选择科学的施工方案和合理安排施工进度,是施工过程控制的依据,也是施工阶段资金使用计划编制的依据之一。

确定施工阶段资金使用计划时还应考虑施工阶段出现的各种风险因素对于资金使用计划的影响。在制定资金使用计划时要考虑计划工期与实际工期、计划投资与实际投资、资金供给与资金调度等多方面的关系。

6.5.2 施工阶段资金使用计划的作用与编制方法

施工阶段资金使用计划的编制与控制在整个工程造价管理中处于重要而独特的地位,它对工程造价的重要影响表现在以下几个方面:

(1) 通过编制资金使用计划,合理确定工程造价施工阶段目标值,使工程造价的控制有所依据,并为资金的筹集与协调打下基础。

(2) 通过资金使用计划的科学编制,可以对未来工程项目的资金使用和进度控制有所预测,消除不必要的资金浪费和进度失控,也能够避免在今后工程项目中由于缺乏依据而进行轻率判断所造成的损失,减少盲目性,增加自觉性,使现有资金充分地发挥作用。

(3) 通过资金使用计划的严格执行,可以有效地控制工程造价上升,最大限度地节约投资,提高投资效益。

(4) 对脱离实际的工程造价目标值和资金使用计划,应在科学评估的前提下,允许修订和修改,使工程造价更加趋于合理水平,从而保障建设单位和承包商各自的合法利益。

施工阶段资金使用计划的编制方法,主要有以下几种:

1. 按不同子项目编制资金使用计划

按不同子项目划分资金的使用,进而做到合理分配,必须对工程项目进行合理划分,划分的粗细程度根据实际需要而定。在实际工作中,总投资目标按项目分解只能分到单项工程或单位工程。

2. 按时间进度编制资金使用计划

按时间进度编制的资金使用计划,通常可利用项目进度网络图进一步扩充后得到。利用网络图控制投资,即要求在拟定工程项目的执行计划时,一方面确定完成某项施工活动所需的时间,另一方面也要确定完成这一工作合适的支出预算。

按时间进度编制资金使用计划有横道图和时标网络图两种形式。资金使用计划也可以采用S形曲线(图 6-1)与香蕉图(图 6-2)的形式,其对应数据的产生依据是施工计划网络图中时间参数(工序最早开工时间,工序最早完工时间,工序最迟开工时间,工序最迟完工时间,关键工序,关键路线,计划总工期)的计算结果与对应阶段资金使用要求。

利用确定的网络计划便可计算各项活动的最早及最迟开工时间,获得项目进度计划的甘特图。在甘特图的基础上便可编制按时间进度划分的投资支出预算,进而绘制时间—投资累计曲线(S形曲线)。

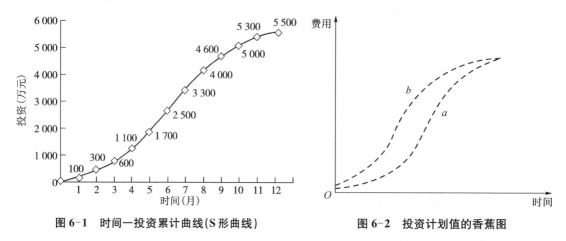

图 6-1　时间—投资累计曲线(S形曲线)　　　　图 6-2　投资计划值的香蕉图

6.5.3 施工阶段投资偏差分析与进度偏差分析

施工阶段投资偏差的形成过程,是由于施工过程随机因素与风险因素的影响形成了实际投资与计划投资,实际工程进度与计划工程进度的差异,这些差异称为投资偏差与进度偏差,这些偏差是施工阶段工程造价计算与控制的对象。

1. 实际投资与计划投资

(1) 拟完工程计划投资(BCWS—Budgeted Cost for Work Scheduled)

所谓拟完工程计划投资,是指根据进度计划安排,在某一确定的时间内所应完成的工程内容的计划投资。可以表示为在某一确定的时间内,计划完成的工程量与单位工程量计划单价的乘积,如下式：

$$拟完工程计划投资(BCWS)=拟完工程量×计划单价$$

(2) 已完工程实际投资(ACWP—Actual Cost for Work Performed)

所谓已完工程实际投资,是根据实际进度完成状况在某一确定的时间内已经完成的工程内容的实际投资。可以表示为在某一确定的时间内,实际完成的工程量与单位工程量实际单价的乘积,如下式：

$$已完工程实际投资(ACWP)=实际工程量×实际单价$$

在进行有关偏差分析时,为简化起见,通常进行如下假设:拟完工程计划投资中的拟完工程量,与已完工程实际投资中的实际工程量在总额上是相等的,两者之间的差异只在于完成的时间进度不同。

(3) 已完工程计划投资(BCWP—Budgeted Cost for Work Performed)

从上述两公式中可以看出,由于拟完工程计划投资和已完工程实际投资之间既存在投资偏差,也存在进度偏差。已完工程计划投资正是为了更好地辨析这两种偏差而引入的变量,是指根据实际进度完成状况,在某一确定时间内已经完成的工程所对应的计划投资额。可以表示为在某一确定的时间内,实际完成的工程量与单位工程量计划单价的乘积,如下式:

$$已完工程计划投资(BCWP)=实际工程量×计划单价$$

2. 投资偏差和进度偏差

(1) 投资偏差

投资偏差指投资计划值与投资实际值之间存在的差异,当计算投资偏差时,应剔除进度原因对投资额产生的影响,因此其公式为:

$$投资偏差=已完工程计划投资-已完工程实际投资$$
$$=实际工程量×(计划单价-实际单价)$$

上式中结果为正值表示投资节约,结果为负值表示投资增加,结果为 0 时,表示项目按计划执行。

(2) 进度偏差

进度偏差指进度计划与进度实际值之间存在的差异,当计算进度偏差时,应剔除单价原因产生的影响,因此其公式为:

$$进度偏差=已完工程计划时间-已完工程实际时间$$

为了与投资偏差联系起来,进度偏差也可表示为:

$$进度偏差=已完工程计划投资-拟完工程计划投资$$
$$=(实际工程量-拟完工程量)×计划单价$$

进度偏差为正值时,表示工期提前;结果为负值时,表示工期拖延,结果为 0 时,表示项目按计划执行。

【例 6-4】 某土方工程总挖方量为 4 000 m³,预算单价为 45 元/m³。该挖方工程预算总费用为 18 万元,计划用 10 天完成,每天 400 m³。开工后第 7 天,早晨刚上班时业主项目管理人员前去测量,取得了两个数据:已完成挖方 2 000 m³,支付给承包单位的工程进度款累计已达 12 万元。试确定该工程有无投资及进度偏差。

【解】 先计算已完工作预算费用,得 $BCWP=45×2\,000=9$(万元)

接着,查看项目计划,计划表明,开工后第 6 天结束时,承包单位应得到的工程进度款累计额为 $BCWS=10.8$ 万元。

进一步计算得:

费用偏差:$BCWP-ACWP=9-12=-3$(万元),表明承包单位已经超支。

进度偏差:$BCWP-BCWS=9-10.8=-1.8$(万元),表明承包单位进度已经拖延。表示项目进度落后,较预算还有相当于价值 18 000 元的工作量没有做。$18\,000/(400×45)=1$ 天的工作量,所以承包单位的进度已经落后 1 天。

6.5.4 偏差形成原因的分类及纠正方法

1. 偏差形成原因的分类

一般来讲,引起投资偏差的原因主要有四个方面:客观原因、业主原因、设计原因和施工原因。

偏差的类型分为四种形式：

(1) 投资增加且工期拖延。这种类型是纠正偏差的主要对象，必须引起高度重视。

(2) 投资增加但工期提前。这种情况下要适当考虑工期提前带来的效益。从资金使用的角度，如果增加的资金值超过增加的效益时，要采取纠偏措施。

(3) 工期拖延但投资节约。这种情况下是否采取纠偏措施要根据实际需要决定。

(4) 工期提前且投资节约。这种情况是最理想的，不需要采取纠偏措施。

2. 偏差的纠正与控制

通常把纠偏措施分为组织措施、经济措施、技术措施、合同措施四个方面。

(1) 组织措施

是指从投资控制的组织管理方面采取的措施。例如，落实投资控制的组织机构和人员，明确各级投资控制人员的任务、职能分工、权利和责任，改善投资控制工作流程等。

(2) 经济措施

经济措施最易为人们接受，但运用中要特别注意不可把经济措施简单理解为审核工程量及相应的支付价款。应从全局出发来考虑问题，如检查投资目标分解的合理性，资金使用计划的保障性，施工进度计划的协调性。另外，通过偏差分析和未完工程预测还可以发现潜在的问题，及时采取预防措施，从而取得造价控制的主动权。

(3) 技术措施

从造价控制的要求来看，技术措施并不都是因为发生了技术问题才加以考虑的，也可能是因为出现了较大的投资偏差而加以运用。不同的技术措施往往会有不同的经济效果，因此运用技术措施纠偏时，要对不同的技术方案进行技术经济分析综合评价后加以选择。

(4) 合同措施

合同措施在纠偏方面主要指索赔管理。在施工过程中，索赔事件的发生是难免的，造价工程师在发生索赔事件后，要认真审查有关索赔依据是否符合合同规定，索赔计算是否合理等，从主动控制的角度出发，加强日常的合同管理，落实合同规定的责任。

第7章 工程项目合同管理与风险管理

合同管理应是全过程管理,包括合同订立、履行、变更、索赔、终止、争议解决以及控制和综合评价等内容,还应包括有关合同知识产权的合法使用。合同管理需遵守《中华人民共和国合同法》《中华人民共和国建筑法》及其相关的国务院行政法规、部门规章、行业规范等的强制性规定,维护建筑市场秩序和合同当事人的合法权益,保证合同履行。

建设工程项目实施过程中涉及的合同种类很多,包括建设工程合同、买卖合同、租赁合同、承揽合同、运输合同、借款合同、技术合同等。因此,项目合同管理应当包括对前述相关合同的管理。其中,建设工程合同管理应包括对依法签订的勘察、设计、施工、监理等承包合同及分包合同的管理。

住房和城乡建设部制定的《建设工程施工转包违法分包等违法行为查处管理办法(试行)》对违法发包、转包、违法分包、挂靠等违法行为的定义、认定情形及其行政处罚和行政管理措施都做了详细规定。

风险是管理目的与实施成果之间的不确定性。风险包括负面(不利)风险和正面(有利)风险。负面风险往往是威胁,正面风险往往是机遇。项目风险管理程序涵盖项目实施全过程的风险管理内容,包括风险识别、风险评估、风险应对和风险监控。既是风险管理的内容,也是风险管理的基本步骤和过程。

7.1 工程项目合同体系

工程项目是一个复杂的系统,参建各方由各种合同共同组合在工程项目上,按照合同约定的目标,行使权利和应尽的义务和责任,完成工程任务。因此,工程项目完成的过程也就是一系列工程合同的订立和履行的过程。工程项目采用的承发包方式不同,相应的工程合同体系不同,采用的工程主合同在合同的标的物性质、内容、形式上也会有很大差别。

7.1.1 工程项目合同分类

工程项目合同的类型很多,按不同的分类方法可归纳为不同的类型。

1. 按合同标的物的类型分

工程项目合同的签订是为了在工程项目建设各阶段完成特定的工程任务。所谓特定的工程任务,从合同的角度来说,即合同的标的。按合同标的物的类型来分,工程项目合同有以下几种:①工程施工合同,以完成工程项目的土建、设备安装任务为合同标的,如施工合同、安装合同;②专业服务合同,以提供某种专业服务为合同标的,如勘察设计合同、工程咨询合同、工程监理合同和工程管理合同;③物资供应合同,如原材料、半成品、构配件和设备采购合同;④保险合同和担保合同;⑤其他合同,如土地使用权转让或出让合同、城市房屋拆迁合同。

2. 按承发包方式分

按承发包方式来分,工程项目合同有以下几种:①施工总承包合同;②施工承包合同;

③工程项目总承包合同；④工程项目总承包管理合同；⑤BOT承包合同。

3. 按承包合同计价方式分

按承包合同计价方式来分，工程项目合同可分为总价合同、单价合同和成本补偿合同三大类，每种类型根据具体情况又可分为几种变化的形式。

1) 总价合同

总价合同是指对于某个工程项目，承包人完成所有项目内容的价格在合同中是一种规定的总价。根据总价规定的方式和内容不同，具体又可分为固定总价合同、调值总价合同、固定工程量总价合同和管理费总价合同四种。

（1）固定总价合同。固定总价合同中，固定的是合同总价，不随工程实施调整，只有当工程范围和设计图纸变更，合同总价才相应地进行变更。这种合同适用于风险不大、技术不太复杂、工期较短（一般不超过1年）、工程要求非常明确的工程项目。承包商在这种合同中承担一切风险责任，因此在投标中往往考虑不可预见因素而报价较高。

（2）调值总价合同。调值总价合同中，其总价是一种相对固定的价格，在工程实际中遇到通货膨胀引起工料成本变化可按约定的调值条款进行总价调整。因此通货膨胀风险由发包人承担，承包人则承担施工中的有关时间和成本等因素的风险。工期在1年以上的项目可采用这种合同。

（3）固定工程量总价合同。固定工程量总价合同中，固定的是给定的工程量清单和承包商通过投标报价确定的工程单价，在施工中，总价可以根据工程变更而有所调整。采用这种合同，投标人在统一基础计价，发包人可据此对报价进行清楚的分析。但需要花费较多时间准备工程清单和计算工程量，对设计深度和招标准备时间要求较高。

（4）管理费总价合同。管理费总价合同是发包单位雇佣承包公司（或咨询公司）的管理专家对发包工程项目进行项目管理的合同，合同价格是发包单位支付给承包公司的一笔总的管理费。

由于总价合同的价格固定或相对固定，因此在工程实施过程中承包商不关心成本的降低。虽然发包人在评标时易于迅速选定报价最低的承包商，但对发包人来说，前期必须准备全面详细的设计图纸和各项说明，承包商才有可能准确计算工程量，从而进行合理的报价，否则易因为风险难以准确估计而报价较高。

2) 单价合同

单价合同指承包商在投标时按投标文件给定的分部分项工程量表确定报出单价，结算时按已定的单价乘以核定的工程量计算支付工程价款。在单价合同中，承包商承担单价变化的风险，发包人承担工程量增减的风险。使用工程单价合同，有利于缩短招标准备时间，能鼓励承包商节约成本，但发包人对施工中发生的、清单未计入的工程量应给予计算，同时双方对工程量计算规则上的统一认识是减少分歧的前提。这种合同按项目清单中包含估算工程量与否，又可分为估价工程量单价合同和纯单价合同（无工程量）。

3) 成本补偿合同

成本补偿合同又称为成本加酬金合同。当工程内容及其技术经济指标尚未全面确定，而由于种种缘由工程又必须向前推进时，宜于采用成本补偿合同。根据酬金计算方法的不同，可分为成本加定比费用合同和成本加固定费用合同两种。这两种合同中，发包人对承包商支付的人工、材料和施工机械使用费、其他直接费、施工管理费等按实际直接成本全部据实补偿,不同的是,前者是发包人按实际直接成本的固定百分比支付给承包商一笔酬金,作为承包商的利润;后者是发包人支付的酬金是一笔固定费用。

合同模式有两个最明显的缺点:一是发包单位对工程总造价不能实行实际的控制;二是承包商对降低成本不感兴趣。在引入"目标成本"的概念之后这种合同的使用范围才逐步扩大,由此,合同演变成以下的形式:①预期成本加浮动酬金合同,双方事先商定工程成本加固定酬金的预期水平,工程实际发生的成本若等于预期成本,工程价格就是成本加固定酬金;若低于预期成本,则增加酬金;若高于预期成本,则减少酬金。这样能鼓励承包商降低成本和缩短工期,承包商双方都没有太大的风险,但对承包商双方的经验要求较高,当预期成本估算达到70%以上的精度才能达到较为理想的结果。②目标成本加奖励合同,按照当前的设计精度估算目标成本,另外规定一个百分数作为计算基础酬金的费率数值。最后计算时,如果实际成本高于目标成本并超过事先商定的界限(例如5%),则减少酬金;如果实际成本低于目标成本,则增加酬金。

7.1.2 工程项目合同策划

合同策划与编制通常由组织授权,项目管理机构负责具体实施。合同策划和编制一般同步进行。合同策划需考虑的主要问题有:项目需分解成几个独立合同及每个合同的工程范围;采用何种委托和承包方式;合同的种类、形式和条件;合同重要条款的确定;各个合同的内容、组织、技术、时间上的协调。

合同策划主要应确定以下重要问题:①将工程项目划分成几个独立的合同及各合同的工程范围;②各合同所采取的委托方式和承包方式;③选用的合同类型;④重要的合同条款;⑤各相关合同在内容、时间、组织和技术等方面的协调;⑥合同的签订与实施中的重大问题。

1. 业主的合同策划

业主是工程建设的决策者,业主的合同策划将在很大程度上决定整个工程的合同结构与合同关系,并主导项目的开展、实施。业主的合同策划必须确定以下几个问题。

1) 分标策划及合同协调

招标前,业主需首先确定是采用总包或是将整个工程项目划分成几个标段。

在工期长、工程规模大、技术复杂等情况下,业主可以将整个工程项目,特别是工程项目的施工阶段,按项目、专业划分成几个标段,分别招标发包给不同的承包商,或按工程进度分阶段招标。我国传统的工程发包方式就是业主按专业将工程项目的勘察设计、施工、材料和设备供应分别发包给勘察设计承包商、施工承包商、材料和设备供应商,分别签订合同。采用分标方式,有利于业主多方组织强大的施工力量、按专业选择优秀的施工企业;完善的计划安排还有利于缩短建设周期。但是,由于分标/招标次数增多、合同数多、业主直接面对的承包商数量多,对业主来说,管理跨度大,协调工作多,合同争执也较多,索赔较多,管理工作量大而且复杂,要求业主有较强大的管理能力或委托得力的监理或项目管理单位。

总包(交钥匙工程)则是将项目的勘察设计、施工、供应,甚至项目前期工作及后期运营等全部包给一个承包商,承包商向业主承担全部责任。采用总包方式,业主的管理工作量较小,仅需一次招标,项目的责任体系完整,合同争执及索赔较少,协调工作容易,现场管理较简单,但是对承包商的要求甚高,需选择既有强大的设计、施工、供应能力,又有良好的资信和管理能力,包括很强的财务能力的承包商。对业主来说,承包商资信方面的风险很大,必须加强对承包商的宏观控制。

不论是采用总包还是分标,都要使形成的工程合同体系实现以下目标。

(1) 工作内容的完整性,即业主签订的所有合同所确定的工作范围应涵盖项目的全部工作,完成各个合同能实现项目总目标。可采用项目结构分解和合同界面分析来进行。

(2) 技术上的协调,包括技术标准的一致、专业工程的配合、合同界面上的协调、合同从签订到实施的管理上的统一和协调。

2) 选择招标方式

工程项目的招标方式主要有公开招标、邀请招标和议标三种,在招标程序、参加竞争的投标人数等方面各有不同。

(1) 公开招标(无限竞争性招标)。对业主来说,公开招标选择范围大,承包商之间公平竞争,有利于降低报价。但公开招标程序较多,如发布招标公告、资格预审、发售招标文件和评标等,所需时间较长,入围的投标人数量大,业主工作量增大。

(2) 邀请招标。采用邀请招标(有限竞争性招标),不需要进行资格预审,减少了程序,可以节约招标费用和时间。业主对所邀请的投标人都比较了解,降低了风险。但由于投标人数量较少,可能漏掉一些技术上、报价上有竞争力的承包商,业主获得的报价可能不十分理想。所以一般适合以下几种情况:①专业性强,特别是在经验、技术装备、专门技术人员等方面有特殊要求的;②工程不大,若公开招标使业主在时间和资金上耗费不必要的精力;③工期紧迫、涉及专利保护或保密工程等;④公开招标后无人投标的。

(3) 议标。业主直接与一个承包商进行合同谈判,由于没有竞争,承包商报价较高。一般只在以下几种情况下采用:①业主对承包商十分信任,可能是老主顾,承包商资信很好;②由于工程的特殊性,如军事工程、保密工程、特殊专业工程和仅由一家承包商控制的专利技术工程等;③某些采用成本加酬金合同的情况;④在一些国际工程中,承包商参与了业主项目的前期策划和可行性研究的,甚至做项目的初步设计,当业主决定上马这个项目后,一般都采用全包的形式委托工程,采用议标形式签订合同。

除上述情况外,对工程项目采用何种招标方式在建筑市场上进行交易还应符合所在国所在地法律法规方面的规定。

3) 合同类型的选择和重要的合同条款

对于合同在不同计价方式下的各种形式,在使用时应考虑各类合同的适用范围、责权利分配、风险分担等特点,结合实际情况加以选择,有时在一个项目的不同分项中可以选择两种以上的合同类型。选择时应考虑的因素如下:

(1) 建设项目设计的深度。一般而言,如果一个工程仅达到可行性研究概念设计阶段,只要求满足项目总造价控制、主要设备材料订货,多采用成本加酬金合同;工程项目达到初步设计深度,已能满足设计方案中的重大技术问题和试验要求及设备制造要求的,可采用单价合同;工程项目达到施工图设计阶段,能满足施工图预算编制、施工组织设计、设备材料安排的,可采用总价合同。

(2) 项目规模和复杂程度。规模大、复杂程度高的项目往往意味着项目风险也较大,对承包商的技术水平要求较高,在这种情况下,选用总价合同会造成承包商报价较高。可部分采用固定总价合同,而估算不准的部分则采用单价合同或成本加酬金合同。对于规模小、复杂程度低、工期短的项目,合同的选择余地较大。

(3) 项目管理模式和管理水平。若业主的管理水平较高,可按需要考虑分标,合同类型的选择范围也大;若业主自身的管理水平和管理力量不够,而项目规模又比较大,可选用管理费总价合同,聘请管理公司,对其进行明确的授权,代表业主进行项目的管理。

(4) 项目的准备时间和工程进度的紧迫程度。项目的准备时间包括业主的准备工作和承包商的准备工作,不同的合同类型需要不同的准备时间和准备费用,对设计的要求也不同。其中以成本加酬金合同更适宜于时间要求紧急的项目,但由于承包商不承担合同风险,虽能保证获利,但获利较小,同时承包商不关心成本的降低,业主需加强对工程的控制,在应用上也受到较大限制。

(5) 项目外部因素。项目外部因素包括项目竞争情况和项目所在地的风险,如政治局势、通货膨胀、恶劣气候等。项目环境不可测因素多,风险大,承包商很难接受总价合同;若愿意承包的投标人多,则业主拥有较多的主动权,可按总价合同、单价合同、成本加酬金合同的顺序进行选择;若投标人较少,可尽量选用投标人愿意的合同类型。

(6) 承包商的意愿和能力。在选择合同类型时,业主一般占有主动权,在考虑自己的利益和项目综合因素的同时,也应考虑承包商的承受能力,确定双方都能认可的合同类型。

由业主主持起草招标文件,提供合同及合同条件的主要内容,应预先考虑下列重要合同条款:①适用合同关系的法律、合同争执仲裁的机构和程序等;②付款方式;③合同价格调整的条件、范围、方法,特别是由于物价、汇率、法律、关税等的变化对合同价格调整的规定;④对承包商的激励措施,如对提前竣工,提出新设计,使用新技术、新工艺使业主节省投资等情况,可采用奖励型的成本加酬金合同或质量奖等形式来激励;⑤合同双方的风险分配;⑥保证业主对工程的控制力,包括工程变更签字权、进度计划审批权、实际进度监督权、施工进度加速权、量的绝对检查权、工程付款的控制权、承包商不履约时业主的处置权等。

2. 承包商的合同策划

承包商在投标中常常必须服从招标文件的规定,包括其中选定的合同条件。因而承包商的合同策划主要表现为承包商对业主的招标项目的应对策略。

1) 项目的选择与市场定位

承包商获得许多招标信息后,首先应就是否参与某一项目的投标做出决策。这个决策的主要依据是项目所在地的政治文化环境、经济环境、自然环境等情况,还需着重考察业主的状况、项目本身的状况,以及竞争对手的状况、数量等,才能依据承包商自身的状况,在符合承包商经营战略的前提下,决定参与或不参与。如果参与投标,还需决定以什么样的市场策略进行竞争,利润目标如何定位等。

2) 合同风险评估

在应对策略下,承包商必须对工程的合同风险做出总体评价。如从合同采用的类型上,承包商承担哪方面的风险;合同文本是否为承包商熟悉;在本工程所处的自然环境气候条件和水文地质情况下,可能产生哪些施工方面的困难或不利因素,这些不利因素的处理在合同中是如何约定的;工程所在地的社会和经济环境,对材料采购、成本管理方面会产生哪些影响,变动的风险有多大,合同中有无对此的约定;合同中有无一些业主提出的特殊要求,承包商自身能力满足这些要求有无困难,等等。另外,在招投标活动中,由于招标人提供的设计图样深度不能满足投标文件编制和选用合同的要求,在不确定情况下勉强做标,投标日程安排过紧使投标人没有足够时间分析招标文件等,都可能造成投标文件及合同文件的漏洞,造成隐患。

3) 合作方式的选择

(1) 总分包。在总分包模式下,承包商将一些分项工程分包给技术上、报价财务能力上更有优势的分包商,以求增加实力、获取一定经济利益或转移风险。

一般承包商在投标报价前,应先明确分包商的报价,商定分包的主要条件,甚至签订分包意向书。但为防止总包商中标后分包商抬高报价,总包以选择一至两家分包单位为好。由于承包商同时向业主承担分包工程的合同责任,所以选择分包商要十分慎重,应选择符合要求的、有能力的、长期合作的分包商。此外,分包不宜过多,以免出现协调和管理的困难,以及引起业主对承包商能力的怀疑。

(2) 联营承包。联营承包是指两家或两家以上的承包商联合投标,共同承接工程。承包商通过联合,可以承接工程规模大、技术复杂、风险大、难以独家承揽的工程,扩大经营范围;同时,在投标中可以发挥联营各方的技术、管理、经济和社会优势,使报价更具竞争力,联营各方可取长补短,增强完成合同的能力,业主较欢迎,易于中标。

联营有多种方式,最常见的是联合体方式。联合体方式指各自具有法人资格的施工企业结成合作伙伴联合承包一项工程。一方面,它们以联合体名义与业主签订合同,共同向业主承担责任。组成联合体时,应推举其中一位成员为该联合体的责任方,代表联合体的一方或全体成员承担本合同的责任,负责与业主和工程师联系并接受指令,以及全面负责履行合同。另一方面,联营各方应签订联合体协议和章程,经业主确认的联合体协议和章程应作为合同文件的组成部分。在合同履行过程中,未经业主同意,不得修改联合体协议和章程。联合体协议属于施工承包合同的从合同。通常联合体协议先于施工承包合同签订,但是,只有施工承包合同签订了,联合体协议才有效;施工承包合同结束,联合体协议也结束,联合体也就解散了。

7.2 工程项目合同签订

7.2.1 工程项目合同订立的形式与程序

合同订立有招标发包和直接发包两种方式,其需要评审的合同文件有所不同。需要评审的合同文件一般包括:招标文件及工程量清单、招标答疑、投标文件及组价依据、拟定合同主要条款、谈判纪要、工程项目立项审批文件等。

合同评审需实现以下目的:

(1) 保证合同条款不违反法律、行政法规、地方性法规的强制性规定,不违反国家标准、行业标准、地方标准的强制性条文。

(2) 保证合同权利和义务公平合理,不存在对合同条款的重大误解,不存在合同履行障碍。

(3) 保证与合同履行紧密关联的合同条件、技术标准、施工图纸、材料设备、施工工艺、外部环境条件、自身履约能力等条件满足合同履行要求。

(4) 保证合同内容没有缺项、漏项,合同条款没有文字歧义、数据不全、条款冲突等情形,合同组成文件之间没有矛盾。通过招标投标方式订立合同的,合同内容还应当符合招标文件和中标人的投标文件的实质性要求和条件。

(5) 保证合同履行过程中可能出现的经营风险、法律风险处于可接受的水平。

合同评审应包括下列内容:①合法性、合规性评审;②合理性、可行性评审;③合同严密性、完整性评审;④与产品或过程有关要求的评审;⑤合同风险评估。

1. 工程合同订立的形式

根据合同自由原则,除法律另有规定外,当事人可以自由约定合同的形式。合同形式有口头形式、书面形式和其他(如默示、视听)形式等。由于工程合同涉及内容复杂、建设周期长、标的金额大,《合同法》规定,建设工程合同应当采用书面形式,即当事人以书面文字有形地表现合同内容的方式。合同书、信件、数据电文等可以记载当事人合同内容的书面文件都是合同书面形式的具体表现。

2. 工程合同订立的程序

根据我国《合同法》《招标投标法》的相应规定,工程合同的订立应经过以下几个程序。

(1) 要约邀请

要约邀请即发包人采取招标通知或公告的方式,向不特定人发出的,以吸引或邀请相对人发出要约为目的的意思表示。在通知或公告规定的时间内,潜在投标人报名参加并通过资格预审的,以投标人身份,按照招标文件的要求,参加发包人的招标活动。招标文件一般包括以下内容:①投标须知,包括工程概况、工程资金来源或者落实情况、标段划分、工期和质量要求、现场勘察和答疑安排、投标文件编制/提交/修改/撤回的要求、投标报价的要求、投标有效期、开标的时间地点、评标的方法和标准等;②招标工程的技术要求和设计文件;③采用工程量清单招标的,应当提供工程量清单;④投标函的格式及附录;⑤拟签订合同的主要条款;⑥要求投标人提供的其他材料。

(2) 要约

要约即投标,指投标人按照招标人提出的要求,在规定的期间内向招标人发出的,以订立合同为目的的,包括合同的主要条款的意思表示。在投标活动中,投标人应当按照招标文件的要求编制投标文件,对招标文件提出的实质性要求和条件做出响应。投标文件应当包括投标函、施工方案或者施工组织设计、投标报价及招标文件要求提供的其他材料。

(3) 承诺

承诺即中标通知,指由招标人通过评标后,在规定期间内发出的,表示愿意按照投标人所提出的条件与投标人订立合同的意思表示。

(4) 签约

根据《合同法》规定,在承诺生效后,即中标通知产生法律效力后,工程合同就已经成立。但是,由于工程建设的特殊性,招标人和中标人在此后还需要按照中标通知书、招标文件和中标人的投标文件等内容经过合同谈判,订立书面合同后,工程合同方成立并生效。需要注意的是,《招标投标法》及《房屋建筑和市政基础设施工程施工招标投标管理办法》规定,书面合同的内容必须与中标通知书、招标文件和中标人的投标文件等内容基本一致,招标人和中标人不得再订立背离合同实质性内容的其他协议。

3. 合同签订必须遵循的基本原则

合同签订必须遵循以下基本原则：①平等自愿原则；②公平原则；③诚实信用原则；④合法原则。

不得采取口头形式订立建设工程合同；不得采取欺诈、胁迫的手段或者乘人之危，使对方在违背真实意思情况下订立合同。

合同订立应符合下列规定：①合同订立应是组织的真实意思表示；②合同订立应采用书面形式，并符合相关资质管理与许可管理的规定；③合同应由当事方的法定代表人或其授权的委托代理人签字或盖章；合同主体是法人或者其他组织时，应加盖单位印章；④法律、行政法规规定需办理批准、登记手续后合同生效时，应依照规定办理；⑤合同订立后应在规定期限内办理备案手续。

7.2.2 工程合同的谈判与签约

对合同文件及合同条件有异议时，需以书面形式提出。对于双方不能协商达成一致的合同条款，可提请行业主管部门协调或者合同约定的争议解决机构处理。合同评审中发现的问题，应以书面形式提出，要求予以澄清或调整。

合同内容涉及专利、专有技术或者著作权等知识产权时，应对其使用权的合法性进行审查。组织应依据合同评审和谈判结果，按程序和规定订立合同。

《招投标法》规定，合同应在中标通知书发出之日起30日内签订。但是，在双方签订合同法律文本之前，应对招投标文件和合同条款再进行仔细审查，以防"合同漏洞"，并为合同谈判做好准备。合同审查分析是一项技术性很强的综合性工作，它要求合同管理者必须熟悉与合同相关的法律法规，精通合同条款，有合同管理的实际工作经验，并对工程技术环境、技术经济有全面的了解。

1) 合同效力

（1）合同当事人资格即合同主体是否具备相应的民事权利能力和民事行为能力。无论是发包人还是承包人必须具有发包或承包工程和签订合同的资格，如相应的法人地位，获得签约的合法授权，承接工程所需的营业执照、许可证和资质等级等。

（2）工程项目合法性体现在两个方面：一是合同内容和工程行为符合法律要求，如环保、资金外汇、规划等；二是审查工程项目是否具备招标投标、签订合同和实施的相应条件，是否具备工程项目的批准文件、建设资金到位情况、建设许可证、合法的招标程序、已批准的设计文件等。

2) 合同的完备性

合同的完备性包括合同文件的完备性和合同条款的完备性。合同文件指从招标、投标、中标到合同签订一系列过程中的法律文件。按招标投标形式签订合同的，一般应包括合同协议书、中标函、投标书及其附件、工程设计图样、标准规范及有关技术文件、工程量清单和报价、合同条款等。另外，合同文件还包括合同履行中发包人和承包人有关工程的洽商、变更等书面协议或文本。合同条款一般应以标准合同文件为准，包括通用条款和针对该特定工程拟订的配套专用条款。没有采用标准合同文件的，可参照标准合同文件的合同条款进行补充完善。若尚无标准合同文本可供参照，如联合体协议，则需收集实践中的同类合同文本，相互借鉴，尽可能使所签合同更加完备。有任何一方认为合同条件的漏洞有利于推卸责任或者能带来索赔机会,都是十分危险的,因为双方很容易带着这些想法使问题进入相持或争论不休的状态,破坏合作关系,影响工作的顺利推进。

3) 合同的公平性

合同应公平合理地分配双方的责任和权益,责、权、利应一致,承担责任者应得到相应的权益,被授予权利者也须承担相应的责任,防止滥权。如合同规定,工程师可以要求对工程质量进行重新检验,同时也规定,如果重新检验质量合格,由业主支付检查费用,这就是对工程师权利的制约。合同中规定一方当事人承担一项责任,也规定责任方在履行义务时必备的一定的前提条件,以及相应拥有一定权利,并规定如果对方不履行相应的义务应承担什么责任等。例如,合同规定承包商必须按时开工,同时合同中也相应规定业主应按时提供现场施工条件、及时支付预付款等。对于显失公平或免责条款,如"在施工期间不论什么原因使邻近地区受到损害的均由承包商承担赔偿责任",应予以删除或修改。

7.3 合同实施控制

1. 全面履行合同的关键

项目管理机构应按约定全面履行合同。全面履行合同的关键是承担建设工程项目建设的建设单位项目负责人、勘察单位项目负责人、设计单位项目负责人、施工单位项目经理、监理单位总监理工程师等建设工程五方责任主体项目负责人。这些人员需按照合同赋予的责任,认真落实各自的责任,认真落实合同的各项要求。

2. 合同实施控制内容

合同实施控制包括自合同签订起至合同终止的全部合同管理内容。合同实施控制的日常工作,是指日常性的、项目管理机构能够自主完成的合同管理工作。对于合同变更及合同索赔等工作,往往不是项目管理机构自己单方面能够完成的,需要组织通过协商、调解、诉讼或仲裁等方式来实现。

合同实施控制的日常工作应包括下列内容:①合同交底;②合同跟踪与诊断;③合同完善与补充;④信息反馈与协调;⑤其他应自主完成的合同管理工作。

3. 合同交底的组织

合同交底需由组织的相关部门及合同谈判人员负责进行。相关部门及合同谈判人员进行合同交底,既是向项目管理机构做合同文件解析,也是合同管理职责移交的一个重要环节。合同交底可以书面、电子数据、视听资料和口头形式实施,书面交底的应签署确认书。

合同实施前,组织的相关部门和合同谈判人员应对项目管理机构进行合同交底。合同交底应包括下列内容:①合同的主要内容;②合同订立过程中的特殊问题及合同待定问题;③合同实施计划及责任分配;④合同实施的主要风险;⑤其他应进行交底的合同事项。

4. 合同实施控制的作用

合同实施控制特别强调管理层和有关部门的作用。管理层和有关部门需在合同跟踪和诊断方面对项目管理机构进行监督、指导和协调,协助项目管理机构做好合同实施工作。

合同跟踪和诊断需要注意以下问题:①将合同实施情况与合同实施计划进行对比分析,

找出其中的偏差;②对合同实施中的偏差分析,应当包括原因分析、责任分析以及实施趋势预测。

5. 合同纠偏措施

项目管理机构应根据合同实施偏差结果制定合同纠偏措施或方案,经授权人批准后实施。实施需要其他相关方配合时,项目管理机构应事先征得各相关方的认同,并在实施中协调一致。

纠偏措施或方案可以分为:①组织措施,包括调整和增加人力投入、调整工作流程和工作计划;②技术措施,包括变更技术方案、采用高效的施工方案和施工机具;③经济措施,包括增加资金投入、采取经济激励措施;④合同措施,包括变更合同内容、签订补充协议、采取索赔手段。

6. 合同变更管理内容

合同变更管理包括变更依据、变更范围、变更程序、变更措施的制定和实施,以及对变更的检查和信息反馈工作。

项目管理机构应按规定实施合同变更的管理工作,将变更文件和要求传递至相关人员。合同变更应当符合下列条件:①变更的内容应符合合同约定或者法律法规规定。变更超过原设计标准或者批准规模时,应由组织按照规定程序办理变更审批手续。②变更或变更异议的提出,应符合合同约定或者法律法规规定的程序和期限。③变更应经组织或其授权人员签字或盖章后实施。④变更对合同价格及工期有影响时,相应调整合同价格和工期。

7. 合同中止情形

合同中止应根据合同约定或者法律规定实施。因对方违约导致合同中止的,应追究其违约方责任;因不可抗力导致合同中止的,需按照合同约定或者法律规定签订部分或者全部免除责任协议,涉及合同内容变更的,应订立补充合同。

项目管理机构应控制和管理合同中止行为。合同中止应按照下列方式处理:①合同中止履行前,应以书面形式通知对方并说明理由。因对方违约导致合同中止履行时,在对方提供适当担保时应恢复履行;中止履行后,对方在合理期限内未恢复履行能力并且未提供相应担保时,应报请组织决定是否解除合同。②合同中止或恢复履行,如依法需要向有关行政主管机关报告或履行核验手续,应在规定的期限内履行相关手续。③合同中止后不再恢复履行时,应根据合同约定或法律规定解除合同。

8. 索赔依据的关联性

索赔依据、索赔证据、索赔程序之间具有内在的关联性,是合同索赔成立不可或缺的三个重要条件,其中:①索赔证据包括当事人陈述、书证、物证、视听资料、电子数据、证人证言、鉴定意见、勘验笔录等证据形式。经查证属实的证据才能作为认定事实的依据。②在合同约定或者法律规定的期限内提出索赔文件、完成审查或者签认索赔文件,是索赔得以确认的重要保证。

项目管理机构应按照规定实施合同索赔的管理工作。索赔应符合下列条件:①索赔应依据合同约定提出。合同没有约定或者约定不明时,按照法律法规规定提出。②索赔应全面、完整地收集和整理索赔资料。③索赔意向通知及索赔报告应按照约定或法定的程序和期限提出。④索赔报告应说明索赔理由,提出索赔金额及工期。

9. 解决合同争议应注意以下合同约定的情形

①合同当事人不能协商达成一致,但合同约定由总监理工程师依据职权做出确定时,由总监理工程师按照合同约定审慎做出公正的确定。合同当事人对总监理工程师的确定没有异议的,按照总监理工程师的确定执行。②任何一方当事人对总监理工程师的确定有异议时,需要在约定的期限内提出,并按照合同约定的争议解决机制处理。③当事人在合同中约定采取争议评审方式解决争议时,需先行启动争议评审程序解决争议;任何一方当事人不接受争议评审小组决定或不履行争议评审小组决定时,才可以选择采用其他争议解决方式。

合同实施过程中产生争议时,应按下列方式解决:①双方通过协商达成一致;②请求第三方调解;③按照合同约定申请仲裁或向人民法院起诉。

7.4 工程项目风险管理

组织应建立风险管理制度,明确各层次管理人员的风险管理责任,管理各种不确定因素对项目的影响。项目风险管理应包括下列程序:①风险识别;②风险评估;③风险应对;④风险控制。

7.4.1 工程项目风险

1. 风险

风险定义为不幸事件发生的概率或可能性。所谓损失是指非故意的、非计划的、非预期的价值的减少,通常以货币单位来衡量。损失一般可分为直接损失、间接损失和潜在损失。表面上看,造成损失后果的往往是偶发事件,通常称为风险事件,是造成损失的外在原因、直接原因。但深入分析就会发现,偶发事件有其"必然性",将导致风险事件发生的潜在原因称为风险因素,风险因素是产生或增加损失概率和损失程度的源头,是造成损失的内在原因、间接原因。风险与不确定性是有区别的。风险是介于确定性和不确定性之间的一种状态,风险发生的概率是可知的,或是可以测定的,而不确定性发生的概率则是未知的。由此出现了已知概率的风险分析和未知概率的不确定性分析。

2. 项目风险

尽管在工程项目前期工作中已就项目的市场、工程、技术、经济等方面做了详尽的预测和研究,但由于人们对客观事物认识能力的局限性、环境的可变性,以及预测本身的不确定性,项目实施过程中和项目建成后的实际情况可能偏离预测的基本情况。因此,对工程项目管理而言,风险就是指影响项目目标的实现、导致项目发生损失的可能性。建设项目可能有各种各样的风险,按风险的来源可以分为技术风险、管理风险、其他风险等。

7.4.2 工程项目风险管理内容及方法

项目管理机构应在项目管理策划时确定项目风险管理计划。项目风险管理计划编制依据应包括下列内容:①项目范围说明;②招投标文件与工程合同;③项目工作分解结构;④项目管理策划的结果;⑤组织的风险管理制度;⑥其他相关信息和历史资料。

风险管理计划应包括下列内容:①风险管理目标;②风险管理范围;③可使用的风险管理方法、措施、工具和数据;④风险跟踪的要求;⑤风险管理的责任和权限。

为落实工程项目风险管理工作,参与工程项目建设各方均应建立风险管理体系。风险管理体系应与安全管理体系及项目管理规划体系相配合,以安全管理部门为主管部门,以技术管理部门为强相关部门,其他部门均为相关部门,通过编制项目管理规划、项目安全技术措施计划及环境管理计划进行风险识别、风险评估、风险转移和风险控制分工,各部门按专业分工进行风险控制。

1. 工程项目风险识别

风险识别是风险管理中的首要步骤,是系统而全面地识别出影响工程项目目标实现的风险事件并加以适当归类的过程,必要时,还需对风险事件的后果做出定性的估计。

各种风险包括:影响项目目标实现的不利(有利)因素,可分为技术的、经济的、环境的及政治的、行政的、国际的和社会的等因素。

风险识别应遵循下列程序:

(1) 建立初始风险一览表

风险管理体系首先收集与工程项目风险有关的信息,对工程、工程环境、其他各类微观和宏观环境、已建类似工程项目等,通过调查、研究、座谈、查阅资料等手段进行分析,列出初始风险一览表。为取得初始风险一览表,基本途径是进行风险分解,即结合工程项目结构图、工程建设各时间阶段、工程项目管理目标等初步识别风险因素及典型风险事件。风险识别的具体方法有专家调查法、工程财务报表法、统计资料法、流程图法。

(2) 建立最终风险清单

在初始风险一览表的基础上,具体采用风险调查法,从分析工程项目的特点入手,一方面对风险因素一览表中已经列出的风险进行鉴别和确认;另一方面,还能进一步识别出前述几种方法尚未识别出的、重要的风险。这样,通过甄别、确认和补漏,把重要的风险因素及典型风险事件筛选出来加以确认,即列出针对工程项目的最终风险清单。

(3) 编制项目风险识别报告

编制项目风险识别报告是在最终风险清单的基础上,补充适当的文字说明,作为风险管理的基础。

2. 工程项目风险评估

风险等级评估指通过风险因素形成风险概率的估计和对发生风险后可能造成的损失量或效益水平的估计。风险评估是将工程项目风险事件的发生可能性和损失后果进行定量化的过程。这个过程在系统地识别工程项目风险与合理地做出风险对策决策之间起着重要的桥梁作用。风险评估的一般程序如下:

(1) 风险概率的估计

风险管理体系应利用已有数据资料和相关专业方法进行风险事件发生概率的估计。已有数据资料包括会计核算资料、统计资料和以往类似工程的资料等。估计工程项目风险概率相关专业方法主要指概率论方法和数据统计方法。

(2) 风险损失量或效益水平的估计

风险损失量或效益水平的估计需包括下列内容:①工期损失(工期缩短)的估计;②费用损失(利润提升)的估计;③对工程的质量、功能、使用效果(质量、安全、环境)方面的影响;④其他影响。"其他影响"可包括间接影响、机会成本等。

上述风险损失量或效益水平的估计,主要通过分析以及得到的有关信息,结合管理人员的经验对损失量进行综合判断。通常采用专家预测、趋势外推法预测、敏感性分析和盈亏平衡分析、决策树等方法。

(3) 提出风险评估报告

风险评估报告是在风险识别报告、风险量估计和划分风险等级的基础上,加以系统整理和综合说明而形成的。在风险评估报告中尤其应该突出风险等级越高的风险事件。

3. 工程项目风险响应

负面风险是对项目实施过程不利的风险因素,需要进行风险控制和预防。正面风险是对项目实施过程有利的正面风险因素,需要进行鼓励和强化。应对措施是对策略的具体化,需具有可操作性,包括技术、管理、经济等方面的内容。

所谓风险响应就是针对工程项目可能发生的每一个风险事件制定风险对策,其基本思路是想方设法降低风险等级,以此达到降低工程项目总风险量的目的。针对不同风险等级的风险事件,在做出风险响应时的控制对策是各不相同的。常用的具体风险对策有风险规避、风险减轻、风险转移、风险自留及其组合。

(1) 风险规避

风险规避是彻底回避风险的一种做法,即以一定的方式中断风险源。具体做法有主动放弃或拒绝实施可能导致风险损失的方案、制订制度禁止可能导致风险的行为或事件发生等。对风险承受者而言,应对处于不容许等级Ⅴ的风险事件,风险规避可能是最佳对策。采用风险规避对策时,有时需要做出一些牺牲,但较之承担风险,这些牺牲是值得的。但是也应认识到,规避一种风险的同时可能产生另一种新的风险,有时规避风险可能不实际或不可能。虽然风险规避是一种必要的、有时甚至是最佳的风险对策,但应该承认这是一种消极的风险对策。

(2) 风险减轻

风险减轻是一种主动、积极的风险对策,可分为预防损失和减少损失两方面工作。预防损失措施的主要作用在于降低损失发生的概率,而减少损失措施的作用在于降低损失的严重性或遏制损失的进一步发展,使损失最小化。一般来说,风险减轻方案都应当是预防损失措施和减少损失措施的有机结合。无论是预防损失措施还是减少损失措施,其具体措施均包括组织措施、管理措施、经济措施、技术措施等。组织措施有明确各部门和人员在损失控制方面的职责分工,建立相应的工作制度和会议制度,对现场操作人员进行安全培训等。管理措施有风险分隔措施、风险分散措施、合同管理措施、信息管理措施等。经济措施有多渠道的融资方式、安全生产的经济激励措施、落实风险管理所需资金等。技术措施有改进施工方法、施工技术,改变施工机具等。风险减轻通常并不能完全消除风险,同时,风险减轻存在一定的成本,如为了减轻技术风险而直接引进国外成熟的施工技术,则要花费一定的技术引进费。有时风险减轻不仅有费用代价,还有时间方面的代价。因此,风险减轻措施的最终确定,需要综合考虑损失控制措施的效果及其相应的代价。

(3) 风险转移

顾名思义,风险转移就是将原本该自己承担的风险转移给他人承担,是工程项目风险管理中非常重要而且广泛应用的一种风险对策。采取风险转移应遵循的原则有两个:一是被转移者最适宜承担该风险或最有能力进行损失控制;二是转移者应给被转移者支付一定的报酬。

风险转移分为保险转移和非保险转移两种形式。保险转移就是向保险公司投保,实现投保人将本该自己承担的风险转移给保险公司。对于工程项目来说,具体险种有建筑工程一切险、安装工程一切险、危险作业职工意外伤害险等。但是,投保并不能转移工程项目的所有风险,一是因为存在不可保风险;二是因为有的风险不宜投保。非保险转移的主要方式是合同转移,即合同一方将风险转移给合同对方。业主将设计、施工方面的风险转移给设计单位、施工单位。分包合同即是总承包商转移风险给分包商。提供第三方担保也是一种非保险转移。

(4) 风险自留

对某一种风险,既未采取风险规避又未风险转移,将风险留给自己承担,这就是风险自留。风险自留与其他风险对策的根本区别在于,既不改变工程风险的发生概率,也不改变工程风险损失的严重性。风险自留可分为非计划性风险自留和计划性风险自留两种类型。

由于风险管理者没有意识到建设工程某些风险的存在,或者不曾有意识地采取措施,以致风险发生后只好由自己承担,这样的风险自留就是被动的非计划性风险自留。显然,风险管理者应当尽量减少非计划性风险自留,从而避免被迫承担重大工程风险。计划性风险自留是主动的、有意识的、有计划的选择,是风险管理者在经过正确的风险识别和风险评价后,再结合自己对损失后果的承受能力做出的风险对策,是整个工程项目风险对策计划的一个组成部分。但是,风险自留决不能单独运用,一旦将风险留给自己,则一定要采取必要的风险减轻措施。

上述几种风险对策并不是相互孤立的,工程实践中常常采用组合策略,即同时采用以上两种或两种以上风险对策。

工程项目风险响应的最终成果是形成工程项目的风险管理计划,该计划中应详尽说明风险管理目标,风险管理范围,可使用的风险管理方法、工具及数据来源,风险分类和风险排序要求,风险管理的职责与权限,风险跟踪的要求,相应的资源预算等。

4. 工程项目风险控制

风险信号是风险形成的主要特征。风险信号代表了风险的程度和水平。对可能出现的风险因素进行监控可以有效掌握非风险的变动趋势,以便及时采取相应的预防或引领措施。

在整个工程项目建设进程中,项目管理方应建立风险控制责任制和风险监控信息传输体系,做好风险控制工作。风险控制工作包括:跟踪收集和分析与项目风险相关的各种信息,获取风险信息;预测未来的风险并提出预警,纳入项目进展报告;对可能出现的风险因素进行监控,必要时制订应急计划。

安全施工应急预案的编写内容应包括:应急预案的目标、参考文献、适用范围、组织情况说明、风险定义及其控制目标、组织职能(职责)、应急工作流程及其控制、培训、演练计划、演练总结报告。

7.4.3 风险评估、应对及监控

项目管理机构应按下列内容进行风险评估:①风险因素发生的概率;②风险损失量或效益水平的评估;③风险等级评估。

风险评估宜采取下列方法:①根据已有信息和类似项目信息采用主观推断法、专家估计法或会议评审法进行风险发生概率的认定;②根据工期损失、费用损失和对工程质量、功能、

使用效果的负面影响进行风险损失量的估计;③根据工期缩短、利润提升和对工程质量、安全、环境的正面影响进行风险效益水平的估计。

项目管理机构应根据风险因素发生的概率、损失量或效益水平,确定风险量并进行分级。

风险评估后应出具风险评估报告。风险评估报告应由评估人签字确认,并经批准后发布。风险评估报告应包括下列内容:①各类风险发生的概率;②可能造成的损失量或效益水平、风险等级确定;③风险相关的条件因素。

项目管理机构应依据风险评估报告确定针对项目风险的应对策略。

项目管理机构应采取下列措施应对负面风险:①风险规避;②风险减轻;③风险转移;④风险自留。

项目管理机构应采取下列策略应对正面风险:①为确保机会的实现,消除该机会实现的不确定性;②将正面风险的责任分配给最能为组织获取利益机会的一方;③针对正面风险或机会的驱动因素,采取措施提高机遇发生的概率。

项目管理机构应形成相应的项目风险应对措施并将其纳入风险管理计划。

组织应收集和分析与项目风险相关的各种信息,获取风险信号,预测未来的风险并提出预警,预警应纳入项目进展报告,并采用下列方法:①通过工程检查、成本跟踪分析、合同履行情况监督、质量监控措施、现场情况报告、定期例会,全面了解工程风险;②对新的环境条件、实施状况和变更,预测风险,修订风险应对措施,持续评价项目风险管理的有效性。

组织应对可能出现的潜在风险因素进行监控,跟踪风险因素的变动趋势。组织应采取措施控制风险的影响,降低损失,提高效益,防止负面风险的蔓延,确保工程的顺利实施。

第8章 绿色建造与职业健康安全环境管理

组织应建立安全生产管理制度,坚持以人为本、预防为主,确保项目处于本质安全状态。项目安全生产管理包括项目职业健康与安全管理。项目安全生产管理需要遵循"安全第一,预防为主,综合治理"的方针,加大安全生产投入,满足本质安全的要求。

本质安全是指通过在设计、采购、生产等过程采用可靠的安全生产技术和手段,使项目管理活动或生产系统本身具有安全性,即使在误操作或发生故障的情况下也不会造成事故的功能。

工程建设安全生产管理是一项十分特殊的管理要求,国家的强制性规定是项目安全生产管理的核心要求,因此项目安全生产必须以此为重点实施管理。组织应根据有关要求确定安全生产管理方针和目标,建立项目安全生产责任制度,健全职业健康安全管理体系,改善安全生产条件,实施安全生产标准化建设。

组织应建立专门的安全生产管理机构,配备合格的项目安全管理负责人和管理人员,进行教育培训并持证上岗。项目安全生产管理机构以及管理人员应当恪尽职守、依法履行职责。配备合格的项目安全管理负责人和管理人员的关键是聘任具有合格资格的项目管理机构负责人。项目管理机构负责人是项目安全管理第一责任人,施工单位项目经理部负责人必须取得安全生产管理资格证书。

施工单位项目经理部需设置专门的安全生产管理机构,并配备专职安全管理人员,各分包单位需配备专职安全员。项目特殊工种作业人员按照国家规定需持证上岗。项目管理机构需确定安全生产管理目标,并将目标分解落实到人。组织应按规定提供安全生产资源和安全文明施工费用,定期对安全生产状况进行评价,确定并实施项目安全生产管理计划,落实整改措施。

8.1 职业健康安全与环境管理的特点和要求

8.1.1 施工职业健康安全与环境管理的目的

1. 建设工程施工职业健康安全管理的目的

职业健康安全管理的目的是在生产活动中,通过职业健康安全生产的管理活动,对影响生产的具体因素的状态进行控制,使生产因素中的不安全行为和状态减少或消除,避免事故的发生,以保证生产活动中人员的健康和安全。

对于建设工程项目,施工职业健康安全管理的目的是防止和减少生产安全事故、保护产品生产者的健康与安全、保障人民群众的生命和财产免受损失;控制影响工作场所内员工、临时工作人员、合同方人员、访问者和其他有关部门人员健康和安全的条件和因素;考虑和避免因管理不当对员工健康和安全造成的危害。

2. 建设工程施工环境管理的目的

环境保护是我国的一项基本国策。对环境管理的目的是保护生态环境,使社会的经济发展与人类的生存环境相协调。

对于建设工程项目,施工环境保护主要是指保护和改善施工现场的环境。企业应当遵照国家和地方的相关法律法规以及行业和企业自身的要求,采取措施控制施工现场的各种粉尘、废水、废气、固体废弃物以及噪声、振动对环境的污染和危害,并且要注意对资源的节约和避免资源的浪费。

8.1.2 施工职业健康安全与环境管理的特点

建设工程产品及其生产与工业产品不同,有其自身的特殊性,而正是由于其特殊性,对建设工程职业健康安全和环境管理显得尤为重要。建设工程职业健康安全与环境管理应考虑以下特点。

1. 复杂性

建设工程一方面涉及大量的露天作业,受到气候条件、工程地质和水文地质、地理条件和地域资源等不可控因素的影响;另一方面受工程规模、复杂程度、技术难度、作业环境和空间有限等复杂多变因素的影响,导致施工现场的职业健康安全与环境管理比较复杂。

2. 多变性

一方面是项目建设现场材料、设备和工具的流动性大,另一方面由于技术进步,项目不断引入新材料、新设备和新工艺等变化因素,以及施工作业人员文化素质低,并处在动态调整的不稳定状态中,加大了施工现场的职业健康安全与环境管理难度。

3. 协调性

项目建设涉及的单位多、专业多、界面多、材料多、工种多,包括大量的高空作业、地下作业、用电作业、爆破作业、施工机械及起重作业等较危险的工程,并且各工种经常需要交叉或平行作业,就要求施工方做到各专业之间、单位之间互相配合,要注意施工过程中的材料交接、专业接口部分对职业健康安全与环境管理的协调性。

4. 持续性

项目建设一般具有建设周期长的特点,从前期决策、设计、施工直至竣工投产,诸多环节、工序环环相扣。前一道工序的隐患,可能在后续的工序中暴露,酿成安全事故。

5. 经济性

一方面由于项目生产周期长,消耗的人力、物力和财力大,必然使施工单位考虑降低工程成本的因素多,从而在一定程度上影响了职业健康安全与环境管理的费用支出,导致施工现场的健康安全问题和环境污染现象时有发生;另一方面由于建筑产品的时代性、社会性与多样性决定了管理者必须对职业健康安全与环境管理的经济性做出评估。

6. 环境性

项目的生产手工作业和湿作业多,机械化水平低,劳动条件差,工作强度大,从而对施工现场的职业健康安全影响较大,环境污染因素多。

由于上述特点的影响,将导致施工过程中事故的潜在不安全因素和人的不安全因素较多,使企业的经营管理,特别是施工现场的职业健康安全与环境管理比其他工业企业的管理更为复杂。

8.1.3 施工职业健康安全与环境管理的要求

1. 施工职业健康安全管理的基本要求

根据《建设工程安全生产管理条例》和《职业健康安全管理体系》(GB/T 28000—2011)标准,建设工程对施工职业健康安全管理的基本要求如下:

(1) 坚持安全第一、预防为主和防治结合的方针,建立职业健康安全管理体系并持续改进职业健康安全管理工作。

(2) 施工企业在其经营生产的活动中必须对本企业的安全生产负全面责任。企业的法定代表人是安全生产的第一负责人,项目经理是施工项目生产的主要负责人。施工企业应当具备安全生产的资质条件,取得安全生产许可证的施工企业应设立安全生产管理机构,配备合格的专职安全生产管理人员,并提供必要的资源;施工企业要建立健全职业健康安全体系以及有关的安全生产责任制和各项安全生产规章制度。

(3) 在工程设计阶段,设计单位应按照有关建设工程法律法规的规定和强制性标准的要求,进行安全保护设施的设计;对涉及施工安全的重点部分和环节在设计文件中应进行注明,并对防范生产安全事故提出指导意见,防止因设计考虑不周而导致生产安全事故的发生;对于采用新结构、新材料、新工艺的建设工程和特殊结构的建设工程,设计文件中应提出保障施工作业人员安全和预防生产安全事故的措施和建议。

(4) 在工程施工阶段,施工企业应根据风险预防要求和项目的特点,制定职业健康安全生产技术措施计划;在进行施工平面图设计和安排施工计划时,应充分考虑安全、防火、防爆和职业健康等因素;施工企业应制定安全生产应急救援预案,建立相关组织,完善应急准备措施;发生事故时,应按国家有关规定,向有关部门报告;处理事故时,应防止二次伤害。建设工程实行总承包的,由总承包单位对施工现场的安全生产负总责并自行完成工程主体结构的施工。分包单位应当接受总承包单位的安全生产管理,分包合同中应当明确各自的安全生产方面的权利、义务。分包单位不服从管理导致生产安全事故的,由分包单位承担主要责任,总承包和分包单位对分包工程的安全生产承担连带责任。

(5) 应明确和落实工程安全环保设施费用、安全施工和环境保护措施费等各项费用。

(6) 施工企业应按有关规定必须为从事危险作业的人员在现场工作期间办理意外伤害保险。

(7) 现场应将生产区与生活、办公区分离,配备紧急处理医疗设施,使现场的生活设施符合卫生防疫要求,采取防暑、降温、保温、消毒、防毒等措施。

(8) 工程施工职业健康安全管理应遵循下列程序:

① 识别并评价危险源及风险;

② 确定职业健康安全目标;

③ 编制并实施项目职业健康安全技术措施计划;

④ 职业健康安全技术措施计划实施结果验证;

⑤ 持续改进相关措施和绩效。

2. 施工环境管理的基本要求

根据《中华人民共和国环境保护法》和《中华人民共和国环境影响评价法》等有关法律法规的有关规定,建设工程对施工环境管理的基本要求如下:

(1) 涉及依法划定的自然保护区、风景名胜区、生活饮用水水源保护区及其他需要特别保护的区域时,工程施工应符合国家有关法律法规及该区域内建设工程项目环境管理的规定。

(2) 建设工程应当采用节能、节水等有利于环境与资源保护的建筑设计方案、建筑材料、建筑构配件及设备。建筑材料和装修材料必须符合国家标准。禁止生产、销售和使用有毒、有害物质超过国家标准的建筑材料和装修材料。

(3) 建设工程项目中防治污染的设施,必须与主体工程同时设计、同时施工、同时投产使用。防治污染的设施必须经原审批环境影响报告书的环境保护行政主管部门验收合格后,该建设工程项目方可投入生产或者使用。

(4) 尽量减少建设工程施工所产生的噪声对周围生活环境的影响。

(5) 拟采取的污染防治措施应确保污染物排放达到国家和地方规定的排放标准,满足污染物总量控制要求;涉及可能产生放射性污染的,应采取有效预防和控制放射性污染措施。

(6) 应采取生态保护措施,有效预防和控制生态破坏。

(7) 禁止引进不符合我国环境保护规定要求的技术。

(8) 任何单位不得将产生严重污染的生产设备转移给没有污染防治能力的单位使用。

8.2 安全生产管理计划、实施与检查

8.2.1 安全生产管理计划

项目管理机构需收集包括各工种安全技术操作规程在内的安全生产法律法规、标准规范、制度办法等。项目管理机构应根据合同的有关要求,确定项目安全生产管理范围和对象,制定项目安全生产管理计划,在实施中根据实际情况进行补充和调整。

项目安全生产管理计划应与施工组织设计结合编制,施工组织设计需包含具有全面的安全生产管理内容的章节,或对安全生产管理进行专项策划。

项目安全生产管理计划应满足事故预防的管理要求,并应符合下列规定:①针对项目危险源和不利环境因素进行辨识与评估的结果,确定对策和控制方案;②对危险性较大的分部分项工程编制专项施工方案;③对分包人的项目安全生产管理、教育和培训提出要求;④对项目安全生产交底、有关分包人制定的项目安全生产方案进行控制的措施;⑤应急准备与救援预案。

项目安全生产管理计划应按规定审核、批准后实施。项目管理机构应开展有关职业健康和安全生产方法的前瞻性分析,选用适宜可靠的安全技术,采取安全文明的生产方式。项目管理机构应明确相关过程的安全管理接口,进行勘察、设计、采购、施工、试运行过程安全生产的集成管理。

项目安全生产管理计划的关键之一是设计与施工的一体化管理。通过项目安全生产管理计划,协调勘察、设计、采购与施工接口界面,在前期的设计过程实现施工过程的事故预防,消灭设计中的施工危险源,已经成为项目安全生产管理的基本需求。

8.2.2 安全生产管理实施与检查

项目实施前和实施过程中需开展施工危险源辨识,对危险性较大的分部分项工程需编制专项施工安全方案,并按规定进行审批。

项目管理机构需根据项目实际编制相应施工方案、技术交流或作业指导书,必须有相应的安全措施内容。

施工现场需在施工人员作业前进行施工方案、施工技术、安全技术交底工作,并保存交底人、被交底人签字记录。

项目管理机构应根据项目安全生产管理计划和专项施工方案的要求,分级进行安全技术交底。对项目安全生产管理计划进行补充、调整时,仍应按原审批程序执行。

各施工过程应配置齐全各项劳动防护设施和设备。确保施工场所安全是指项目上使用的各种机械设备需要保证性能良好,运转正常。施工用电设计、配电、使用必须符合国家规范,确保人身安全和设备安全。

施工现场的安全生产管理应符合下列要求:①应落实各项安全管理制度和操作流程,确定各级安全生产责任人;②各级管理人员和施工人员应进行相应的安全教育,依法取得必要的岗位资格证书;③各施工过程应配置齐全劳动防护设施和设备,确保施工场所安全;④作业活动严禁使用国家及地方政府明令淘汰的技术、工艺、设备、设施和材料;⑤作业场所应设置消防通道、消防水源,配备消防设施和灭火器材,并在现场入口处设置明显标志;⑥作业场所场容、场貌、环境和生活设施应满足安全文明达标要求;⑦食堂应取得卫生许可证,并应定期检查食品卫生,预防食物中毒;⑧项目管理团队应确保各类人员的职业健康需求,防治可能产生的职业和心理疾病;⑨应落实减轻劳动强度、改善作业条件的施工措施。

项目管理机构应建立安全生产档案,积累安全生产管理资料,利用信息技术分析有关数据,辅助安全生产管理。

项目管理机构需要进行定期或不定期安全检查,及时消除事故隐患。项目管理机构应根据需要定期或不定期对现场安全生产管理以及施工设施、设备和劳动防护用品进行检查、检测,并将结果反馈至有关部门。对检查中发现的隐患提出整改意见,并督促整改落实。

项目管理机构应全面掌握项目的安全生产情况,进行考核和奖惩,对安全生产状况进行评估。

8.3 施工安全生产管理

8.3.1 安全生产管理制度体系

由于建设工程规模大、周期长、参与单位多、技术复杂以及环境复杂多变等因素,导致建设工程安全生产的管理难度很大。因此,依据现行的法律法规,通过建立各项安全生产管理制度体系规范建设工程参与各方的安全生产行为,提高建设工程安全生产管理水平,防止和避免安全事故的发生是非常重要的。

1. 施工安全管理制度体系建立的重要性

(1) 依法建立施工安全管理制度体系,能使劳动者获得安全与健康,是体现社会经济发展和社会公正、安全、文明的基本标志。

(2) 建立施工安全管理制度体系,可以改善企业安全生产规章制度不健全、管理方法不适当、安全生产状况不佳的现状。

(3) 施工安全管理制度体系对企业环境的安全卫生状态做了具体的要求和限定,从根本上促使施工企业健全安全卫生管理机制,改善劳动者的安全卫生条件,提升管理水平,增强企业参与国内外市场的竞争能力。

(4) 推行施工安全管理制度体系建设,是适应国内外市场经济一体化趋势的需要。

2. 施工安全生产管理制度体系建立的原则

(1) 应贯彻"安全第一,预防为主"的方针,施工企业必须建立健全安全生产责任制和群防群治制度,确保工程施工劳动者的人身和财产安全。

(2) 施工安全管理制度体系的建立,必须适用于工程施工全过程的安全管理和控制。

(3) 施工安全管理制度体系必须符合《中华人民共和国建筑法》《中华人民共和国安全生产法》《建设工程安全生产管理条例》《安全生产许可证条例》《生产安全事故报告和调查处理条例》《特种设备安全监察条例》《职业安全健康管理体系》《职业安全卫生管理体系标准》和国际劳工组织(ILO)167号公约等法律、行政法规及规程的要求。

(4) 项目经理部应根据本企业的安全生产管理制度体系,结合各项目的实际情况加以充实,确保工程项目的施工安全。

(5) 企业应加强对施工项目安全生产管理,指导、帮助项目经理部建立和实施安全生产管理制度体系。

3. 施工安全生产管理制度体系的主要内容

《建筑法》《安全生产法》《特种设备安全法》《建设工程安全生产管理条例》《生产安全事故报告和调查处理条例》《特种设备安全监察条例》《安全生产许可证条例》等建设工程相关法律法规对政府主管部门、相关企业及相关人员的建设工程安全生产和管理行为进行了全面的规范,为建设工程施工安全生产管理制度体系的建立奠定了基础。现阶段涉及施工企业的主要安全生产管理制度包括:

1) 安全生产责任制度

安全生产责任制是最基本的安全管理制度,是所有安全生产管理制度的核心。安全生产责任制是按照安全生产管理方针和"管生产的同时必须管安全"的原则,将各级负责人员、各职能部门及其工作人员和各岗位生产工人在安全生产方面应做的事情及应负的责任加以明确规定的一种制度。安全生产责任制度的主要内容如下:

(1) 企业和项目相关人员的安全职责。包括企业法定代表人和主要负责人,企业安全管理机构负责人和安全生产管理人员,施工项目负责人、技术负责人、项目专职安全生产管理人员以及班组长、施工员、安全员等项目各类人员的安全责任。

(2) 对各级、各部门安全生产责任制的执行情况制定检查和考核办法,并按规定期限进行考核,对考核结果及兑现情况应有记录。

（3）明确总分包的安全生产责任。实行总承包的由总承包单位负责，分包单位向总包单位负责，服从总包单位对施工现场的安全管理，分包单位在其分包范围内建立施工现场安全生产管理制度，并组织实施。

（4）项目的主要工种应有相应的安全技术操作规程，一般应包括砌筑、拌灰、混凝土、木作、钢筋、机械、电气焊、起重、信号指挥、塔式起重机司机、架子、水暖、油漆等工种，特殊作业应另行补充，并应将安全技术操作规程列为日常安全活动和安全教育的主要内容，并应悬挂在操作岗位前。

（5）施工现场应按工程项目大小配备专（兼）职安全人员。以建筑工程为例，可按建筑面积1万 m^2 以下的工地至少有一名专职人员；1万 m^2 以上的工地设2～3名专职人员；5万 m^2 以上的大型工地，按不同专业组成安全管理组进行安全监督检查。

总之，安全生产责任制纵向方面是各级人员的安全生产责任制，即从最高管理者、管理者代表到项目负责人（项目经理）、技术负责人（工程师）、专职安全生产管理人员、施工员、班组长和岗位人员等各级人员的安全生产责任制；横向方面是各个部门的安全生产责任制，即各职能部门（如安全环保、设备、技术、生产、财务等部门）的安全生产责任制。只有这样，才能建立健全安全生产责任制，做到群防群治。

2）安全生产许可证制度

国务院2004年发布，2014年修订的《安全生产许可证条例》规定国家对建筑施工企业实施安全生产许可证制度。其目的是为了严格规范安全生产条件，进一步加强安全生产监督管理，防止和减少生产安全事故。

国务院建设主管部门负责中央管理的建筑施工企业安全生产许可证的颁发和管理；其他企业由省、自治区、直辖市人民政府建设主管部门进行颁发和管理，并接受国务院建设主管部门的指导和监督。

施工企业进行生产前，应当依照《安全生产许可证条例》的规定向安全生产许可证颁发管理机关申请领取安全生产许可证。严禁未取得安全生产许可证的建筑施工企业从事建筑施工活动。

安全生产许可证的有效期为3年。安全生产许可证有效期满需要延期的，企业应当于期满前3个月向原安全生产许可证颁发管理机关办理延期手续。

企业不得转让、冒用安全生产许可证或者使用伪造的安全生产许可证。

3）政府安全生产监督检查制度

政府安全监督检查制度是指国家法律、法规授权的行政部门，代表政府对企业的安全生产过程实施监督管理。依据《建设工程安全生产管理条例》第五章"监督管理"对建设工程安全监督管理的规定内容如下：

（1）国务院负责安全生产监督管理的部门依照《中华人民共和国安全生产法》的规定，对全国建设工程安全生产工作实施综合监督管理。

（2）县级以上地方人民政府负责安全生产监督管理的部门依照《中华人民共和国安全生产法》的规定，对本行政区域内建设工程安全生产工作实施综合监督管理。

（3）国务院建设行政主管部门对全国的建设工程安全生产实施监督管理。国务院铁路、交通等有关部门按照国务院规定的职责分工，负责有关专业建设工程安全生产的监督管理。

(4)县级以上地方人民政府建设行政主管部门对本行政区域内的建设工程安全生产实施监督管理。县级以上地方人民政府交通、水利等有关部门在各自的职责范围内,负责本行政区域内的专业建设工程安全生产的监督管理。

(5)县级以上人民政府负有建设工程安全生产监督管理职责的部门在各自的职责范围内履行安全监督检查职责时,有权纠正施工中违反安全生产要求的行为,责令立即排除检查中发现的安全事故隐患,对重大隐患可以责令暂时停止施工。建设行政主管部门或者其他有关部门可以将施工现场安全监督检查委托给建设工程安全监督机构具体实施。

4)安全生产教育培训制度

施工企业安全生产教育培训一般包括对管理人员、特种作业人员和企业员工的安全教育。

(1)管理人员的安全教育

① 企业领导的安全教育。主要内容包括:国家有关安全生产的方针、政策、法律、法规及有关规章制度;安全生产管理职责、企业安全生产管理知识及安全文化;有关事故案例及事故应急处理措施等。

② 项目经理、技术负责人和技术干部的安全教育。主要内容包括:安全生产方针、政策和法律、法规;项目经理部安全生产责任;典型事故案例剖析;本系统安全及其相应的安全技术知识等。

③ 行政管理干部的安全教育。主要内容包括:安全生产方针、政策和法律、法规;基本的安全技术知识;本职的安全生产责任等。

④ 企业安全管理人员的安全教育。主要内容包括:国家有关安全生产的方针、政策、法律、法规和安全生产标准;企业安全生产管理、安全技术、职业病知识、安全文件;员工伤亡事故和职业病统计报告及调查处理程序;有关事故案例及事故应急处理措施等。

⑤ 班组长和安全员的安全教育。主要内容包括:安全生产法律、法规,安全技术及技能,职业病和安全文化的知识;本企业、本班组和工作岗位的危险因素、安全注意事项;本岗位安全生产职责;事故抢救与应急处理措施;典型事故案例等。

(2)特种作业人员的安全教育

特种作业是指对操作者本人,尤其对他人或周围设施的安全有重大危害因素的作业。直接从事特种作业的人,称为特种作业人员。《特种作业人员安全技术培训考核管理规定》已于2010年4月26日国家安全生产监督管理总局局长办公会议审议通过,自2010年7月1日起施行,并经过了2013年与2015年两次修订。调整后的特种作业范围共11个作业类别、51个工种。这些特种作业具备以下特点:一是独立性,必须有独立的岗位,由专人操作的作业,操作人员必须具备一定的安全生产知识和技能;二是危险性,必须是危险性较大的作业,如果操作不当,容易对操作者本人、他人或物造成伤害,甚至发生重大伤亡事故;三是特殊性,从事特种作业的人员不能很多,总体上讲,每个类别的特种作业人员一般不超过该行业或领域全体从业人员的30%。

特种作业人员应具备的条件是:①年满18周岁,且不超过国家法定退休年龄;②经社区或者县级以上医疗机构体检健康合格,并无妨碍从事相应特种作业的器质性心脏病、癫痫病、美尼尔氏症、眩晕症、癔症、帕金森病、精神病、痴呆症以及其他疾病和生理缺陷;③具有初中及以上文化程度;④具备必要的安全技术知识与技能;⑤相应特种作业规定的其他条件。危险化学品特种作业人员除符合前款第①项、第②项、第④项和第⑤项规定的条件外，应当具备高中或者相当于高中及以上文化程度。

由于特种作业较一般作业的危险性更大，所以特种作业人员必须经过安全培训和严格考核。对特种作业人员的安全教育应注意以下三点：

① 特种作业人员上岗作业前，必须进行专门的安全技术和操作技能的培训教育，这种培训教育要实行理论教学与操作技术训练相结合的原则，重点放在提高其安全操作技术和预防事故的实际能力上。

② 培训后，经考核合格方可取得操作证，并准许独立作业。

③ 取得操作证的特种作业人员，必须定期进行复审。特种作业操作证每3年复审1次。

特种作业人员在特种作业操作证有效期内，连续从事本工种10年以上，严格遵守有关安全生产法律法规的，经原考核发证机关或者从业所在地考核发证机关同意，特种作业操作证的复审时间可以延长至每6年1次。

(3) 企业员工的安全教育

企业员工的安全教育主要有新员工上岗前的三级安全教育、改变工艺和变换岗位时的安全教育、经常性安全教育三种形式。

① 新员工上岗前的三级安全教育

通常是指进厂、进车间、进班组三级，对建设工程来说，具体指企业、项目组、班组三级。企业新员工上岗前必须进行三级安全教育，企业新员工须按规定通过三级安全教育和实际操作训练，并经考核合格后方可上岗。

企业(公司)级安全教育由企业主管领导负责，企业职业健康安全管理部门会同有关部门组织实施，内容应包括安全生产法律、法规、通用安全技术、职业卫生等的基本知识，本企业安全生产规章制度及状况、劳动纪律和有关事故案例等内容。

项目级安全教育由项目级负责人组织实施，专职或兼职安全员协助，内容包括工程项目的概况，安全生产状况和规章制度，主要危险因素及安全事项，预防工伤事故和职业病的主要措施，典型事故案例及事故应急处理措施等。

班组级安全教育由班组长组织实施，内容包括遵章守纪，岗位安全操作规程，岗位间工作衔接配合的安全生产事项，典型事故及发生事故后应采取的紧急措施，劳动防护用品(用具)的性能及正确使用方法等内容。

② 改变工艺和变换岗位时的安全教育

a. 企业(或工程项目)在实施新工艺、新技术或使用新设备、新材料时，必须对员工进行相应级别的安全教育。

b. 当组织内部员工出现从一个岗位调到另外一个岗位，或从某工种改变为另一工种或因放长假离岗一年以上重新上岗的情况，企业必预进行相应的安全技术培训和教育，使其掌握现岗位安全生产特点和要求。

③ 经常性安全教育

无论何种教育都不可能是一劳永逸的，安全教育同样如此，必须坚持不懈、经常不断地进行，这就是经常性安全教育。在经常性安全教育中，安全思想、安全态度教育最重要。进行安全思想、安全态度教育，要通过采取多种多样形式的安全教育活动，激发员工搞好安全生产的热情，促使员工重视和真正实现安全生产。经常性安全教育的形式有：每天的班前班后会上说明安全注意事项;安全活动日;安全生产会议;事故现场会;张贴安全生产贴画、宣传标语及标志等。

5) 安全措施计划制度

安全措施计划制度是指企业进行生产活动时,必须编制安全措施计划,它是企业有计划地改善劳动条件和安全卫生设施,防止工伤事故和职业病的重要措施之一,对企业加强劳动保护,改善劳动条件,保障职工的安全和健康,促进企业生产经营的发展都起着积极作用。

安全技术措施计划的范围应包括改善劳动条件、防止事故发生、预防职业病和职业中毒等内容,具体包括:

(1) 安全技术措施

安全技术措施是预防企业员工在工作过程中发生工伤事故的各项措施,包括防护装置、保险装置、信号装置和防爆炸装置等。

(2) 职业卫生措施

职业卫生措施是预防职业病和改善职业卫生环境的必要措施,其中包括防尘、防毒、防噪声、通风、照明、取暖、降温等措施。

(3) 辅助用房间及设施

辅助用房间及设施是为了保证生产过程安全卫生所必需的房间及一切设施,包括更衣室、休息室、淋浴室、消毒室、妇女卫生室、厕所和冬期作业取暖室等。

(4) 安全宣传教育措施

安全宣传教育措施是为了宣传普及有关安全生产法律、法规、基本知识所需要的措施,其主要内容包括:安全生产教材、图书、资料,安全生产展览,安全生产规章制度,安全操作方法训练设施,劳动保护和安全技术的研究与实验等。

安全技术措施计划编制可以按照"工作活动分类→危险源识别→风险确定→风险评价→制定安全技术措施计划评价→安全技术措施计划的充分性"的步骤进行。

6) 特种作业人员持证上岗制度

根据《建设工程安全生产管理条例》第二十五条规定,垂直运输机械作业人员、安装拆卸工、爆破作业人员、起重信号工、登高架设作业人员等特种作业人员,必须按照国家有关规定经过专门的安全作业培训,并取得特种作业操作资格证书后,方可上岗作业。

根据国家安全生产监督管理总局 2010 年颁布实施的《特种作业人员安全技术培训考核管理规定》,特种作业操作证书在全国范围内有效。特种作业操作证,每 3 年复审一次。连续从事本工种 10 年以上的,经用人单位进行知识更新教育后,复审时间可延长至每 6 年一次;离开特种作业岗位达 6 个月以上的特种作业人员,应当重新进行实际操作考核,经确认合格后方可上岗作业。

对于未经培训考核,即从事特种作业的,条例第六十二条规定了行政处罚;造成重大安全事故,构成犯罪的,对直接责任人员,依照刑法的有关规定追究刑事责任。

7) 专项施工方案专家论证制度

依据《建设工程安全生产管理条例》第二十六条的规定,施工单位应当在施工组织设计中编制安全技术措施和施工现场临时用电方案,对下列达到一定规模的危险性较大的分部分项工程编制专项施工方案,并附具安全验算结果,经施工单位技术负责人、总监理工程师签字后实施,由专职安全生产管理人员进行现场监督,包括基坑支护与降水工程;土方开挖工程;模板工程;起重吊装工程;脚手架工程;拆除、爆破工程;国务院建设行政主管部门或者其他有关部门规定的其他危险性较大的工程。对前款所列工程中涉及深基坑、地下暗挖工程、高大模板工程的专项施工方案,施工单位还应当组织专家进行论证、审查。

8) 严重危及施工安全的工艺、设备、材料淘汰制度

严重危及施工安全的工艺、设备、材料是指不符合生产安全要求,极有可能导致生产安全事故发生,致使人民生命和财产遭受重大损失的工艺、设备和材料。

《建设工程安全生产管理条例》第四十五条规定:"国家对严重危及施工安全的工艺、设备、材料实行淘汰制度。具体目录由国务院建设行政主管部门会同国务院其他有关部门制定并公布。"

对于已经公布的严重危及施工安全的工艺、设备和材料,建设单位和施工单位都应当严格遵守和执行,不得继续使用此类工艺和设备,也不得转让他人使用。

9) 施工起重机械使用登记制度

《建设工程安全生产管理条例》第三十五条规定:"施工单位应当自施工起重机械和整体提升脚手架、模板等自升式架设设施验收合格之日起 30 日内,向建设行政主管部门或者其他有关部门登记。登记标志应当置于或者附着于该设备的显著位置。"这是对施工起重机械的使用进行监督和管理的一项重要制度,能够有效防止不合格机械和设施投入使用;同时,还有利于监管部门及时掌握施工起重机械和整体提升脚手架、模板等自升式架设设施的使用情况,以利于监督管理。进行登记应当提交施工起重机械的有关资料,应包括:

(1) 生产方面的资料,如设计文件、制造质量证明书、监督检验证书、使用说明书等。

(2) 使用的有关情况资料,如施工单位对于这些机械和设施的管理制度和措施、使用作业人员的情况等。

监管部门应当对登记的施工起重机械建立相关档案,及时更新,加强监管,减少生产安全事故的发生。施工单位应当将标志置于显著位置,便于使用者监督,保证施工起重机械的安全使用。

10) 安全检查制度

(1) 安全检查的目的。安全检查制度是清除隐患、防止事故、改善劳动条件的重要手段,是企业安全生产管理工作的一项重要内容。

(2) 安全检查的方式。检查方式有企业组织的定期安全检查,各级管理人员的日常巡回安全检查,专业性安全检查,季节性安全检查,节假日前后的安全检查,班组自检、互检、交接检查,不定期安全检查等。

(3) 安全检查的内容。包括查思想、查制度、查管理、查隐患、查整改、查伤亡事故处理等。安全检查的重点是检查"三违"和安全责任制的落实情况。检查后应编写安全检查报告,应包括已达标项目、未达标项目、存在问题、原因分析、纠正和预防措施等内容。

(4) 安全隐患的处理程序。对查出的安全隐患,不能立即整改的,要制定整改计划,定人、定措施、定经费、定完成日期;在未消除安全隐患前,必须采取可靠的防范措施,如有危及人身安全的紧急险情,应立即停工,并应按照"登记—整改—复查—销案"的程序处理安全隐患。

11) 生产安全事故报告和调查处理制度

关于生产安全事故报告和调查处理制度,《安全生产法》《建筑法》《建设工程安全生产管理条例》《生产安全事故报告和调查处理条例》《特种设备安全监察条例》等法律法规都对此

做出了相应规定。

《安全生产法》第八十条规定："生产经营单位发生生产安全事故后,事故现场有关人员应当立即报告本单位负责人。单位负责人接到事故报告后,应当迅速采取有效措施,组织抢救,防止事故扩大,减少人员伤亡和财产损失,并按照国家有关规定立即如实报告当地负有安全生产监督管理职责的部门,不得隐瞒不报、谎报或者迟报,不得故意破坏事故现场、毁灭有关证据。"

《建筑法》第五十一条规定："施工中发生事故时,建筑施工企业应当采取紧急措施减少人员伤亡和事故损失,并按照国家有关规定及时向有关部门报告。"

《建设工程安全生产管理条例》第五十条规定："施工单位发生生产安全事故,应当按照国家有关伤亡事故报告和调查处理的规定,及时、如实地向负责安全生产监督管理的部门、建设行政主管部门或者其他有关部门报告;特种设备发生事故的,还应当同时向特种设备安全监督管理部门报告。接到报告的部门应当按照国家有关规定,如实上报。"本条是对关于发生伤亡事故时的报告义务的规定。一旦发生安全事故,及时报告有关部门是及时组织抢救的基础,也是认真进行调查分清责任的基础。因此,施工单位在发生安全事故时,不能隐瞒事故情况。

《特种设备安全监察条例》第六十六条规定："特种设备事故发生后,事故发生单位应当立即启动事故应急预案,组织抢救,防止事故扩大,减少人员伤亡和财产损失,并及时向事故发生地县以上特种设备安全监督管理部门和有关部门报告。"条例规定在特种设备发生事故时,应同时向特种设备安全监督管理部门报告。这是因为特种设备的事故救援和调查处理专业性、技术性更强,因此,由特种设备安全监督部门组织有关救援和调查处理更方便一些。

12)"三同时"制度

"三同时"制度是指凡是我国境内新建、改建、扩建的基本建设项目(工程),技术改建项目(工程)和引进的建设项目,其安全生产设施必须符合国家规定的标准。

《劳动法》第五十三条规定："新建、改建、扩建工程的劳动安全卫生设施必须与主体工程同时设计、同时施工、同时投入生产和使用。"

《安全生产法》第二十八条规定："生产经营单位新建、改建、扩建工程项目(以下统称建设项目)的安全设施,必须与主体工程同时设计、同时施工、同时投入生产和使用。安全设施投资应当纳入建设项目概算。"

新建、改建、扩建工程的初步设计要经过行业主管部门、安全生产管理部门、卫生部门和工会的审查,同意后方可进行施工;工程项目完成后,必须经过主管部门、安全生产管理行政部门、卫生部门和工会的竣工检验;建设工程项目投产后,不得将安全设施闲置不用,生产设施必须和安全设施同时使用。

13)安全预评价制度

安全预评价是在建设工程项目前期,应用安全评价的原理和方法对工程项目的危险性、危害性进行预测性评价。

开展安全预评价工作,是贯彻落实"安全第一,预防为主"方针的重要手段,是企业实施科学化、规范化安全管理的工作基础。科学、系统地开展安全评价工作,不仅直接起到了消除危险有害因素、减少事故发生的作用,有利于全面提高企业的安全管理水平,而且有利于系统地、有针对性地加强对不安全状况的治理、改造,最大限度地降低安全生产风险。

14)工伤和意外伤害保险制度

根据修订后重新公布的《工伤保险条例》规定,工伤保险是属于法定的强制性保险。工伤保险费的征缴按照《社会保险费征缴暂行条例》关于基本养老保险费、基本医疗保险费、失业保险费的征缴规定执行。

8.3.2 危险源的识别和风险控制

1. 危险源的分类

危险源是安全管理的主要对象,在实际生活和生产过程中的危险源是以多种多样的形式存在的。虽然危险源的表现形式不同,但从本质上说,能够造成危害后果的(如伤亡事故、人身健康受损害、物体受破坏和环境污染等),均可归结为能量的意外释放或约束、限制能量和危险物质措施失控的结果。

根据危险源在事故发生发展中的作用,把危险源分为两大类,即第一类危险源和第二类危险源。

1) 第一类危险源

能量和危险物质的存在是危害产生的根本原因,通常把可能发生意外释放的能量(能源或能量载体)或危险物质称作第一类危险源。

第一类危险源是事故发生的物理本质,危险性主要表现为导致事故而造成后果的严重程度方面。第一类危险源危险性的大小主要取决于以下几个方面:

(1) 能量或危险物质的量;

(2) 能量或危险物质意外释放的强度;

(3) 意外释放的能量或危险物质的影响范围。

2) 第二类危险源

造成约束、限制能量和危险物质措施失控的各种不安全因素称作第二类危险源。第二类危险源主要体现在设备故障或缺陷(物的不安全状态)、人为失误(人的不安全行为)和管理缺陷等几个方面。

3) 危险源与事故

事故的发生是两类危险源共同作用的结果,第一类危险源是事故发生的前提,第二类危险源是第一类危险源导致事故的必要条件。在事故的发生和发展过程中,两类危险源相互依存,相辅相成。第一类危险源是事故的主体,决定事故的严重程度,第二类危险源出现的难易,决定事故发生可能性的大小。

2. 危险源识别

危险源识别是安全管理的基础工作,主要目的是找出与每项工作活动有关的所有危险源,并考虑这些危险源可能会对什么人造成什么样的伤害,或导致什么设备设施损坏等。

1) 危险源的识别

我国在 2009 年发布了国家标准《生产过程危险和有害因素分类与代码》(GB/T 13861—2009),该标准适用于各个行业在规划、设计和组织生产时对危险源的预测、预防伤亡事故的统计分析和应用计算机进行管理。在进行危险源识别时,可参照该标准的分类和编码。

按照该标准,危险源分为以下四类:

(1) 人的因素；

(2) 物的因素；

(3) 环境因素；

(4) 管理因素。

2) 危险源识别方法

危险源识别的方法有询问交谈、现场观察、查阅有关记录、获取外部信息、工作任务分析、安全检查表、危险与操作性研究、事故树分析、故障树分析等。这些方法各有特点和局限性，往往采用两种或两种以上的方法识别危险源。以下简单介绍常用的两种方法。

(1) 专家调查法

专家调查法是通过向有经验的专家咨询、调查，识别、分析和评价危险源的一类方法，其优点是简便、易行，缺点是受专家的知识、经验和占有资料的限制，可能出现遗漏。常用的有头脑风暴(Brainstorming)法和德尔菲(Delphi)法。

(2) 安全检查表(SCL)法

安全检查表(Safety Check List)实际上是实施安全检查和诊断项目的明细表。运用已编制好的安全检查表，进行系统的安全检查，识别工程项目存在的危险源。检查表的内容一般包括分类项目、检查内容及要求、检查以后处理意见等。可以用"是""否"作答或"√""×"符号做标记，同时注明检查日期，并由检查人员和被检单位同时签字。安全检查表法的优点是简单易懂、容易掌握，可以事先组织专家编制检查内容，使安全检查做到系统化、完整化；缺点是只能做出定性评价。

3. 危险源的评估

根据对危险源的识别，评估危险源造成风险的可能性和损失大小，对风险进行分级。《职业健康安全管理体系实施指南》(GB/T 28002—2011)将风险等级分为Ⅰ、Ⅱ、Ⅲ、Ⅳ、Ⅴ五个等级。通过评估，可对不同等级的风险采取相应的风险控制措施。

风险评价是一个持续不断的过程，应持续评审控制措施的充分性。当条件变化时，应对风险重新评估。

4. 风险的控制

1) 风险控制策划

风险评价后，应分别列出所有可识别的危险源和重大危险源清单，对已经评价出的不容许的和重大风险(重大危险源)进行优先排序，由工程技术主管部门的相关人员进行风险控制策划，制定风险控制措施计划或管理方案。对于一般危险源可以通过日常管理程序来实施控制。

2) 风险控制措施计划

不同的组织、不同的工程项目需要根据不同的条件和风险量来选择适合的控制策略和管理方案。风险控制措施计划在实施前宜进行评审，评审主要包括以下内容：

(1) 更改的措施是否使风险降低至可允许水平；

(2) 是否产生新的危险源；

(3) 是否已选定了成本效益最佳的解决方案；

(4) 更改的预防措施是否能得以全面落实。

3) 风险控制方法

(1) 第一类危险源控制方法

可以采取消除危险源、限制能量和隔离危险物质、个体防护、应急救援等方法。建设工程可能遇到不可预测的各种自然灾害引发的风险,只能采取预测、预防、应急计划和应急救援等措施,以尽量消除或减少人员伤亡和财产损失。

(2) 第二类危险源控制方法

提高各类设施的可靠性以消除或减少故障、增加安全系数、设置安全监控系统、改善作业环境等。最重要的是加强员工的安全意识培训和教育,克服不良的操作习惯,严格按章办事,并在生产过程中保持良好的生理和心理状态。

8.3.3 安全隐患的处理

1. 施工安全隐患的处理

施工安全隐患,是指在建筑施工过程中,给生产施工人员的生命安全带来威胁的不利因素,一般包括人的不安全行为、物的不安全状态以及管理不当等。

在工程建设过程中,安全隐患是难以避免的,但要尽可能预防和消除安全隐患的发生。首先需要项目参与各方加强安全意识,做好事前控制,建立健全各项安全生产管理制度,落实安全生产责任制,注重安全生产教育培训,保证安全生产条件所需资金的投入,将安全隐患消除在萌芽之中;其次是根据工程的特点确保各项安全施工措施的落实,加强对工程安全生产的检查监督,及时发现安全隐患;再次是对发现的安全隐患及时进行处理,查找原因,防止事故隐患的进一步扩大。

1) 施工安全隐患处理原则

(1) 冗余安全度处理原则

为确保安全,在处理安全隐患时应考虑设置多道防线,即使有一两道防线无效,还有冗余的防线可以控制事故隐患。例如,道路上有一个坑,既要设防护栏及警示牌,又要设照明及夜间警示红灯。

(2) 单项隐患综合处理原则

人、机、料、法、环境五者任一环节产生安全隐患,都要从五者安全匹配的角度考虑,调整匹配的方法,提高匹配的可靠性。一件单项隐患问题的整改需综合(多角度)处理。人的隐患,既要治人也要治机具及生产环境等各环节。例如,某工地发生触电事故,既要进行人的安全用电操作教育,同时现场也要设置漏电开关,对配电箱、用电电路进行防护改造,也要严禁非专业电工乱接乱拉电线。

(3) 直接隐患与间接隐患并治原则

对人机环境系统进行安全治理,同时还需治理安全管理措施。

(4) 预防与减灾并重处理原则

治理安全事故隐患时,需尽可能减少肇发事故的可能性,如果不能控制事故的发生,也要设法将事故等级降低。但是不论预防措施如何完善,都不能保证事故绝对不会发生,还必须对事故减灾做充分准备,研究应急技术操作规范。

(5) 重点处理原则

根据对隐患的分析评价结果实行危险点分级治理,也可以用安全检查表打分对隐患危险程度分级。

(6) 动态治理原则

动态治理就是对生产过程进行动态随机安全化治理,生产过程中发现问题及时治理,既可以及时消除隐患,又可以避免小的隐患发展成大的隐患。

2) 施工安全隐患的处理

在建设工程中,安全隐患的发现可以来自各参与方,包括建设单位、设计单位、监理单位、施工单位自身、供货商、工程监管部门等。各方对于事故安全隐患处理的义务和责任,以及相关的处理程序在《建设工程安全生产管理条例》中已有明确的界定。这里仅从施工单位角度谈其对事故安全隐患的处理方法。

(1) 当场指正,限期纠正,预防隐患发生

对于违章指挥和违章作业行为,检查人员应当场指出,并限期纠正,预防事故安全隐患的发生。

(2) 做好记录,及时整改,消除安全隐患

对检查中发现的各类安全事故隐患,应做好记录,分析安全隐患产生的原因,制定消除隐患的纠正措施,并报相关方审查批准后进行整改,及时消除隐患。对重大安全事故隐患排除前或者排除过程中无法保证安全的,责令从危险区域内撤出作业人员或者暂时停止施工,待隐患消除后再行施工。

(3) 分析统计,查找原因,制定预防措施

对于反复发生的安全隐患,应通过分析统计,属于多个部位存在的同类型隐患,即"通病";属于重复出现的隐患,即"顽症",查找产生"通病"和"顽症"的原因,修订和完善安全管理措施,制定预防措施,从源头上消除安全事故隐患的发生。

(4) 跟踪验证

检查单位应对受检单位的纠正和预防措施的实施过程和实施效果,进行跟踪验证,并保存验证记录。

2. 施工安全隐患的防范

1) 施工安全隐患防范的主要内容

施工安全隐患防范主要包括基坑支护和降水工程、土方开挖工程、人工挖扩孔桩工程、地下暗挖、顶管及水下作业工程、模板工程和支撑体系、起重吊装和安装拆卸工程、脚手架工程、拆除及爆破工程、现浇混凝土工程、钢结构/网架和索膜结构安装工程、预应力工程、建筑幕墙安装工程以及采用新技术、新工艺、新材料、新设备及尚无相关技术标准的危险性较大的分部分项工程等方面的防范。防范的主要内容包括掌握各工程的安全技术规范,归纳总结安全隐患的主要表现形式,及时发现可能造成安全事故的迹象,抓住安全控制的要点,制定相应的安全控制措施等。

2) 施工安全隐患防范的一般方法

安全隐患主要包括人、物、管理三个方面。人的不安全因素,主要是指个人在心理、生理和能力等方面的不安全因素,以及人在施工现场的不安全行为;物的不安全状态,主要是指设备设施、现场场地环境等方面的缺陷;管理上的不安全因素,主要是指人对物、工作的管理不当。根据安全隐患的内容而采用的安全隐患防范的一般方法包括:

(1) 对施工人员进行安全意识的培训;

(2) 对施工机具进行有序监管,投入必要的资源进行保养维护;

(3) 建立施工现场的安全监督检查机制。

8.4 生产安全事故应急预案和事故处理

应急响应预案的编制需要纳入组织整体的项目管理范围。项目管理机构应识别可能发生的紧急情况和突发过程的风险因素,编制项目应急准备与响应预案。应急准备与响应预案应该包括下列内容:①应急目标和部门职责;②突发过程的风险因素及评估;③应急响应程序与措施;④应急准备与响应能力测试;⑤需要准备的相关资源。

项目管理机构应对应急预案进行专项演练,对其有效性和可操作性实施评价并修改完善。

发生安全生产事故时,项目管理机构应启动应急准备与响应预案,采取措施进行抢险救援,防止发生二次伤害。

项目管理机构在事故应急响应的同时,应按规定上报上级和地方主管部门,及时成立事故调查组对事故进行分析,查清事故发生原因和责任,进行全员安全教育,采取必要措施防止事故再次发生。组织应在事故调查分析完成后进行安全生产事故的责任追究。

8.4.1 生产安全事故应急预案的内容

生产安全事故应急预案是指事先制定的关于生产安全事故发生时进行紧急救援的组织、生产安全事故应急预案的概念、程序、措施、责任及协调等方面的方案和计划,是对特定的潜在事件和紧急情况发生时所采取措施的计划安排,是应急响应的行动指南。

编制应急预案的目的,是避免紧急情况发生时出现混乱,确保按照合理的响应流程采取适当的救援措施,预防和减少可能随之引发的职业健康安全和环境影响。

1. 生产安全事故应急预案体系的构成

生产安全事故应急预案应形成体系,针对各级各类可能发生的事故和所有危险源制定专项应急预案和现场应急处置方案,并明确事前、事中、事后的各个过程中相关部门和有关人员的职责。生产规模小、危险因素少的施工单位,综合应急预案和专项应急预案应符合应急预案编写要求,从总体上阐述事故的应急方针、政策,应急组织结构等。

(1) 综合应急预案

应急行动、措施和保障等基本要求和程序,是应对各类事故的综合性文件。

(2) 专项应急预案

专项应急预案是针对具体的事故类别如基坑开挖、脚手架拆除等事故、危险源和应急保障而制定的计划或方案,是综合应急预案的组成部分,应按照综合应急预案的程序和要求组织制定,并作为综合应急预案的附件。专项应急预案应制定明确的救援程序和具体的应急救援措施。

(3) 现场处置方案

现场处置方案是针对具体的装置、场所或设施、岗位所制定的应急处置措施。现场处置方案应具体、简单、针对性强。现场处置方案应根据风险评估及危险性控制措施逐一编制,做到事故相关人员应知应会,熟练掌握,并通过应急演练,做到迅速反应、正确处置。

2. 生产安全事故应急预案编制原则和主要内容

1）生产安全事故应急预案编制原则

制定安全生产事故应急预案时，应当遵循以下原则：

（1）重点突出、针对性强。应急预案编制应结合本单位安全方面的实际情况，分析可能导致发生事故的原因，有针对性地制定预案。

（2）统一指挥、责任明确。预案实施的负责人以及施工单位各有关部门和人员如何分工、配合、协调，应在应急救援预案中加以明确。

（3）程序简明、步骤明确。应急预案程序要简明，步骤要明确，具有高度可操作性，保证发生事故时能及时启动、有序实施。

2）生产安全事故应急预案编制的主要内容

（1）制定应急预案的目的和适用范围。

（2）组织机构及其职责。明确应急预案救援组织机构、参加部门、负责人和人员及其职责、作用和联系方式。

（3）危害辨识与风险评价。确定可能发生的事故类型、地点、影响范围及可能影响的人数。

（4）通告程序和报警系统。包括确定报警系统及程序、报警方式、通信联络方式，向公众报警的标准、方式、信号等。

（5）应急设备与设施。明确可用于应急救援的设施和维护保养制度，明确有关部门可利用的应急设备和危险监测设备。

（6）求援程序。明确应急反应人员向外求援的方式，包括与消防机构、医院、急救中心联系的方式。

（7）保护措施程序。保护事故现场的方式方法，明确可授权发布疏散作业人员及施工现场周边居民指令的机构及负责人，明确疏散人员的接收中心或避难场所。

（8）事故后的恢复程序。明确决定终止应急、恢复正常秩序的负责人，宣布应急取消和恢复正常状态的程序。

（9）培训与演练。包括定期培训、演练计划及定期检查制度，对应急人员进行培训，合格者上岗。

（10）应急预案的维护。更新和修订应急预案的方法，根据演练、检测结果完善应急预案。

8.4.2 生产安全事故应急预案的管理

建设工程生产安全事故应急预案的管理包括应急预案的评审、备案、实施和奖惩。

国家安全生产监督管理总局负责应急预案的综合协调管理工作。国务院其他负有安全生产监督管理职责的部门按照各自的职责负责本行业、本领域内应急预案的管理工作。

县级以上地方各级人民政府安全生产监督管理部门负责本行政区域内应急预案的综合协调管理工作。县级以上地方各级人民政府其他负有安全生产监督管理职责的部门按照各自的职责负责辖区内本行业、本领域应急预案的管理工作。

1. 生产安全事故应急预案的评审

地方各级安全生产监督管理部门应当组织有关专家对本部门编制的应急预案进行审

定;必要时,可以召开听证会,听取社会有关方面的意见。涉及相关部门职能或者需要有关部门配合的,应当征得有关部门同意。

参加应急预案评审的人员应当包括应急预案涉及的政府部门工作人员和有关安全生产及应急管理方面的专家。

评审人员与所评审预案的施工单位有利害关系的,应当回避。

应急预案的评审或者论证应当注重应急预案的实用性、基本要素的完整性、预防措施的针对性、组织体系的科学性、响应程序的操作性、应急保障措施的可行性、应急预案的衔接性等内容。

2. 生产安全事故应急预案的备案

地方各级安全生产监督管理部门的应急预案,应当报同级人民政府和上一级安全生产部门。

其他负有安全生产监督管理职责的部门的应急预案,应当抄送同级安全生产监督管理部门备案。

中央管理的总公司(总厂、集团公司、上市公司)的综合应急预案和专项应急预案,报国务院国有资产监督管理部门、国务院安全生产监督管理部门和国务院有关主管部门备案;其所属单位的应急预案分别抄送所在地的省、自治区、直辖市或者设区的市人民政府安全生产监督管理部门和有关主管部门备案。

上述规定以外的其他生产经营单位中涉及实行安全生产许可的,其综合应急预案和专项应急预案,按照隶属关系报所在地县级以上地方人民政府安全生产监督管理部门和有关主管部门备案;未实行安全生产许可的,其综合应急预案和专项应急预案的备案,由省、自治区、直辖市人民政府安全生产监督管理部门确定。

3. 生产安全事故应急预案的实施

各级安全生产监督管理部门、施工单位应当采取多种形式开展应急预案的宣传教育,普及生产安全事故预防、避险、自救和互救知识,提高从业人员安全意识和应急处置技能。

施工单位应该制定本单位的应急预案演练计划,根据本单位的事故预防重点,每年至少组织一次综合应急预案演练或者专项应急预案演练,每半年至少组织一次现场处置方案演练。

有下列情形之一的,应急预案应当及时修订:

(1) 施工单位因兼并、重组、转制等导致隶属关系、经营方式、法定代表人发生变化的;

(2) 生产工艺和技术发生变化的;

(3) 周围环境发生变化,形成新的重大危险源的;

(4) 应急组织指挥体系或者职责已经调整的;

(5) 依据的法律、法规、规章和标准发生变化的;

(6) 应急预案演练评估报告要求修订的;

(7) 应急预案管理部门要求修订的。

施工单位应当及时向有关部门或者单位报告应急预案的修订情况,并按照有关应急预案报备程序重新备案。

4. 生产安全事故应急预案的有关奖惩

施工单位应急预案未按照本办法规定备案的,由县级以上安全生产监督管理部门给予警告,并处三万元以下罚款。

施工单位未制定应急预案或者未按照应急预案采取预防措施,导致事故救援不力或者造成严重后果的,由县级以上安全生产监督管理部门依照有关法律、法规和规章的规定,责令停产停业整顿,并依法给予行政处罚。

8.4.3 职业健康安全事故的分类和处理

1. 职业健康安全事故的分类

1) 按照安全事故伤害程度分类

根据《企业职工伤亡事故分类》(GB 6441—1986)规定,安全事故按伤害程度分为:

(1) 轻伤,指损失 1 个工作日至 105 个工作日的失能伤害;

(2) 重伤,指损失工作日等于和超过 105 个工作日的失能伤害,重伤的损失工作日最多不超过 6 000 个工作日;

(3) 死亡,指损失工作日超过 6 000 个工作日,这是根据我国职工的平均退休年龄和平均寿命计算出来的。

2) 按照安全事故类别分类

根据《企业职工伤亡事故分类》(GB 6441—1986)中,将事故类别划分为 20 类,即物体打击、车辆伤害、机械伤害、起重伤害、触电、淹溺、灼烫、火灾、高处坠落、坍塌、冒顶片帮、透水、放炮、瓦斯爆炸、火药爆炸、锅炉爆炸、容器爆炸、其他爆炸、中毒和窒息、其他伤害。

3) 按照安全事故受伤性质分类

受伤性质是指人体受伤的类型,实质上是从医学的角度给予创伤的具体名称,常见的有:电伤、挫伤、割伤、擦伤、刺伤、撕脱伤、扭伤、倒塌压埋伤、冲击伤等。

4) 按照生产安全事故造成的人员伤亡或直接经济损失分类

根据 2007 年 4 月 9 日国务院发布的《生产安全事故报告和调查处理条例》(国务院令第 493 号,以下简称《条例》)第三条规定:根据生产安全事故(以下简称事故)造成的人员伤亡或者直接经济损失,事故一般分为以下等级:

(1) 特别重大事故,是指造成 30 人以上死亡,或者 100 人以上重伤(包括急性工业中毒,下同),或者 1 亿元以上直接经济损失的事故;

(2) 重大事故,是指造成 10 人以上 30 人以下死亡,或者 50 人以上 100 人以下重伤,或者 5 000 万元以上 1 亿元以下直接经济损失的事故;

(3) 较大事故,是指造成 3 人以上 10 人以下死亡,或者 10 人以上 50 人以下重伤,或者 1 000 万元以上 5 000 万元以下直接经济损失的事故;

(4) 一般事故,是指造成 3 人以下死亡,或者 10 人以下重伤,或者 1 000 万元以下直接经济损失的事故。

本等级划分所称的"以上"包括本数,所称的"以下"不包括本数。

2. 施工生产安全事故的处理

1) 生产安全事故报告和调查处理的原则

根据国家法律法规的要求,在进行生产安全事故报告和调查处理时,要坚持实事求是、尊重科学的原则,既要及时、准确地查明事故原因,明确事故责任,使责任人受到追究;又要总结经验教训,落实整改和防范措施,防止类似事故再次发生。因此,施工项目一旦发生安

全事故,必须实施"四不放过"的原则:
（1）事故原因没有查清不放过;
（2）责任人员没有受到处理不放过;
（3）职工群众没有受到教育不放过;
（4）防范措施没有落实不放过。
2）事故报告的要求

根据《生产安全事故报告和调查处理条例》等相关规定的要求,事故报告应当及时、准确、完整,任何单位和个人对事故不得迟报、漏报、谎报或者瞒报。

（1）施工单位事故报告要求

生产安全事故发生后,受伤者或最先发现事故的人员应立即用最快的传递手段,将发生事故的时间、地点、伤亡人数、事故原因等情况,向施工单位负责人报告;施工单位负责人接到报告后,应当在1小时内向事故发生地县级以上人民政府建设主管部门和有关部门报告。实行施工总承包的建设工程,由总承包单位负责上报事故。情况紧急时,事故现场有关人员可以直接向事故发生地县级以上人民政府建设主管部门和有关部门报告。

（2）建设主管部门事故报告要求

① 安全生产监督管理部门和负有安全生产监督管理职责的有关部门接到事故报告后,应当依照下列规定上报事故情况,并通知公安机关、劳动保障行政主管部门、工会和人民检察院。

a. 特别重大事故、重大事故逐级上报至国务院安全生产监督管理部门和负有安全生产监督管理职责的有关部门;

b. 较大事故逐级上报至省、自治区、直辖市人民政府安全生产监督管理部门和负有安全生产监督管理职责的有关部门;

c. 一般事故上报至设区的市级人民政府安全生产监督管理部门和负有安全生产监督管理职责的有关部门。

安全生产监督管理部门和负有安全生产监督管理职责的有关部门依照前款规定上报事故情况,应当同时报告本级人民政府。国务院安全生产监督管理部门和负有安全生产监督管理职责的有关部门以及省级人民政府接到发生特别重大事故、重大事故的报告后,应当立即报告国务院。必要时,安全生产监督管理部门和负有安全生产监督管理职责的有关部门可以越级上报事故情况。

② 安全生产监督管理部门和负有安全生产监督管理职责的有关部门按照上述规定逐级上报事故情况时,每级上报的时间不得超过2小时。

（3）事故报告的内容
① 事故发生单位概况;
② 事故发生的时间、地点以及事故现场情况;
③ 事故的简要经过;
④ 事故已经造成或者可能造成的伤亡人数（包括下落不明的人数）和初步估计的直接经济损失;
⑤ 已经采取的措施;
⑥ 其他应当报告的情况。

事故报告后出现新情况,以及事故发生之日起 30 日内伤亡人数发生变化的,应当及时补报。

3) 事故调查

根据《条例》等相关规定的要求,事故调查处理应当坚持实事求是、尊重科学的原则,及时、准确地查清事故经过、事故原因和事故损失,查明事故性质,认定事故责任,总结事故教训,提出整改措施,并对事故责任者依法追究责任。事故调查报告的内容应包括:

① 事故发生单位概况;
② 事故发生经过和事故救援情况;
③ 事故造成的人员伤亡和直接经济损失;
④ 事故发生的原因和事故性质;
⑤ 事故责任的认定和对事故责任者的处理建议;
⑥ 事故防范和整改措施。

事故调查报告应当附具有关证据材料,事故调查组成人员应当在事故调查报告上签名。

4) 事故处理

(1) 施工单位的事故处理

① 事故现场处理

事故处理是落实"四不放过"原则的核心环节。当事故发生后,事故发生单位应当严格保护事故现场,做好标识,排除险情,采取有效措施抢救伤员和财产,防止事故蔓延扩大。

事故现场是追溯判断发生事故原因和事故责任人的客观物质基础。因抢救人员疏导交通等原则,需要移动现场物件时,应当做出标志,绘制现场简图并做出书面记录,妥善保存现场重要痕迹、物证,有条件的可以拍照或录像。

② 事故登记

施工现场要建立安全事故登记表,作为安全事故档案,对发生事故人员的姓名、性别、年龄、工种等级、负伤时间、伤害程度、负伤部门及情况、简要经过及原因记录归档。

③ 事故分析记录

施工现场要有安全事故分析记录,对发生轻伤、重伤、死亡、重大设备事故及未遂事故必须按"四不放过"的原则组织分析,查出主要原因,分清责任,提出防范措施,应吸取的教训要记录清楚。

④ 要坚持安全事故月报制度,若当月无事故也要报空表。

(2) 建设主管部门的事故处理

① 建设主管部门应当依据有关人民政府对事故的批复和有关法律法规的规定,对事故相关责任者实施行政处罚。处罚权限不属本级建设主管部门的,应当在收到事故调查报告批复后 15 个工作日内,将事故调查报告(附具有关证据材料)、结案批复、本级建设主管部门对有关责任者的处理建议等转送有权限的建设主管部门。

② 建设主管部门应当依照有关法律法规的规定,对因降低安全生产条件导致事故发生的施工单位给予暂扣或吊销安全生产许可证的处罚;对事故负有责任的相关单位给予罚款、停业整顿、降低资质等级或吊销资质证书的处罚。

③ 建设主管部门应当依照有关法律法规的规定,对事故发生负有责任的注册执业资格人员给予罚款、停止执业或吊销其注册执业资格证书的处罚。

5) 法律责任

（1）事故报告和调查处理的违法行为

根据《条例》规定，对事故报告和调查处理中的违法行为，任何单位和个人有权向安全生产监督管理部门、监察机关或者其他有关部门举报，接到举报的部门应当依法及时处理。

事故报告和调查处理中的违法行为，包括事故发生单位及其有关人员的违法行为，还包括政府、有关部门及有关人员的违法行为，其种类主要有以下几种：

① 不立即组织事故抢救；
② 在事故调查处理期间擅离职守；
③ 迟报或者漏报事故；
④ 谎报或者瞒报事故；
⑤ 伪造或者故意破坏事故现场；
⑥ 转移、隐匿资金、财产，或者销毁有关证据、资料；
⑦ 拒绝接受调查或者拒绝提供有关情况和资料；
⑧ 在事故调查中做伪证或者指使他人做伪证；
⑨ 事故发生后逃匿；
⑩ 阻碍、干涉事故调查工作；
⑪ 对事故调查工作不负责任，致使事故调查工作有重大疏漏；
⑫ 包庇、袒护负有事故责任的人员或者借机打击报复；
⑬ 故意拖延或者拒绝落实经批复的对事故责任人的处理意见。

（2）法律责任

① 事故发生单位主要负责人有上述①～③条违法行为之一的，处上一年年收入40%～80%的罚款；属于国家工作人员的，并依法给予处分；构成犯罪的，依法追究刑事责任。

② 事故发生单位及其有关人员有上述④～⑨条违法行为之一的，对事故发生单位处100万元以上500万元以下的罚款；对主要负责人、直接负责的主管人员和其他直接责任人员处上一年年收入60%～100%的罚款；属于国家工作人员的，并依法给予处分；构成违反治安管理行为的，由公安机关依法给予治安管理处罚；构成犯罪的，依法追究刑事责任。

③ 有关地方人民政府、安全生产监督管理部门和负有安全生产监督管理职责的有关部门有上述①、③、④、⑧、⑩条违法行为之一的，对直接负责的主管人员和其他直接责任人员依法给予处分；构成犯罪的，依法追究刑事责任。

④ 参与事故调查的人员在事故调查中有上述⑪、⑫条违法行为之一的，依法给予处分；构成犯罪的，依法追究刑事责任。

⑤ 有关地方人民政府或者有关部门故意拖延或者拒绝落实经批复的对事故责任人的处理意见的，由监察机关对有关责任人员依法给予处分。

8.5 绿色建造与现场文明施工环境

8.5.1 施工现场文明施工的要求

文明施工是指保持施工现场良好的作业环境、卫生环境和工作秩序。文明施工主要包括规范施工现场的场容,保持作业环境的整洁卫生;科学组织施工,使生产有序进行,减少施工对周围居民和环境的影响;遵守施工现场文明施工的规定和要求,保证职工的安全和身体健康等。

1. 施工现场文明施工的要求

施工现场文明施工应符合以下要求:

(1) 有整套的施工组织设计或施工方案,施工总平面布置紧凑、施工场地规划合理,符合环保、市容、卫生的要求。

(2) 有健全的施工组织管理机构和指挥系统,岗位分工明确;工序交叉合理,交接责任明确。

(3) 有严格的成品保护措施和制度,大小临时设施和各种材料、构件、半成品按平面布置堆放整齐。

(4) 施工场地平整,道路畅通,排水设施得当,水电线路整齐,机具设备状况良好等。

(5) 搞好环境卫生管理,包括施工区、生活区环境卫生和食堂卫生管理。

(6) 文明施工应贯穿施工结束后的清场。

2. 施工现场文明施工的措施

1) 文明施工的组织措施

(1) 建立文明施工的管理组织

应确立项目经理为现场文明施工的第一责任人,以各专业工程师、施工质量、安全、材料、保卫、后勤等现场项目经理部人员为成员的施工现场文明管理组织,共同负责本工程现场文明施工工作。

(2) 健全文明施工的管理制度

包括建立各级文明施工岗位责任制、将文明施工工作考核列入经济责任制,建立定期的检查制度,实行自检、互检、交接检制度,建立奖惩制度,加强文明施工教育培训等。

2) 文明施工的管理措施

(1) 现场围挡设计

围挡封闭是创建文明工地的重要组成部分。工地四周设置连续、密闭的砖砌围墙,与外界隔绝进行封闭施工,围墙高度按不同地段的要求进行砌筑,市区主要路段和其他涉及市容景观路段的工地设置围挡的高度不低于 2.5 m,其他工地的围挡高度不低于 1.8 m,围挡材料要求坚固、稳定、统一、整洁、美观。

结构外墙脚手架设置安全网,防止杂物、灰尘外散,也防止人与物的坠落。安全网使用不得超出其合理使用期限,重复使用的应进行检验,检验不合格的不得使用。

(2) 现场工程标志牌设计

按照文明工地标准,严格按照相关文件规定的尺寸和规格制作各类工程标志牌。"五牌一图",即工程概况牌、管理人员名单及监督电话牌、消防保卫(防火责任)牌、安全生产牌、文明施工牌和施工现场平面图。

(3) 临设布置

现场生产临设的施工便道总体布置时,必须同时考虑工程基地范围内的永久道路,避免冲突,影响管线的施工。

临时建筑物、构筑物,包括办公用房、宿舍、食堂、卫生间及化粪池、水池皆用砖砌。临时建筑物、构筑物要求稳固、安全、整洁,满足消防要求。集体宿舍与作业区隔离,人均床铺面积不小于 $2\,m^2$,适当分隔、防潮、通风、采光性能良好。按规定架设用电线路,严禁任意拉线接电,严禁使用电炉和明火烧煮食物。对于重要材料设备,搭设相应的适用于存储保护的场所或临时设施。

(4) 成品、半成品、原材料堆放

仓库做到账物相符。进出仓库有手续,凭单收发,堆放整齐。保持仓库整洁,专人负责管理。

严格按施工组织设计中的平面布置图划定的位置堆放成品、半成品和原材料,所有材料应堆放整齐。

(5) 现场场地和道路

场内道路要平整、坚实、畅通。主要场地应硬化,并设置相应的安全防护设施和安全标志。施工现场内有完善的排水措施,不允许有积水存在。

(6) 现场卫生管理

① 明确施工现场各区域的卫生责任人。

② 食堂必须有卫生许可证,并应符合卫生标准,生、熟食操作应分开,熟食操作时应有防蝇间或防蝇罩。禁止使用食用塑料制品作熟食容器,炊事员和茶水工需持有效的健康证明和上岗证明。

③ 施工现场应设置卫生间,并有水源供冲洗,同时设简易化粪池或集粪池,加盖并定期喷药,每日有专人负责清洁。

④ 设置足够的垃圾池和垃圾桶,定期搞好环境卫生、清理垃圾,施药除"四害"。

⑤ 建筑垃圾必须集中堆放并及时清运。

⑥ 施工现场按标准制作有顶盖茶棚,茶桶必须上锁,茶水和消毒水有专人定时更换并保证供水。

⑦ 夏季施工备有防暑降温措施。

⑧ 配备保健药箱,购置必要的急救、保健药品。

(7) 文明施工教育

① 做好文明施工教育,管理者首先应为建设者营造一个良好的施工、生活环境,保障施工人员的身心健康。

② 开展文明施工教育,教育施工人员应遵守和维护国家的法律法规,防止和杜绝盗窃、斗殴及黄、赌、毒等非法活动的发生。

③ 现场施工人员均佩戴胸卡,按工种统一编号管理。

④ 进行多种形式的文明施工教育,如例会、报栏、录像及辅导,参观学习。

⑤ 强调全员管理的概念,提高现场人员文明施工的意识。

8.5.2　施工现场环境保护

工程施工前,项目管理机构应进行下列调查:①施工现场和周边环境条件;②施工可能对环境带来的影响;③制定环境管理计划的其他条件。

项目管理机构应进行项目环境管理策划,确定施工现场环境管理目标和指标,编制项目环境管理计划。项目管理机构应根据环境管理计划进行环境管理交流,实施环境管理培训,落实环境管理手段、设施和设备。组织应在施工过程及竣工后,进行环境管理绩效评价。

1. 环境保护的目的

(1) 保护和改善环境质量,从而保护人们的身心健康,防止人体在环境污染影响下产生遗传突变和退化;

(2) 合理开发和利用自然资源,减少或消除有害物质对环境的影响,加强生物多样性的保护,维护生物资源的生产能力,使之得以恢复。

2. 环境保护的原则

(1) 经济建设与环境保护协调发展的原则;

(2) 预防为主、防治结合、综合治理的原则;

(3) 依靠群众保护环境的原则;

(4) 环境经济责任原则,即污染者付费的原则。

3. 施工现场应符合下列环境管理要求

①工程施工方案和专项措施应保证施工现场及周边环境安全、文明,减少噪声污染、光污染、水污染及大气污染,杜绝重大污染事件的发生;②在施工过程中应进行垃圾分类,实现固体废弃物的循环利用,设专人按规定处置有毒有害物质,禁止将有毒、有害废弃物用于现场回填或混入建筑垃圾中外运;③按照分区划块原则,规范施工污染排放和资源消耗管理,进行定期检查或测量,实施预控和纠偏措施,保持现场良好的作业环境和卫生条件;④针对施工污染源或污染因素,进行环境风险分析,制定环境污染应急预案,预防可能出现的非预期损害;在发生环境事故时,进行应急响应以消除或减少污染,隔离污染源并采取相应措施防止二次污染。

4. 环境保护的技术措施

施工单位应当采取下列防止环境污染的技术措施:

① 妥善处理泥浆水,未经处理不得直接排入城市排水设施和河流;

② 除设有符合规定的装置外,不得在施工现场熔融沥青或者焚烧油毡、油漆以及其他会产生有毒有害烟尘和恶臭气体的物质;

③ 使用密封式的圈筒管道或者采取其他措施处理高空废弃物;

④ 采取有效措施控制施工过程中的扬尘;

⑤ 禁止将有毒有害废弃物用作土方回填;

⑥ 对产生噪声、振动的施工机械,应采取有效控制措施,减轻噪声扰民。

建设工程施工由于受技术、经济条件限制,对环境的污染不能控制在规定范围内的,建设单位应当会同施工单位事先报请当地人民政府建设行政主管部门和环境保护行政主管部门批准。

8.5.3 绿色建造与环境

组织应建立项目绿色建造与环境管理制度,确立绿色建造与环境管理的责任部门,明确管理内容和考核要求。

组织应制定绿色通道与环境管理目标,实施环境影响评价,配置相关资源,落实绿色建造与环境管理措施。

项目管理过程应采用绿色设计,优先使用绿色技术、建材、机具和施工方法。

施工管理过程应采取环境保护措施,控制施工现场的环境影响,预防环境污染。

项目管理机构应通过项目管理策划确定绿色建造计划并经批准后实施。编制绿色建造计划的依据应符合下列规定:①项目环境条件和相关法律法规要求;②项目管理范围和项目工作分解结构;③项目管理策划的绿色建造要求。

绿色建造计划应包括下列内容:①绿色建造范围和管理职责分工;②绿色建造目标和控制指标;③重要环境因素控制计划及响应方案;④节能减排及污染物控制的主要技术措施;⑤绿色建造所需的资源和费用。

设计项目管理机构应根据组织确定的绿色建造目标进行绿色设计。施工项目管理结构应对施工图进行深化设计或优化,采用绿色施工技术,制定绿色施工措施,提高绿色施工效果。

施工项目管理机构应实施下列绿色施工活动:①选用符合绿色建造要求的绿色技术、建材和机具,实施节能降耗措施;②进行节约土地的施工平面布置;③确定节约水资源的施工方法;④确定降低材料消耗的施工措施;⑤确定施工现场固体废弃物的回收利用和处置措施;⑥确保施工产生的粉尘、污水、废气、噪声、光污染的控制效果。

建设单位项目管理机构应协调设计与施工单位,落实绿色设计或绿色施工的相关标准和规定,对绿色建造实施情况进行检查,进行绿色建造设计或绿色施工评价。

第9章 建设工程索赔

9.1 工程索赔的概念和分类

1. 工程索赔的概念

工程索赔是在工程承包合同履行中,当事人一方由于另一方未履行合同所规定的义务或者出现了应当由对方承担的风险而遭受损失时,向另一方提出赔偿要求的行为。通常情况下,索赔是指承包人(施工单位)在合同实施过程中,对非自身原因造成的工程延期、费用增加而要求发包人给予补偿损失的一种权利要求。

索赔可以概括为如下三个方面:

(1) 一方违约使另一方蒙受损失,受损方向对方提出赔偿损失的要求;

(2) 发生应由业主承担责任的特殊风险或遇到不利自然条件等情况,使承包商蒙受较大损失而向业主提出补偿损失的要求;

(3) 承包商本人应当获得的正当利益,由于没能及时得到监理工程师的确认和业主应给予的支付,而以正式函件向业主索赔。

2. 工程索赔产生的原因

1) 当事人违约

当事人违约常常表现为没有按照合同约定履行自己的义务。发包人违约常常表现为没有为承包人提供合同约定的施工条件、未按照合同约定的期限和数额付款等。工程师未能按照合同约定完成工作,如未能及时发出图纸、指令等也视为发包人违约。承包人违约的情况则主要是没有按照合同约定的质量、期限完成施工,或者由于不当行为给发包人造成其他损害。

2) 不可抗力事件

不可抗力又可以分为自然事件和社会事件。自然事件主要是不利的自然条件和客观障碍,如在施工过程中遇到了经现场调查无法发现的、业主提供的资料中也未提到的、无法预料的情况。社会事件则包括国家政策、法律、法令的变更,战争、罢工等。

3) 合同缺陷

合同缺陷表现为合同文件规定不严谨甚至矛盾,合同中的遗漏或错误,在这种情况下,工程师应当给予解释,如果这种解释将导致成本增加或工期延长,发包人应当给予补偿。

4) 合同变更

合同变更表现为设计变更、施工方法变更、追加或者取消某些工作、合同其他规定的变更等。

5) 工程师指令

工程师指令有时也会产生索赔,如工程师指令承包人加速施工、进行某项工作、更换某些材料、采取某些措施等。

6) 其他第三方原因

其他第三方原因常常表现为与工程有关的第三方的问题而引起的对本工程的不利影响。

3. 工程索赔的分类

1) 按索赔的合同依据分类

(1) 合同中明示的索赔。明示的索赔是指承包人所提出的索赔要求,在该工程项目的合同文件中有文字依据,承包人可以据此提出索赔要求,并取得经济补偿。这些在合同文件中有文字规定的合同条款,称为明示条款。

(2) 合同中默示的索赔。默示的索赔,即承包人的该项索赔要求,虽然在工程项目的合同条款中没有专门的文字叙述,但可以根据该合同的某些条款的含义,推论出承包人有索赔权。这种索赔要求,同样有法律效力,有权得到相应的经济补偿。这种有经济补偿含义的条款,在合同管理工作中被称为"默示条款"或称为"隐含条款"。

2) 按索赔目的分类

(1) 工期索赔。由于非承包人责任的原因而导致施工进程延误,要求批准顺延合同工期的索赔,称之为工期索赔。工期索赔形式上是对权利的要求,以避免在原定合同竣工日不能完工时,被发包人追究拖期违约责任。一旦获得批准合同工期顺延后,承包人不仅免除了承担拖期违约赔偿费的严重风险,而且可能因提前工期得到奖励,最终仍反映在经济收益上。

(2) 费用索赔。费用索赔的目的是要求经济补偿。当施工的客观条件改变导致承包人增加开支时,要求对超出计划成本的附加开支给予补偿,以挽回不应由他承担的经济损失。

3) 按索赔事件的性质分类

(1) 工程延误索赔。因发包人未按合同要求提供施工条件,如未及时交付设计图纸、施工现场、道路等,或因发包人指令工程暂停或不可抗力事件等原因造成工期拖延的,承包人对此提出索赔。这是工程中常见的一类索赔。

(2) 工程变更索赔。由于发包人或监理人指令增加或减少工程量或增加附加工程、修改设计、变更工程顺序等,造成工期延长和费用增加,承包人对此提出索赔。

(3) 合同被迫终止的索赔。由于发包人或承包人违约以及不可抗力事件等原因造成合同非正常终止,无责任的受害方因其蒙受经济损失而向对方提出索赔。

(4) 工程加速索赔。由于发包人或监理人指令承包人加快施工速度,缩短工期,引起承包人的人、财、物的额外开支而提出的索赔。

(5) 意外风险和不可预见因素索赔。在工程实施过程中,因人力不可抗拒的自然灾害、特殊风险以及一个有经验的承包人通常不能合理预见的不利施工条件或外界障碍,如地下水、地质断层、溶洞、地下障碍物等引起的索赔。

(6) 其他索赔。如因货币贬值、汇率变化、物价上涨、政策法令变化等原因引起的索赔。

9.2 工程索赔的处理程序

1. 索赔程序

1)《建设工程施工合同文本》规定的工程索赔程序

(1) 索赔的提出。承包人向发包人的索赔应在索赔事件发生后,持证明索赔事件发生的有效证据和依据正当的索赔理由,按合同约定的时间向发包人递交索赔通知。发包人应按合同约定的时间对承包人提出的索赔进行答复和确认。当发、承包双方在合同中对此通知未做具体约定时,可按以下规定办理:

① 承包人应在确认引起索赔的事件发生后 28 天内向发包人发出索赔通知,否则,承包人无权获得追加付款,竣工时间不得延长。承包人应在现场或发包人认可的其他地点,保持证明索赔可能需要的记录。发包人收到承包人的索赔通知后,未承认发包人责任前,可检查记录保持情况,并可指示承包人保持进一步的同期记录。

② 在承包人确认引起索赔的事件后 42 天内,承包人应向发包人递交一份详细的索赔报告,包括索赔的依据、要求追加付款的全部资料。

③ 如果引起索赔的事件具有连续影响,承包人应按月递交进一步的中间索赔报告,说明累计索赔的金额。承包人应在索赔事件产生的影响结束后 28 天内,递交一份最终索赔报告。

(2) 承包人索赔的处理程序。发包人在收到索赔报告后 28 天内,应做出回应,表示批准或不批准并附具体意见。还可以要求承包人提供进一步的资料,但仍要在上述期限内对索赔做出回应。发包人在收到最终索赔报告后的 28 天内,未向承包人做出答复,视为该项索赔报告已经认可。

(3) 承包人提出索赔的期限。承包人接受了竣工付款证书后,应被认为已无权再提出在合同工程接收证书颁发前所发生的任何索赔。承包人提交的最终结清申请单中,只限于提出工程接收证书颁发后发生的索赔。提出索赔的期限自接受最终结清证书时终止。

2) FIDIC 合同条件规定的工程索赔程序

FIDIC 合同条件只对承包商的索赔做出了规定:

(1) 承包商发出索赔通知。如果承包商认为有权得到竣工时间的任何延长期和(或)任何追加付款,承包商应当向工程师发出通知,说明索赔的事件或情况。该通知应当尽快在承包商察觉或者应当察觉该事件或情况后 28 天内发出。

(2) 承包商未及时发出索赔通知的后果。如果承包商未能在上述 28 天期限内发出索赔通知,则竣工时间不得延长,承包商无权获得追加付款,而业主应免除有关该索赔的全部责任。

(3) 承包商递交详细的索赔报告。在承包商察觉或者应当察觉该事件或情况后 42 天内,或在承包商可能建议并经工程师认可的其他期限内,承包商应当向工程师递交一份充分详细的索赔报告,包括索赔的依据、要求延长的时间和(或)追加付款的全部详细资料。如果引起索赔的事件或者情况具有连续影响,则:

① 上述充分详细的索赔报告应被视为中间的;

② 承包商应当按月递交进一步的中间索赔报告,说明累计索赔延误时间和(或)金额,以及所有可能的合理要求的详细资料;

③ 承包商应当在索赔的事件或者情况产生影响结束后 28 天内,或在承包商可能建议并经工程师认可的其他期限内,递交一份最终索赔报告。

(4) 工程师的答复。工程师在收到索赔报告或对过去索赔的任何进一步证明资料后 42 天内,或在工程师可能建议并经承包商认可的其他期限内,做出回应,表示批准,或不批准,或不批准并附具体意见。工程师应当商定或者确定应给予竣工时间的延长期及承包商有权得到的追加付款。

2. 索赔报告的内容

索赔报告的具体内容,随该索赔事件的性质和特点而有所不同。一般来说,完整的索赔报告应包括以下四个部分。

1) 总论部分

2) 根据部分

本部分主要是说明自己具有的索赔权利,这是索赔能否成立的关键。

3) 计算部分

4) 证据部分

(1) 索赔依据的要求:真实性、全面性、关联性、及时性、具有法律证明效力。

(2) 索赔依据的种类:

① 招标文件、工程合同、发包人认可的施工组织设计、工程图纸、技术规范等。

② 工程各项有关的设计交底记录、变更图纸、变更施工指令等。

③ 工程各项经发包人或监理人签认的签证。

④ 工程各项往来信件、指令、信函、通知、答复等。

⑤ 工程各项会议纪要。

⑥ 施工计划及现场实施情况记录。

⑦ 施工日报及工长工作日志、备忘录。

⑧ 工程送电、送水、道路开通及封闭的日期及数量记录。

⑨ 工程停电、停水和干扰事件影响的日期及恢复施工的日期记录。

⑩ 工程预付款、进度款拨付的数额及日期记录。

⑪ 工程图纸、图纸变更、交底记录的送达份数及日期记录。

⑫ 工程有关施工部位的照片及录像等。

⑬ 工程现场气候记录,如有关天气的温度、风力、雨雪等。

⑭ 工程验收报告及各项技术鉴定报告等。

⑮ 工程材料采购、订货、运输、进场、验收、使用等方面的凭据。

⑯ 国家和省级或行业建设主管部门有关影响工程造价、工期的文件、规定等。

9.3 工程索赔的处理原则和计算

1. 工程索赔的处理原则

1) 索赔必须以合同为依据

不论是风险事件的发生,还是当事人不完成合同工作,都必须在合同中找到相应的依据,当然,有些依据可能是合同中隐含的。工程师依据合同和事实对索赔进行处理是其公平性的重要体现。在不同的合同条件下,这些依据很可能是不同的。如因为不可抗力导致的索赔,在国内《标准施工招标文件》的合同条款中,承包人机械设备损坏的损失,是由承包人承担的,不能向发包人索赔;但在 FIDIC 合同条件下,不可抗力事件一般都列为业主承担的风险,损失都应当由业主承担。如果到了具体的合同中,各个合同的协议条款不同,其依据的差别就更大了。

2) 及时、合理地处理索赔

索赔事件发生后,索赔的提出应当及时,索赔的处理也应当及时。

3) 加强主动控制,减少工程索赔

对于工程索赔应当加强主动控制,尽量减少索赔。这就要求在工程管理过程中,应当尽量将工作做在前面,减少索赔事件的发生。这样能够使工程更顺利地进行,降低工程投资、减少施工工期。

2. 索赔的计算

1) 可索赔的费用

费用内容一般可以包括以下几个方面:

(1) 人工费。包括增加工作内容的人工费、停工损失费和工作效率降低的损失费等累计,其中增加工作内容的人工费应按照计日工费计算,而停工损失费和工作效率降低的损失费按窝工费计算,窝工费的标准双方应在合同中约定。

(2) 设备费。可采用机械台班费、机械折旧费、设备租赁费等几种形式。当工作内容增加引起的设备费索赔时,设备费的标准按照机械台班费计算。因窝工引起的设备费索赔,当施工机械属于施工企业自有时,按照机械折旧费计算索赔费用;当施工机械是施工企业从外部租赁时,索赔费用的标准按照设备租赁费计算。

(3) 材料费。

(4) 保函手续费。工程延期时,保函手续费相应增加,反之,取消部分工程且发包人与承包人达成提前竣工协议时,承包人的保函金额相应折减,则计入合同价内的保函手续费也应扣减。

(5) 迟延付款利息。发包人未按约定时间进行付款的,应按银行同期贷款利率支付延迟付款的利息。

(6) 保险费。

(7) 管理费。此项又可分为现场管理费和公司管理费两部分,由于二者的计算方法不一样,所以在审核过程中应区别对待。

(8) 利润。在不同的索赔事件中可以索赔的费用是不同的。根据《标准施工招标文件》中通用合同条款的内容,可以合理补偿承包人的条款如表 9-1 所示。

表 9-1 《标准施工招标文件》中合同条款规定的可以合理补偿承包人的条款

序号	条款号	主要内容	可补偿内容		
			工期	费用	利润
1	1.10.1	施工过程发现文物、古迹以及其他遗迹、化石、钱币或物品	√	√	
2	4.11.2	承包人遇到不利物质条件	√	√	
3	5.2.4	发包人要求向承包人提前交付材料和工程设备		√	
4	5.2.6	发包人提供的材料和工程设备不符合合同要求	√	√	√
5	8.3	发包人提供的基准资料错误导致承包人返工或造成工程损失	√	√	√
6	11.3	发包人的原因造成工期延误	√	√	√

(续表)

序号	条款号	主要内容	可补偿内容		
			工期	费用	利润
7	11.4	异常恶劣的气候条件	√		
8	11.6	发包人要求承包人提前竣工		√	
9	12.2	发包人原因引起的暂停施工	√	√	√
10	12.4.2	发包人原因造成暂停施工后无法按时复工	√	√	√
11	13.1.3	发包人原因造成工程质量达不到合同约定验收标准的	√	√	√
12	13.5.3	监理人对隐蔽工程重新检查,经检验证明工程质量符合合同要求的	√	√	√
13	16.2	法律变化引起的价格调整		√	
14	18.4.2	发包人在全部工程竣工前,使用已接收的单位工程导致承包人费用增加	√	√	√
15	18.6.2	发包人原因导致试运行失败的		√	√
16	19.2	发包人原因导致的工程缺陷和损失		√	√
17	21.3.1	不可抗力	√		

2) 费用索赔的计算

(1) 实际费用法。该方法是按照索赔事件所引起损失的费用项目分别分析计算索赔值,然后将各费用项目的索赔值汇总,即可得到总索赔费用值。这种方法以承包商为某项索赔工作所支付的实际开支为依据,但仅限于由于索赔事项引起的、超过原计划的费用,故也称额外成本法。

(2) 修正的总费用法。这种方法是对总费用法的改进,即在总费用计算的原则上,去掉一些不确定的可能因素,对总费用法进行相应的修改和调整,使其更加合理。

3) 工期索赔中应当注意的问题

在工期索赔中特别应当注意以下问题:

(1) 划清施工进度拖延的责任。因承包人的原因造成施工进度滞后,属于不可原谅的延期;只有承包人不应承担任何责任的延误,才是可原谅的延期。有时工程延期的原因中可能包含有双方责任,此时监理人应进行详细分析,分清责任比例,只有可原谅延期部分才能批准顺延合同工期。可原谅延期,又可细分为可原谅并给予补偿费用的延期和可原谅但不给予补偿费用的延期;后者是指非承包人责任的影响并未导致施工成本的额外支出,大多属于发包人应承担风险责任事件的影响,如异常恶劣的气候条件影响的停工等。

(2) 被延误的工作应是处于施工进度计划关键线路上的施工内容。只有位于关键线路上的工作内容的滞后,才会影响到竣工日期。但有时也应注意,既要看被延误的工作是否在批准进度计划的关键路线上,又要详细分析这一延误对后续工作的可能影响。因为若对非关键线路工作的影响时间较长,超过了该工作可用于自由支配的时间,也会导致进度计划中非关键线路转化为关键线路,其滞后将影响总工期的拖延。此时,应充分考虑该工作的自由时间,给予相应的工期顺延,并要求承包人修改施工进度计划。

4) 工期索赔的计算

工期索赔的计算主要有网络图分析和比例计算法两种。

(1) 网络分析法是利用进度计划的网络图,分析其关键线路。如果延误的工作为关键工作,则总延误的时间为批准顺延的工期;如果延误的工作为非关键工作,当该工作由于延误超过时差限制而成为关键工作时,可以批准延误时间与时差的差值;若该工作延误后仍为非关键工作,则不存在工期索赔问题。

(2) 比例计算法公式为:

对于已知部分工程延期的时间:

工期索赔值＝受干扰部分工程的合同价/原合同总价×该受干扰部分工期拖延时间

对于已知额外增加的工程量的价格:

工期索赔值＝额外增加的工程量的价格/原合同总价×原合同总工期

【例 9-1】 某工程原合同规定分两阶段进行施工,土建工程 21 个月,安装工程 12 个月。假定以一定量的劳动力需要量为相对单位,则合同规定的土建工程量可折算为 310 个相对单位,安装工程量折算为 70 个相对单位。合同规定,在工程量增减 10% 的范围内,作为承包商的工期风险,不能要求工期补偿。在工程施工过程中,土建和安装的工程量都有较大幅度的增加。实际土建工程量增加到 430 个相对单位,实际安装工程量增加到 117 个相对单位。求承包商可以提出的工期索赔额。

【解】 承包商提出的工期索赔为:

不索赔的土建工程量的上限为:310×1.1＝341 个相对单位

不索赔的安装工程量的上限为:70×1.1＝77 个相对单位

由于工程量增加而造成的工期延长:

土建工程工期延长＝21×[(430/341)−1]＝5.5(月)

安装工程工期延长＝12×[(117/77)−1]＝6.2(月)

总工期索赔为:5.5 月＋6.2 月＝11.7 月

3. 共同延误的处理

在实际施工过程中,工期拖期很少是只由一方造成的,往往是两三种原因同时发生(或相互作用)而形成的,故称为"共同延误"。在这种情况下,要具体分析哪一种情况延误是有效的,应依据以下原则:

(1) 首先判断造成拖期的哪一种原因是最先发生的,即确定"初始延误"者,它应对工程拖期负责。在初始延误发生作用期间,其他并发的延误者不承担拖期责任。

(2) 如果初始延误者是发包人原因,则在发包人原因造成的延误期内,承包人既可得到工期延长,又可得到经济补偿。

(3) 如果初始延误者是客观原因,则在客观因素发生影响的延误期内,承包人可以得到工期延长,但很难得到费用补偿。

(4) 如果初始延误者是承包人原因,则在承包人原因造成的延误期内,承包人既不能得到工期补偿,也不能得到费用补偿。

【例 9-2】 某施工单位(乙方)与某建设单位(甲方)签订了建造无线电发射试验基地施工合同,合同工期为 38 天。由于该项目急于投入使用,在合同中规定,工期每提前(或拖后) 1 天奖励(或罚款)5 000 元。乙方按时提交了施工方案和施工网络进度计划(见图 9-1),并得到甲方代表的批准。

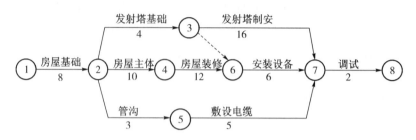

图 9-1 网络图示

实际施工过程中发生了如下几项事件:

事件 1:在房屋基坑开挖后,发现局部有软弱下卧层,按甲方代表指示乙方配合地质复查,配合用工为 10 个工日。地质复查后,根据经甲方代表批准的地基处理方案,增加直接费 4 万元,因地基复查和处理使房屋基础作业时间延长 3 天,人工窝工 15 个工日。

事件 2:在发射塔基础施工时,因发射塔原设计尺寸不当,甲方代表要求拆除已施工的基础,重新定位施工。由此造成增加用工 30 个工日,材料费 1.2 万元,机械台班费 3 000 元,发射塔基础作业时间拖延 2 天。

事件 3:在房屋主体施工中,因施工机械故障,造成工人窝工 8 个工日,该项工作作业时间延长 2 天。

事件 4:在房屋装修施工基本结束时,甲方代表对某项电气暗管的敷设位置是否准确有疑义,要求乙方进行剥漏检查。检查结果为某部位的偏差超出了规范允许范围,乙方根据甲方代表的要求进行返工处理,合格后甲方代表予以签字验收。该项返工及覆盖用工 20 个工日,材料费为 1 000 元。因该项电气暗管的重新检验和返工处理使安装设备的开始作业时间推迟了 1 天。

事件 5:在敷设电缆时,因乙方购买的电缆线材质量差,甲方代表令乙方重新购买合格线材。由此造成该项工作多用人工 8 个工日,作业时间延长 4 天,材料损失费 8 000 元。

事件 6:鉴于该工程工期较紧,经甲方代表同意乙方在安装设备作业过程中采取了加快施工的技术组织措施,使该项工作作业时间缩短 2 天,该项技术组织措施费为 6 000 元。

其余各项工作实际作业时间和费用均与原计划相符。

问题:

1. 在上述事件中,乙方可以就哪些事件向甲方提出工期补偿和费用补偿要求?为什么?

2. 该工程的实际施工天数为多少天?可得到的工期补偿为多少天?工期奖罚款为多少?

3. 假设工程所在地人工费标准为 30 元/工日,应由甲方给予补偿的窝工人工费补偿标准为 18 元/工日,该工程综合取费率为 30%。则在该工程结算时,乙方应该得到的索赔款为多少?

【解】 问题1：

事件1可以提出工期补偿和费用补偿要求，因为地质条件变化属于甲方应承担的责任，且该项工作位于关键线路上。

事件2可以提出费用补偿要求，不能提出工期补偿要求，因为发射塔设计位置变化是甲方的责任，由此增加的费用应由甲方承担，但该项工作的拖延时间(2天)没有超出其总时差(8天)。

事件3不能提出工期和费用补偿要求，因为施工机械故障属于乙方应承担的责任。

事件4不能提出工期和费用补偿要求，因为乙方应该对自己完成的产品质量负责。甲方代表有权要求乙方对已覆盖的分项工程剥离检查，检查后发现质量不合格，其费用由乙方承担；工期也不补偿。

事件5不能提出工期和费用补偿要求，因为乙方应该对自己购买的材料质量和完成的产品质量负责。

事件6不能提出补偿要求，因为通过采取施工技术组织措施使工期提前，可按合同规定的工期奖罚办法处理，因赶工而发生的施工技术组织措施费应由乙方承担。

问题2：

(1) 通过对网络图的分析，该工程施工网络进度计划的关键线路为①—②—④—⑥—⑦—⑧，计划工期为38天，与合同工期相同。将图9-1中所有各项工作的持续时间均以实际持续时间代替，计算结果表明：关键线路不变(仍为①—②—④—⑥—⑦—⑧)，实际工期为42天。

(2) 将网络图中所有由甲方负责的各项工作持续时间延长天数加到原计划相应工作的持续时间上，计算结果表明：关键线路亦不变(仍为①—②—④—⑥—⑦—⑧)，工期为41天。41−38=3(天)，所以，该工程可补偿工期天数为3天。

(3) 工期罚款为：$[42-(38+3)] \times 5\,000 = 5\,000$(元)

问题3：

乙方应该得到的索赔款有：

(1) 由事件1引起的索赔款：$(10 \times 30 + 40\,000) \times (1+30\%) + 15 \times 18 = 52\,660$(元)

(2) 由事件2引起的索赔款：$(30 \times 30 + 12\,000 + 3\,000) \times (1+30\%) = 20\,670$(元)

(3) 所以，乙方应该得到的索赔款为：$52\,660 + 20\,670 = 73\,330$(元)

第10章 工程项目资源管理及标准

10.1 工程项目资源管理概述

工程项目资源管理是指对工程项目中使用的人力资源、材料、机械设备、技术和资金等资源进行的计划、采购、供应、使用、控制、检查、分析和改进等管理过程。对于施工企业而言即是施工项目生产要素的管理。施工企业投入到施工项目中的劳动力、材料、机械设备、技术和资金等要素构成了施工生产的基本活劳动与物化劳动的基础。

工程项目资源管理的目的就是满足项目需要、降低消耗、减少支出、节约物化劳动和活劳动，从而达到增加项目的经济效益的目标。

工程项目资源管理是一个动态的过程。由于资源管理受市场供求状况、资金、时间、信息、自然条件、现场环境、运输能力和供应商的能力等因素影响较大，因此施工企业应建立和完善项目生产要素配置机制，通过对项目的资源管理，使施工企业及项目经理部门在施工项目管理中尽量做到合理组织、配置、优化各项资源，并力求使项目资源供需达到动态平衡，最终达到节约资源、动态控制项目成本的目的。

10.1.1 工程项目资源管理的内容

项目资源管理的内容包括项目人力资源管理、项目材料管理、项目机械设备管理、项目技术管理和项目资金管理等。

1. 项目人力资源管理

工程项目人力资源主要是指参与项目的管理人员和作业人员。项目人力资源管理就是根据项目目标，采用科学方法，对项目组织成员进行合理的选拔、培训、考核、激励，使其融合到组织中，并充分发挥其能动性和积极性，从而保证高效实现项目目标的过程。

2. 项目材料管理

项目材料主要分为主要材料、次要材料和周转材料。项目物质材料管理就是对项目施工过程中所需要的各种材料、半成品、构配件的采购、加工、包装、运输、储存、发放、验收和使用所进行的一系列组织与管理工作。项目材料的造价往往占整个工程的60%~70%，因此，抓好材料管理，对材料进行合理使用，是降低工程成本的主要途径。

3. 项目机械设备管理

项目机械设备包括项目施工所需的施工设备、临时设备和必要的后勤供应。施工设备，如塔吊、施工电梯、混凝土搅拌设备、运输设备等；临时设施，除了现场仓库、办公、生产用外，还有现场的临时水电管网。项目机械设备管理是通过对项目施工所需要的机械设备进行优化配置，按照机械运转的客观规律，合理地组织机械设备及操作人员，搞好日常维护保养，尽量提高其完好率、利用率与生产效率的一系列组织与管理工作。

4. 项目技术管理

项目技术管理,是对各项技术工作要素和技术活动过程的管理。技术工作要素包括技术人才、技术装备、技术规程、技术信息、技术资料、技术档案等,技术活动过程包括技术计划、技术学习、技术运用、技术试验、技术改造、技术处理、技术评价等。

工程项目一般设置项目技术负责人和技术部门来全面负责项目的技术管理。

5. 项目资金管理

资金的合理使用是项目顺利、有序进行的重要保证。项目资金管理应以保证收入、节约支出、防范风险和提高经济效益为目的。

企业应在财务部门设立项目专用账号进行醒目资金的收支预测,统一对外收支与结算。项目经理部负责项目资金的使用管理。项目经理部应编制年、季、月度资金收支计划,上报企业财务部门审批后实施。项目经理部应按企业的授权配合企业财务部门及时进行资金计收。

项目经理部应坚持做好项目的资金分析,进行计划收支与实际收支对比,找出差异,分析原因,改进资金管理。项目竣工后,结合成本核算与分析进行资金收支情况和经济效益总分析,上报企业财务主管部门备案。企业应根据项目的资金管理效果对项目经理部进行奖惩。

10.1.2 项目资源管理的要点

工程项目资源管理的要点如下:

(1) 工程项目资源的供应权应主要集中在企业管理层,有利于企业对资源的集中调度、合理配置和供应。

(2) 工程项目资源的使用权应掌握在项目管理层手中,有利于满足使用要求,进行动态管理,搞好使用中核算、节约、降低项目成本。项目管理层应及时编制项目资源需用量计划,报企业管理层批准并优化配置。

(3) 工程项目资源管理要防范风险。在市场环境下,各种资源供应都存在很大风险,因此,就要对项目资源风险进行预测和分析,制定必要的应对风险的方案,充分利用法律、合同、担保、索赔等手段进行防范。

10.1.3 项目资源需要量计划

工程项目进度计划编好以后,项目部就可以编制各种主要资源的需要量计划。资源需要量计划是根据工程项目施工进度计划及各分部分项工程对劳动力、材料、成品、半成品、机械等资源的不同需要量,计算出单位时间内对某种资源的需要量,即可得到与施工进度相应的资源需要量计划。再根据各种材料、成品、半成品在工地储存量或储存天数,编制出各种资源的供应计划、劳动力计划、机械设备进出场计划。

常用的资源需要量计划有劳动需要量计划、主要材料需要量计划、预制构件需要量计划及施工机械需要量计划。

10.2 工程项目材料管理

10.2.1 工程项目材料管理概述

1. 工程项目材料管理的概念

材料管理是建筑企业管理和项目管理的一个重要组成部分,材料管理的好坏,直接影响工程进度及工程造价,而工程项目的质量,在很大程度上取决于材料的质量,材料是工程质量的基础。为了促进企业对项目材料的管理工作,发挥企业整体优势,满足施工生产的需要,减少库存积压和浪费,降低工程项目施工生产成本,必须加强项目材料管理。

2. 工程项目材料的采购

工程项目材料的采购一般由企业建立统一的材料机构,对外面向社会建材市场,对内建立企业内部材料市场,对各工程项目所需要的主要材料、大宗材料实行统一计划、统一采购、统一供应、统一调度和统一核算,在企业范围内进行动态配置和平衡协调。因而对于项目经理部来讲,项目所需材料主要来自企业内部建材市场。其中:

(1) 项目所需主要材料、大宗材料,以签订买卖合同的方式,由公司材料机构供应;

(2) 工程所需的周转材料、大型工具等向企业材料机构租赁;

(3) 小型及随身工具采取支付费用方式,由施工班组在企业内部材料市场上自行采购;

(4) 经承包人授权,由项目经理部负责采购企业供应计划以外的材料、特殊材料和零星材料等,这些材料的品种应在《项目管理目标责任书》中有约定,项目经理部应编制采购计划,报企业材料主管部门批准后,按计划采购;

(5) 远离企业本部的项目经理部可在法定代理人的授权下就地采购。

3. 工程项目材料管理的任务

(1) 项目经理部及时向企业材料机构提交各种材料计划,并签订相应的材料合同,实施材料的计划管理。

(2) 加强现场材料的验收、储存保管;建立材料领发、退料登记制度;监督材料的使用,实施材料定额消耗管理。

(3) 大力探索节约材料、研究代用材料、降低材料成本的新技术、新途径和先进科学方法,如采用 ABC 分类法、库存技术方法、价值分析等。

(4) 建立施工项目材料管理岗位责任制。施工项目经理是材料管理的全面领导责任者;施工项目经理部主管材料人员是施工现场材料管理直接责任者;班组料具员在主管材料员的业务指导下,协助班组长组织和监督本班组合理领料、用料、退料。

10.2.2 工程项目材料的计划管理

1. 施工项目材料计划的编制依据

项目经理部在开工前,应向公司材料部门提供"项目材料需用量计划"。材料计划应明确材料名称、规格、型号、质量(技术要求)、数量及进场时间等,需要加工定做的料具,应附图纸并注明要求。

2. 工程项目材料计划的编制

(1) 工程项目材料需要量计划编制

以单位工程为对象归集各种材料的需要量,即在编制的单位工程预算的基础上,按分部分项工程计算出各种材料的消耗数量,然后在单位工程范围内,按材料种类、规格分别汇总,得出单位工程各种材料的定额消耗量,在此基础上考虑施工现场材料管理水平及节约措施即可编制出施工项目材料需要量计划。

(2) 施工项目月(季、半年、年)度材料计划编制

该计划的主要内容是计算各种材料的需要量、储备量,经过综合平衡确定材料申请、采购量等。

3. 工程项目材料计划的组织实施

(1) 做好材料的申请、订货采购工作,使所需全部材料从品种、规格、数量、质量和供应时间上都能按计划得到落实,不留缺口。

(2) 做好计划执行过程中的检查工作,发现问题,找出薄弱环节,及时采取措施,保证计划的实现。

(3) 加强日常的材料平衡工作。

10.3 工程建设标准

建设工程作为一种特殊产品,是人们日常生活和生产、经营、工作等的主要场所,是人类赖以生存和发展的重要物质基础。因此,"百年大计,质量第一",必须进一步提高建设工程质量水平,确保建设工程的安全可靠。

10.3.1 工程建设国家标准

工程建设标准通过行之有效的标准规范,特别是工程建设强制性标准,为建设工程实施安全防范措施、消除安全隐患提供统一的技术要求,以确保在现有的技术、管理条件下尽可能地保障建设工程质量安全,从而最大限度地保障建设工程的建造者、使用者和所有者的生命财产安全以及人身健康安全。

1. 工程建设标准的分类

根据《标准化法》的规定,我国的标准分为国家标准、行业标准、地方标准和企业标准。国家标准、行业标准又分为强制性标准和推荐性标准。

保障人体健康,人身、财产安全的标准和法律、行政法规规定强制执行的标准是强制性标准,其他标准是推荐性标准。强制性标准一经颁布,必须贯彻执行,否则对造成恶劣后果和重大损失的单位和个人,要受到经济制裁或承担法律责任。

2. 工程建设国家标准

《标准化法》规定,对需要在全国范围内统一的技术要求,应当制定国家标准。

工程建设国家标准分为强制性标准和推荐性标准。下列标准属于强制性标准:①工程建设勘察、规划、设计、施工(包括安装)及验收等通用的综合标准和重要的通用的质量标准;②工程建设通用的有关安全、卫生和环境保护的标准;③工程建设重要的通用的术语、符号、代号、量与单位、建筑模数和制图方法标准;④工程建设重要的通用的试验、检验和评定方法

等标准;⑤工程建设重要的通用的信息技术标准;⑥国家需要控制的其他工程建设通用的标准。

3. 工程建设国家标准的制定原则和程序

制定国家标准应当遵循下列原则:①必须贯彻执行国家的有关法律、法规和方针、政策,密切结合自然条件,合理利用资源,充分考虑使用和维修的要求,做到安全适用、技术先进、经济合理;②对需要进行科学试验或测试验证的项目,应当纳入各级主管部门的科研计划,认真组织实施,写出成果报告;③纳入国家标准的新技术、新工艺、新设备、新材料,应当经有关主管部门或受委托单位鉴定,且经实践检验行之有效;④积极采用国际标准和国外先进标准,并经认真分析论证或测试验证,符合我国国情;⑤国家标准条文规定应当严谨明确,文句简练,不得模棱两可,其内容深度、术语、符号、计量单位等应当前后一致;⑥必须做好与现行相关标准之间的协调工作。

4. 工程建设国家标准的审批发布和编号

工程建设国家标准由国务院工程建设行政主管部门审查批准,由国务院标准化行政主管部门统一编号,由国务院标准化行政主管部门和国务院工程建设行政主管部门联合发布。

5. 工程建设国家标准的复审与修订

国家标准实施后,应当根据科学技术的发展和工程建设的需要,由该国家标准的管理部门适时组织有关单位进行复审。复审一般在国家标准实施后 5 年进行一次。

国家标准复审后,标准管理单位应当提出其继续有效或者予以修订、废止的意见,经该国家标准的主管部门确认后报国务院工程建设行政主管部门批准。

10.3.2 工程建设强制性标准实施的规定

工程建设标准制定的目的在于实施,否则,再好的标准也是一纸空文。我国工程建设领域所出现的各类工程质量事故,大都是没有贯彻或没有严格贯彻强制性标准的结果。因此,《标准化法》规定,强制性标准必须执行。《建筑法》规定,建筑活动应当确保建筑工程质量和安全,符合国家的建设工程安全标准。

1. 工程建设各方主体实施强制性标准的法律规定

《建筑法》和《建设工程质量管理条例》规定,建设单位不得以任何理由,要求建筑设计单位或者建筑施工企业在工程设计或者施工作业中,违反法律、行政法规和建筑工程质量、安全标准,降低工程质量。建设单位不得明示或者暗示设计单位或者施工单位违反工程建设强制性标准,降低建设工程质量。建筑设计单位和建筑施工企业对建设单位违反规定提出的降低工程质量的要求,应当予以拒绝。

勘察、设计单位必须按照工程建设强制性标准进行勘察、设计,并对其勘察、设计的质量负责。建筑工程设计应当符合按照国家规定制定的建筑安全规程和技术规范,保证工程的安全性能。勘察、设计文件应当符合有关法律、行政法规的规定和建筑工程质量、安全标准、建筑工程勘察/设计技术规范以及合同的约定。设计文件选用的建筑材料、建筑构配件和设备,应当注明其规格、型号、性能等技术指标,其质量要求必须符合国家规定的标准,施工单位必须按照工程设计图纸和施工技术标准施工,不得擅自修改工程设计,不得偷工减料。施工单位必须按照工程设计要求、施工技术标准和合同约定,对建筑材料、建筑构配件、设备和商品混凝土进行检验,检验应当有书面记录和专人签字;未经检验或者检验不合格的,不得使用。

2. 工程建设标准强制性条文的实施

在工程建设标准的条文中,使用"必须""严禁""应""不应""不得"等属于强制性标准的用词,而使用"宜""不宜""可"等一般不是强制性标准的规定。但在工作实践中,强制性标准与推荐性标准的划分仍然存在一些困难。

《实施工程建设强制性标准监督规定》中规定,在中华人民共和国境内从事新建、扩建、改建等工程建设活动,必须执行工程建设强制性标准。工程建设强制性标准是指直接涉及工程质量、安全、卫生及环境保护等方面的工程建设标准强制性条文。国家工程建设标准强制性条文由国务院建设行政主管部门会同国务院有关行政主管部门确定。

在工程建设中,如果拟采用的新技术、新工艺、新材料不符合现行强制性标准规定的,应当由拟采用单位提请建设单位组织专题技术论证,报建设行政主管部门或者国务院有关主管部门审定。工程建设中采用国际标准或者国外标准,而我国现行强制性标准未做规定的,建设单位应当向国务院建设行政主管部门或者国务院有关行政主管部门备案。

3. 对工程建设强制性标准实施的监督管理

1) 监督管理机构

《实施工程建设强制性标准监督规定》规定,国务院建设行政主管部门负责全国实施工程建设强制性标准的监督管理工作。国务院有关行政主管部门按照国务院的职能分工负责实施工程建设强制性标准的监督管理工作。县级以上地方人民政府建设行政主管部门负责本行政区域内实施工程建设强制性标准的监督管理工作。

建设项目规划审查机关应当对工程建设规划阶段执行强制性标准的情况实施监督;施工图设计文件审查单位应当对工程建设勘察、设计阶段执行强制性标准的情况实施监督;建筑安全监督管理机构应当对工程建设施工阶段执行施工安全强制性标准的情况实施监督;工程质量监督机构应当对工程建设施工、监理、验收等阶段执行强制性标准的情况实施监督。

建设项目规划审查机关、施工设计图设计文件审查单位、建筑安全监督管理机构、工程质量监督机构的技术人员必须熟悉、掌握工程建设强制性标准。

2) 监督检查的内容和方式

强制性标准监督检查的内容包括:①工程技术人员是否熟悉、掌握强制性标准;②工程项目的规划、勘察、设计、施工、验收等是否符合强制性标准的规定;③工程项目采用的材料、设备是否符合强制性标准的规定;④工程项目的安全、质量是否符合强制性标准的规定;⑤工程项目采用的导则、指南、手册、计算机软件的内容是否符合强制性标准的规定。

工程建设标准批准部门应当定期对建设项目规划审查机关、施工图设计文件审查单位、建筑安全监督管理机构、工程质量监督机构实施强制性标准的监督进行检查,对监督不力的单位和个人,给予通报批评,建议有关部门处理。

10.3.3 违法行为应承担的法律责任

1. 建设单位违法行为应承担的法律责任

《建筑法》规定,建设单位违反本法规定,要求建筑设计单位或者建筑施工企业违反建筑工程质量、安全标准,降低工程质量的,责令改正,可以处以罚款;构成犯罪的,依法追究刑事责任。

2. 勘察、设计单位违法行为应承担的法律责任

《建筑法》规定,建筑设计单位不按照建筑工程质量、安全标准进行设计的,责令改正,处以罚款;造成工程质量事故的,责令停业整顿,降低资质等级或者吊销资质证书,没收违法所得,并处罚款;造成损失的,承担赔偿责任;构成犯罪的,依法追究刑事责任。

3. 施工企业违法行为应承担的法律责任

《建筑法》规定,建筑施工企业在施工中偷工减料的,使用不合格的建筑材料、建筑构配件和设备的,或者有其他不按照工程设计图纸或者施工技术标准施工的行为的,责令改正,处以罚款;情节严重的,责令停业整顿,降低资质等级或者吊销资质证书;造成建筑工程质量不符合规定的质量标准的,负责返工、修理,并赔偿因此造成的损失;构成犯罪的,依法追究刑事责任。

4. 工程监理单位违法行为应承担的法律责任

《实施工程建设强制性标准监督规定》规定,工程监理单位违反强制性标准规定,将不合格的建设工程以及建筑材料、建筑构配件和设备按照合格签字的,责令改正,处 50 万元以上 100 万元以下的罚款,降低资质等级或者吊销资质证书;有违法所得的,予以没收;造成损失的,承担连带赔偿责任。

5. 相关主体的刑事责任

《建设工程质量管理条例》规定,建设单位、设计单位、施工单位、工程监理单位违反国家规定,降低工程质量标准,造成重大安全事故,构成犯罪的,对直接责任人员依法追究刑事责任。

附件

某消防站工程投标文件的技术标编制案例

Ⅰ 招标公告

（Ⅰ） 招标条件

本招标项目为某高新区新建消防站项目，已由某市发展和改革委员会以关于某市人民政府的街道办事处，新建某高新区消防站项目建议书的批复批准建设。招标人为某高新区投资集团有限公司，建设过程中所有的费用已筹备。该建设项目已然具备了规定的招标条件，可对其工程项目进行公开招标。

（Ⅱ） 项目概况与招标范围

工程项目的建设地点在某市高新区境内，质量目标为合格，建设工期是 90 日历天，计划开工日期：××××年××月××日。

工程规模：新建消防站项目建筑总面积 4 348 m^2。

标段编号	标段名称	招标范围	工期
3209031603140102—××—×××	某高新区消防站土建工程	招标清单和图纸范围内的土建工程施工，新建消防站项目建筑总面积 4 348 m^2	90 日历天

（Ⅲ） 招标文件的领取

投标人符合资质条件的，可以登录会员系统，下载招标文件，下载的时间是××××年××月××日至××××年××月××日。

Ⅱ 投标人须知

条款号	条款名称	编列内容
1.1.2	招标人	名称：×××××× 地址：×××××× 联系人：×× 电话：××××××××
1.1.3	招标代理机构	名称：某×××××××× 地址：某市×××××× 联系人：×× 电话：××××××××
1.1.4	项目名称	某高新区新建消防站项目
1.1.5	建设地点	某高新区境内
1.2.1	资金来源及比例	自筹资金100％
1.2.2	资金落实情况	已落实
1.3.1	招标范围和招标规模	招标规模：新建消防站项目建筑总面积 4 348 m^2 此次招标的范围比较多，其中包括混凝土桩基、房屋建筑、门窗安装等一些施工，另外还要求有施工图纸和工程量
1.3.2	计划工期	整个工程原计划的工期是90天 计划开工日期：××××年××月××日
1.3.3	质量要求	质量标准：合格 1. 资质条件： (1) 投标人应取得施工工地有效安全生产许可证，有建设局行政管理部门要求的获得总承包的能力，具有施工资质的独立法人 (2) 市外房屋建筑类和市政基础设施类施工企业投标时，需提供某市城乡建设局发放的《市外建筑业企业单项工程项目核验通知书》或《某市建筑业企业信用管理手册》 2. 财务要求：投标人应具有独立订立合同的能力，未处于财产被接管、冻结和破产状态 3. 信誉要求：投标人没有被国家、省级有关部门及市级有关部门暂停招投标或市场准入资格且在公示处罚期内

(续表)

条款号	条款名称	编列内容
1.3.3	质量要求	4. 项目负责人资格要求： 项目负责人是投标人的正式职工，具有建筑工程专业二级建造师注册证书（或建造师临时执业证书），有 B 类《建筑施工企业项目负责人安全生产考核合格证》 5. 其他要求： 项目负责人从本工程投标文件递交截止之日起必须满足下列条件之一： (1) 项目负责人无在建工程。 (2) 项目负责人是变更后无在建工程，变更经建设单位同意并按规定向行政主管部门办理相关手续的。 (3) 项目负责人有在建工程，在建工程应和此次招标工程属于同一个建设工程项目，还要属于同一个工程项目的批文，除此以外，还要在同一个施工地点
1.4.1	投标人资质条件、能力和信誉	(1) 项目负责人没有在建工程项目是指项目负责人在同一时间段内还在其他建设工程项目中担任一些主要职位，比如项目的负责人、技术负责人，不在本项目兼任其他岗位。 在建工程指处于中标人公告到合同约定的工程全部完成且验收合格期间的工程。验收合格证明指由建设单位（或监理单位）组织工程建设各方验收合格，并签署单位工程质量竣工验收记录或者分部工程质量验收记录等验收证明文件。 (2) 投标申请人须保证项目部主要组成人员及代理人均为本单位的正式职工，并确保从投标截止之日当月向前连续 6 个月均连续在本单位缴纳养老保险（例：如开标日期为×××年×月×日，则投标单位需保证以上人员×××年××月养老保险均在本单位缴纳）。 (3) 本工程项目部主要组成人员包括项目负责人 1 人、技术负责人[需具有 5 年以上工程施工现场管理工作经验（在主要人员简历表中说明），建设工程类中级及以上专业技术职称（如职称证书不能体现专业，需同时提供能体现所学专业毕业证书)]1 人、施工员 1 人（提供建筑或土建工程专业岗位证书）、安全员 1 人（提供 C 类安全员岗位证书）、质量员 1 人（提供建筑或土建工程专业岗位证书）
1.4.2	是否接受联合体投标	不接受
1.9.1	踏勘现场	不组织
1.10	分包	不允许
1.11	偏离	不允许
2.1	构成招标文件的资料	招标公告，招标文件的文字部分、图纸、工程量清单，招标控制价文件，修改答疑澄清文件
2.2.1	投标人提出问题的截止时间	××××年××月××日
2.2.3	投标截止时间	××××年××月××日
2.2.4	招标人书面澄清的时间	详见投标须知

(续表)

条款号	条款名称	编列内容
2.3	招标控制价	设招标控制价,详见招标文件投标人须知
2.3.1	招标控制价公布时间	招标控制价与招标文件同时在"某市招投标会员网上交易系统"上发布。投标人应及时下载该文件,由于投标人未下载该文件造成的投标失败,责任由投标人自行承担
2.3.2	暂估价	招标人预算价中的材料暂估价、专业工程暂估价,均不含规费、税金 暂估价发包方式:详见建设工程施工合同通用条款、专用条款
3.1	构成投标文件的资料	详见投标须知
3.2	投标报价的要求	详见投标须知
3.3.1	投标有效期	60日(不少于45日)
3.4	诚信保证金(含投标保证金,下称保证金)	详见投标须知
3.5	资格审查资料	详见投标须知
3.6.3	签字或盖章要求	投标文件加盖电子签章
4.2.1	递交投标文件地点	递交投标文件的地点: (1)电子档: ×××××××××××××××××
4.2.2		(2)除电子投标文件外投标时须提供的其他资料(光盘、其他文件见说明):某市行政服务与公共资源交易中心
4.2.3	是否退还投标文件	否
4.2.7	开标时间和地点	开标时间:同投标截止时间 开标地点:见招标文件
5.2	开标程序	详见投标须知
6.1	评标委员会的组建	评标委员会人数:5人 其中招标人评委:0人,专家5人 评标专家确定方式:电脑随机抽取 本项目是否采用远程评标:否
7.1	是否授权评标委员会确定中标人	否
7.2	中标候选人公示	详见投标须知

某消防站工程投标文件的技术标编制案例

(续表)

条款号	条款名称	编列内容
7.4	履约担保	详见投标须知
9	监督	监督此次工程项目当事人或者招投标活动
		建设工程招标投标行政监督部门依法实施监督
9.5	投诉处理	详见投标须知
10	需要补充的其他内容	
10.1	是否允许递交备选投标方案	不允许
10.2	电子招标投标	是
10.3	施工组织设计是否要求编制	是
10.4	纸质投标文件封套上应载明信息	封袋格式按招标文件中关于投标文件格式内封袋格式执行
10.5		招标时招标人应该通知所有投标人的法定代表来参加开标会,投标人的法定代表人(或其委托代理人)应按时参加开标会;招标人要求出席开标会议的人员,应在招标人按开标程序进行点名时,出示本人二代身份证原件,凡二代身份证在开标时不能出示的或提供虚假证件的,招标人当场退回其投标文件。有项目负责人答辩的,项目负责人可以不出席开标会,但开标结束后必须到达开标室等候,确保在接到答辩通知后携本人二代身份证原件在10分钟内到达指定地点,接受评标委员会要求的陈述及答辩测试。凡逾期未到的、二代身份证不能出示或提供虚假证件的,不得进入答辩程序
10.7	本工程招标人是否必须要求投标人的企业法定代表人或企业负责人担任项目负责人	否
10.8	工程招标人是否接受企业退休人员担任负责人	否
10.9		1. 本招标文件时间均以中华人民共和国北京时间为准,所涉及金额的币种均为人民币。2. 凡参与本工程投标的投标人,视同已踏勘过项目现场和研究了本招标文件的所有内容,并无保留地接受招标文件的所有条款(含招标答疑、补充通知及招标控制价等)。3. 为防止因开标前集中上传投标文件造成的网络拥堵,导致投标人无法在投标截止时间前成功上传投标文件,建议投标人在开标前尽早把投标文件上传到市招投标会员网上交易系统。4. 请统一使用最新版本的投标文件编制工具制作投标文件,相应软件请至市公共资源交易网下载中心下载投标制作工具;投标文件编制工具软件中,模块三"投标文件格式",其中资审资料下方的一到七条根据招标文件要求填写;各投标人在会员系统里面下载的JSBF格式的文件为招标控制价文件,各投标人可以在招投标文件浏览工具中查看,不需要导入投标文件编制工具中。5. 各投标单位投标时需提供电子投标文件、光盘、其他文件及CA锁(具体要求详见本招标文件规定)。投标文件编制工具会生成三个格式文件(①JSTF、②Njstf、③stf7格式),其中①开标前上传至会员系统,②、③刻录到光盘内做备份文件,参加开标会时还要带着CA锁,还有一些规定要带的其他资料文件。6. 本招标文件未尽事宜,按国家和省法律法规、规章要求处理。7. 本招标文件的解释权归招标人所有

（Ⅰ） 招标文件（略）

......

某消防站工程投标文件的技术标编制

1 简介

投标文件,是指具备承担招标项目能力的投标人,以招标人提供的招标文件中的要求所编制的文件,一般由商务标、技术标部分组成。在投标文件编制过程中,应响应招标文件中提出的实质性、细微性要求。响应招标文件的方式还包括:投标人必须根据招标人提供的招标文件进行填写,不得刻意回避或遗漏招标文件中所提出的问题。

商务标是投标文件的重要组成部分,也是确定、调整以及结算工程合同价款的依据。商务标中包含工程的合理综合单价、措施项目费、其他措施费等的编制。技术标主要是指施工组织设计的内容,包括技术方面的方案、机械设备、人力资源配置等,用来表示投标人的综合实力以及所拥有的经验。主要包括:编制说明及编制依据、工程概况、施工准备工作、主要施工方案和工艺要求、分部分项工程质量计划及控制措施、施工进度计划、保证措施等。

本设计课题为某高新区新建消防站工程施工投标文件的技术标编制。该工程为3层,建筑总面积为 4 348 m^2,该建筑物为钢筋混凝土框架结构,建筑的主体高度为 13.6 m,抗震设防烈度为7度。

2 项目概况

工程名称:某高新区新建消防站工程

建筑面积:4 348 m^2

建筑层数、高度:3层,建筑高度 13.6 m

建筑结构型式:框架结构

抗震设防烈度:7度

耐火等级:二级

使用年限:50年

设计高程:本楼设计标高±0.000

质量要求:符合国家有关验收规范及强制性标准

工　　期:90天

建设单位:×××

设计单位:×××

监理单位:×××

施工单位:×××

3 技术标编制

3.1 编制说明及编制依据

3.1.1 编制说明

3.1.1.1 施工组织设计是组织施工的整体指导,应当在正式开工审批完成之前进行。根据本项工程的设计特点及功能要求,以"质量优、安全性好、科学性、环保性、高效性、低消耗"为施工组织设计的编制原则,以构建项目资金的合理使用和对项目质量进行负责的态度编制。

3.1.1.2 公司注重编制这个项目的施工组织设计,集齐之前曾经参加过类似工程并且是具有非常丰富的施工经验编制人员,成立编制施工组织设计专项小组。针对工程施工中主要施工工序制定一系列施工方法,以及制定一系列工程质量、安全及工程环境保护相关目标,切实保证工程质量管理体系能够有效地运行,确保本工程施工组织设计方案能够切合施工过程中实际会遇到的问题和状况。

3.1.2 编制依据

3.1.2.1 甲方提供的×××公司所作某高新区新建消防站施工图。

3.1.2.2 甲方提供的×××公司所作某高新区新建消防站工程岩土工程勘察报告。

3.1.2.3 甲方的工期要求。

3.1.2.4 现行有关设计和施工规范,施工验收规范,质量检验评定标准,技术标准,规程及相关法规、条例等。

3.1.2.5 公司的技术标准、技术要求等有关建筑工程方面各项规章制度。

3.1.3 编制内容

某高新区新建消防站工程的施工组织设计主要内容包括:工程需要投入施工机械设备的具体情况、劳动力具体安排计划、各主要分部分项工程施工方法、确保工程质量技术组织措施、确保安全生产技术组织措施、确保文明施工技术组织措施、确保工期技术组织措施、施工总平面图等内容及总承包管理相关内容。该施工组织设计体现了对本工程施工总体构思与部署,为建设单位选择施工企业提供参考。

本工程施工组织设计是对现场周边环境进行认真而详细的了解后编制的,未能提及的地方都应该按照本项工程施工设计图纸,国家现行技术规范、技术规程、质量评定标准及其他相关文件等具体要求及规定进行该项工程施工。

3.2 工程概述

3.2.1 项目概况

- 3.2.1.1 工程名称：某高新区新建消防站工程
- 3.2.1.2 建筑面积：4 348 m²
- 3.2.1.3 建筑层数、高度：3层，建筑高度13.6 m
- 3.2.1.4 建筑结构型式：框架结构
- 3.2.1.5 抗震设防烈度：7度
- 3.2.1.6 耐火等级：二级
- 3.2.1.7 使用年限：50年
- 3.2.1.8 设计高程：本楼设计标高±0.000
- 3.2.1.9 质量要求：符合国家有关验收规范及强制性标准
- 3.2.1.10 工　　期：90天
- 3.2.1.11 建设单位：×××
- 3.2.1.12 设计单位：×××
- 3.2.1.13 监理单位：×××
- 3.2.1.14 施工单位：×××

3.2.2 建筑、结构概况

该工程的墙体±0.000以下采用材料为混凝土实心砌块，女儿墙采用材料为240 mm厚淤泥多孔砖；±0.000以上外墙、内墙采用材料为200 mm厚砂加气混凝土砌块；浴室周围墙壁底部由现浇混凝土制成翻边(翻边混凝土等级与楼板混凝土等级相同)，混凝土翻边应当与卫生间底板一起浇筑，混凝土翻边高度$H \geqslant 150$ mm，厚度与混凝土翻边上部墙体相同。

本工程所有门窗空口上方无混凝土梁的均需设钢筋混凝土过梁($L=370\times2+$洞口宽)，所有窗台均设有120 mm高钢筋混凝土压顶，所有外墙在必须范围内设置与墙体同宽的现浇混凝土防水带。

此项工程的楼屋面防水等级为二级，平屋面设置保温防水屋面，采用防水涂料为SPU材料和采用SBS改性沥青卷材防水厚3 mm，保护层为50 mm厚C30细石混凝土；55 mm厚挤塑聚苯板保温层(燃烧等级B1级)，采用轻质泡沫混凝土找坡最薄处为30 mm；在施工过程中一定要遵守相关防水工程施工标准及验收规范进行施工，一定要严格遵守已经规定的操作规程及操作程序。所有伸出屋面的管道、设备和预埋件等全部都应该在屋面防水层施工完成之前安装完毕，尽量避免在屋面防水层施工完成后再进行凿孔打洞造成渗漏，用来保证该工程屋面防水效果和屋面保温隔热效果达到规范规定技术标准和要求。如果屋面找平层上需要设置分格缝时，分格缝宽20 mm，应设在屋面，并用油膏进行嵌缝。

本工程采用内装修和外装修一体的施工技术，无论从整体，还是到局部都要求高质量和高水平的施工方法，需要粘贴的材料尺寸必须做到精准，而且要做到横平竖直且密实封闭。选择材料时，一定要根据该工程设计时的具体荷载要求以及允许厚度来确定。装修时使用的材料的规格、成分,使用的油漆、涂料及颜色应进行严格的挑选,并且应该在该项施工前作出要用到材料的样板,并且要与设计单位、建设单位以及监理单位共同进行研究讨论确定后再进行订货施工。

本项工程所有的设置地漏的房间都应该先做防水层,图中并未注明整个房间都设有坡道的,都应该在地漏的周围 1 m 的范围内做百分之一到百分之二的坡度流向地漏的方向,所有设置防水层的房间,楼地面都应低于其相邻房间楼地面 20 mm 以上,也可以设置防水门槛。卫生间以及盥洗室的地面防水材料都应该选择水泥基结晶型防水材料。

建筑外门窗采用铝合金中空玻璃窗,高透光 LOW-e 玻璃 5+12A+5 透明玻璃,气密性能应当达到 GB/T 7106—2008 中的 6 级指标,水密性能不得低于 4 级指标,建筑外遮阳 LOW-e 自遮阳。

工程墙面进行粉刷时应该分层施工,所砌墙面都应该平整牢固,所有阳角和阴角在高度 2 m 以下时必须用 1:2 的水泥砂浆进行包护角。

本工程采用基础桩基、承台、基础梁,设计深度均为 −1.4 m。工程基础垫层采用强度等级为 C15 泵送现浇混凝土浇筑,构造柱、圈梁、过梁及其他构件都采用强度等级为 C25 泵送现浇混凝土进行浇筑,基础承台以及基础梁都采用强度等级为 C30 泵送现浇混凝土进行浇筑,工程框架梁、楼板、楼梯都采用强度等级为 C30 泵送现浇混凝土进行浇筑。该工程所有构件板筋及箍筋采用 HPB300 级钢筋,主要构件钢筋采用 HRB335 级、HRB400 级、HRB400E 级钢筋,钢筋保护层厚度按照图集 11G101-1 采用。

3.2.3 安装、消防、燃气工程概况

生活排水立管采用 PVC-U 管,茶水间排水管采用耐热性管,管接口采用粘结。空调凝结水、阳台雨水排水采用管接口连接。室内排污泵出水管以及埋在地板内排水管都应采用热镀锌钢管,管接口采用丝接连接。室外雨水污水排水管都应采用双壁波纹管橡胶密封圈进行连接。室内消防管道采用内外壁热镀锌钢管,内外壁热镀锌钢管的管接口小于 DN100 时采用丝接连接;内外壁热镀锌钢管的管接口大于等于 DN100 时采用卡箍连接。室外埋设的地管采用内搪水泥砂浆球墨给水铸铁管,内搪水泥砂浆球墨给水铸铁管的管接口采用橡胶密封圈连接。

室内生活给水管立管采用热镀锌衬塑钢管,管接口采用丝接连接。支管采用公称压力为 1.0 MPa 的 PP-R 管,PP-R 管的管接口采用热熔连接。室外埋地管的管接口小于 DN100 时采用热镀锌衬塑钢管,热镀锌衬塑钢管的管接口采用丝接连接;室外埋地管的管接口大于等于 DN100 时采用内搪水泥砂浆球墨给水铸铁管,室外埋地管的管接口采用橡胶密封圈连接。

本工程所用电话信号源以及网络来自某市电信中心,信号源沿工程所在地埋地引入电话电缆。电话电缆分别穿 PC 管引入各分线箱。每层设电话分线盒,分线盒距离地面 1.5 m,而且都应该暗敷在墙内。电话的电缆采用 HYV 型穿金属管进行敷设,电话线采用 RVS 型穿 PVC 管进行敷设。干线电缆应设置在地面内进行暗敷,支线电缆设置在墙内和楼板内进行暗敷。

本工程防雷等级为二类,其防雷接地系统采用强弱共用接地体系统,接地体系统的接地电阻 R 应小于等于 1.0 Ω。该工程的避雷针采用 D12 镀锌圆钢,引下线采用建筑物内的一

根钢筋混凝土柱子内两根 ϕ16 以上的钢筋作为接地引下线,接地引下线之间的间距不应超过 18 m,接地引下线的上端与建筑物的避雷网进行焊接,接地引下线的下端与接地极进行焊接。接地极是指建筑物基础底板上的两根主筋。

本项工程采用总等电位连接。本工程电源为三相四线制 380/220 V,电源进线及配电干线选用 NHYJY22-0.6/1kV-4×35(95),SC100 交联聚乙烯绝缘铜芯电缆,所有干线均穿 SC 钢管埋地或沿墙暗敷。将总配电箱中的零线重复接地,接地电阻 R 不大于 1.0 Ω,总配电箱系统为三相五线制。

3.3 施工准备工作

3.3.1 技术准备

3.3.1.1 组织相关施工人员学习相关的技术标准以及施工规范,必须针对特殊工种操作人员进行培训以及技能考核,坚持特殊工种持证上岗原则。

3.3.1.2 组织技术人员、现场生产负责人、作业班组长、生产骨干对设计图纸进行学习,了解各项工序的施工工艺标准。

3.3.1.3 根据图纸及施工组织设计编制详细分项工程施工方案,进行技术交底指导施工。

3.3.1.4 根据建设单位提供的控制点标高,按照设计单位提供的工程图纸确定放线方案。

3.3.1.5 建筑单位必须配合混凝土搅拌站完成混凝土配合比试配工作,建立工地专用养护室。

3.3.1.6 对计量器具进行校核和鉴定,保证计量准确性。

3.3.1.7 进行脚手架、模板支撑设计验算。

3.3.1.8 提出材料半成品计划,尽快确定并提前安排加工订货。

3.3.1.9 根据图纸选用图集号,准备相应图集以备施工查用。

3.3.2 现场准备

3.3.2.1 根据现场的实际情况,本着科学、合理、经济、实用原则,修建临时使用设施,合理地布置各施工班组施工区域,做到文明施工。

3.3.2.2 根据建筑物平面形状,确定该工程水平运输道路,做好临时道路铺设及浇筑工作,确定垂直运输机械的位置。

3.3.2.3 组织机械设备进场,及时进行安装调试运转,确保所有机械设备性能良好。

3.3.2.4 确定并做好施工现场排水管沟,做到及时排出地面积水,保证雨季时道路畅通。

3.3.2.5 根据工程材料使用计划,组织材料进场。

3.3.2.6 组织劳动力进场时要进行必要的安全培训。

3.3.2.7 按施工现场平面布置图搭建临时设施、围墙等。

3.3.3 现场劳动力组织

按劳动力计划要求组织施工人员及管理人员,详见附表1。

附表1 劳动力计划表

工种	按工程施工阶段投入劳动力情况			
	基础阶段	主体阶段	装修阶段	扫尾阶段
土方工	5			
混凝土工	5	10	3	2
瓦工	5	15	20	5
钢筋工	20	30	2	1
木工	30	40	5	2
电焊工	3	5	0	0
电工、机修工	4	4	4	2
架子工		10	5	2
塔吊工	2	2	2	
安装工	4	8	15	15
油漆工			15	4

3.3.4 临时用水、用电

3.3.4.1 本工程采用三种等级配电箱,即总配电箱、二级配电箱、三级配电箱,由总控制配电箱分三路向施工机械用电设备供电。电缆的线路走向和用电注意事项在施工前应单独编制施工现场临时用电施工方案。

3.3.4.2 根据现场实际情况,临时供水主管采用φ50PP-R管,临时供水的分管用φ25PP-R管。临时供电所用电缆采用情况:总配电箱电缆采用BV-500-(4×70+1×35),二级配电箱电缆采用BV-500-(4×35+1×16),进入三级配电箱电缆采用BV-500-(3×25+1×10)。

3.4 主要施工方案和工艺要求

3.4.1 总体施工顺序框架及施工段划分

3.4.1.1 总体施工顺序框架图(见附图1)

附图1 总体施工顺序框架图

3.4.1.2 本工程可以分为两个施工段分别进行施工,即以伸缩缝为分界;采用流水作业,穿插施工。为保证建设单位工期要求,以及减少工人劳动强度,本工程垂直运输机械使用1台QTZ40塔吊,楼面混凝土浇筑均采用泵送商品混凝土。

3.4.2 工程测量及施工放线

3.4.2.1 施工控制网布设原则与测量方案选择

(1) 施工测量网布设原则

为了避免积累测量放样时产生过大的误差,工程施工时布设控制网必须遵守从整体到局部、先控制总体后控制细部、分段布置控制网的原则,布设控制网测量可以分为平面控制测量和高程控制测量。

(2) 施工测量方案选择

根据拟建工程所在区域,建设单位提供导线控制点和高程控制点,引测施工控制点,建立施工控制网,以保证本工程施工位置正确。

由于施工现场材料堆放、重型车辆行驶以及施工机械安置,给控制桩的保护造成了很大困扰,同时也难以保证相邻两个控制点之间视角。因此,在所述场地之外施工现场和周围布置第一控制网络,控制点应埋设于受外界环境影响较小红线周边区域处(且不能影响室外管线工程的施工),并且要求相邻两个控制点之间视角要良好,视线超过障碍物高度要保证大于1 m且成像要清晰,方便观测。

(3) 施工控制网精度要求

① 相邻控制点间相对误差不大于1∶3 500;

② 相邻控制点间绝对误差不大于5 mm;

③ 一级导线观测(J2型经纬仪):角中误差不大于4″,平均导线边长为200 m,边长测量相对误差不大于1∶40 000,多边形闭合差不大于$10''\sqrt{n}$(n为转折角个数);

④ 控制点按四等水准要求,视线长度不大于80 m,前后视距不等差不大于4 m,视距累积差不大于5 mm;附合或闭合路线高差闭合差不大于$5\sqrt{n}$(单位为mm,n为测站数)。

3.4.2.2 仪器配置

必须精确、高效地进行工程的工程定位和细部放样,选派施工经验丰富的专业测量员,组织专门的测量小组,独立负责本项工程的测量放线工作,并选用附表2中的测量器材。

附表2 仪器配置表

仪器名称	型号	精度	产地	数量	用途
光学经纬仪	DJ2-2	2″	苏州	2	控制网布设、控制网定位以及重点位置的放样测量复核
精密水准仪	DSZ2	2 mm	苏州	1	沉降观测及重要水准点引测兼复核
普通水准仪	DS3	3 mm	苏州	2	一般工程抄平

3.4.2.3 测量控制网布设

对现场测量数据进行计算调整,计算每个导线网高程、坐标和其他相关数据资料,最终编制出导线网成果报告,提交监理审查批准后,可以作为控制此项目的原始导线控制网数据。

在工程平面控制测量中采用光学经纬仪进行。根据图纸并结合现场实际情况,在土方开挖之前应先要仔细考虑,对整体进行精确测量,要注意控制点的稳固性以及永久性,用来防止在交叉施工作业中给测量产生破坏或位移。所测控制网必须与桩基施工控制网进行连接复核,防止出现桩基工程与主体工程由于两边的测量结果不一致而造成的后果。

所有测量控制网经测量人员自检无误后,形成正式的测量报告交公司技术部门验收后,再交监理单位、建设单位以及审核单位验收,验收合格后方可进入下道工序施工。

3.4.2.4 轴线竖向投测控制测量

本工程轴线竖向投测使用经纬仪进行,经纬仪的测量精度须满足规范所规定的要求:在建筑物本层内经纬仪测得的竖向误差不得超过 5 mm,在建筑物整体中经纬仪测得的竖向累计误差不得超过 20 mm。

3.4.2.5 高程控制在一层柱施工完成后用高精度水准仪引测到一层柱上,点的高程要闭合一致,标高标注为±0.000 m,并用红漆标注好,要符合标高标注方式。每一结构层用校验好的 50 m 钢卷尺向上引测,并用水准仪闭合后,标注好标志作为所在楼层施工的标高控制点,注意每层施工时标高引测起点都必须是一层标高控制点,防止层层推测叠加造成累计误差。

3.4.2.6 根据规范规定的变形测量的要求,结合此项工程的工程特点,对该项工程的变形测量进行安排。定期进行建筑物沉降观测,计算出每次观测的沉降量和累计沉降量,且定期进行建筑物的垂直度观测,与沉降情况进行分析比较,发现沉降异常时应及时与设计单位、建设单位以及监理单位通报。

3.4.2.7 根据本工程特点和施工层数,因为该工程的建筑高度在 30 m 以下,所以建筑施工平面放线采用外控法施工。

3.4.3 基础工程施工工艺

3.4.3.1 柱下独立基础施工顺序及方法

(1) 施工顺序

先要复核以及确定施工场地绝对标高,通过绝对标高,引导出相对标高进行定位放线,放线完成之后,邀请相关单位进行验线,验线合格后进行施工放线,放线完毕以后,用反铲挖土机进行挖土,再用人工进行修缮,等这些工作都完成之后,监理单位组织进行基槽验收。

等基槽验收合格后,开始安装基础垫层模板,模板安装完毕后将已安装模板的垫层进行浇筑,垫层浇筑结束后,再进行基础模板安装,基础模板安装包括承台模板安装以及基础梁模板安装,基础模板安装完毕以后,接着要安装基础承台钢筋以及基础梁钢筋,在安装承台钢筋的同时,插入柱子中需要用到的钢筋,在钢筋安装完毕后,浇筑基础混凝土,在基础浇筑完成后要及时进行砖基础的砌筑,在砖基础砌筑完成后进行土方回填,将剩下的土运出施工现场。

(2) 本工程基础土方的挖土方法以机械开挖为主,人工挖土为辅配合施工。此项工程采用的基础桩基、基础梁以及承台的设计深度均为−1.4 m。

基槽开挖时一定要按照项目部施工放线给出的定位轴线,并根据施工图纸给出开挖宽度，分段分层地进行挖土。为保证工期，项目部决定采用以机械开挖为主，人工清理为辅的施工方法进行此项目基础土方开挖。根据工程地点土质和水文情况，采取在四侧放坡的形式进行开挖，以确保施工操作安全。机械挖土应留 25～30 cm 宽度，以便于人工清理。

当基槽清理至设计标高后，要对挖好的基槽进行自检，然后通知监理单位组织有关单位进行地基验槽，并做好相应验槽记录。

在基槽边缘位置堆放土方或者堆放材料时，堆放的东西应该与基槽的边缘保持 2 m 及以上的距离，用来保证基槽边坡稳定性，并且在基础已经完成的一侧，不应堆放过高的堆土，以免使建筑物基础、墙、柱等产生歪斜裂缝。

开挖基槽时，土方开挖深度不得超过设计规定基底标高，少数部位超挖时，应该用与基槽底部相同的土料进行补填，并分层夯实至规范要求的密实度。重要部位超挖时，应用强度等级为 C15 的混凝土进行填补，应提前征得设计单位的同意。

在基槽挖土过程中，一定要随时注意挖土土质变化情况，如果基底出现软弱土层时应及时通知建设单位，并与设计单位共同研究，可以采用加深、换填或其他加固地基方法进行处理。

如果遇到雨期施工，基槽应该分段开挖，即挖好一段土方后立刻浇筑一段垫层，并在基槽两侧设置土堤或挖排水沟，用来防止地面上的雨水流入基槽，同时建筑单位应该经常检查边坡支护稳定情况。

在机械开挖土方完成后，需要用水准仪控制好各轴线之间高程。所有的基坑、基槽挖好后，应先进行自检，经自检合格，再请建设单位、监理单位进行检查，经检查合格后才可以请当地质检单位、设计单位、地质勘探单位等相关单位做基础验槽，并做好相应验槽记录。

（3）桩位验收、接桩及垫层

① 垫层施工

基坑开挖至设计标高后，应立即组织垫层施工，为控制垫层标高，在坑底每 1.5～2 m（承台以及基础梁的位置）设置一标高控制桩或在桩身上测设标高控制点，用来控制垫层标高、厚度以及垫层表面平整度。

② 桩位验收及钢筋焊接

在基础施工前，必须对桩基、桩位进行竣工复测及验收（桩基小应变检测），合格后方可进行下道工序施工。

③ 接桩混凝土工程量质量保证措施

严格把好材料质量关，按国家现行《混凝土强度检验评定标准》(GB/T 50107—2010)相关规定核查相应钢材、水泥、砂、石料以及外加剂质保书，经检查不合格的材料，施工单位可以拒绝收货。混凝土的配合比试验报告一定要在浇筑时及时送到现场，以便监理单位复核审查后进行下道工序施工。

委托具有相应资质的检测单位对工程使用的原材料、钢筋焊接接头进行见证取样试验。各项指标检测合格后，经现场监理签字确认后方可进行下道工序施工。

（4）土方回填

回填土方首先应利用基槽内挖出的优质土，若基槽内挖出的优质土不够基础回填时，可以在现场的其他地方进行取土回填。但是含有大量有机质土、石膏或者水溶性硫酸盐大于 5% 的土、冻结状态或者液化状态下的泥炭和淤泥质土不能用作回填。

如果采用人工填土时应分层进行,应尽量采用同类土进行填筑,如果采用不同类土填筑,就必须要按种类分层铺填,但不得将各种土料任意混合使用,并将透水性大的土层放在透水性小的土层下面,避免在土方内形成水囊。土方回填施工应水平分层填筑夯实。

根据本工程特点,应该选用蛙式打夯机来夯实土壤,打夯机对土的夯实作用随深度的增加而减小,铺土厚度过厚或过薄,效果都不好。每层的铺土厚度控制在20～25 cm左右,每层土至少夯实3～4遍。基坑回填应在相对两侧或四周对称进行,在土方夯填时,夯实痕迹应相互搭接,按顺序进行夯实,防止漏夯。

填土时应严格控制土方含水量,当土过干时,填方的土不易夯实,当填方的土过湿时,就容易形成"橡皮土",只有在土的含水量适中时,回填土压实才能得到最佳密实度。各类土的最佳含水量如下:砂土为8%～12%、砂卵石土为6%～10%、黏土为19%～23%、粉质黏土为12%～15%,施工前施工单位应进行检验,经项目监理许可批准后,方可进行施工。

填方的密实度应该符合《建筑地面工程施工质量验收规范》和《建筑地基与基础工程施工质量验收规范》及《建筑工程施工质量验收统一标准》的有关规定。

在基础施工过程中,每个部位均要做好见证抽样工作以及材料进场检验工作。待各部位抽样检验合格后,将检测报告送监理单位签字。

3.4.3.2 独立基础及基础梁施工

(1) 基础及基础梁模板工程

为保证工程结构和构件形状尺寸及相互位置正确,基础采用12 mm厚多层板制模,钢管、木方等加固牢靠,基础垫层与模板接触的地方用水泥砂浆(1:2.5)抹严,避免漏浆烂根。模板表面与混凝土接触表面应涂刷隔离剂,确保混凝土表面光洁度。模板支模前在垫层上用墨盒弹好支模边线,检查基层是否已经清理干净,水、电等各种管线及预埋件是否安装完毕,在确保管线及预埋件安装完毕后,设置模板。

基础梁模板采用12 mm厚多层板制模,钢管加固,立面横管分四层进行加固,竖管间距600 mm,每侧设置双排地锚管,间距1 000 mm。地梁底用25 mm厚1:3水泥砂浆找平压光,基础梁上口用铁丝锁紧,以保证基础梁几何尺寸正确无误。

基础梁支模前,应先检查柱和基础梁外边线尺寸是否准确,准确无误后方可支模,用钢管、木方或者木楔进行加固,在模脚处抹1:2.5水泥砂浆,防止混凝土振捣时漏浆。

(2) 基础及基础梁混凝土工程

严格按《混凝土结构工程施工质量验收规范》和《建筑工程施工质量验收统一标准》执行。保证使用材料与试配材料相同,配合比必须是具有资质的实验室出具的报告单,水用水箱计量,砂、碎石用磅秤计量,现场设一名专职计量员控制配合比,浇筑混凝土前应该先检查钢筋位置、型号,标高控制是否准确,埋设位置是否正确,有没有松动现象,支架以及模板支护是否牢固,支好的模板内部有没有杂物,再用水将模板浇湿。

在基坑验槽后,将各坑槽每个台阶平面和高度用红油漆或钉子打点控制,再开始浇C15基础垫层,混凝土应采用表面振动器进行振捣,要求表面平整。当垫层达到一定强度后,可以在垫层上弹线、支模、铺放钢筋网片,底部用与保护层同厚度的水泥砂浆垫块垫塞,将柱子插筋加以固定来保证位置正确,以防在浇捣混凝土时产生位移。在浇筑混凝土时,操作平台架不得与固定插筋的架子相连。

在基础混凝土浇筑前,应先将模板和钢筋上的垃圾、泥土和油污等杂物清除干净,对模板缝隙和孔洞应先堵严实,模板表面要浇水湿润,但不得有积水。

在浇基础混凝土时,如基础内还有积水,要先在基底角边挖出一个积水坑,用潜水泵不停地抽水,保证混凝土浇筑质量。

基础混凝土应该分层连续浇筑完成。对于阶梯形基础,每个台阶高度应按设计要求分层浇筑振捣,每浇完一台阶应停 0.5~1.0 h,使混凝土初步沉实,然后再浇筑上一层。每一台阶浇筑完,表面应抹平压光。

混凝土振捣采用行列式或交错式,插入式振捣器振实混凝土移动间距不大于振捣器作用半径的 1.5 倍,每一振点振捣时间应使混凝土表面呈现浮浆和不再沉落为宜,振捣时不允许碰撞钢筋、模板、水电管埋件等,在振捣上层混凝土时,应插入下一层混凝土中 5 cm,以保证良好整体性。混凝土浇筑厚度是振捣器作用部分长度的 1.25 倍。

对于浇筑完毕后的混凝土,覆盖保温材料 12 h 以上,养护时间不得少于 7 天。混凝土的浇筑,采用混凝土泵车将商品混凝土运输到施工部位,料斗放料,用插入式振动棒捣固。混凝土应连续浇筑不间断,一次浇筑完毕。

3.4.4 主体工程施工工艺

3.4.4.1 主体施工标准层工艺流程

在基础施工完成之后,进入到下一阶段,首先要开始绑扎框架柱的钢筋,等框架柱的钢筋绑扎好之后再开始对柱子进行支模板,模板支好之后浇筑框架柱,在柱子浇筑好之后可以开始支框架梁和次梁的模板,模板支好后安装框架梁和次梁的钢筋,框架梁和次梁的钢筋安装完毕后,接着要安装梁侧模板和楼板模板,在楼板模板安装完毕之后,安装楼板钢筋,楼板钢筋安装完毕后,就可以浇筑混凝土,在全部的框架柱、框架梁和楼板浇筑完成后,开始砌墙。

3.4.4.2 框架结构钢筋施工工艺

钢筋必须是经过检验的合格产品,钢筋进场时,应按现行《钢筋混凝土用钢 第 2 部分:热轧带肋钢筋》(GB/T 1499.2—2018)等的规定抽取试件做力学性能检验。严格按设计和规范制作、焊接、安装。柱子的第一个箍筋距下部楼板或梁面高 50 mm,主筋搭接应严格按图示尺寸。钢筋主要是人工制作成形,在安装过程中一定要注意钢筋的等级、型号、规格、尺寸、锚固长度、焊接长度及焊、搭接位置。梁主筋接头不能在受剪或受拉最大区域内设置。钢筋锚固要严格按标准中图示各接点大样执行,箍筋绑扎成形的弯钩要求为 135°,弯钩直段长度要满足 $10d$。对于负弯矩筋和板顶钢筋,要采取扎"撑铁"的必要措施,"撑铁"按 @800 mm 左右的间距布置。每次钢筋绑扎安装完毕后,施工单位都要进行自检,经建设单位和监理单位检查合格后,再请质检单位以及其他相关部门进行分项验收。

3.4.4.3 框架结构模板施工工艺

框架梁、柱的模板安装采用木模,梁、柱的接点要接平,木模与梁、柱之间的缝隙要严密,要避免梁柱接头不平和漏浆产生的缺陷。平板采用木垫板、木模板和胶合板组合支模。建筑物的阴角和阳角一定要平直且牢固,不得出现变形、滑落等现象。支架和模具必须保证其强度、刚度和稳定性,控制好支架和模具的标高、接缝和几何尺寸,模板安装完毕,用胶带纸将板缝补上,所有模具安装完毕,均要重新复核图纸尺寸,检查预埋、预留、管线、孔洞是否正确,办理模板安装交接验收手续。

木工班在模板拆除前必须先办理模板拆除手续,做好安全防护设施,然后按要求进行拆模。本工程在模板拆除时混凝土强度应达到下列规定要求:当板跨≤2 m时,混凝土强度应大于设计强度的50%;当2 m<板跨≤8 m时,混凝土强度应大于75%;当板跨>8 m时,混凝土强度应达到100%,才能拆模,拆下的模板应该立刻进行清理、修正以及保养,分类别、分规格堆放整齐,以备下次使用。

3.4.4.4 框架结构混凝土施工工艺

浇筑混凝土前应先检查钢筋的位置、型号、标高控制是否正确,预埋件的位置是否正确,有没有松动现象,支架、模板的放置是否牢固,模具内有无杂物。然后用水将模板浇湿,浇柱或梁柱接点时,每个接点要先用1~3小桶1∶1水泥砂浆倒入模内,再灌入混凝土,浇柱时要设卸料平台,将混凝土铲入模具内,柱内的混凝土每升高400 mm就振动一次,柱的浇筑高度浇到梁下口50 mm处。

应安排有经验的技术工人来振捣,每个振点的时间应控制在20 s左右,要做到快插慢退、插点均匀,振捣时尽量不碰撞到结构内钢筋和预埋件,确保钢筋能够不移位,振捣混凝土到不再下沉、混凝土表面出现水泥浆为止,混凝土终凝后用草袋覆盖,设置专人浇水养护,混凝土的连续养护期限不少于7天,间隔养护期限不少于20天。要保证混凝土有足够的湿度和温度,能够在正常条件下硬化。

3.4.4.5 框架结构砌体工程施工工艺

混凝土实心砌块、加气混凝土砌块必须是经过检验的合格产品,混凝土实心砌块、加气混凝土砌块的龄期必须要达到28天以上,砌筑砂浆的原材料符合设计要求,严格按照配合比计量进行搅拌,砌筑砂浆的稠度符合试配要求。砌筑时应先浇水将其湿润,立好皮数杆,以便于控制水平灰缝以及竖向灰缝。砌筑砂浆要饱满,砌筑砂浆的饱满度要大于90%,不得有通缝现象。砌筑填充墙时,应按设计要求将墙体的拉结筋砌入墙内,错缝及门、窗头墙都应该用实心红砖进行配砌,空心填充墙砌筑至梁下口120~150 mm处,间隔14天后用实心砖滚砌,其缝隙和砂浆之间应密实。每个层段部位都要做好砂浆试块的见证取样工作。

为保证轴线精准度,应采用经纬仪或者用线锤从柱脚的轴线向上引测,建筑物的高度主要是用水准仪或者用钢尺来测定,必须严格控制高度误差在规定范围内。

3.4.5 装饰工程施工工艺

内墙瓷砖以及室内地板砖等需要预定的材料,应先由供货商提供样本,再经过建设单位、监理单位、设计单位以及质检部门等相关单位的认可之后才能开始施工。

砖砌主体施工完毕后,等待7天之后开始主体备案,然后开始内墙抹灰。墙面抹灰完毕后再做内墙瓷砖、地板砖、墙面的乳胶漆层。

3.4.5.1 室内墙面、天棚抹灰施工工艺

(1)墙面浇水

在抹灰前一天,墙面应进行自上而下的浇水湿透,且每天不少于两次。

(2)找规矩、做灰饼

按照基层面的表面平整度弹出阴角线。之后在离阴角100 mm的地方吊垂线并用墨盒弹出铅垂线,然后再按地上弹出的墙角线向墙上引出阴角两面墙上的墙面抹灰层厚度控制线。检查后确定抹灰的厚度,最薄处不应小于7 mm,墙面的凹度较大时要分层抹平,每遍的

抹灰厚度应控制在 7～9 mm。设计踢脚板,选择好下灰饼的准确位置,再用靠尺板确定垂直与平整。灰饼用 1∶3 水泥砂浆做成 5 cm 方形或者圆形。

(3) 做护角

室内墙面、柱面的阳角和门窗洞口的阳角,根据砂浆饼和门窗框边离墙面的空隙,用方尺确定后,用 1∶3 的水泥砂浆打底以及贴灰饼找平,待砂浆稍干后再用 1∶2 的水泥砂浆涂抹阴角位置推出小圆角,最后用靠尺板,在阳角两边 50 mm 以外的位置,以 40°斜角将多余砂浆切除、清洁,其高度为 2 m。门窗口护角做完后应及时用清水刷洗门窗框上的水泥浆。

(4) 抹底灰

在墙体湿润的情况下进行抹底灰。冲完全筋 2 h 左右后就抹底灰,不能太早或者太迟。抹时应先薄薄地涂抹一层,不能漏抹,并用木抹子抹平搓毛。然后全面进行质量检查,检查底子灰是否平整,阴阳角是否规方整洁,管道与阴角交接处、墙顶板交接处是否光滑平整,并用 2 m 长的尺板来检查墙面垂直度和表面平整度,墙的阴角用阴角器上下抽动扯平。

(5) 抹预留洞,配电箱、槽、盒

设置专人将墙面上预留孔洞、槽以及盒周边 5 cm 宽的砂浆清除干净,洒水湿润,并改用 1∶1∶4 水泥混合砂浆把孔洞、箱、槽、盒边涂抹光滑、平整。

3.4.5.2 室内乳胶漆施工工艺

(1) 基层处理

将基层油污、灰尘以及灰渣清理干净,用白水泥与 108 胶调成腻子来补平基层表面的裂缝和凹凸不平处,在腻子干燥后用砂纸磨平,然后满刮腻子,待满刮腻子干燥后用 1 号砂纸打磨平整,并清除浮灰。

(2) 涂刷第一遍乳胶漆(底漆)

先把墙面擦干净,用布擦墙面上的灰尘。涂刷顺序是第一次从左到右。在使用前,应混合使用乳状液,根据基层和周围温度加 10% 水稀释,以防头遍未涂覆。烘干后,再加油灰,干燥后,纸擦干净。

(3) 涂刷第二遍乳胶漆

操作要求同第一遍刷乳胶漆,油漆涂抹之前必须充分混合,若不是很稠,不添加水或尽可能少加水。漆膜干燥后,用细砂纸将墙面抛光,打磨光滑,然后用布擦干净。

(4) 涂刷第三遍乳胶漆

操作要求同第二遍乳状液。因为乳胶漆膜干燥快,应连续快速操作,涂刷时应从左边开始,逐层涂刷到另一边。

3.4.6 屋面工程施工工艺

屋面工程包括屋顶防水和隔热保温,是建筑施工的主要部分。建筑质量的好坏不仅关系到建筑物的寿命问题,而且直接影响到各种工程的正常运行和设备的正常使用。

屋面做法从下往上依次为:

(1) 50 mm 厚 C30 细石混凝土;

(2) 15 mm 厚 1∶3 水泥砂浆找平层;

(3) SBS 改性沥青防水卷材一层(厚 3 mm);

(4) 15 mm 厚 1∶2.5 水泥砂浆找平层；

(5) 1 mmSPU 防水涂膜；

(6) 15 mm 厚 1∶3 水泥砂浆找平层；

(7) 55 mm 厚挤塑保温板；

(8) 泡沫混凝土找坡层最薄处 30 mm 厚；

(9) 钢筋混凝土屋面板。

3.4.6.1 工艺流程

找坡层→保温层→找平层→SPU 防水→找平层→SBS 卷材防水层→找平层→刚性防水层

3.4.6.2 找坡层施工

(1) 洒水湿润

在涂抹找坡层泡沫混凝土之前，应先将表面适当地洒水湿润，以便于上下层之间有效粘结，洒的水不能过量，以免影响表面的干燥程度，从而影响防水层施工。

(2) 贴点标高、冲筋

找坡层按设计的坡度要求，拉线找坡一般为 2％，一般按 1～2 m 贴灰饼。浇筑泡沫混凝土时，应先按照流水方向以间距为 1～2 m 冲筋，找坡层中设分隔缝，缝宽为 2 cm，缝内嵌聚苯条，分格缝应从女儿墙处开始留设，纵横缝之间的间距不得超过 6 m。上下层之间的分格缝应对齐。

(3) 浇筑泡沫混凝土

按分格块单元浇筑，用刮杠靠冲筋条刮平，找坡后用木抹子搓平，铁抹子压光，待浮水消失后，人踏上去有脚印但不下陷为度，再用铁抹子压第二遍，即可交活。

(4) 养护

找平层抹平、压实后 24 h 之内应注意浇水养护。

3.4.6.3 找平层施工

(1) 结构层及保温层上面的松散杂物清扫干净，凸出基层表面的灰渣等粘结杂物要铲平，不得影响找坡层的有效厚度，并将屋面的管道等部位处理好，并浇水冲洗干净。

(2) 采用 42.5♯ 普通硅酸盐水泥，砂采用中砂，含泥量＜3％，不含有机杂质，级配良好，并要过筛，配制的水泥砂浆稠度≤5 cm。

(3) 按设计要求的标高，坡度做好塌饼标志，并按 1～2 m 距离设置。

(4) 本工程找平层分格缝在沿女儿墙距 500 mm 处开始留设，大平面分格缝可按 3 m×3 m 的间距设置，缝内填嵌防水油膏。

(5) 在屋面大面积施工前，先将屋面基层与突出屋面结构的连接处、转角部分提前施工，阴阳角做成圆弧，以防止该部位找平层厚度过大，而产生收水裂缝。

(6) 找平层铺设时，先洒水湿润，随即铺设 1∶3 水泥砂浆找平层，水泥砂浆铺设按由远到近，由高到低的顺序进行。

(7) 水泥砂浆找平层用木蟹拍实，铁板压光，要求抹平压实三遍，以避免找平层产生收水裂缝。

(8) 施工结束后不得上人踩踏，并洒水养护 7 天以上，达到不起砂、不脱皮。

3.4.6.4 SBS 改性沥青卷材防水层施工

(1) 外观质量要求如附表 3 所示。

附表3 外观质量要求

项目	外观质量要求
折痕	每卷不超过2处,总长度不超过20 mm;
杂质	不允许有大于0.5 mm颗粒;
胶块	每卷不超过6处,每处面积不大于4 mm^2;
缺胶	每卷不超过6处,每处不大于7 mm,深度不超过本身厚度的30%

（2）主要技术指标如附表4所示。

附表4 技术指标

性能	技术指标
不透水性	0.3 MPa 45 min 无渗水
抗拉强度(MPa)	纵向≥210 横向≥180 (20±2)℃
伸拉率(%)	纵向≥35 横向≥35 (20±2)℃
低温柔性	－20℃绕 φ10 mm 棒180°对折无裂纹
耐化学性	1%H_2SO_4浸15 d 或饱和 $Ca(OH)_2$浸15 d 外观无变化
抗冻性	－20℃至＋20℃循环20次外观无变化
热老化性	(80±1)℃ 168 h 拉力
伸长率	≥60%
保持率	≥80%

（3）材料进场后,在监理监督下按随机抽样的方式进行采样,送有关检测单位进行测试,测试合格后方能进行施工。

3.4.6.5 防水卷材施工

（1）基层胶黏剂在基层上涂刷,涂刷应均匀、不露底、不堆积。

（2）根据胶黏剂的性能,应控制胶黏剂涂刷与卷材铺贴的间隔时间。

（3）铺贴卷材不得皱折,也不得用力拉伸卷材,并应排出卷材下面的空气,辊压粘贴牢固。

（4）铺贴卷材应平整顺直,搭接正确,不得扭曲。

3.4.6.6 SPU 防水涂料施工

（1）材料要求

SPU 防水涂料是一种液态施工的单组分环保型弹性防水涂料,在接触空气中的水分后会凝固形成一种坚固的、柔软的、无关节的防水膜,在基面表面。SPU 防水涂层应具有产品合格证。

（2）作业条件

① 涂刷防水层的基层应按设计抹好找平层,要求抹平、压光、坚实平整,不起砂,含水率低于9%,阴阳角处应抹成圆弧角。

② 涂刷防水层前应将涂刷面上的尘土、杂物、残留的灰浆硬块、有突出的部分处理、清扫干净。

③ 涂刷 SPU 防水涂料不得在淋雨的条件下施工，施工的环境温度不应低于5℃，操作时严禁烟火。

(3) 操作工艺

① 工艺流程

基层清理→涂膜防水层施工→做保护层

② 基层处理

涂刷防水层施工前，先将基层表面的杂物、砂浆硬块等清扫干净，并用干净的湿布擦一次，经检查基层无不平、空裂、起砂等缺陷，方可进行下道工序。

③ 涂膜防水层施工

a. 附加涂膜层：穿过墙、顶、地的管根部，地漏、排水口、阴阳角、变形缝及薄弱部位，应在涂膜层大面积施工前，先做好上述部位的增强涂层（附加层）。

b. 涂刷第一道涂膜：在附加涂膜加固层的材料固化并干燥后，应先检查其附加层部位有无残留的气孔或气泡，如没有，即可涂刷第一层涂膜；如有气孔或气泡，则应用橡胶刮板将混合料用力压入气孔，局部再刷涂膜，然后进行第一层涂膜施工。

涂刮第一层 SPU 防水涂料，可用塑料或橡皮刮板均匀涂刮，力求厚度一致，在 1.5 mm 左右，即用量为 $1.5 \ kg/m^2$。

c. 涂刮第二道涂膜：第一道涂膜固化后，即可在其上均匀地涂刮第二道涂膜，涂刮方向应与第一道的涂刮方向相垂直，涂刮第二道与第一道相间隔的时间一般不小于 24 h，亦不大于 72 h。

d. 涂刮第三道涂膜：涂刮方法与第二道涂膜相同，但涂刮方向应与其垂直。

④ 涂膜保护层：最后一道涂膜固化干燥后，即可根据建筑设计要求施工保护层。

(4) 成品保护

① 穿过墙体的管根、预埋件、变形缝处，涂膜施工时不得碰损、变位。

② 已涂好的涂膜未固化前，不允许上人和堆积物品，以免涂膜防水层受损坏，造成渗漏。

(5) 应注意的质量问题

① 气孔、气泡：材料搅拌方式不妥及搅拌时间不当未使材料拌合均匀等将影响质量；施工时应采用功率、转速不过高的搅拌器。做涂膜前应仔细清理基层，不得有浮砂和灰尘，基层上更不应有孔隙，涂膜各层出现的气孔应按工艺要求处理，防止涂膜破坏造成渗漏。

② 起鼓：基层有起皮、起砂、开裂、不干燥，使涂膜粘结不良；基层施工应认真操作、养护，待基层干燥后，先涂底层涂料，固化后，再按防水层施工工艺逐层涂刷。

③ 涂膜翘边：防水层的边缘、分项刷的搭接处，出现同基层剥离翘边现象。主要原因是基层不洁净或不干燥，收头操作不细致，密封不好，底层涂料粘结力不强等造成翘边。故基层要保证洁净、干燥，操作要细致。

④ 破损：涂膜防水层分层施工过程中或全部涂膜施工完，未等涂膜固化就上人操作活动，或放置工具材料等，将涂膜碰坏、划伤。施工中应保护涂膜的完整。

3.4.6.7 挤塑保温板保温层施工

挤塑保温板的铺设应按其材料的特点和施工要求进行技术交底、组织施工。铺设时应即时掌握天气状况，保证铺设时没有雨水影响，保温板铺设应错缝拼合。完成后应进行修整,即时浇筑 40 mm 厚细石混凝土。

3.4.6.8 屋面保护层施工

(1) 铺贴前应用水平仪测好泛水坡度,做好塌饼。

(2) 细石混凝土整浇层采用 C30 商品混凝土施工,粗骨料的最大粒径不大于 15 mm,含泥量小于 1%,黄沙采用中粗沙,含泥量小于 2%,水灰比小于 0.55。

(3) 细石混凝土中 $\phi 4@200$ 钢筋网下,按纵横向间距 1.0 m,铺垫 25 mm 厚砂浆垫块,保证钢筋在整浇层厚度的中上部,混凝土浇筑应按先远后近、先高后低的原则进行,一个分格内的混凝土必须一次浇完,不得留施工缝。

(4) 屋面细石混凝土整浇层分格缝间距≤3 m,面积≤9 m^2,配筋断开,整浇层与女儿墙之间留缝 30 mm,缝内嵌填密封材料。

(5) 细石混凝土先用平板振动器振实后用滚筒十字交叉来回滚压至表面平整、密实,泛出水泥浆。

(6) 细石混凝土整浇层抹压时不得在表面洒水,加水泥浆或撒干水泥。混凝土收水后应进行二次压光,隔 24 h 后采用覆盖草包;浇水养护 7 天,防止收缩裂缝。

3.5 分部分项工程质量计划及控制措施

3.5.1 质量目标

本工程承诺质量目标优良,力争市优,安全、进度、成本控制良好。

3.5.2 分部分项工程质量控制措施

3.5.2.1 基槽的质量控制措施

(1) 基槽底的土质必须符合设计要求,并严禁扰动。

(2) 施工过程中应检查平面位置、水平标高、边坡坡度、压实度、排水、降低地下水位系统,并随时观测周围的环境变化。

3.5.2.2 土方回填的质量控制措施

(1) 基底处理,必须符合设计要求或施工质量验收规范的规定。

(2) 回填土料,必须符合设计要求或施工质量验收规范的规定。

(3) 填方施工过程中应检查排水措施、每层填筑厚度、含水量控制和压实程度。

(4) 填方施工结束后,应按设计和规范检查标高、边坡坡度、压实程度等。

3.5.2.3 基础及柱、梁、板混凝土浇筑质量控制措施

(1) 混凝土应按《混凝土强度检验评定标准》(GB/T 50107—2010)的规定取样、制作、养护试验试块,并评定混凝土强度等级,应符合设计要求和评定标准的规定。

(2) 混凝土运输、浇筑及间歇的全部时间不应超过混凝土的初凝时间。同一施工段的混凝土应连续浇筑,并应在底层混凝土初凝之前将上一层混凝土浇筑完毕。

(3) 现浇结构的外观质量不应有严重缺陷。

(4) 现浇基础和结构不应有影响结构性能和使用功能的尺寸偏差。

(5) 混凝土浇筑完毕后,应按施工技术方案及时采取有效的养护措施。

3.5.2.4 模板安拆的质量控制措施

(1) 安装上层模板及其支架时,下层楼板应具有承受上层荷载的承载能力,或加设支架;上、下层支架的立柱应对准,并铺设垫板。

(2) 在涂刷模板隔离剂时,不得玷污钢筋和混凝土接搓处。

(3) 底模及其支架拆除时的混凝土强度应符合设计要求。

(4) 模板安装其接缝不应漏浆;在浇筑混凝土前,木模板应浇水湿润,但模板内不应有积水。

(5) 模板与混凝土的接触面应清理干净并涂刷隔离剂,但不得采用影响结构性能或妨碍装饰工程施工的隔离剂。

(6) 固定在模板上的预埋件、预留孔和预留洞等不得遗漏,且应安装牢固。

(7) 浇筑混凝土之前,模板内的杂物应清理干净。

(8) 侧模板拆除时的混凝土强度应能保证其表面及棱角不受损伤。

(9) 模板拆除时,不应对楼层形成冲击荷载。

(10) 基础垫层应平整光洁,不得产生影响构件质量的下沉、裂缝、起砂或起鼓现象。

(11) 基础侧模板拆除时,混凝土强度应能保证其表面及棱角不受损伤。

3.5.2.5 钢筋绑扎的质量控制措施

(1) 钢筋进场时,应按现行国家标准的规定抽取试件做力学性能检验,其质量必须符合有关标准的规定。

(2) 当发现钢筋脆断、焊接性能不良或力学性能显著不正常等现象时,应对该批钢筋进行化学成分检验或其他专项试验。

(3) 钢筋加工时,受力钢筋的弯钩和弯折应符合施工质量验收规范规定;箍筋的末端应做弯钩,弯钩形式应符合设计和规范的要求。

(4) 纵向钢筋的连接方式应符合设计要求。在施工现场,应按国家现行标准的规定抽取钢筋接头试件做力学性能检验,其质量应符合有关规程的规定。

(5) 钢筋安装时,受力钢筋的品种、级别、规格和数量必须符合设计要求。

(6) 钢筋应平直、无损伤,表面不得有裂纹、油污、颗粒状或片状老锈。

(7) 钢筋加工的形状、尺寸应符合设计要求。

(8) 钢筋的接头宜设置在受力较小处。同一纵向受力钢筋不宜设置两个或两个以上接头。接头末端至钢筋弯起点的距离不应小于钢筋直径的10倍。

(9) 在施工现场,应按国家现行标准的规定对钢筋焊接接头的外观进行检查,其质量应符合有关规程的规定。

(10) 同一构件中相邻纵向受力钢筋的绑扎搭接接头亦按规范要求互相错开。绑扎搭接接头中钢筋的横向净距不应小于钢筋直径,且不应小于25 mm。

(11) 在柱、梁类构件的纵向受力钢筋搭接长度范围内,应按设计或规范要求配置箍筋。

3.5.2.6 电弧焊的质量控制措施

(1) 钢筋的材质、规格及焊条类型应符合钢筋工程的设计要求和施工规范的规定,并有材质及产品合格证书和物理力学性能检验报告。

(2) 钢筋焊接的弧焊机性能必须符合《钢筋焊接及验收规程》的规定。

(3) 焊工必须持有相应等级的焊工证。

(4) 所有焊接接头应在焊渣后单独观察或测量。焊缝表面应平整,不得有较大的咬痕、凹陷、焊缝、熔渣和气孔。

3.5.2.7　砌体的质量控制措施

(1) 砖和砂浆的强度等级必须符合设计要求。

(2) 砌体水平灰缝的砂浆饱满度不得小于80%。

(3) 砖砌体的转角处和交接处应同时砌筑,严禁无可靠措施内外墙分砌施工。对不能同时砌筑而又必须留置的临时间断处应砌成斜搓。

(4) 外墙转角处严禁留直搓,临时间断处留搓做法必须符合施工质量验收规范的规定。要求留搓正确,拉结钢筋设置数量、直径正确,竖向间距偏差不超过100 mm,留搓长度基本符合规定。

(5) 砖砌体的位置及垂直度允许偏差应符合规范规定。

(6) 砖砌体组砌方法应正确,上、下错缝,内外搭砌。混水墙中长度大于或等于300 mm的通缝每间不超过3处,且不得位于同一面墙体上。

(7) 砖砌体的灰缝应横平竖直,厚薄均匀。水平灰缝厚度为10 mm,但不应小于8 mm,也不应大于12 mm。

3.5.2.8　屋面防水的质量控制措施

(1) 防水层所用卷材及其配套材料必须符合设计要求。

(2) 防水层不得有渗漏或积水现象。

(3) 防水层在天沟、檐沟、檐口、水落口、泛水、变形缝和伸出屋面管道的防水构造,必须符合设计要求。

(4) 防水层的搭接缝应粘(焊)结牢固,密封严密,不得有皱折、翘边和鼓泡等缺陷;防水层的收头应与基层粘结并固定牢固,缝口封严,不得翘边。

(5) 铺贴方向应正确,搭接宽度的允许偏差为-10 mm。

3.5.2.9　外墙石材幕墙的质量控制措施

(1) 材料的品种、规格、颜色、图案必须符合设计要求和满足现行规范质量标准。

(2) 石材干挂必须粘结牢固、方正、棱角整齐,无脱层、裂缝等缺陷。

(3) 石材干挂的防水、胶缝和勾缝材料及施工方法应符合设计要求及国家现行产品标准和工程技术标准的规定。

(4) 表面应平整、洁净、色泽一致,无裂痕和缺损。

(5) 阴阳角处搭接方式、非整砖使用部位应符合设计要求。

(6) 墙面突出物周围的饰面砖应整砖套割吻合,边缘应整齐。

(7) 接缝应平直、光滑,填嵌应连续、密实;宽度和深度应符合设计要求。

(8) 允许偏差和检验方法应符合规范规定。

3.5.2.10　门窗安装的质量控制措施

(1) 门窗品种、类型、规格、尺寸、开启方向、安装位置、连接方式及填嵌密封处理应符合设计要求,内衬增强型钢的壁厚及设置应符合国家现行产品标准的质量要求。

(2) 门窗框、副框和扇的安装必须牢固。固定片或膨胀螺栓的数量与位置应正确,连接方式应符合设计要求。固定点应距窗角、中横框、中竖框150～200 mm,固定点间距应不大于 600 mm。

(3) 门窗拼樘料内衬增强型钢的规格、壁厚必须符合设计要求,型钢应与型材内腔紧密吻合,其两端必须与洞口固定牢固。窗框必须与拼樘料连接紧密,固定点间距应不大于 600 mm。

(4) 门窗扇应开关灵活、关闭严密,无倒翘。

(5) 门窗配件的型号、规格、数量应符合设计要求,安装应牢固,位置应正确,功能应满足使用要求。

(6) 门窗框与墙体间缝隙应采用闭孔弹性材料填嵌饱满,表面应采用密封胶密封。密封胶应粘结牢固,表面应光滑、顺直、无裂纹。

(7) 门窗表面应洁净、平整、光滑,大面应无划痕、碰伤。

(8) 门窗扇的密封条不得脱槽。旋转窗间隙应基本均匀。

(9) 门窗扇的开关力应符合规定:平开门窗扇平铰链的开关力应不大于 80 N,滑撑铰链的开关力应不大于 80 N,且不小于 30 N。

(10) 玻璃密封条与玻璃及玻璃槽口的接缝应平整,不得卷边、脱槽。

(11) 门窗的排水孔应畅通,位置和数量应符合设计要求。

(12) 门窗安装的允许偏差和检验方法应符合规范规定。

3.5.2.11 墙面抹灰的质量控制措施

(1) 抹灰前基层表面的尘土、污垢、油渍等应清除干净,并应洒水润湿。

(2) 所用材料的品种和性能应符合设计要求。水泥的凝结时间和安定性复验应合格。砂浆的配合比应符合设计要求。

(3) 抹灰层与基层之间及各抹灰层之间必须粘结牢固,抹灰层应无脱层、空鼓,面层应无爆灰和裂缝。

(4) 抹灰工程的表面质量应符合下列规定:抹灰表面应光滑、洁净、接槎平整,分格缝应清晰。

(5) 护角、孔洞、槽、盒周围的抹灰表面应整齐、光滑;管道后面的抹灰表面应平整。

(6) 抹灰层的总厚度应符合设计要求。

(7) 抹灰分格缝的设置应符合设计要求,宽度和深度应均匀,表面应光滑,棱角应整齐。

(8) 有排水要求的部位应做滴水线(槽)。滴水线(槽)应整齐顺直,滴水线应内高外低,滴水槽的宽度和深度均应不小于 10 mm。

(9) 抹灰工程质量的允许偏差和检验方法应符合规范规定。

3.5.2.12 乳胶漆的质量控制措施

(1) 涂料的品种、型号和性能应符合设计要求。工程的颜色、图案应符合设计要求。

(2) 涂饰均匀、粘结牢固,不得漏涂、透底、起皮和掉粉。

(3) 基层处理应符合下列规定:

① 灰基层在涂饰涂料前应涂刷抗碱封闭底漆。

② 抹灰基层含水率不得大于 8%。

③ 基层腻子应平整、坚实、牢固,无粉化、起皮和裂缝。

④ 厨房、卫生间墙面必须使用耐水腻子。

3.6 施工安全计划及保证措施

3.6.1 安全目标

"安全第一,预防为主",确保安全无事故。

3.6.2 安全保证组织措施

3.6.2.1 建立健全安全组织机构

(1) 成立以项目经理为组长,项目总工程师为副组长的安全领导小组。项目经理部设安全质量部,具体负责本工程的全部安全监察和管理工作,施工队设安全监察室,具体负责本工程的安全检查和安全措施的落实。

(2) 建立安全生产责任制。明确规定各职能部门、各级人员在安全管理工作中所承担的职责、任务和权限。形成人人讲安全,事事为安全,时时想安全,处处要安全的氛围,并建立一套以安全生产责任制为主要内容的考核奖惩办法和安全否决权评比管理制度。

(3) 安全管理组织结构框架见附图2。

3.6.2.2 安全教育

(1) 进入施工现场进行安全教育:一般教育,安全生产法规和安全知识教育,建筑工程施工时容易发生的伤害事故及其预防,《建筑工人安全技术操作规程》有关规定,建筑工程现场的安全管理规定细则,在建工程基本情况和必须遵守的安全事项等。

(2) 特种作业人员安全教育:特种作业人员除进行一般安全教育外,还要经过本工种的安全技术

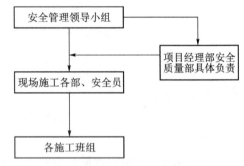

附图2 安全管理组织结构框架图

教育,经考核合格发证后,方准独立操作。定期对特殊工种进行复审。对从事有尘毒危害作业的工人,进行尘毒危害和防治知识教育。

(3) 安全生产的经常性教育:在做好对普通工种、特种作业人员安全生产教育的同时,把经常性的安全教育贯穿于管理工作的全过程,并根据接受教育的对象的不同特点,采取多层次、多渠道和多种方法进行。

3.6.2.3 安全检查

(1) 成立由项目经理为首的安全检查组,建立健全安全检查制度,有计划、有目的、有整改、有总结、有处理地进行检查。发现违反安全操作规程时,各级安检人员有权制止,必要时向主管领导提出暂停施工进行整顿的建议。

(2) 采取定期检查和非定期检查。定期检查:项目经理部每月组织一次安全检查,施工队每天进行施工安全检查并做好详细记录,提出保持或改进措施,并落实执行。非定期检查:按照施工准备工作安全检查、季节性安全检查、节假日前后安全检查、专业性安全检查和专职安全人员日常检查进行。

(3) 坚持以自查为主,互查为辅,边查边改的原则;主要查思想、查制度、查纪律、查领

导、查隐患、查事故处理。结合季节特点，重点查防触电、防机械车辆事故、防汛、防火、防高空坠落等措施的落实。

（4）采取领导和群众相结合，自查和互查相结合，定期和经常性检查相结合，专业和综合检查相结合及对照安全检查表等方法和手段进行安全检查。

3.6.3 安全保证技术措施

3.6.3.1 施工现场安全保证措施

① 施工现场设置在有利于生产、方便职工生活的前提下，还要符合防洪、防火等安全要求，具备安全生产、文明施工的条件。

② 施工现场内配备必要的标志牌，为职工和公众提供安全和方便。标志牌上文字采用中文，标志牌上有图示的警告符号采用国家通用的符号。

③ 严格执行《消防法》和公安部关于建筑工地防火的基本措施。严格三级用火审批制度，严格落实相关工作。

④ 在现场采取防火与消防措施，在合适地点配备适当数量的手持灭火器，各种安全设施配备齐全，且定期检查。

⑤ 现场运输道路平整、畅通，排水设施良好；特殊、危险地段设醒目的标志，夜间设有照明设施。

⑥ 施工现场内各种材料堆放整齐稳固，拆除的模板、钢管及其他废旧物品及时清理，以保持现场的整洁有序。

⑦ 易燃易爆品仓库、发电机房、配电房，采取必要的安全防护措施，严禁用易燃材料修建。

3.6.3.2 临时工程安全保证措施

（1）临时道路

施工便道在使用期间设置良好的排水设施，并经常养护，使便道稳定牢固，路面平整，同时应设置必要的交通标志牌。夜间施工配备足够的照明设备。

（2）临时用电

① 施工用电采用三相五线制，按一机一闸一漏保设置防护。在施工现场必须采用接零保护系统，电气设备的外壳必须与专用保护零线连接。不得在同一供电系统中有的接地，有的接零。

② 施工用电必须符合用电安全规程。各种电动机械设备，必须有可靠有效的安全接地和防雷装置，严禁非专业人员操作机电设备。

③ 工地内架设的电力及照明线路，其悬吊高度及距工作地点的水平距离按当地电力部门的规定执行。

④ 工地内的电线按标准架设。不得将电线捆在无瓷瓶的钢筋、树木、脚手架上；露天设置的闸刀开关装在专用配电箱里，不得用铁丝或其他金属丝替代保险丝。

⑤ 生活区室内照明线路用瓷夹固定，电线接头牢固，并用绝缘胶布包扎；保险丝按实际用电负荷量装设。

⑥ 电工在接近高压线操作时，必须符合安全距离。

⑦ 使用高温灯具时，与易燃物的距离不得小于1 m，一般电灯泡距易燃物品的距离不得

小于 50 cm。

⑧ 移动式电动机具设备用橡胶电缆供电,经常注意理顺;跨越道路时,埋入地下或穿管保护。

⑨ 电器设备的传动轮、转轮、飞轮等外露部位必须安设防护罩。

⑩ 在不便使用电器照明的工作面采用特殊照明设施;在潮湿和易触及带电场所的照明供电电压不大于 36 V。

⑪ 对从事电焊工作的人员加强安全教育,懂得电焊机二次电压不是安全电压等基本知识。各类电焊机的机壳设有良好的接地保护。电焊钳设有可靠的绝缘,不准使用无绝缘的简易焊钳和绝缘把损坏的焊钳。施工中若有人触电,不得用手拉触电人,立即切断电源,采取救护措施。

3.6.3.3 临时用水

(1) 工地施工用水和饮用水在施工前对水质进行化验鉴定,并采取相应的处理和防护措施。生活用水必须符合我国卫生组织对饮用水的要求。

(2) 在项目经理和项目总工程师的领导下,由专职质检工程师组成安全质量部负责质量管理工作。各施工队设专职质检员,各工班设兼职质检员。

(3) 质量监察科每旬组织一次质量检查,每月由项目总工程师组织一次质量检查,召开一次工程质量总结分析会。

(4) 施工队每天进行施工中间检查及竣工质量检查,并评出质量等级。

(5) 班组自检,自检合格后,专职质检员进行全面检查验收。再由项目经理部质检工程师请监理工程师验收签认。

3.6.4 安全保障体系框架图(见附图 3)

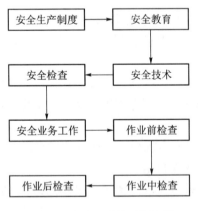

附图 3 安全保障体系框架图

3.7 工程质量通病防治措施

3.7.1 对施工缝渗漏水的预防

3.7.1.1 施工缝内有浮石、残浆全部清出,混凝土表面凿毛,槽内用压力水冲洗干净。

3.7.1.2 施工留置形式可选用留水平施工缝时墙中间嵌金属止水片,金属止水片之间的焊接质量要有保证。垂直施工缝中间设置橡胶止水带,橡胶止水带固定牢固防止打混凝土时打卷。

3.7.1.3 接浆沿缝长度方向要均匀,接浆后随即浇筑混凝土,振动时要使接浆与混凝土混合振密实,不过振以免使石子下沉水泥浆上浮。

3.7.1.4 为做好施工缝防水抹面等,施工缝留置的内外侧面在支模时应留出宽度不小于 20 cm,深度不小于 3 cm 的凹槽。

3.7.2 对防水层空鼓、裂缝的预防

3.7.2.1 基层要平整。

3.7.2.2 防水层施工前要充分湿润基层。

3.7.2.3 水泥砂浆原材料、外加剂、配合比应按设计要求。

3.7.2.4 正确养护。

3.7.2.5 严格按施工工艺操作。

3.7.3 对主体工程主要渗漏部位的预防

3.7.3.1 钢筋混凝土

(1) 悬挑阳台、雨篷受力钢筋下面应设置钢筋支架,并逐个进行钢筋工程隐蔽验收。

(2) 外墙部位的混凝土,应与屋面圈梁混凝土同时浇筑。

3.7.3.2 砌体

(1) 结构内外墙在每个楼层应尽量同时砌筑,若不能同时砌筑而又必须留置的临时间断处,应砌成斜槎,框架填充墙应按施工规范的规定在框架上设置拉结筋。

(2) 在房子的下墙和地面的墙之间,应该设置沥青板。建筑物四周的明沟、散水坡和台阶(有挑梁者除外)与建筑物墙根之间,一般应设缝断开,用油膏嵌缝。

(3) 框架围护结构填充墙不宜用三孔黏土砖砌筑。

(4) 镶窗盘不准用混凝土砌块,宜用实心黏土砖砌三皮丁砖或现浇 C20 细石混凝土。

(5) 严禁使用刚出厂的热砌块和爆灰的砌块以及生产后存放不足一个月的砌块。

3.7.4 对地面面层不规则裂缝的预防

3.7.4.1 必须重视原材料质量。水泥宜用普通硅酸盐水泥,标号不应低于 325 号,过期的、受潮结块的,或者安定性不合格的水泥严禁使用,砂子宜用粗中砂,含泥量不应大于3%。

3.7.4.2 水泥砂浆应严格控制用水量,砂浆稠度应不大于 3.5 cm,并搅拌均匀。表面抹压工作要认真做好,时间应严格控制在初凝到终凝之间。表面压光时,不宜撒干水泥。如确因水分大难以压光时,可适量撒一些 1:1~1:2 干水泥砂拌合料,尽量撒得均匀,待吸水后,先用木抹子均匀搓打一遍,然后用铁抹子压光。砂浆终凝后,应立即用湿草袋等覆盖养护,防止表面水分迅速蒸发产生收缩裂缝。刮风天气施工水泥砂浆地面时,应把门窗、洞口遮挡好,避免地面直接受风吹。

3.7.4.3 对面积较大的水泥砂浆楼、地面,应合理设置伸缩缝,其间距和形式应符合设

计要求。

3.7.4.4 水泥砂浆中掺有各种外加剂时,应严格控制掺用量,加强施工交底,认真检查、督促施工完成后加强养护工作。

3.7.5 对地面空鼓的预防

3.7.5.1 水泥砂浆面层铺设前,必须认真将垫层(或基层)表面的垃圾、积灰或污染物清理干净,基层表面过于光滑的则应预凿毛处理。

3.7.5.2 面层铺设施工前一天,应对基层进行浇水湿润,使基层表面清洁干净,充分湿润且局部不积水,确保面层与基层粘结牢固。

3.7.5.3 门口、门洞处过高的砖层要进行凿平处理,尽量和面层砂浆铺设厚度一致,防止因面层厚薄不均造成凝结硬化时收缩不均匀而产生裂缝、空鼓。

3.7.5.4 认真涂刷水泥浆结合层。应根据基层干湿度控制水灰比,一般水灰比控制在0.4~0.5之间为宜。浆调好后应均匀涂刷基层,不得漏刷,并严格做到随刷随铺设面层水泥砂浆,如发现水泥浆干涸的,则应铲去后重新涂刷。

3.7.6 对地漏地面倒泛水的预防

3.7.6.1 必须控制阳台、外走廊、厕所、盥洗间等地面标高,应比室内地面标高低20~50 mm。

3.7.6.2 施工中首先应保证地面基层标高、泛水坡的准确。做地面前,应以地漏处标高为基准,顺地漏方向做放射形冲筋,找好坡度,用尺刮平。

3.7.6.3 安装地漏时与土建密切配合,并应注意调整标高。地漏应相对地面低5~10 mm,地漏处做成盘子形。

3.7.7 对门、窗关闭渗水的预防

3.7.7.1 合理选料,不冒头的阻水边不低于25 mm。

3.7.7.2 安装窗框时,要注意下冒头料的水平度,稍微向外倾斜,避免倒泛水。

3.7.7.3 窗框与墙体结合处要内外填嵌防水密封膏,并填嵌密实,密封膏质量要符合要求。

3.7.7.4 镶嵌玻璃的密封胶条要根据周长再适当放长20 mm,使其呈自由状态,切不可接紧,毛刷条长度要到位。

3.7.7.5 打玻璃密封硅膏要到位。

3.7.7.6 框扇构件镶接节点处要满涂防渗水硅胶。

3.7.7.7 框下冒头要设泄水槽。

3.7.8 对砖墙、混凝土基层抹灰空鼓、裂缝的预防

3.7.8.1 墙体与混凝土交接处未加拉结钢筋的,可按规范要求按间距补加,可用 $\phi 6$ 钢筋,长度按规定要求,一端焊接在板墙分布筋上或柱的箍筋上,另一端加90°弯钩打入灰缝中,事先要把墙两边的灰缝各自剔深60 mm,待钢筋嵌入后,再用1∶2水泥浆嵌平墙面。

3.7.8.2 混凝土表面的油污、油漆隔离剂等,均应在抹灰前清除干净,用钢模等制作的

光滑的混凝土表面要凿毛。或用1∶1水泥砂浆掺10%的107胶先薄抹一层(厚约3 mm),待表面返白后再进行抹灰。

3.7.8.3 对凹凸不平的基层,应事先剔平或用1∶3水泥砂浆分皮补平,但当抹灰厚度大于40 mm时,应采取技术措施在抹灰层中间加 ϕ4 mm钢筋网片,每200 mm双向,并用 ϕ6 mm短钢筋按每600 mm间距与基层锚固。钢筋网片与短钢筋要用铅丝连接,钢筋网片必须放在超厚的抹灰层中间。

3.7.8.4 墙面挑头大洞、脚手洞应镶嵌密实,管道洞和贴墙管槽,应用1∶3水泥砂浆嵌塞密实平整。

3.7.8.5 抹灰前墙面应浇水。水应该根据温度进行浇灌,两遍即可。但如因气候和操作环境变化大,则应根据实际酌情掌握。

3.7.8.6 水泥、砂、石灰、外掺剂等原材料应符合质量要求,严禁使用强度及安定性不合格的水泥、细砂和特细砂以及受冻过的石灰膏。

3.7.8.7 严格控制级配比。石膏砂浆必须具有良好的工作能力和水保性能,水泥砂浆保水性差时,可与石灰、粉煤灰或增塑剂混合,以提高水的保水性。常用抹灰砂浆稠度的控制如下:

底层抹灰砂浆10～20 cm;中层抹灰砂浆7～8 cm;面层抹灰砂浆10 cm。

抹灰砂浆必须与基层粘结牢固,必要时可在砂浆中掺入107胶等胶结材料,以提高抹灰砂浆的粘结强度。

3.7.8.8 石膏砂浆配合比,底部应该中间层基本一样,中间层砂浆标号不能高于底层,底层砂浆不能高于基层墙体,以免石膏砂浆凝结过程中,产生强烈的收缩应力,从而产生空鼓等质量问题。

3.7.8.9 当抹灰基层不平整时,中层抹灰应分层抹平,每层抹灰厚度应控制在7～10 mm。水泥砂浆、混合砂浆应待前一层抹灰凝固后,再抹后一层,一般宜隔夜进行;石灰砂浆应等前一层变白后,再抹后一层。如果几层连续涂抹,因为湿砂浆粘在一起,起不到不分层效果,易使砂浆的收缩太大产生空鼓、裂纹。

3.7.8.10 门窗框必须用水泥砂浆填嵌密实。每一道工序应有专人负责,嵌塞应分遍进行。

后塞口的木门窗框,应在墙体砌筑时预埋木砖,混凝土墙体应在支模时预埋木砖或用冲击钻打洞钉入木榫。一般木窗每边2～3块木砖,无腰头门框每边埋3块木砖,有腰头门框每边埋4块木砖,木砖应事先满涂水柏油,用100 mm长圆钉,打扁钉帽后顺木纹送入门窗框3 mm。

3.7.9 对混凝土顶板抹灰空鼓、裂缝的预防

3.7.9.1 清扫板底基层。

3.7.9.2 板底有蜂窝麻面等情况,在抹灰前应用1∶2水泥砂浆修补。

3.7.9.3 板底应喷水湿润,通常在抹灰前一天进行,抹灰时再洒水一遍。

3.7.10 对山墙、女儿墙部位漏水的预防

3.7.10.1 按设计和规范要求,在做天沟找平层时,使天沟纵向坡度不应小于1‰,沟底

水落差不超过200 mm。

3.7.10.2 天沟应增铺附加层,当采用三毡四油沥青卷材、高聚物改性沥青卷材、高分子防水卷材时,均采用防水涂膜作为增强层。

3.8 文明施工及廉政措施

3.8.1 文明施工

3.8.1.1 建立健全文明施工领导小组,由一名项目现场负责人任组长,组织和领导文明施工,全面开展创建文明工地活动,施工现场做到技术标准规定的要求:即施工现场道路畅通;施工工地出入口畅通;施工中无管线高放,施工现场排水畅通无积水,施工工地道路平整无坑塘;施工区域与非施工区域必须严格分隔,施工现场必须挂牌施工,管理人员必须佩卡上岗;工地现场施工材料必须堆放整齐,工地生活设施配备齐全,工地现场必须开展以创文明工地为主要内容的思想政治工作,创造良好的施工环境和氛围,保证整体工程的顺利完成。文明施工管理组织机构图如附图4所示。

3.8.1.2 加强施工人员文明施工意识,组织学习文明施工条例及有关常识,进行上岗教育,讲职业道德、扬行业新风。

3.8.1.3 对进场施工的队伍签订文明施工协议书,建立健全岗位责任制,把文明施工责任落到实处,提高全体施工人员文明施工自觉性与责任性。

3.8.1.4 挂牌施工,标明工程项目名称、范围、开竣工期限、工地负责人,设立监督电话,接受社会监督。

3.8.1.5 采取有效措施处理生产、生活废水,不超标排放,并确保施工现场无积水现象。

3.8.1.6 现场布局合理,材料、物品、机具堆放符合要求。

3.8.1.7 施工内业资料齐全、整洁、数据可靠,办公室内按要求布置各类图表,及时反映现场状况及工程进度状况。

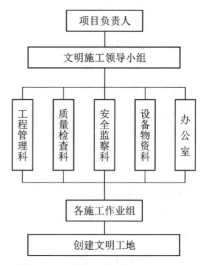

附图4 文明施工管理组织机构图

3.8.1.8 创建美好环境,在工地现场和生活区设置足够的临时卫生设施。同时,在生活区周围种植花草、树木、美化生活环境。

3.8.1.9 生活垃圾集中堆放。

3.8.1.10 施工期间,经常对施工机械、车辆、道路进行维修,方便沿线居民的生产和生活。

3.8.2 廉政措施

本承包人在廉政建设方面愿与建设单位积极配合,采用如下措施:

3.8.2.1 坚决按照国家、省级建筑市场管理的有关规定接受建设单位的监督管理,恪守合同规定和要求,做到不违规、不违纪。

3.8.2.2 落实公司《党风廉政建设责任状》,把党内监督、法律监督、行政监督、群众监督、舆论监督有机结合起来,使各种形式的监督形成合力。

3.8.2.3 严肃纪律,以新《会计法》规定约束项目第一管理者在财务工作上的自觉性和规范化。

3.8.2.4 加强公司对基层干部的职能管理,防患于未然,保持警钟长鸣。

3.8.2.5 尊重和落实建设单位在廉政建设方面的其他有关规章制度。

3.9 环境保护措施

本公司将把环保作为头等大事来抓,采取"环保与设计同时,环保与施工同时,环保与验收同时"的三同时措施,实现"经济效益,社会效益和环境效益"的统一。建立环境质量评价体系,对污染源和污染状况进行监测,取得第一手的数据和资料,进行分析,确定主要污染源和污染物质及其排放特征,了解污染程度和污染范围,并提出切实有效的治理措施。采取"预防为主,防治结合,综合治理"的原则,采用新技术新方法,切实搞好环保工作。

主要做到以下几点:

(1) 进场一开始,就组织全体职工认真学习《中华人民共和国环境保护法》《大气污染防治法》《环境污染法》《环境噪声污染防治法》《野生动物保护法》《水土保持法》等一系列相关法律、法规,使每个参与建设的职工都懂法、守法、依法施工。同时,自觉接受当地环保及其他相关行政部门的监督和管理。

(2) 在各项施工中应尽量减少对原有自然环境的破坏。

(3) 加强对施工技术的改造,积极推广清洁生产,减少污染源。

(4) 加强环境管理,全面推行污染物排放控制原则,将污染降低到最低限度。

(5) 厉行节水减污,提高施工用水重复率,降低废水排放量。

(6) 继续加强施工污染的终端处理,控制污染物排放总量,降低污染。

(7) 制定和健全排污法规体系,加强排污管理。

(8) 加强环境监测与事故预防,避免污染事故的发生。必要时,邀请有关环保科研部门来工地现场监测,以确定是否发生环境污染。

3.9.1 文物保护

施工时如发现文物古迹,应立即停止施工,并及时向当地政府、文物管理部门报告。并采取必要的措施保护好现场,防止文物流失,待文物管理部门做出处理后方可继续施工。施工中需要借土弃土时,应远离现有的或规划的保护文物遗址。

3.9.2 林木、植被、土地及地下水资源保护措施

3.9.2.1 对施工人员加强保护自然资源及植物的教育,严禁随意砍伐树木。生活及取暖所用燃料,采用块煤或液化气,不准使用柴火。

3.9.2.2 保护原有植被。对合同规定的施工界限内、外的植物、树木等尽力维持原状;砍除树木和其他经济作物时,应事先征得所有者和建设单位的批示同意,严禁超范围砍伐。

3.9.2.3 严禁在有植被和林木的地方燃火取暖,以防引起火灾。
3.9.2.4 永久性用地范围内的裸露地表用植被加以覆盖。
3.9.2.5 临时用地范围内的耕地采取措施进行复耕,其他裸露地表植草或种树进行绿化。
3.9.2.6 道路经过自然地面,项目完成时应立即种植适应当地的土壤和气候条件的草和树木,防止水土流失,保护边坡稳定和自然环境。
3.9.2.7 创造一个良好的环境。在建筑工地和生活区设置足够的临时卫生设施,定期清理;种植花草,同时在生活区周围植树,美化生活环境。
3.9.2.8 防止水土流失。
3.9.2.9 对于因开挖引起的山坡坍塌、滑坡等,应进行及时的处理,以防止水土流失。
3.9.2.10 工程竣工后,应及时清理现场,并根据设计要求,采用植被覆盖或其他处理方式。

3.9.3 水环境保护措施

3.9.3.1 污水处理池建成后,建设废水和污水排入污水处理池。
3.9.3.2 弃土运输时,溢出的土和石应及时清扫至适当地点处理,以防污染或阻塞交通。
3.9.3.3 改进施工工艺,减少施工废水的污染程度,并控制废水的排放。
3.9.3.4 加强循环利用施工用水,使污染物的排放量降到标准范围内。
3.9.3.5 充分利用水体的自净能力,对经过处理的废水,合理布置排放点,满足水质排放要求。
3.9.3.6 施工机械的废油废水,采用隔油池等有效措施加以处理,不得超标排放。
3.9.3.7 避免污染生活水源。
3.9.3.8 对生活垃圾进行分选,集中处理,严禁随处倾倒,污染环境。
3.9.3.9 对于由施工造成的水资源污染,立即责成有关人员给予治理,并对相关污染源进行妥善处理。
3.9.3.10 严禁污染水资源。

3.9.4 动物保护措施

3.9.4.1 全体职工自觉保护野生动物,懂法、守法。
3.9.4.2 严禁捕杀野生动物,一经发现,立即送交有关司法部门进行处理。
3.9.4.3 若发现有受伤的动物,应及时通知当地动物保护站,并加以妥善保护。

3.9.5 大气环境保护措施

3.9.5.1 合理布局,解决好大气污染的排放途径,降低污染浓度,减少大气污染。
3.9.5.2 配备专用洒水车,对施工现场和运输道路经常进行洒水湿润,减少扬尘。
3.9.5.3 对汽油等易燃易爆等物品的存放要密闭,并尽量缩短开启时间。
3.9.5.4 在有粉尘的作业环境中作业,作业人员必须配备劳保防护用品。
3.9.5.5 严格执行《大气污染物综合排放标准》(GB 16297—1996)。

3.9.6 降低噪音措施

3.9.6.1 在固定的机械设备附近,建立临时的绝缘屏障,以减少噪音对邻近居民的影响。合理安排施工工作时间,尽量减少夜间车辆的使用频率,夜间施工不得安排噪声机械。

3.9.6.2 合理布局,控制机械布局密度,条件允许时拉开距离,避免机械过度集中形成噪声叠加。

3.9.6.3 机械设备要尽量远离居民区,以减小对居民生活的影响。

3.9.6.4 采取轮换作业制,缩短高噪声环境的工作时间。

3.9.6.5 为工人及现场管理人员配备耳塞、耳罩等用具,采取积极主动的个人防护措施。

3.9.6.6 施工管理人员及时对噪声进行监测,做到"心中有数,手中有策"。发现超标,及时做出防护措施。

3.9.7 场平弃土处理措施

3.9.7.1 挖出的土的堆放点应统一安排,堆放的地方尽量不要覆盖花草树木,并控制在已经规划好的地方。

3.9.7.2 余土外运时要注意保护花草树木。

3.9.8 工程美化措施

3.9.8.1 保护生态环境,尽量保护原有植被。弃碴场顶面和临时用地采取措施复耕或种植草和树木。合同建设范围内的任何植物或者树木,应当以其原有的形式予以维护。在砍伐树木或者其他经济作物时,应当事先征得业主和建设单位的同意。

3.9.8.2 在临时住房周围及临时便道两侧植树种草,美化环境。

3.9.8.3 施工完成后做场地清理时,需要种植花草树木。

3.9.8.4 严禁超范围砍伐。

3.9.8.5 对施工过程中产生的废弃料和垃圾采取合适的措施(如焚烧、掩埋等)进行处理,工程完成后,对全部施工现场进行彻底清理。

3.9.9 环境保护工作程序框图(见附图5)

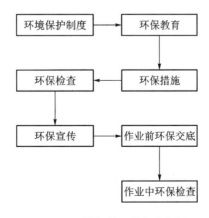

附图5 环境保护工作程序框图

3.10 冬、雨期施工及防洪防汛措施

3.10.1 雨季施工措施

某地区气候很好,在施工过程中可以不用考虑冬季施工措施,只把雨季施工措施作为重点考虑。

3.10.1.1 做好施工前的准备工作。

3.10.1.2 修筑现场临时施工道路,找平、夯实路基,做到流水通畅。雨后场区道路不积水。

3.10.1.3 根据施工进度准备施工设备计划,购买足够的雨衣、塑料薄膜油毡、雨衣等。

3.10.1.4 安装在施工现场的机电设备,上部加防雨罩,做好接地接零,防止设备漏电伤人。

3.10.1.5 脚手架、起重机一定要做好接地措施,防止雨天发生雷击。

3.10.1.6 在下雨之前,对该地点的道路进行彻底的清扫。临时设施已经建成的,应当检查检验,防止雨水造成材料的损坏,影响正常施工。检查起重设备等机电设备,看是否有线路安装不齐,有无漏电情况发生,避免漏电伤人。

3.10.1.7 加强对施工过程的管理。

3.10.1.8 进入施工现场的淤泥烧结砖、空心砖、加气块一定要集中堆放,下部铺设混砂,防止陷入土中。

3.10.1.9 袋装水泥应及时存入水泥库中,保证水泥不受雨水侵蚀。

3.10.1.10 雨天进场的砂石要严格控制质量,含土量必须在允许范围之内。

3.10.1.11 钢筋进场,较低的部分应该用木方垫起,分开堆放,以防止雨天带进泥土。即使是钢条的上部也要盖上雨布,防止长时间雨淋生锈。

3.10.1.12 模板进场时要按要求检查质量,质量检查合格后,堆放整齐,并做好防雨防潮工作。

3.10.1.13 混凝土、砂浆制备用的砂石,遇雨季要经常测定其含水率,并及时调整配合比,确保工程质量,节约水泥。

3.10.1.14 基槽根据土壤条件适当放坡,基底留 25～30 cm 厚的土壤保护,防止山体滑坡和地基被水浸,影响地基的承载力。

3.10.1.15 基槽上口周边不得过高堆土,防止边上松土掉入基坑内。

3.10.1.16 严禁在大雨期间进行混凝土浇筑。

3.10.1.17 在雨后对塔吊和脚手架的基础进行检查,基础不均匀、结构发生倾斜,应立即找出原因,并进行加固处理。

3.10.1.18 雨期的建设,应当日夜值班,做好应急准备,排除危险。

3.10.1.19 本工程采取的具体措施如下:

(1)在雨天工作时,砂石的含水率是严格控制的,安排专人负责,每班都进行两次测试,做好记录。并及时调整砂浆和混凝土的数量。被雨水冲刷的砂浆应该重新加水泥拌合,然

后再使用。在下雨的情况下,砂浆都是用塑料布覆盖的。

(2)雨天砌筑墙体,收工时,在墙顶盖一层干砖,防止雨水冲刷灰浆,同时加胶布覆盖。如果雨下得非常大,雨后发现灰浆已经被冲走,应拆掉1~2层的砖进行铺浆重砌。

(3)搅拌机前后台做好排水设施,要保证上料时坑内无积水。

(4)雨天运输混凝土时,要用塑料布进行遮盖。

(5)模板涂刷隔离剂后用防雨布加以遮盖,防止被雨水冲刷。若发现被雨水冲刷掉,应重新涂刷后方可浇筑混凝土。

(6)雨天浇筑混凝土时,要搭设防雨雨篷或用防水材料,做到随浇随盖。

(7)屋面施工时,尽量避开雨天,并备足防雨材料,对施工的工作面进行及时覆盖,并保持基层的干燥。

(8)屋面施工时遇到下雨就要及时停止施工,并及时覆盖工作面。

(9)大风、大雨等恶劣天气,停止一切作业活动。

3.10.2 防洪防汛措施

本工程的防洪目标主要是预防暴雨对施工带来的损失,防止暴雨来临时对人员安全、临时设施及机械设备的破坏。拟定具体防洪措施如下:

3.10.2.1 设立气象汛情预测站,密切关注市气象局关于天气、洪水等的信息,并做出科学的预测和分析,为防洪工作的决策,提供充分证据。

3.10.2.2 合理安排工序,防止汛期洪水对路基边坡冲刷和浸泡而影响施工安全。

3.10.2.3 在建筑物、生产房屋周围修建畅通的排水渠道,做好路基边坡挡墙及防洪挡水设施。

3.10.2.4 安全防汛领导小组组织10~20名有经验的人员组成抢险队,配置抢险器材,警钟长鸣,随时应急处理突发事件。

3.10.2.5 改进通信系统,确保主要工作点和指挥岗位与外界的沟通,设置专业人员巡逻,及时发现问题。

3.10.2.6 在雨季来临前,对水泥仓库等地方要做好防潮处理。

3.10.2.7 预报有暴雨后,防洪小组立即组织抢险队,对施工人员的住房、办公室以及水泥库进行加固,并对机械设备妥善处理,使其能抵抗暴雨的袭击。

3.11 施工进度计划

3.11.1 根据工期进度的要求,本工程应在90天(具体开工时间暂定于××××年××月××日,实际以开工报告为准)内完成。

由于工期比较紧张,且任务比较重,所以在工期安排上应加大插入度,立体交叉式施工,以确保能够按照建设单位提出的工期来完成。

3.11.2 阶段性工期安排见附表5。

附表5 阶段性工期安排

序号	分部分项工程	天数
1	施工准备	1
2	土方开挖及截桩头	3
3	基础垫层	2
4	基础钢筋制作及绑扎	6
5	基础模板安装	5
6	基础混凝土浇筑	2
7	土方回填	1
8	勤务楼一层模板安装	7
9	勤务楼一层钢筋安装	5
10	勤务楼二层楼面浇筑	2
11	勤务楼二层模板安装	7
12	勤务楼二层钢筋安装	5
13	勤务楼三层楼面浇筑	2
14	勤务楼三层模板安装	7
15	勤务楼三层钢筋安装	5
16	勤务楼屋面浇筑	2
17	二次结构施工	36
18	主体验收	3
19	屋面工程	10
20	内、外墙装饰工程	15
21	门窗工程	7
22	楼地面工程	6
23	脚手架拆除	3
24	水电安装	85
25	细部处理	5
26	竣工交付	3

3.11.3 施工进度计划详见施工进度计划横道图(见附图6)。

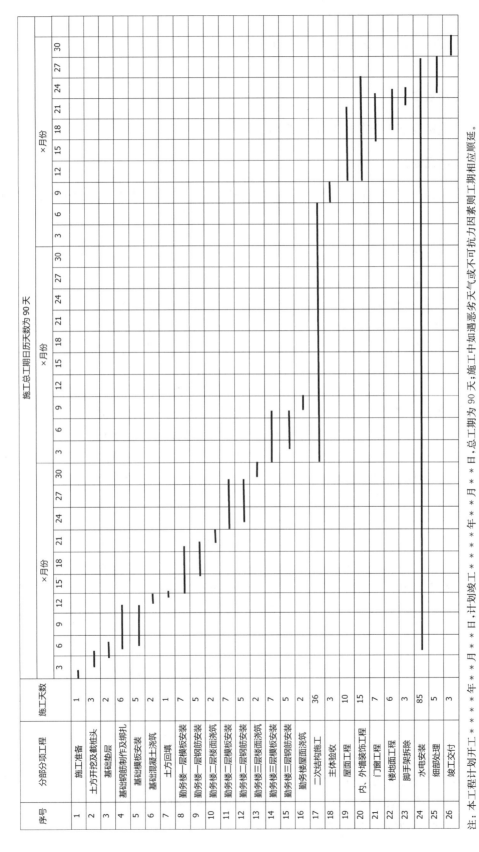

附图6 某高新区新建消防站工程施工总进度计划

3.12 工期计划及工期保证措施

3.12.1 工期目标

本公司确保全部工程在开工后 90 日历天内完工。

3.12.2 工期保证方案

合理安排施工程序和进度,优化方案,配足资源(人、材料、机械等),积极推进"四新"技术。

3.12.3 保证工期的组织措施

3.12.3.1 发挥优势,全力保障施工生产

发挥公司实力雄厚、施工机械化程度高的优势,选择合理的施工机械,建立合理的机械维修和维护系统,保证施工机械的完成率;与此同时,将建立一个强大的物流系统,以确保所有类型的材料和设备完全到位。改善工作环境和生活环境,确保全面建设。

3.12.3.2 加强网络计划管理

对项目的重点、难点和控制期、网络技术的应用认真研究和把握关键环节。优先考虑建设优先事项,增加设备、人力、物力、财力等方面的投入,确保项目和分项目的完成。制定当天的施工计划,每月有效完成。同时,在保证质量的前提下,尽可能执行多步同步建设、并行操作,控制操作的周期时间,合理安排操作水平,减少雨季施工等不利因素影响,利用有利时机加快施工进度。

3.12.3.3 科学组织,加强协作

及时分析关键电路的控制工期,合理调整人力和物质资源、资金资源和机械配置,制定并优化施工进度计划。加强调度统计工作,减少各工序之间的衔接时间,充分利用工作面,避免出现窝工的现象。协调各部门的工作,加强协调,为现场建设提供强有力的经济技术保障。理顺关系,及时回应施工现场的要求和需要解决的问题,以避免影响施工进度。

3.12.3.4 抓好资金管理,确保资金投入管理

充分利用项目资金,保证施工顺利进行,确保公司资金投资,提供资金的有力保证,确保建设基金专款专用。

3.12.3.5 搞好对外关系,确保施工生产顺利进行

施工对外涉及面广,处理好方方面面的关系对工程建设的顺利进行至关重要。因此,在施工中切实理顺与发包方、监理人等方面的工作关系,对保证工期起着重要的作用。

3.12.3.6 加强人员配置,发挥人才优势

人员配置上将从公司参加过类似工程施工的人员中,抽调有经验的施工和管理人员组成项目部,保证工程从施工管理到施工过程都可以顺利地进行。

3.12.4 保证工期的技术措施

3.12.4.1 编制好实施性施工组织设计

施工组织的优化设计是项目顺利进行的关键因素之一,要在确保工期的前提下,利用网络技术等新技术的原理,根据实际情况编制详细的施工组织设计,选择最佳施工方案,进行合理的资源配置。

3.12.4.2 对施工进度进行监控

(1)进度监控的原则是确保安全和质量、确保实现施工进度的工期目标。对施工全过程进行进度监控管理,做到目标明确,事先预控,动态管理,措施有效。

(2)采用投资指标监控法、形象进度监控法等,加强对关键过程和关键项目的跟踪和监控。

(3)进度监控的基本程序见附图7。

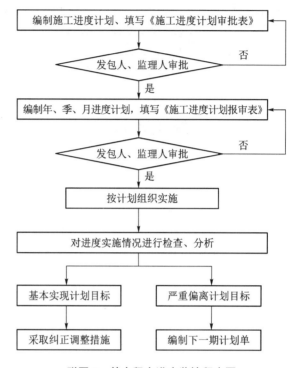

附图7 基本程序进度监控程序图

3.13 施工平面布置

3.13.1 施工用水量

经计算后,临时用水管选择 $\phi 50$ mm 管径的供水管可满足施工现场用水要求。

3.13.2 施工用电量及配线

对临时用电,在施工时应编制单独的专项方案。

3.13.3 临时设施需用量

办公:10人×6 m²/人=60 m²(现场搭设)

食堂:80人×0.5 m²/人=40 m²(现场搭设)

库房:40 m²(现场搭设)

值班室:10 m²(现场搭设)

合计 150 m²

3.13.4 施工现场平面布置图(见附图8)

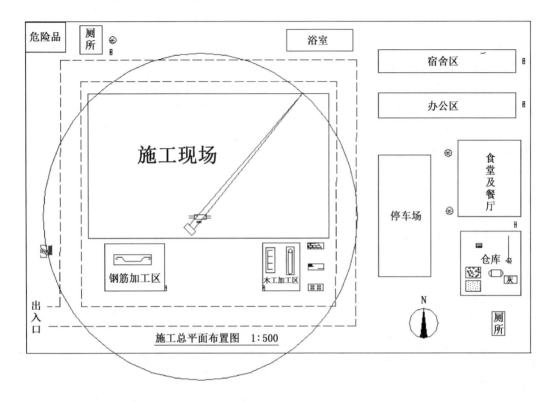

附图8 施工现场平面布置图

3.14 主要施工机械设备计划(见附表6)

附表6 主要施工机械设备计划

序号	机械或设备名称	型号规格	数量	产地	制造年份	额定功率(kW)	生产能力	用于施工部位
1	自升式塔吊	QTZ-40	1	山东		24	好	整个工程
2	搅拌机	J350	1	扬州		5.5	好	整个工程
3	交流电焊机	BX450	1	上海		22	好	整个工程
4	钢筋弯曲机	GJ7	1	建湖		1.5	好	主体
5	钢筋切断机	GQ40A	1	建湖		1.5	好	主体
6	蛙式打夯机	HW-201	1	南通		1.1	好	主体
7	振动棒		2	扬州		2.2	好	主体
8	平板振动器		1	河北		1.1	好	主体
9	潜水泵		2	南京		1.5	好	整个工程
10	手推车	自制	10				好	整个工程

3.15 劳动力计划(见附表7)

附表7 劳动力计划表

序号	工种	基础	主体	装修
1	木工	10	40	5
2	钢筋工	10	30	2
3	混凝土工	5	10	—
4	架子工	5	10	5
5	普工(包括挖桩)	20	30	15
6	砖工	10	30	—
7	装饰、抹灰工	10	10	40
8	水电工	2	10	15
9	焊工	3	3	3
10	机械工	5	5	5
	合计	80	178	90

3.16 项目管理机构

3.16.1 项目管理班子机构设置框架图(见附图9)

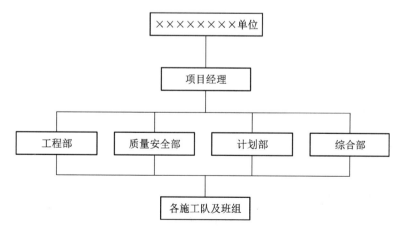

附图9 项目管理班子机构设置框架图

3.16.2 项目管理班子职责分工情况说明

3.16.2.1 公司

对本项目工程质量、安全、施工技术等方面负总责任,负责新技术、新工艺、新设备、新材料及先进科技成果的推广和应用,负责组织项目的施工方案、施工组织设计和质量计划的实施建立和批准,并协助项目经理解决工程质量的关键技术和重大技术问题,监督质量计划的实施。负责项目工程中劳动保护和生产安全的技术工作。结合工程特点和施工进度,及时发布劳动保护和安全生产技术计划和措施,并认真实施。

3.16.2.2 项目经理

项目经理是本项目工程安全保证、质量保证、工期保证、现场文明施工的第一责任人,负责设置健全的安全生产保证体系,建立和实施安全生产责任制,确保安全生产活动的正常运行。负责组织质量体系活动,建立项目质量目标,满足施工单位的要求,创建品牌工程。负责项目的资源配置,确保质量体系有效地运行,在项目人员、资金和物质资源的需求上,负责批准建设的实施计划、组织实施。根据项目的进展,全面组织和调整资源分配,以确保实现阶段目标和项目的总体目标。负责施工管理,建立文明施工现场的施工队伍,并结合项目的特点,制定文明施工管理细则。

3.16.2.3 工程部

工程部负责整个工程的施工,进行施工控制,制定施工技术管理办法,遵循工程的施工组织设计,进行技术交底、过程监控,解决施工上遇到的难题,参与编制竣工资料,并进行施工技术总结,组织实施竣工工程的保修以及后期各方面的服务,组织推广应用新技术、新工艺、新设备、新材料,努力开发新成果。

3.16.2.4 质量安全部

质量安全部负责整个工程的安全,进行施工质量管理规划,认真在施工中贯彻落实安全综合管理,编制安全技术方案以及安全措施,组织每周、每月的安全检查,在发现事故隐患时,应及时监督工程部进行整改。负责安全检查督促,定期对施工队进行安全教育,对突发事件提出预防措施,对关键工序提出安全防范的技术交底。按质量手册,制定质量管理工作规划,进行质量的综合管理。

3.16.2.5 计划部

计划部负责项目材料采购和材料管理,还负责制定该工程的材料管理办法。主要负责全部工程施工设备的管理工作,以及制定施工机械设备管理制度。负责现场各种原材料以及混凝土试块的样品采集、测试以及检验,并进行质量记录。

3.16.2.6 综合办公室

综合办公室主要处理项目经理部一切日常及对外关系协调等工作。

3.16.2.7 各施工队及班组

土建施工组:负责本项目所有土建方面的施工;

安装施工组:负责本项目的电气照明,上、下水管道安装及其他安装工程;

综合施工组:配合土建施工组和安装施工组的工作。

3.16.3 项目施工协调管理

3.16.3.1 同设计单位之间的工作协调

(1) 施工单位要经常与设计单位保持联系,进一步了解工程的质量要求以及设计意图,根据设计单位提供的意图,不断地补充和完善施工组织设计。

(2) 对施工中可能会出现的状况,除了按照项目经理还有监理单位的要求,进行及时的处理之外,还应该积极改进一些可能会出现的设计方面的失误,并与建设单位、设计单位及监理单位,按照总的进度以及整体的要求,进行局部验收、期间质量验收及竣工验收。

(3) 依照建设单位指令,施工单位应组织设计单位参与材料的选材以及订货,参与新材料的采购定样工作。

(4) 在工程施工中遇到要与设计单位进行讨论协商才能解决的问题,要协助设计单位解决诸多原因引起的标高、几何尺寸的平衡协调工作,要协助设计师解决不可预测因素引起的地质沉降、裂缝等变化。

3.16.3.2 与监理工程师及建设单位工作的协调

(1) 在施工过程中,应严格遵从建设单位及监理工程师所批准的施工组织设计进行质量管理,在项目经理部自检、专业检查的基础上,接受专业监理工程师的检查和验收,并且要按照总监提出的要求进行整改。

(2) 要遵从项目管理部已经设立的质量控制制度、检查制度以及管理制度,并根据这些对工程的施工质量进行控制,确保产品的性能。

(3) 所有已经到现场的设备、成品、半成品、材料、器具都应主动向监理工程师提交产品合格证以及质保书,按要求应在使用之前进行复试的材料,施工单位都应主动向监理工程师提交复试报告。

(4) 按照位置或分布分项工序进行质量检验,必须严格执行规定的准则,上一道工序施工不合格,下一道工序就不允许施工。对工作意见可能会有不一致的情况,应先遵从监理的意见,然后再讨论如何解决。在现场的质量管理工作中,维护好监理工程师的权威性。

3.17 技术计划与软件资料管理

该工程的质量目标是确保工程合格,因此在工程施工中,不但要加强现场技术、质量管理,还应加强软件资料及技术计划管理,满足建设单位、设计单位、监理部门及建设主管部门的规定,做到工程施工全过程的质量控制验证,提高质量管理水平,针对本工程重点列出以下技术计划及软件管理措施。

3.17.1 技术计划

3.17.1.1 工程技术复核计划。

3.17.1.2 隐蔽工程验收计划。

3.17.1.3 技术交底计划。

3.17.1.4 统计技术运用计划。

3.17.1.5 主要材料进货检验、过程检验计划。

3.17.1.6 新工艺、新技术推广应用计划。

3.17.1.7 QC质量攻关计划。

3.17.2 技术资料管理措施

在项目经理部设立资料室,将平时所有的相关资料全部存入电脑,并进行统一的编号,并设有专门人员负责对本项目工程的质量、进度、安全、资金等全部输入计算机进行管理,并及时与公司进行连接,能够随时接受本公司的检查。工程竣工验收后,除了要上交建设单位所要求的文字材料之外,还需要提供具有所有与竣工相关的文字材料及光盘两套,以便于建设单位的保存和查询。

资料员应该按照公司规定的文件和资料,在项目经理的领导下进行工作,在施工期间,负责所有来往文件的收发工作以及传递工作,并将资料进行分类整理。

工程交工后,资料员负责在一个月内完成文件的分类整理、装订以及移交工作,具体要求按照国家标准以及某市的建筑工程质量监督站的有关规定执行。

3.18 工程竣工验收及回访保修

3.18.1 工程竣工验收

工程的竣工验收以及工程的交付使用工作是工程施工管理的最后阶段,单位根据与建设单位签订的承包合同,应该积极地配合建设单位组织各方面的竣工验收以及交付工作,以便于及早交付使用。

工程应该按照施工图设计规定及合同要求全部施工完毕,并经过公司预验和建设单位监理等参建各方初验,已符合设计、施工验收规范要求;建筑设备(室内上下水、电气照明、线路敷设等工程)经过试验,均已达到设计和使用要求;建筑物室外清洁,施工渣土已全部运出现场;应交付的竣工图和其他技术资料均已齐全。项目部积极完成以上内容,向建设单位、监理单位提交《竣工验收申请报告》,按照程序进行验收。

3.18.2 回访保修

本工程根据《建筑法》的规定明确各分部分项保修范围及年限,根据合同相关条款,项目经理部协同公司管理层,建立和健全实施该工程回访和保修的制度,与建设单位签订工程质量保修书,施工单位应在保修期范围内对此项工程进行季节性、技术性、特殊性的回访,并按回访的内容,项目经理部立即派作业人员到场进行维修,其费用由公司承担。每次回访维修完毕后,及时办理相关手续并存档。

模 拟 试 题

模拟试题(一)

一、**单项选择题**(每小题1分,共30分)在下列每小题的四个备选答案中选出一个正确的答案,并将其字母标号填入题干的括号内。

1. 施工成本控制的步骤是( )。
   A. 比较—分析—预测—纠偏—检查　　B. 预测—检查—比较—分析—纠偏
   C. 检查—比较—分析—预测—纠偏　　D. 分析—检查—比较—预测—纠偏
2. 关于施工总承包模式的说法,正确的是( )。
   A. 工程质量的好坏取决于业主的管理水平
   B. 施工总承包模式适用于建筑周期紧迫的项目
   C. 施工总承包模式下业主对施工总承包单位的依赖较大
   D. 施工总承包合同一般采用单价合同
3. 下列施工成本计划指标中,属于质量指标的是( )。
   A. 设计预算成本计划降低率　　B. 单位工程成本计划额
   C. 设计预算成本计划降低额　　D. 材料计划成本额
4. 根据《生产安全事故报告和调查处理条例》(国务院令第493号),生产安全事故发生后,受伤者或最先发现事故的人员应立即用最快的传递手段,向( )报告。
   A. 施工单位负责人　　B. 项目经理
   C. 安全员　　D. 项目总监理工程师
5. 施工企业管理体系文件由质量手册、程序文件、质量计划和( )等构成。
   A. 质量方针　　B. 质量目标　　C. 质量记录　　D. 质量评审
6. 某工程施工项目经理部,根据项目特点制定了项目成本控制、进度控制、质量控制和合同管理等工作流程。这些工作流程组织属于( )。
   A. 信息处理工作流程组织　　B. 物质流程组织
   C. 管理工作流程组织　　D. 施工作业流程组织
7. 施工风险管理过程包括施工全过程的风险识别、风险评估、风险响应和( )。
   A. 风险转移　　B. 风险跟踪　　C. 风险排序　　D. 风险控制
8. 施工企业实施环境管理体系标准的关键是( )。
   A. 坚持持续改进和环境污染预防　　B. 采用PDCA循环管理模式
   C. 组织最高管理者的承诺　　D. 组织全体员工的参与
9. 施工现场照明条件属于影响施工质量环境因素中的( )。
   A. 自然环境因素　　B. 施工质量管理环境因素
   C. 技术环境因素　　D. 作业环境因素

10. 业主把某建设项目土建工程发包给A施工单位,安装工程发包给B施工单位,装饰装修工程发包给C施工单位。该业主采用的施工任务委托模式是( )。
    A. 施工平行承发包模式　　　　　B. 施工总承包模式
    C. 施工总承包管理模式　　　　　D. 工程总承包模式

11. 某工程包含两个子项工程:甲子项工程估计工程量为5 000 m³,合同单价240元/m³;乙子项工程估计工程量为2 500 m³,合同单价580元/m³。工程预付款为合同价的12%,主要材料和构配件所占比重为60%,则该工程预付款的起扣点为( )万元。
    A. 96　　　　B. 212　　　　C. 116　　　　D. 176

12. 根据《建筑安装工程费用项目组成》(建标〔2013〕44号),属于建筑安装工程措施费的有( )。
    A. 安拆费及场外运费　　　　　　B. 工具用具使用费
    C. 仪器仪表使用费　　　　　　　D. 燃料动力费

13. 某工厂设备基础的混凝土浇筑过程中,由于施工管理不善,导致28天的混凝土实际强度达不到设计规定强度的30%。对这起质量事故的正确处理方法是( )。
    A. 返工处理　　B. 修补处理　　C. 加固处理　　D. 不作处理

14. 关于施工方项目管理目标和任务的说法,正确的是( )。
    A. 施工总承包管理方对所承包的工程承担施工任务的执行和组织的总的责任
    B. 施工方项目管理服务于施工方自身的利益,不需要考虑其他方
    C. 由业主选定的分包方应经施工总承包管理方的认可
    D. 建设项目工程总承包的主要意义是总价包干和"交钥匙"

15. 采用单价合同招标时,对于投标书中明显的数字计算错误,业主有权利先做修改再评标,当总价和单价的计算结果不一致时,以单价为标准调整总价。这体现了单价合同( )的特点。
    A. 工程量优先　　B. 总价优先　　C. 单价优先　　D. 风险均摊

16. 编制施工组织总设计时,在施工总进度计划确定之后,才可以进行的工作是( )。
    A. 拟定施工方案　　　　　　　　B. 确定施工的总体部署
    C. 编制资源需求量计划　　　　　D. 计算主要工种工程的工程量

17. 根据《建筑安装工程费用项目组成》(建标〔2013〕44号),属于建筑安装工程机械费的有( )。
    A. 工程排污费　　　　　　　　　B. 工具用具使用费
    C. 仪器仪表使用费　　　　　　　D. 检验试验费

18. 在施工总承包管理模式下,分包单位一般与( )签订合同。
    A. 工程总承包单位
    B. 施工总承包单位
    C. 业主
    D. 业主、施工总承包管理单位三方共同

19. 根据《建设工程项目管理规范》(GB/T 50326—2017),不属于项目进度管理应遵循程序的有( )。
    A. 编制进度计划　　　　　　　　B. 进度计划交底,落实管理责任

C. 实施进度计划　　　　　　　　D. 资源条件、内部与外部约束条件

20. 通过加强施工定额管理和施工任务单位管理,控制活劳动和物化劳动的消耗。这属于施工成本管理措施的( )。
   A. 技术措施　　B. 组织措施　　C. 经济措施　　D. 合同措施

21. 关于施工质量控制的说法,正确的是( )。
   A. 施工质量控制应强调过程控制
   B. 施工质量控制独立于施工质量管理
   C. 施工质量控制的关键在于工程项目的终检
   D. 施工质量控制的特点仅由施工生产的特点决定

22. 下列组织工具中,能够反映项目所有工作任务的是( )。
   A. 组织结构图　　　　　　　　B. 工作流程图
   C. 工作任务分工表　　　　　　D. 项目结构图

23. 关于建设工程索赔成立条件的说法,正确的是( )。
   A. 导致索赔的事件必须是对方的过错,索赔才能成立
   B. 只要对方存在过错,不管是否造成损失,索赔都能成立
   C. 不按照合同规定的程序提交索赔报告,索赔不能成立
   D. 只要索赔事件的事实存在,在合同有效期内任何时候提出索赔都能成立

24. 斗容量为 $1\ m^3$ 的反铲挖土机,挖三类土,装车,深度在 $3\ m$ 内,小组成员 4 人,机械台班产量为 3.84(定额单位 $100\ m^3$),则挖 $100\ m^3$ 土的人工时间定额为( )工日。
   A. 3.84　　　B. 0.78　　　C. 0.26　　　D. 1.04

25. 施工质量保证体系的运行,应以( )为重心。
   A. 过程管理　　B. 计划管理　　C. 结果管理　　D. 成品管理

26. 施工企业的施工生产计划与建设工程项目施工进度计划的关系是( )。
   A. 施工生产计划是项目施工进度计划的集合
   B. 属同一个计划体系,但范围不同
   C. 属两个不同系统的计划,但两者紧密相关
   D. 属两个不同系统的计划,两者之间没有关系

27. 施工机械台班产量定额等于( )。
   A. 机械净工作生产率×工作班延续时间
   B. 机械净工作生产率×工作班延续时间×机械利用系数
   C. 机械净工作生产率×机械利用系数
   D. 机械净工作生产率×工作班延续时间×机械运行时间

28. 根据施工技术交底有关规定,项目开工前向承担施工的负责人或分包人进行书面技术交底的人,应该是( )。
   A. 项目经理　　B. 项目质检员　　C. 项目专职安全员　　D. 项目技术负责人

29. 某工程在总包单位和一个不属于总包管理范围之内的专业分包单位之间进行工程交接时,《交接检查记录》中的见证单位应该是( )。
   A. 总包单位　　　　　　　　　B. 该专业分包单位
   C. 建设单位　　　　　　　　　D. 其他专业分包单位

30. 单价合同的工程项目结算时,当总价和单价不一致时,以( )为准进行调整。
 A. 单价 B. 总价 C. 市场价 D. 协商价

二、多项选择题(每小题2分,共20分)在下列每小题的五个备选答案中有二至五个正确答案,请将正确答案全部选出,并将其字母标号填入题干的括号内。

31. 根据《建筑安装工程费用项目组成》(建标〔2013〕44号),属于建筑安装工程企业管理费的有( )。
 A. 劳动保险和职工福利费 B. 工具用具使用费
 C. 仪器仪表使用费 D. 检验试验费
 E. 安拆费及场外运费

32. 按成本组成,施工成本分解为人工费、材料费和( )。
 A. 企业管理费 B. 措施费
 C. 间接费 D. 施工机械使用费
 E. 机械费

33. 根据《建设工程工程量清单计价规范》(GB 50500—2008),"其他项目清单"的内容一般包括( )。
 A. 暂估价 B. 计日工
 C. 总承包服务费 D. 暂列金额
 E. 转包服务费

34. 按计划的功能划分,建设工程项目施工进度计划分为( )。
 A. 控制性进度计划 B. 指示性进度计划
 C. 指导性进度计划 D. 实施性进度计划
 E. 详实性进度计划

35. 承包人向发包人提交的索赔报告,其内容包括( )。
 A. 索赔款项(或工期)计算书 B. 索赔证据
 C. 索赔事件总述 D. 索赔合理性论证
 E. 索赔意向通知

36. 关于网络计划关键线路的说法,正确的有( )。
 A. 单代号网络计划中由关键工作组成的线路
 B. 总持续事件最长的路线
 C. 双代号网络计划中无虚箭线的线路
 D. 时标网络计划中没有波形线的线路
 E. 有波形线的线路

37. 关于项目结构图和组织结构图的说法,正确的有( )。
 A. 项目结构图中,矩形框表示工作任务
 B. 项目结构图中,用双向箭线连接矩形框
 C. 项目结构图和组织结构图都是组织工具
 D. 组织结构图中,矩形框表示工作部门
 E. 矩形框表示工作分部门

38. 施工进度计划检查后,应编制进度报告,其内容有( )。

A. 进度计划实施情况的综合描述
B. 实际工程进度与计划进度的比较
C. 进度的预测
D. 进度计划在实施过程中存在的问题及其原因分析
E. 前一次进度计划检查提出问题的整改情况

39. 根据《建筑安装工程费用项目组成》(建标[2013]44号),属于建筑安装工程企业管理费的有( )。
    A. 劳动保险和职工福利费
    B. 工具用具使用费
    C. 仪器仪表使用费
    D. 检验试验费
    E. 劳动保护费

40. 根据《建设工程施工专业分包合同(示范文本)》(GF—2003—0213),分包人的工作包括( )。
    A. 按照分包合同的约定,对分包工程进行设计、施工、竣工和保修
    B. 在合同约定的时间内,向承包人提供工程进度计划及相应进度统计报表
    C. 在合同约定的时间内,向承包人提交详细施工组织设计
    D. 已竣工工程未交付承包人之前,负责已完分包工程的成品保护工作
    E. 向业主按月提交工程款结算报告

三、简答题(每小题5分,共20分)

41. 管理由哪些环节组成?

42. 施工成本的过程控制方法有哪些?

43. 如何确定单代号网络计划的关键线路?

44. 某高速公路项目由于业主高架桥修改设计,监理工程师下令承包商工程暂停一个月。试分析在这种情况下,承包商可以索赔哪些费用?

四、案例分析题(每小题10分,共30分)

45. 某工程建筑与安装工程量计720万元,甲乙双方签订的关于工程价款的合同内容有:主要材料费占施工产值的比重为60%;工程预付款为建筑安装工程造价的20%;工程进度款逐月计算;工程保证金为建筑安装工程造价的5%,缺陷责任期为6个月。经确认材料价格平均上涨10%(6月份一次调补),见表1-1。

表1-1 工程各月实际完成产值

月 份	2	3	4	5	6
完成产值	65	120	185	220	130

问:(1)该工程的工程预付款、起扣点为多少?

(2)在6月份办理工程竣工结算,该工程结算总造价为多少?甲方应付工程结算款为多少?

46. 某供水公司投资一供水水源项目。为了避免售水的市场风险,在项目建设初期,与甲用户依照法定程序以价格0.35元/m³依法签订了供水合同。考虑到该供水工程建设难度较大,合同约定:若供水工程建成,则供水公司应按照合同约定价格给甲用户供水;若供水工程项目取消,则所签合同不发生任何效力。

在项目建设过程中,随着供水市场水资源紧缺,同时,又不涉及供水线路改造,该供水公司又以0.5元/m³的价格将水全部售予乙用户。签订合同时,乙用户并不知道供水公司已与甲用户签订了供水合同。

问题:

(1)根据合同法有关规定,供水公司与甲用户签订的合同属于哪种合同生效的情形?

(2)供水公司供水工程完工后,甲用户要求供水,供水公司的解释是:在供水工程完工前,与甲用户所签订的供水合同并未生效,因此,供水公司不受此约束,将水以更高的价格售予乙用户是合情合理的。试根据《合同法》的有关规定,说明供水公司的说法是否正确?

47. 某水利工程建设项目,业主与承包商签订的是单价合同,但合同中未约定投保事项,在工程实施过程中也未办理保险。在工程实施过程中,由于遭受突如其来的暴风雨袭击,造成极大损失。后经清理和计算,因此灾害造成的主要损失如下:

(1) 给已建工程造成破坏,损失计 48 万元。

(2) 承包商有数人受伤,处理伤病医疗费和补偿金 3 万元。

(3) 承包商现场使用的机械设备受到损坏,需修理等费用 18 万元。

(4) 由于造成现场停工 8 天,承包商损失机械台班折旧费 9 万元,人工窝工费 5 万元。

(5) 由于施工现场遭到破坏,清理现场需费用 3 万元。

(6) 由于停工、清理现场以及修复水毁工程等导致工期预计拖延 15 天。

问题:

(1) 工程保险是转移风险的一种有效途径,请问工程一切险承保的内容有哪些?

(2) 根据本案例特点和工程风险责任承担原则,上述损失应由谁承担?

模拟试题(二)

一、**单项选择题**(每小题1分,共30分)在下列每小题的四个备选答案中选出一个正确的答案,并将其字母标号填入题干的括号内。

1. 建设项目工程总承包方的项目管理工作主要在项目的(　　)。
   A. 决策阶段、使用阶段　　　　B. 实施阶段
   C. 设计阶段、施工阶段　　　　D. 保修阶段
2. 施工方信息管理手段的核心是(　　)。
   A. 实现工程管理信息化　　　　B. 编制信息管理手册
   C. 建立基于互联网的信息处理平台　　D. 实现办公自动化
3. 某住宅小区建设中,承包商针对其中一幢住宅楼施工所编制的施工组织设计,属于(　　)。
   A. 施工组织总设计　　　　　　B. 单位工程施工组织设计
   C. 单项工程施工组织设计　　　D. 分部工程施工组织设计
4. 下列进度计划中,属于实施性施工进度计划的是(　　)。
   A. 项目施工总进度计划　　　　B. 项目施工年度计划
   C. 项目月度施工计划　　　　　D. 企业旬施工生产计划
5. 根据《建筑施工场界噪声限值》(GB 12523—2011),推土机在夜间施工时的施工噪声限值是(　　)dB。
   A. 65　　　B. 55　　　C. 75　　　D. 85
6. 项目经理部是施工现场第一线管理机构,应设置以(　　)为第一责任人的安全管理小组。
   A. 项目经理　　B. 技术负责人　　C. 专职安全员　　D. 工长
7. 根据《标准施工招标文件》中的通用合同条款,在合同履行过程中,没有(　　)的变更指示,承包人不得擅自变更。
   A. 业主　　　　B. 设计人　　　　C. 规划主管部门　　D. 监理人
8. 在施工过程中,施工单位的测量复核结果应报送(　　)复验确认后,才能进行后续相关工序的施工。
   A. 项目经理　　B. 监理工程师　　C. 业主技术负责人　D. 项目技术负责人
9. 施工方项目经理在承担工程项目管理过程中,以(　　)身份处理与所承担的工程项目有关的外部关系。
   A. 施工企业决策者　　　　　　B. 施工企业法定代表人的代表
   C. 施工企业法定代表人　　　　D. 建设单位项目管理者
10. 当工程项目实行施工总承包管理模式时,业主与施工总承包管理单位的合同一般采用(　　)。
    A. 单价合同　　B. 固定总价合同　　C. 变动总价合同　　D. 成本加酬金合同

11. 施工项目现场设置专职安全员,是施工安全保证体系中的( )保证措施。
    A. 组织   B. 技术   C. 制度   D. 投入
12. 组织结构模式反映一个组织系统中各子系统之间或各工作部门之间的( )关系。
    A. 指令   B. 协作   C. 监督   D. 配合
13. 关于建设工程职业健康安全与环境管理的说法,正确的是( )。
    A. 职业健康安全与环境管理对一般有害的因素实施管理和控制
    B. 职业健康安全管理的目的是保护建设工程的生产者和使用者的健康与安全
    C. 职业健康安全与环境管理的主体是组织,管理的对象是一个组织的活动
    D. 职业健康安全与环境管理体系应独立于组织的其他管理体系之外
14. 建设工程项目总进度目标论证的工作包括:①项目结构分析;②编制各层进度计划;③进度计划系统的结构分析;④项目的工作编码。其正确的工作顺序是( )。
    A. ①③②④   B. ①③④②
    C. ③②①④   D. ④①③②
15. 施工安全技术保证体系中,不论是安全专项工程还是安全专项技术,首先应满足安全( )要求。
    A. 限控技术   B. 保(排)险技术
    C. 保护技术   D. 可靠性技术
16. 建设工程项目总进度目标是( )项目管理的任务。
    A. 业主方   B. 设计方   C. 施工方   D. 供货方
17. 关于项目目标动态控制的说法,错误的是( )。
    A. 动态控制首先应将目标分解,制定目标控制的计划值
    B. 当目标的计划值和实际值发生偏差时应进行纠偏
    C. 在项目实施过程中对项目目标进行动态跟踪和控制
    D. 目标的计划值在任何情况下都应保持不变
18. 凡涉及工程安全及使用功能的有关材料,应按各专业工程质量验收规范规定进行复验,并应经( )检查认可。
    A. 施工项目经理   B. 监理工程师
    C. 项目设计负责人   D. 施工项目技术负责人
19. 根据《建设工程施工专业分包合同(示范文本)》(GF—2003—0213),劳务分包项目的施工组织设计应由( )负责编制。
    A. 发包人   B. 监理人
    C. 劳务分包人   D. 承包人
20. 工程项目正式竣工验收完成后,由( )在《竣工验收鉴定书》中做出验收结论。
    A. 验收委员会   B. 建设单位
    C. 施工单位   D. 监理单位
21. 工程项目开工前,负责向监督机构申报建设工程质量监督手续的单位应该是( )。
    A. 施工单位   B. 建设单位
    C. 监理单位   D. 设计单位
22. 下列施工组织设计内容中,应当首先确定的是( )。

A. 施工平面图设计　　　　　　　　B. 机具设备需求计划
C. 施工进度计划　　　　　　　　　D. 施工方案

23. 编制人工定额时,工人工作必须消耗的时间不包括(　　)。
A. 有效工作时间　　　　　　　　　B. 休息时间
C. 不可避免中断时间　　　　　　　D. 偶然工作时间

24. 根据《建设工程安全生产管理条例》,工程监理单位应当审核施工组织设计中的安全技术措施或者专项施工方案是否符合(　　)。
A. 工程建设设计条件　　　　　　　B. 工程建设施工合同
C. 工程建设技术规程　　　　　　　D. 工程建设强制性标准

25. 项目结构信息编码的依据是(　　)。
A. 项目管理结构图　　　　　　　　B. 项目结构图
C. 项目组织结构图　　　　　　　　D. 系统组织结构图

26. 施工企业组织生产、编制施工计划、签发任务书的依据是(　　)。
A. 施工预算　　　　　　　　　　　B. 施工图预算
C. 投标报价　　　　　　　　　　　D. 项目经理的责任成本

27. 建设工程项目开工前工程质量监督的申报手续应由项目(　　)负责。
A. 建设单位　　B. 施工企业　　C. 监理单位　　D. 设计单位

28. 施工安全管理计划应在工程项目开工前编制,并经(　　)批准后实施。
A. 项目经理　　　　　　　　　　　B. 建设单位
C. 项目专职安全员　　　　　　　　D. 项目技术负责人

29. 某工程网络计划中,工作 N 最早完成时间为第 17 天,持续时间为 5 天。该工作有三项紧后工作,它们的最早开始时间分别为第 25 天、第 27 天和第 30 天,则工作 N 的自由时差为第(　　)天。
A. 7　　　　　B. 2　　　　　C. 3　　　　　D. 8

30. 施工质量检查中工序交接检查的"三检"制度是指(　　)。
A. 质量员检查、技术负责人检查、项目经理检查
B. 施工单位检查、监理单位检查、建设单位检查
C. 自检、互检、专检
D. 施工单位内部检查、监理单位检查、质量监督机构检查

二、**多项选择题**(每小题 2 分,共 20 分)在下列每小题的五个备选答案中有二至五个正确答案,请将正确答案全部选出,并将其字母标号填入题干的括号内。

31. 关于风险和风险量的说法,正确的有(　　)。
A. 风险量指的是不确定的损失程度和风险因素的多少
B. 风险量指的是风险因素的多少和实际损失的大小
C. 风险量指的是不确定的损失程度和损失发生的概率
D. 若某个可能发生的事件其可能的损失程度大,发生概率小,则属于风险区 B
E. 若某个可能发生的事件其可能的损失程度大,发生概率小,则属于风险区 D

32. 根据《建筑安装工程费用项目组成》(建标〔2013〕44 号),属于建筑安装工程机械费的有(　　)。

A. 工程排污费 B. 工具用具使用费
C. 仪器仪表使用费 D. 燃料动力费
E. 安拆费及场外运费

33. 网络进度计划的工期调整可通过（　　）来实现。
    A. 调整关键工作持续时间 B. 缩短非关键工作的持续时间
    C. 增加非关键工作的时差 D. 增减工作项目
    E. 调整工作间的逻辑关系

34. 按定额编制程序和用途,建设工程定额可以分为（　　）。
    A. 劳动定额 B. 投资估算指标
    C. 预算定额 D. 概算指标
    E. 简算指标

35. 关于网络图绘图规则的说法,正确的有（　　）。
    A. 网络图中节点编号可不连续
    B. 双代号网络图箭线不宜交叉,单代号网络图箭线适宜交叉
    C. 网络图均严禁出现循环路线
    D. 双代号网络图中,母线法可用于任意节点
    E. 双代号网络图只能有一个起点节点,单代号网络图可以有多个

36. 施工企业质量管理体系文件由（　　）组成。
    A. 质量手册 B. 程序文件
    C. 质量计划 D. 质量记录
    E. 质量方案

37. 现场施工质量检查的方法主要有（　　）。
    A. 实测法 B. 记录法
    C. 目测法 D. 试验法
    E. 实验室法

38. 《竣工验收鉴定书》的主要内容包括（　　）。
    A. 验收的时间 B. 工程质量总体评价
    C. 竣工决算情况 D. 遗留问题及处理意见
    E. 检查问题及处理意见

39. 关于质量监督机构在工程竣工阶段质量监督工作的说法,正确的有（　　）。
    A. 编制单位工程质量监督报告
    B. 参加竣工验收会议,对验收的程序及过程进行监督
    C. 对所提出的质量问题的整改情况进行复查
    D. 对存在的问题进行处理,并向备案部门提出书面报告
    E. 审核各单位质量监督报告

40. 施工现场安全管理领导小组的成员由（　　）组成。
    A. 项目经理 B. 技术负责人
    C. 工长及各工种班组长 D. 专职安全员
    E. 专职人员

三、简答题(每小题5分,共20分)

41. 建设工程项目管理规划是指导项目管理工作的纲领文件,它包括哪些方面的分析?

42. 双代号时标网络计划的特点是什么?

43. 按照我国的《招标投标法》,哪些项目宜采用招标的方式确定承包人?

44. 常用的组织结构模式有哪些?并说明其中一个结构的特点。

四、案例分析题(每小题10分,共30分)

45. 某工程项目的基础工程土方量为 5 800 m^3,采用大开挖时,安排两台挖掘机挖土,台班产量为 480 m^3/台班,且两班制施工。试计算:(1)完成该土方工程需要多少台班?(2)完成该土方工程需要多少时间?

    解:

46. 某水库除险加固工程上游面铺设混凝土预制块,合同采用《水利水电土建工程施工合同条件》。合同技术条款中要求的铺设最大缝宽≤1 cm,而合同中引用的某行业规范中规定的铺设最大缝宽≤1.5 cm。

    施工中,为了保证混凝土预制块质量,承包人在施工过程中购置更换了新模具、振捣设备,并增加使用了脱模剂,比原投标方案增加了成本。

    问题:

    (1)在合同实施过程中,承包人与发包人就铺设混凝土预制块最大缝宽标准发生争议,你认为应如何确定标准?说明理由。

(2) 承包人就混凝土预制工作提出了费用补偿。你认为监理人是否应予以批准?说明理由。

47. 某小型水利工程项目,设计图纸简单,全部工程项目工期预计1年,土建承包商用固定总价合同承包土建工程。但由于作标期短,而工程量大,承包商无法准确核算。开工后发生了一系列事件:(1)承包商发现原来的基础工程支护方案过于简单,提出变更施工方案。新的施工方案造成基础工程造价大幅度增加。承包商据此索赔费用。(2)施工过程中,由于发生洪涝灾害,工期拖延2个月。复工后,由于水灾影响,人工工资普遍上涨,建材价格涨幅也比较大。承包商据此索赔费用。(3)业主对灾后的市场形势错误估计,拖欠了承包商1个月的工程款。用电话通知的方式,通知承包商暂停施工1个月。(4)承包商复工后,由于建设项目都处于复工的状态,一度造成建筑材料和人工的短缺。承包商所需要的资源量不能得到保证,工期拖延20天。(5)承包商的施工设备受暴雨的影响,出现前所未有的故障,承包商被迫停工进行设备维修。为此,承包商就所发生的设计变更、材料和人工费涨价、洪涝灾害、拖欠工程款、设备检修造成的停工等一系列事件,向业主索赔工期和费用。

问题:

(1) 按照计价方式分,合同分为几种形式?

(2) 业主电话通知变更是否适当?

模拟试题(三)

一、**单项选择题**(每小题1分,共30分)在下列每小题的四个备选答案中选出一个正确的答案,并将其字母标号填入题干的括号内。

1. 某建设项目采用施工总承包管理模式,R监理公司承担施工监理任务,G施工企业承担主要的施工任务,业主将其中的二次装修发包给C装饰公司,则C装饰公司在施工中应接受( )的施工管理。
   A. 业主
   B. R监理公司
   C. G施工企业
   D. 施工总承包管理方

2. 编制项目投资项编码、进度项编码、合同编码和工程档案编码的基础是( )。
   A. 项目结构图和项目结构编码
   B. 组织结构图和组织结构编码
   C. 工作流程图和项目结构编码
   D. 工作流程图和组织结构编码

3. 关于工作任务分工的说法,错误的是( )。
   A. 工作任务分工可以用相应的组织工具表示其组织关系
   B. 组织论中的组织分工指的就是工作任务分工
   C. 项目各参与方有各自的项目管理工作任务分工
   D. 工作任务分工应随着项目进展而不断深化与细化

4. 工作流程图反映一个组织系统中各项工作之间的( )关系。
   A. 指令   B. 逻辑   C. 主次   D. 合同

5. 下列分部(分项)工程中,需要编制分部(分项)工程施工组织设计的是( )。
   A. 零星土石方工程
   B. 场地平整
   C. 混凝土垫层工程
   D. 定向爆破工程

6. 施工组织总设计包括如下工作:(1)计算主要工种工程的工程量;(2)编制施工总进度计划;(3)编制资源需求量计划;(4)拟订施工方案。其正确的工作顺序是( )。
   A. (1)(2)(3)(4)
   B. (1)(4)(2)(3)
   C. (1)(3)(2)(4)
   D. (4)(1)(2)(3)

7. 建设项目工程总承包的基本出发点是借鉴工业生产组织的经验,实现建设生产过程的( )。
   A. 组织柔性化   B. 组织集成化   C. 组织扁平化   D. 组织高效化

8. 某施工企业项目经理,在组织项目施工中,施工质量控制不严,造成工程返工,直接经济损失达30万元,则施工企业主要追究其( )。
   A. 法律责任   B. 经济责任   C. 行政责任   D. 领导责任

9. 某建筑工程人工费为1 500万元,材料费为5 000万元,施工机械使用费为1 000万元。措施费为直接工程费的6%,间接费费率为10%,利润率为5%,综合税率为3.41%,则该工程的建筑实务安装工程总造价为( )万元。
   A. 8 881   B. 9 135   C. 9 447   D. 9 495

10. 某工程采用《建设工程工程量清单计价规范》(GB 50500—2013),指标人提供的工程量清单中挖土方的工程量为 2 600 m³,投标人根据其施工方案计算出的挖土方作业量为 4 300 m³,完成该分项工程的直接工程费为 76 000 元,管理费为 20 000 元,利润为 5 000 元。其他因素均不考虑,则根据已知条件,投标人应报的综合单价为(　　)元/m³。
　　A. 23.49　　　　B. 29.28　　　　C. 36.92　　　　D. 38.85

11. 采用施工总承包管理模式时,对各分包单位的质量控制由(　　)进行。
　　A. 施工总承包单位　　　　　　B. 施工总承包管理单位
　　C. 业主方　　　　　　　　　　D. 监理方

12. 编制人工定额时,应计入定额时间的是(　　)。
　　A. 工人在工作时间内聊天时间　　B. 工人午饭后迟到时间
　　C. 材料供应中断造成的停工时间　D. 工作结束后的整理工作时间

13. 编制标准砖砌体材料消耗定额时,砖的消耗量应按(　　)确定。
　　A. 净用量　　　　　　　　　　B. 净用量加损耗量
　　C. 一次损耗量　　　　　　　　D. 损耗量加补损量

14. 砂浆搅拌机工作时,由于工人没有及时供料而使机械空转的时间属于机械工作时间消耗中的(　　)。
　　A. 有效工作时间　　　　　　　B. 非施工本身造成的停工时间
　　C. 多余工作时间　　　　　　　D. 低负荷下工作时间

15. 为取得成本管理的理想效果,项目经理可采取的组织措施是(　　)。
　　A. 加强施工调度　　　　　　　B. 进行技术经济分析
　　C. 对工程变更及时落实业主签证　D. 查看合同条款,寻找索赔机会

16. 某建设工程项目在基坑开挖阶段,遇到了不利的软弱土层,需要进行地基处理,使施工进度延迟、施工费用增加,该风险属于(　　)。
　　A. 组织风险　　　　　　　　　B. 技术风险
　　C. 工程环境风险　　　　　　　D. 经济与管理风险

17. 在施工风险管理过程中,属于风险识别工作的是(　　)。
　　A. 分析风险发生概率　　　　　B. 制定风险管理目标
　　C. 确定风险因素　　　　　　　D. 预测风险成本

18. 工程建设监理的"公正性",要求监理方在处理业主和承包商之间的矛盾或者和业主利益发生冲突时应(　　)。
　　A. 站在绝对公平的立场协调业主和承包商的利益
　　B. 在维护承包商利益的同时,兼顾业主的利益
　　C. 尽最大的可能同时维护业主和承包商的利益
　　D. 在维护业主利益的同时,不损坏承包商的利益

19. 对需要旁站监理的钢结构施工,施工企业至少应当在钢结构安装前(　　)小时,书面通知监理单位派驻工地的监理机构。
　　A. 24　　　　　B. 36　　　　　C. 48　　　　　D. 60

20. 关于建设工程项目施工成本的说法,正确的是(　　)。
　　A. 施工成本计划是对未来的成本水平和发展趋势作出估计

B. 施工成本核算是通过实际成本与计划的对比,评定成本计划的完成情况
C. 施工成本考核是通过成本的归集和分配,计算施工项目的实际成本
D. 施工成本管理是通过采取措施,把成本控制在计划范围内,并最大限度地节约成本

21. 根据动态控制原理,项目目标动态控制的第一步工作是( )。
   A. 调整项目目标　　　　　　　B. 分解项目目标
   C. 制定纠偏措施　　　　　　　D. 收集项目目标实际值

22. 下列项目风险管理工作中,属于风险响应的是( )。
   A. 收集与项目风险有关的信息　B. 分解项目目标
   C. 制定纠偏措施　　　　　　　D. 收集项目目标实际值

23. 某钢门窗安装工程,工程进行到第二个月末时,已完工作预算费用为40万元,已完成实际费用为45万元,则该项目的成本控制效果是( )。
   A. 费用偏差为－5万元,项目运行超出预算
   B. 费用偏差为5万元,项目运行节支
   C. 费用偏差为5万元,项目运行超出预算
   D. 费用偏差为－5万元,项目运行节支

24. 某施工项目的商品混凝土目标成本是420 000元(目标产量500 m³,目标单价800元/m³,预计损耗率为5%),实际成本是511 680元(实际产量600 m³,实际单价820元/m³ 实际损耗率为4%)。若采用因素分析法进行成本分析(因素的排列顺序是:产量、单价、损耗率),则由于产量提高增加的成本是( )元。
   A. 4 920　　　B. 12 600　　　C. 84 000　　　D. 91 680

25. 关于政府主管部门质量监督程序的说法,正确的是( )。
   A. 工程项目开工后,监督机构接受建设单位有关建设工程质量监督的申报手续,并对文件进行审查,合格后签发质量监督文件
   B. 监督机构检查内容中不包含企业的工程经营资质证书和人员的资格证书检查
   C. 监督机构要组织进行工程竣工验收并对发现的质量问题进行复查
   D. 监督机构在工程基础和主体结构分部工程质量验收前,要对地基基础和主体结构混凝土分别进行监督检测

26. 施工现场主导机械一台,台班单价1 000元/台班,折旧费500元/台班,人工日工单价100元/工日,窝工补贴50元/工日。由于电网停电导致停工2天,人工窝工10工日,则施工企业可索赔( )元。
   A. 0　　　　B. 500　　　　C. 1 000　　　D. 1 500

27. 下列建设工程项目进度控制工作中,属于施工进度控制任务的是( )。
   A. 部署项目动用准备工作进度　B. 协调设计、招标的工作进度
   C. 编制项目施工的工作计划　　D. 编制供货进度计划

28. 某网络计划中,工作A的紧后工作是B和C,工作B的最迟开始时间是第14天,最早开始时间是第10天;工作C的最迟完成时间是第16天,最早完成时间是第14天;工作A与工作B和工作C的间隔时间均为5天,则工作A的总时差为( )天。
   A. 3　　　　B. 7　　　　C. 8　　　　D. 10

29. 项目管理机构应通过项目管理策划确定绿色建造计划并经批准后实施。下列不属于编

制绿色建造计划内容的是( )。
A. 项目管理策划的绿色建造要求
B. 绿色建造范围和管理职责分工
C. 重要环境因素控制计划及响应方案
D. 节能减排及污染物控制的主要技术措施

30. 某施工企业通过投标获得了某工程的施工任务,合同签订后,公司有关部门开始选派项目经理并编制成本计划,该阶段编制的成本计划属于( )。
A. 竞争性成本计划
B. 指导性成本计划
C. 实施性成本计划
D. 战略性成本计划

二、多项选择题(每小题2分,共20分)在下列每小题的五个备选答案中有二至五个正确答案,请将正确答案全部选出,并将其字母标号填入题干的括号内。

31. 下列项目管理工作中,属于施工方项目管理任务的有( )。
A. 施工质量控制
B. 施工成本控制
C. 施工进度控制
D. 施工安全管理
E. 业主方的问题回访

32. 关于施工管理职能分工的说法,正确的有( )。
A. 管理职能的分工表和岗位责任描述的作用是完全相同的
B. 不同的管理职能可由不同的职能部门承担
C. 项目各参与方都应编制各自的管理职能分工表
D. 管理职能分工表既可用于企业管理,也可用于项目管理
E. 项目各参与方都应编制各自的管理职能分工总计划表

33. 分部(分项)工程施工组织设计的主要内容有( )。
A. 安全施工措施
B. 施工方法的选择
C. 施工机械的选择
D. 劳动力需求量计划
E. 建设项目的工程概况

34. 根据《建设工程项目管理规范》(GB/T 50326—2017),属于项目进度管理应遵循程序的有( )。
A. 编制进度计划
B. 进度计划交底,落实管理责任
C. 实施进度计划
D. 进行进度控制和变更管理
E. 资源条件、内部与外部约束条件

35. 关于安全技术交底内容及要求的说法,正确的有( )。
A. 内容中必须包括事故发生后的避难和急救措施
B. 项目部必须实行逐级交底制度,纵向延伸到班组全体人员
C. 内容中必须包括针对危险点的预防措施
D. 定期向交叉作业的施工班组进行口头交底
E. 涉及"四新"项目的单项技术设计必须经过两阶段技术交底

36. 建设工程施工质量不符合要求时,正确的处理方法有( )。
A. 经返工重做或更换器具、设备的检验批,应重新进行验收
B. 经有资质的检测单位检测鉴定达到设计要求的检验批,应予以验收

C. 经有资质的检测单位检测鉴定达不到设计要求,但经原设计单位核算认为可能满足结构安全和使用功能的检验批,可予以验收

D. 经返修或加固的分项、分部工程,虽然改变外形尺寸但仍能满足安全使用要求,可按技术处理方案和协商文件进行验收

E. 经返修或加固处理仍不能满足安全使用要求的分部工程,经鉴定后降低安全等级使用

37. 某建设工程的施工网络计划如图所示(时间单位:天),则该计划的关键线路有( )。

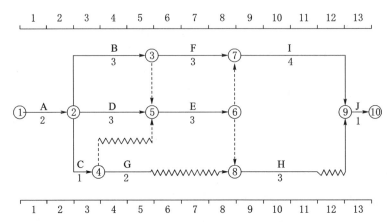

A. ①—②—③—⑤—⑥—⑦—⑨—⑩
B. ①—②—③—⑦—⑨—⑩
C. ①—②—④—⑤—⑥—⑦—⑨—⑩
D. ①—②—⑤—⑥—⑦—⑨—⑩
E. ①—②—④—⑤—⑥—⑦—⑨—⑩

38. 下列建设工程施工风险的因素中,属于技术风险因素的有( )。
   A. 承包商管理人员的能力　　B. 工程设计文件
   C. 工程施工方案　　　　　　D. 工程机械
   E. 机械事故

39. 根据《建设工程项目管理规范》(GB/T 50326—2017),项目质量管理应按下列程序实施( )。
   A. 确定质量计划　　　　　　B. 实施质量控制
   C. 开展质量检查与处置　　　D. 落实质量改进
   E. 相关法律法规和标准规范

40. 下列成本计划指标中,属于数量指标的有( )。
   A. 设计预算成本计划降低率　　B. 工程项目计划总成本指标
   C. 责任目标成本计划降低率　　D. 按主要生产要素划分的计划成本指标
   E. 各单位工程计划成本指标

三、简答题(每小题5分,共20分)

41. 什么是风险?什么是风险量?怎样降低风险等级?

42. 管理是由哪些环节组成的过程？

43. 根据我国有关规定，哪些项目可以进行邀请招标？

44. 单代号网络图的特点有哪些？

四、案例分析题（每小题10分，共30分）

45. 某项目经理部承接了一项道路、桥梁综合性大型工程，并将其中的部分工程按合同分包给其他单位施工。双方签订了分包合同，在合同中双方约定：
    (1) 在分包队伍进场前，分包商编制专项施工组织设计报总包商审核审批。
    (2) 当分包队伍进场时，总包商不再确认分包商从业人员资格，由分包商自行管理。但应对分包商负责人及分包队伍有关人员进行安全教育和施工交底。交底采用书面形式，由总包商负责人签字后交分包商有关人员。
    (3) 在合同履行过程中，总包商不再派人对其进行管理，主要由分包商自行管理为主。
    (4) 分包商对于其分包现场的脚手架、设施、设备等安全防护设施可以根据施工需要自行移动或拆除。
    (5) 如分包商发生安全事故，应由分包商承担责任并向有关部门上报事故，总包商不负责任何费用。
    问题：请逐一指出上述5条的约定是否正确？如不正确，请改正。

46. 某城市道路综合改建工程位于城乡接合部，是城市主干道。该项目包含道路、雨水、污水、热力、电力、电信、燃气以及交通设施等配套工程。施工单位为降低成本，在施工现场就地拌制石灰土底基层，沿线居民意见很大。
    问题：施工单位现场就地拌制石灰土是否符合环保要求？应该怎样做？我国《建设工程施工现场管理规定》中防止施工造成环境污染的主要内容是什么？

47. 某枢纽工程施工招标,合同条件采用《水利水电土建工程施工合同条件》。A 施工企业中标并签订合同后,认为中标价偏低,无奈受合同的约束,只好按合同履行义务。在组织进场期间,发包人提供场地延误 7 天时间,故承包人以此为由,立即将人员、设备、设施等进场资源全部撤离现场,并向发包人发出通知:"由于你方提供场地延误已构成违约,我方根据《合同法》有关规定,提出解除合同,并要求赔偿由于解除合同对我方造成的费用和利润损失,希望你方在合同规定时间给予支付。"

问题:

(1) 你认为 A 施工企业的说法是否正确?试根据我国《合同法》的有关规定,说明理由。

(2) 为了降低成本,A 施工企业未经任何许可,将所承包工程基础处理、大坝混凝土浇筑、泄洪洞等工程分包给当地的施工企业。监理人发现后,认为分包已成事实,并考虑到工期非常紧,要求该施工企业补报项目分包申请报告,并经审查,承包人所选分包人具备承包能力,同意分包。你认为监理人的做法是否妥当?请说明理由。

模拟试题(四)

一、**单项选择题**(每小题1分,共30分)在下列每小题的四个备选答案中选出一个正确的答案,并将其字母标号填入题干的括号内。

1. 关于编制施工项目成本计划时考虑预备费的说法,正确的是( )。
   A. 只针对整个项目考虑总的预备费,以便灵活调用
   B. 在分析各分项工程风险基础上,只针对部分分项工程考虑预备费
   C. 既要针对项目考虑总的预备费,也要在分项工程中安排适当的不可预见费
   D. 不考虑整个项目预备费,由施工企业统一考虑

2. 在施工成本控制的工作步骤中,"检查"的主要内容是( )。
   A. 估计完成项目所需的总费用
   B. 了解工程进展情况及纠偏措施的执行情况和效果
   C. 及时了解施工成本是否超支
   D. 查找产生偏差的原因

3. 工程项目建成后,不可能像某些工业产品那样,可以拆卸或解体来检查内在的质量,所以工程项目施工质量控制应强调( )。
   A. 质量验收   B. 施工方法的技术比选
   C. 过程控制   D. 投入要素的质量控制

4. 影响施工质量的环境因素中,施工作业环境因素包括( )。
   A. 地下障碍物的影响   B. 施工现场交通运输条件
   C. 质量管理制度   D. 施工工艺与工法

5. 工程项目施工质量保证体系的质量目标要以( )为基本依据。
   A. 质量记录   B. 质量计划   C. 招投标文件   D. 工程承包合同

6. 工程项目质量管理中,应当在数据和信息分析的基础上做出决策,这是质量管理原则中( )的要求。
   A. 持续改进   B. 过程方法
   C. 基于事实的决策方法   D. 管理的系统方法

7. 下列施工质量控制措施中,属于事前控制的是( )。
   A. 设计交底   B. 重要结构实体检测
   C. 隐蔽工程验收   D. 施工质量检查验收

8. 施工过程中,工程质量验收的最小单位是( )。
   A. 分项工程   B. 单位工程   C. 分部工程   D. 检验批

9. 关于工程质量现场质量检测的说法,错误的是( )。
   A. 检测和判断桩身完整性采用低应变法
   B. 设计等级为乙级的桩基必须进行桩的承载力检测
   C. 按非统计方法评定混凝土强度时,混凝土试块留置数量不应少于3组

273

D. 钢筋保护层厚度检测应抽取构件数量的1‰且不少于5个构件进行检测

10. 某工程在竣工质量验收时,参与竣工验收的设计单位与施工、监理单位发生争执,无法形成一致的意见。在该情况下,正确的做法是(　　)。
   A. 由建设单位做出验收结论
   B. 由质量监督站调解并做出验收结论
   C. 协商一致后重新组织验收并做出验收结论
   D. 请建设行政主管部门调解并做出验收结论

11. 施工单位应当在工程竣工验收前,将形成的有关档案交(　　)归档。
   A. 监理单位　　　　　　　　　　B. 建设单位
   C. 城建档案管理机构　　　　　　D. 质量监督机构

12. 某网络计划中,工作M的最早完成时间为第8天,最迟完成时间为第13天,工作的持续时间为4天,与所有紧后工作的间隔时间最小值为2天,则该工作的自由时差为(　　)天。
   A. 2　　　　B. 3　　　　C. 4　　　　D. 5

13. 项目管理的核心任务是项目的(　　)。
   A. 组织协调　　B. 项目控制　　C. 合同管理　　D. 风险管理

14. 能反映项目组织系统中各项工作之间逻辑关系的组织工具是(　　)。
   A. 项目结构图　B. 工作流程图　C. 工作任务分工表　D. 组织结构图

15. 下列进度控制措施中,属于管理措施的是(　　)。
   A. 编制工程资源需求计划　　　　B. 应用互联网进行进度计划
   C. 制定进度控制工作流程　　　　D. 选择先进的施工技术

16. 根据《中华人民共和国建筑法》,负责建筑安全生产的监督管理,并依法接受劳动行政主管部门对建筑安全生产的指导和监督的是(　　)。
   A. 建设单位　　　　　　　　　　B. 监理单位
   C. 安全生产监督管理部门　　　　D. 建设行政主管部门

17. 下列影响项目质量的环境因素中,属于管理环境因素的是(　　)。
   A. 项目现场施工组织系统　　　　B. 项目所在地建筑市场规范程度
   C. 项目所在地政府的工程质量监督　D. 项目咨询公司的服务水平

18. 根据国务院《生产安全事故报告与调查处理条例》,致使120名操作工人急性工业中毒的生产安全事故属于(　　)。
   A. 特别重大事故　B. 重大事故　C. 较大事故　D. 一般事故

19. 某分包工程发生生产安全事故,应由(　　)负责上报事故。
   A. 分包单位　　B. 总承包单位　　C. 建设单位　　D. 监理单位

20. 下列施工单位在施工现场的做法中,正确的是(　　)。
   A. 施工现场熔融沥青　　　　　　B. 将有害废弃物作土方回填
   C. 将泥浆水接入城市排水设施　　D. 使用密封或圆桶处理高空废弃物

21. 施工现场的临时食堂,用餐人数在(　　)人以上应设置简易有效的隔油池。
   A. 50　　　　B. 80　　　　C. 90　　　　D. 100

22. 关于施工平行承发包特点的说法,正确的是(　　)。

A. 签订的合同越多,业主的责任与义务就越小
B. 业主直接管理所有的施工合同,管理风险小
C. 业主可以分次招标,每次招标工作量较小,业主用于招标的时间较少
D. 业主直接控制所有工程的发包,可决定所有工程的承包商的选择

23. 某工程由于施工现场管理落后,质量问题频发,最终导致在建的一栋办公楼施工至主体2层时坍塌,死亡11人,则该起质量事故属于( )。
    A. 特别重大事故   B. 严重质量事故
    C. 重大质量事故   D. 一般质量事故

24. 某混凝土结构工程的框架柱表面出现局部蜂窝麻面,经调查分析,其承载力满足设计要求,则对该框架柱表面质量问题恰当的处理方式是( )。
    A. 加固处理   B. 修补处理   C. 返工处理   D. 限制使用

25. 工程施工质量事故的处理包括:①事故调查;②事故原因分析;③事故处理;④事故处理的鉴定验收;⑤制定事故处理方案。其正确的程序为( )。
    A. ①②③④⑤   B. ②①③④⑤   C. ②①⑤④③   D. ①②⑤③④

26. 建设工程质量监督档案归档前,应由( )签字。
    A. 质量监督机构负责人   B. 项目业主代表
    C. 项目总监理工程师   D. 建设行政主管机构负责人

27. 下列施工安全保证技术中,属于施工安全技术保证第一关的是( )。
    A. 安全可靠性技术   B. 安全限控技术
    C. 安全保(排)险技术   D. 安全保护技术

28. 施工安全管理计划应在项目开工前编制,经( )批准后实施。
    A. 项目技术负责人   B. 公司技术负责人
    C. 项目经理   D. 专职安全员

29. 施工安全管理要求施工现场实现全员安全教育,其中操作人员三级安全教育率达到( )。
    A. 85%   B. 90%   C. 95%   D. 100%

30. 下列施工现场安全标志中,属于指令标志的是( )。
    A. 佩戴安全帽标志   B. 禁止通行标志
    C. 当心落物标志   D. 安全通道标志

二、**多项选择题**(每小题2分,共20分)在下列每小题的五个备选答案中有二至五个正确答案,请将正确答案全部选出,并将其字母标号填入题干的括号内。

31. 关于建设工程项目管理的说法,正确的有( )。
    A. 项目的策划指的是项目目标控制前的策划和准备工作
    B. 同一项目的目标内涵对项目的各个参与单位来说是相同的
    C. 项目决策阶段的主要任务是确定项目的定义
    D. 项目实施阶段的主要任务是实现项目的目标
    E. "项目开始至项目完成"包括了项目的决策、实施阶段

32. 根据《建筑安装工程费用项目组成》(建标〔2013〕44号),应计入建筑安装工程费中人工费的有( )。

A. 生产工人劳动保护费
B. 职工教育经费
C. 按规定标准发放的生产工人的交通和住房补贴
D. 生产工人培训期间的工资
E. 六个月以上病假人员的工资

33. 关于施工定额的说法,正确的有( )。
A. 施工定额以同一性质的施工过程作为研究对象
B. 施工定额属于企业定额的性质
C. 施工定额是确定招标控制价的重要依据
D. 施工定额是建设工程定额的基础性定额
E. 施工定额是建设工程定额的最简定额

34. 下列文件中,属于施工成本计划编制依据的有( )。
A. 企业定额、施工预算
B. 施工成本预测资料
C. 已签订合同
D. 施工组织设计或施工方案
E. 施工实施中的修改方案

35. 进行施工成本的材料费控制,主要控制的内容有( )。
A. 材料用量
B. 材料定额
C. 材料数量标准
D. 材料价格
E. 机械材料价格

36. 根据《建设工程项目管理规范》(GB/T 50326—2017),属于施工质量控制流程的有( )。
A. 施工质量目标分解
B. 施工技术交底与工序控制
C. 施工质量偏差控制
D. 产品或服务的验证、评价和防护
E. 确定质量计划

37. 关于施工总承包管理方责任的说法,正确的有( )。
A. 施工总承包管理方和施工总承包方承担的管理任务和责任不同
B. 施工总承包管理方承担对分包方的组织和管理责任
C. 施工总承包管理方不能承担施工任务,它只负责进行施工的总体管理和协调
D. 施工总承包管理方可以应业主方要求负责整个施工的招标和发包工作
E. 施工总承包管理方可与分包方和供货方签订施工合同

38. 关于项目结构分解的说法,正确的有( )。
A. 项目结构图通过树状图的方式对一个项目的结构进行逐层分解
B. 项目结构图能够反映组成该项目的所有工作任务
C. 同一工程建设项目只能有一个项目分解方法
D. 项目结构分解应和整个工程实施的部署相结合,并结合将采用的合同结构
E. 项目结构分解应和整个工程实施的部署相结合,并结合将采用的组织结构

39. 关于运用动态控制原理控制施工成本的说法,正确的有( )。
A. 相对于工程合同价而言,施工成本规划的成本值是实际值
B. 成本计划值和实际值比较的成果是成本跟踪和控制报告
C. 如果原定的施工成本目标无法实现,则应采取特别措施及时纠偏,以免产生严重的

不良后果

D. 在进行成本目标分解时,要分析和论证其实现的可能性

E. 施工成本的计划值和实际值相比较,可以是定性的比较

40. 若某事件经过风险评估,位于事件风险量区域图中的风险区 A,则应采取适当措施,降低其(   )。

A. 发生概率,使它移位至风险区 D

B. 损失量,使它移位至风险区 C

C. 发生概率,使它移位至风险区 B

D. 损失量,使它移位至风险区 B

E. 发生概率,使它移位至风险区 C

三、**简答题**(每小题 5 分,共 20 分)

41. 什么是风险管理?

42. 什么是质量?质量的固有特性有哪些?

43. 合同通用条款规定的优先顺序是什么?

44. 简述施工总承包的内涵。

四、**案例分析题**(每小题 10 分,共 30 分)

45. 某公司有三个方案可选择,经营部门已经对这三个方案可能产生的损益值进行了预测,但每种状态出现的概率无法预测,请提出推荐意见。

方案	自然状态(单位：万元)		
	好	一般	差
A方案	800	400	−200
B方案	600	350	−100
C方案	400	250	50

46. 某综合办公大楼工程由半地下室、主楼、裙房三部分组成，建筑面积22 483 m²，主楼为20层办公楼，主体为内筒外框架钢结构，外饰全玻璃幕墙。工期要求紧。该项目部所在企业为房屋建筑工程施工总承包公司，项目经理为国家一级注册建造师，大中专学生占管理人员总数的76%，技工、高级技工占员工总数的62%。

问题：
(1) 最适合该工程的项目组织形式是什么？说明原因。
(2) 项目经理部的外部关系协调包括哪几个方面？

47. 某综合楼建设项目，由于工期紧，刚确定施工单位的第二天，在施工单位还未来得及任命项目经理和组建项目经理部的情况下，业主就要求施工单位提供项目管理规划，施工单位在不情愿的情况下提供了一份针对该项目的施工组织设计，其内容深度满足管理规划要求，但业主不接受，还要求施工单位提供项目管理规划。

问题：
(1) 项目经理未任命和项目经理部还未建立，就正式发表了施工组织设计，其程序是否正确？
(2) 业主要求施工单位提供项目管理规划，其要求是否正确？

模拟试题(五)

一、单项选择题(每小题1分,共30分)在下列每小题的四个备选答案中选出一个正确的答案,并将其字母标号填入题干的括号内。

1. 甲单位拟新建一电教中心,经设计招标,由乙设计院承担该项目设计任务。下列目标中,不属于乙设计院项目管理目标的是(　　)。
   A. 项目投资目标　　B. 设计进度目标　　C. 施工质量目标　　D. 设计成本目标

2. 某建设工程项目施工采用施工总承包管理模式,其中的二次装饰装修工程由建设单位发包给乙单位。在施工中,乙单位应该直接接受(　　)的工作指令。
   A. 建设单位　　　　　　　　　　B. 设计单位
   C. 施工总承包管理企业　　　　　D. 施工承包企业

3. 采用项目结构图对建设工程项目进行分解时,项目结构的分解应与整个建设工程实施的部署相结合,并与将采用的(　　)结合。
   A. 组织结构　　B. 工作流程　　C. 职能结构　　D. 合同结构

4. 建设工程施工管理中的组织结构图反映的是(　　)。
   A. 一个项目管理班子中各组成部门之间的逻辑关系
   B. 一个项目中各组成部门之间的组织关系
   C. 一个项目管理班子中各组成部门之间的组织关系
   D. 一个项目中各组成部分之间的逻辑关系

5. 根据《建筑安装工程费用项目组成》(建标[2013]44号),属于建筑安装工程机械费的有(　　)。
   A. 工程排污费　　　　　　B. 工具用具使用费
   C. 仪器仪表使用费　　　　D. 检验试验费

6. 编制施工管理任务分工表,涉及的事项有:(1)确定工作部门或个人的工作任务;(2)项目管理任务分解;(3)编制任务分工表。正确的编制程序是(　　)。
   A. (1)(2)(3)　　B. (2)(1)(3)　　C. (3)(1)(2)　　D. (2)(3)(1)

7. 关于工作流程组织与工作流程图的说法,正确的是(　　)。
   A. 业主方与项目各参与方的工作流程组织任务是一致的
   B. 工作流程组织的任务就是编制组织结构图
   C. 工作流程图可以用来描述工作流程组织
   D. 工作流程图中用双向箭头线表示工作间的逻辑关系

8. 下列施工质量控制依据中,属于专用性依据的是(　　)。
   A. 工程建设项目质量检验评定标准　　B. 建设工程质量管理条例
   C. 设计交底及图纸会审记录　　　　　D. 材料验收的技术标准

9. 根据事故造成损失的程度,下列工程质量事故中,属于重大事故的是(　　)。
   A. 造成1亿元以上直接经济损失的事故

B. 造成1 000万元以上5 000万元以下直接经济损失的事故
C. 造成100万元以上1 000万元以下直接经济损失的事故
D. 造成5 000万元以上1亿元以下直接经济损失的事故

10. 下列工程担保中,应由发包人出具的是(   )。
    A. 支付担保　　　B. 履约担保　　　C. 预付款担保　　　D. 保修担保

11. 关于施工定额的说法,正确的是(   )。
    A. 施工定额是以分项工程为对象编制的定额
    B. 施工定额由劳动定额、材料消耗定额、施工机械台班消耗定额组成
    C. 施工定额广泛适用于企业施工项目管理,具有一定的社会性
    D. 施工定额由行业建设行政主管部门组织有一定水平的专家编制

12. 关于周转性材料消耗量的说法,正确的是(   )。
    A. 周转性材料的消耗量是指材料每次的使用量
    B. 周转性材料的消耗量应当用材料的一次使用量和摊销量两个指标表示
    C. 周转性材料的摊销量供施工企业组织施工使用
    D. 周转性材料的消耗与周转使用次数无关

13. 已知某斗容量1 m^3 正铲挖土机,机械台班产量为476 m^3,机械利用系数为0.85,则它在正常工作条件下,1 h纯工作时间内可以挖土约(   ) m^3。
    A. 47　　　　　B. 51　　　　　C. 56　　　　　D. 70

14. 施工企业组织生产、编制施工计划、签发任务书的依据是(   )。
    A. 施工预算　　　B. 施工图预算　　　C. 投标报价　　　D. 项目经理的责任成本

15. 编制施工组织总设计时,资源需求量计划应在完成(   )后确定。
    A. 施工准备工作计划　　　　　B. 施工总平面图
    C. 施工总进度计划　　　　　　D. 主要技术经济指标

16. 某建设工程项目经理部根据目标动态控制原理,将项目目标进行了分解,那么在项目目标实施过程中,首先应进行的工作是(   )。
    A. 确定目标控制的计划值　　　　B. 定期比较目标的计划值与实际值
    C. 分析比较结果,采取纠偏措施　　D. 收集目标的实际完成值

17. 运用动态控制原理控制施工质量时,质量目标不仅包括各分部分项工程的施工质量,还包括(   )。
    A. 设计图纸的质量　　　　　　B. 采购的建筑材料质量
    C. 签订施工合同是业主的决策质量　D. 编制监理规划的质量

18. 下列各项管理权利中,属于施工项目经理管理权利的是(   )。
    A. 自行决定是否分包及选择分包企业
    B. 编制和确定需政府监管的招标方案,评选和确定投标、中标单位
    C. 指挥建设工程项目建设的生产经营活动,调配并管理进入工程项目的生产要素
    D. 代表企业法人参加民事活动,行使企业法人的一切权利

19. 项目管理目标责任书应在项目实施之前,由(   )或其授权人与项目经理协商制定。
    A. 企业董事长　　　　　　　　B. 企业法定代表人
    C. 企业总经理　　　　　　　　D. 主管生产经营的副总经理

20. 下列施工风险管理工作中,属于风险识别工作的是( )。
    A. 确定风险因素   B. 分析风险发生的概率
    C. 分析风险损失量   D. 提出风险预警

21. 根据《建设工程质量管理条例》,未经( )签字的建筑材料不得在工程上使用。
    A. 监理员   B. 专业监理工程师
    C. 总监理工程师代表   D. 总监理工程师

22. 监理人员实施旁站监理时,发现施工企业有违反工程建设强制性标准行为时,应当( )。
    A. 责令施工企业整改   B. 向施工企业项目经理报告
    C. 向建设单位驻地代表报告 D. 向建设行政主管部门报告

23. 某建设工程施工合同约定:"工程预付款从未施工工程尚需的主要材料及构件的价值相当于工程预付款数额时扣起……"已知合同总价 200 万元,工程预付款 24 万元,主材费的比重为 60%,则该工程预付款起扣点为( )万元。
    A. 24   B. 120   C. 160   D. 176

24. 某市拟新建一大型会展中心,项目建设单位组织有关专家对该项目的总进度目标进行论证,在调查研究和收集资料后,紧接着应进行的是( )。
    A. 进行进度计划系统的结构分析   B. 进行项目结构分析
    C. 编制各级进度计划   D. 确定工作编码

25. 施工企业进度控制的任务是依据( )对施工进度的要求控制施工进度。
    A. 建设项目总进度目标   B. 施工总进度计划
    C. 建安工程工期定额   D. 施工承包合同

26. 在安排一个小型项目施工的进度时,只需编制( )。
    A. 施工总进度方案   B. 施工总进度规划
    C. 施工总进度计划   D. 施工总进度目标

27. 根据《标准施工招标文件》,承包人按照合同规定将隐蔽工程覆盖后,监理人又要求承包人对已覆盖部位揭开重新检验,经检验证明工程质量符合要求,由此增加的费用和延误的工期应由( )承担。
    A. 发包人   B. 承包人   C. 监理人   D. 设计单位

28. 下列进度计划中,可直接用于组织施工作业的计划是( )。
    A. 施工企业的旬生产计划
    B. 建设工程项目施工的月度施工计划
    C. 施工企业的月度生产计划
    D. 建设工程项目施工的季度施工计划

29. 关于横道图特点的说法,正确的是( )。
    A. 横道图无法表达工作间的逻辑关系
    B. 可以确定横道图计划的关键工作和关键路线
    C. 只能用手工方式对横道图计划进行调整
    D. 横道图计划适用于大的进度计划系统

30. 建设工程项目施工准备阶段的施工预算成本计划以项目实施方案为依据,采用( )编制形成。

A. 人工定额 B. 概算定额 C. 预算定额 D. 施工定额

二、**多项选择题**(每小题 2 分,共 20 分)在下列每小题的五个备选答案中有二至五个正确答案,请将正确答案全部选出,并将其字母标号填入题干的括号内。

31. 根据《建筑安装工程费用项目组成》(建标〔2013〕44 号),应计入措施费的有(   )。
    A. 二次搬运费   B. 脚手架费
    C. 夜间施工增加费   D. 已完工程及设备保护费
    E. 支架费

32. 下列施工过程的质量控制中,属于工序施工效果控制的有(   )。
    A. 钢材的力学性能检测   B. 钢筋保护层厚度检测
    C. 幕墙工程硅酮结构胶相容性检测 D. 砌体强度现场检测
    E. 水泥物理化学性能检测

33. 下列工程质量问题中,一般可不做专门处理的情况有(   )。
    A. 混凝土结构出现宽度大于 0.3 mm 的裂缝
    B. 混凝土现浇楼面的平整度偏差达到 8 mm
    C. 某一结构构件截面尺寸不足,但进行复核验算后能满足设计要求
    D. 混凝土结构表面出现蜂窝、麻面
    E. 混凝土结构出现宽度大于 0.8 mm 的裂缝

34. 政府质量监督机构在工程开工前进行第一次监督检查,其内容有(   )。
    A. 检查项目参与各方的质量保证体系建立情况
    B. 审查施工组织设计、监理规划等文件以及审批手续
    C. 检查相关人员资格证书
    D. 审查项目建设行政审批手续是否齐全完备
    E. 检查工程建设各方的合同文件的签署情况

35. 下列施工安全的制度保证体系中,属于施工安全日常管理制度的有(   )。
    A. 安全生产事故报告、处置、分析和备案制度
    B. 应急救援设备和物资管理制度
    C. 安全隐患处理和安全整改工作的备案制度
    D. 安全生产交接班制度
    E. 专、兼职安全管理人员管理制度

36. 施工安全技术交底的主要内容有(   )。
    A. 施工特点和施工安全要求   B. "四口""五临边"的防护措施
    C. 发生事故时的应急救援措施   D. 各级管理人员应遵守的安全操作规程
    E. "三口""六临边"的防护措施

37. 关于建设工程项目进度计划系统的说法,正确的有(   )。
    A. 项目进度计划系统是项目进度控制的依据
    B. 项目进度计划系统可以由多个不同周期的进度计划组成
    C. 项目各参与方可以编制多个不同的进度计划系统
    D. 项目进度计划系统中各计划应注意联系与协调
    E. 项目进度计划系统在项目实施前应建立并完善

38. 根据《建设工程项目管理规范》(GB/T 50326—2017)，属于项目进度管理应遵循程序的有（ ）。
   A. 编制进度计划
   B. 进度计划交底，落实管理责任
   C. 实施进度计划
   D. 进行进度控制和变更管理
   E. 资源条件、内部与外部约束条件

39. 关于双代号网络计算的说法，正确的有（ ）。
   A. 可能没有关键线路
   B. 至少有一条关键线路
   C. 在计划工期等于计算工期时，关键工作为总时差为零的工作
   D. 在网络计划执行过程中，关键线路不能转移
   E. 至少有两条关键线路

40. 工程项目施工质量保证体系的主要内容有（ ）。
   A. 项目施工质量目标
   B. 项目施工质量计划
   C. 项目施工质量记录
   D. 思想、组织、工作保证体系
   E. 程序文件

三、简答题（每小题5分，共20分）

41. 工程监理的工作程序是什么？

42. 工程项目质量管理的"三全"管理方法是哪些？

43. 哪些情况承包商可以提出索赔？（列5条以上）

44. 简述施工总承包管理的内涵。

四、案例分析题（每小题10分，共30分）

45. 某城市地铁标段，包括一座车站 A 和两段区间隧道 C,D,车站采用明开法施工,区间隧

道采用泥水加压盾构法施工。

(1) 该工程中标后,为节约工程成本,将区间隧道工程分包给有现成盾构设备的某公司施工,本公司只负责车站结构的施工。

(2) 在车站施工时,发生一起触电安全事故,伤者脱离电源后,已停止呼吸,现场安全人员认定触电者死亡,项目经理随后安排善后事宜。

(3) 项目经理部十分重视环境保护,推行绿色施工。在制定环保措施时,从施工的环境影响分析了以下方面:①开挖基坑的固体废弃物的处理和运输;②施工期间废气的防治措施;③施工期间噪音的控制措施。

问题:

(1) 项目的分包行为是否合理?请说明原因。

(2) 项目的环境影响因素还缺少哪一方面?简述我国环境法的基本政策。

46. 某承包商通过资格预审后,对招标文件进行了仔细分析,发现业主所提出的工期要求过于苛刻,且合同条款中规定每拖延1天工期罚合同价的1‰。若要保证实现工期要求,必须采取特殊措施,从而大大增加成本;还发现原设计结构方案采用框架剪力墙体系过于保守。因此,该承包商在投标文件中说明业主的工期要求难以实现,因而按自己认为的合理工期(比业主要求的工期增加3个月)编制施工进度计划并据此报价;还建议将框架剪力墙体系改为框架体系,并对这两种结构体系进行了技术经济分析和比较,证明框架体系不仅能保证工程结构的可靠性和安全性、增加使用面积、提高空间利用的灵活性,而且可降低造价约3%。

该承包商将技术标和商务标分别封装,在封口处加盖本单位公章和项目经理签字后,在投标截止日期前一天上午将投标文件报送业主。次日(即投标截止日当天)下午,在规定的开标时间前一小时,该承包商又递交了一份补充资料,其中声明将原报价降低4%。但是,招标单位的有关工作人员认为,根据国际上"一标一投"的惯例,一个承包商不得递交两份投标文件,因而拒收承包商的补充资料。

开标会由市招投标办的工作人员主持,市公证处有关人员到会,各投标单位代表均到场。开标前,市公证处人员对各投标单位的资质进行审查,并对所有投标文件进行审查,确认所有投标文件均有效后,正式开标。主持人宣读投标单位名称、投标价格、投标工期和有关投标文件的重要说明。

问题：该承包商运用了哪几种投标技巧？其运用是否得当？请逐一加以说明。

47. A、B两栋相同的住宅项目，总建筑面积86 000 m²，施工时分A、B分区，项目经理下分设2名栋号经理，每人负责一个分区，每个分区又安排了一名专职安全员。项目经理认为，由栋号经理负责每个栋号的安全生产，自己就可以不问安全的事了。工程竣工后，项目经理要求质量监督站组织竣工验收。

问题：项目经理向质量监督站要求竣工验收的做法是否恰当？为什么？

模拟试题(六)

一、**单项选择题**(每小题1分,共30分)在下列每小题的四个备选答案中选出一个正确的答案,并将其字母标号填入题干的括号内。

1. 某建设工程施工合同约定:工程无预付款,进度款按月结算,保留金按进度款的3%逐月扣留,监理工程师每月签发付款凭证的最低限额为25万元。经计量确认,施工单位第一个月完成工程款25万元,第二个月完成工程款30万元,则第二个月监理工程师应签发的付款金额为( )万元。
   A. 24.25   B. 29.1   C. 53.35   D. 55

2. 根据国际惯例,承包商自有设备的窝工费一般按( )计算。
   A. 台班折旧费
   B. 台班折旧费+设备进出现场的分摊费
   C. 台班使用费
   D. 同类型设备的租金

3. 关于工程变更的说法,正确的是( )。
   A. 承包人可直接变更能缩短工期的施工方案
   B. 业主要求变更施工方案,承包人可以索赔相应费用
   C. 工程变更价款未确定之前,承包人可以不执行变更指标
   D. 因政府部门要求导致的设计修改,由业主和承包人共同承担责任

4. 建设工程施工项目开工前编制的工程测量控制方案应由( )批准后实施。
   A. 项目经理   B. 公司技术负责人   C. 公司总工程师   D. 项目技术负责人

5. 建设工程施工项目竣工验收应由( )组织。
   A. 监理单位   B. 施工企业   C. 建设单位   D. 质量监督机构

6. 某建设工程项目施工过程中,由于质量事故导致工程结构受到破坏,造成6 000万元的直接经济损失,这一事故属于( )。
   A. 一般事故   B. 较大事故   C. 重大事故   D. 特别重大事故

7. 某批混凝土试块经检测发现其强度值低于规范要求,后经法定检测单位对混凝土实体强度进行检测后,其实际强度达到规范允许和设计要求。这一质量事故宜采取的处理方法是( )。
   A. 加固处理   B. 修补处理   C. 不作处理   D. 返工处理

8. 建设工程项目开工前,工程质量监督的申报手续应由项目( )负责。
   A. 建设单位   B. 施工企业   C. 监理单位   D. 设计单位

9. 建设工程质量监督机构进行第一次施工现场监督检查的重点是( )。
   A. 施工现场准备情况
   B. 检查施工现场计量器具
   C. 参加建设的各单位的质量行为
   D. 符合项目测量控制定位点

10. 建设工程项目施工安全管理工作目标能否达到的关键是( )。
    A. 建设单位安全管理的投入是否到位
    B. 施工企业安全管理和安全技术是否到位

C. 监理单位对安全管理的重视程度
D. 政府部门对项目施工安全监管是否到位

11. 施工企业项目经理是(　　)。
    A. 项目的全权负责人　　　　B. 项目法定代表人
    C. 施工合同当事人　　　　　D. 项目管理班子的负责人

12. 在计算双代号网络计划的时间参数时,工作的最早开始时间应为其所有紧前工作(　　)。
    A. 最早完成时间的最小值　　B. 最早完成时间的最大值
    C. 最迟完成时间的最小值　　D. 最迟完成时间的最大值

13. 已知某建设工程网络计划中A工作的自由时差为5天,总时差为7天。监理工程师在检查施工进度时发现只有该工作实际进度拖延,且影响总工期3天,则该工作实际进度比计划进度拖延(　　)天。
    A. 3　　　　B. 5　　　　C. 8　　　　D. 10

14. 相对于建设工程固定性的特点,施工生产则表现出(　　)的特点。
    A. 一次性　　B. 流动性　　C. 单件性　　D. 预约性

15. 下列影响工程施工质量的因素中,属于施工质量管理环境因素的是(　　)。
    A. 施工企业的质量管理制度　　B. 施工现场的安全防护措施
    C. 施工现场的交通运输和道路条件　　D. 不可抗力对施工质量的影响

16. 建设工程项目质量管理的PDCA循环工作原理中,"C"是指(　　)。
    A. 计划　　B. 实施　　C. 检查　　D. 处理

17. 施工项目管理机构应实施绿色施工活动,下列不属于绿色施工活动的是(　　)。
    A. 节能减排及污染物控制的主要技术措施
    B. 选用符合绿色建造要求的绿色技术、建材和机具,实施节能降耗措施
    C. 进行节约土地的施工平面布置
    D. 确定节约水资源的施工方法

18. 关于施工总承包管理模式的说法,错误的是(　　)。
    A. 建设单位可与多个单位组成联合体签订施工总承包管理协议
    B. 施工总承包管理企业负责整个项目的施工组织与管理
    C. 施工总承包管理模式的招标可在设计阶段进行
    D. 施工总承包管理企业可不经过投标,直接承担部分工程的施工

19. 根据《标准施工招标文件》,现场地质勘探资料、水文气象资料的准确性应由(　　)负责。
    A. 地质勘察单位　　B. 发包人　　C. 承包人　　D. 监理人

20. 根据《建设工程施工劳务分包合同(示范文本)》(GF—2003—0214),某工程承包人租赁一台起重机提供给劳务分包人使用,则该起重机的保险应由(　　)。
    A. 工程承包人办理并支付保险费用
    B. 劳务分包人办理并支付保险费用
    C. 工程承包人办理,但由劳务分包人支付保险费用
    D. 劳务分包人办理,但由承包人支付保险费用

21. 建筑材料采购合同中约定供货方负责送货的,交货日期应以( )为准。
    A. 供货方发货戳记的日期　　　　B. 采购方收货戳记的日期
    C. 合同约定的提货日期　　　　　D. 承运单位签发的日期

22. 下列施工安全的制度保证体系中,属于日常管理制度的是( )。
    A. 安全生产责任制度　　　　　　B. 安全生产奖惩制度
    C. 安全生产值班制度　　　　　　D. 安全生产检查制度

23. 对全国建设工程安全生产实施统一监督管理的部门是( )。
    A. 国务院技术监督管理部门　　　B. 国务院建设行政主管部门
    C. 国务院劳动和社会保障部门　　D. 国务院安全生产监督管理部门

24. 施工企业在确定建设工程职业健康安全与环境管理目标时,一般事故频率控制目标通常在( )以内。
    A. 6‰　　　　B. 8‰　　　　C. 10‰　　　　D. 12‰

25. 根据国务院《生产安全事故报告和检查处理条例》,造成2人死亡的生产安全事故属于( )。
    A. 特别重大事故　　　　　　　　B. 重大事故
    C. 较大事故　　　　　　　　　　D. 一般事故

26. 某施工企业瞒报生产安全事故,建设行政主管部门应依法对其处以( )万元的罚款。
    A. 10～30　　　　　　　　　　　B. 30～50
    C. 50～100　　　　　　　　　　 D. 100～500

27. 关于建设工程施工现场环境管理的说法,正确的是( )。
    A. 施工现场用餐人数在50人以上的临时食堂,应设置简易有效的隔油池
    B. 施工现场外围设置的围挡不得低于1.5 m
    C. 一般情况下禁止各种打桩机械在夜间施工
    D. 在城区、郊区城镇和居住稠密区,只能在夜间使用敞口锅熬制沥青

28. 施工现场混凝土搅拌车清洗产生的污水,应( )。
    A. 有组织地直接排入市政污水管网　　B. 经一次沉淀后排入市政污水管网
    C. 分散直接排入市政污水管网　　　　D. 经二次沉淀后排入市政排水管网

29. 某建设工程的单价合同中,双方根据估算的工程量约定了一个合同总价,而在实际结算时,原合同总价与合同各项单价乘以实际完成工程量之和不一致,则该工程价款结算应以( )为准。
    A. 签订的合同总价
    B. 合同中各项单价乘以实际完成的工程量之和
    C. 实际完成的工程量乘以重新协商的各项单价之和
    D. 双方重新协商确定的单价和工程量

30. 关于成本加固定费用合同的说法,正确的是( )。
    A. 在工程总成本一开始估计不准,可能变化不大的情况下宜采用成本加固定费用合同
    B. 报酬总额随工程成本的加大而增加
    C. 由于酬金金额固定,承包商在缩短工期方面没有积极性
    D. 通常在非代理型CM模式的合同中采用

二、**多项选择题**(每小题2分,共20分)在下列每小题的五个备选答案中有二至五个正确答案,请将正确答案全部选出,并将其字母标号填入题干的括号内。

31. 采用《建设工程工程量清单计价规范》(GB 50500—2013)进行招标的工程,企业在投标报价时,不得作为竞争性费用的有( )。
    A. 垂直运输费   B. 安全文明施工费
    C. 税金   D. 规费
    E. 手续费

32. 编制人工定额时,应计入工人定额时间的有( )。
    A. 材料供应不及时造成的停工时间
    B. 施工组织混乱造成的停工时间
    C. 由于施工工艺特点引起的工作中断所必须的时间
    D. 工人在工作过程中为恢复体力所必须的短暂休息时间
    E. 工人违背劳动纪律损失的时间

33. 下列某大跨度体育场项目钢结构施工的成本管理措施中,属于技术措施的有( )。
    A. 确定项目管理班子的任务和职能分工
    B. 分析钢结构吊装作业的成本目标
    C. 改变吊装用的施工机械
    D. 提出多个钢结构吊装方案
    E. 提出多个修改方案

34. 施工安全技术交底要求做好"四口""五临边"的防护措施,其中"四口"指( )。
    A. 通道口   B. 预留洞口   C. 楼梯口   D. 电梯井口
    E. 直通口

35. 根据《建筑安装工程费用项目组成》(建标〔2013〕44号),属于建筑安装工程企业管理费的有( )。
    A. 劳动保险和职工福利费   B. 工具用具使用费
    C. 仪器仪表使用费   D. 检验试验费
    E. 劳动保护费

36. 与平行承发包模式相比,施工总承包模式的特点有( )。
    A. 业主的合同管理工作量大大减少
    B. 业主的组织和协调工作量大大减少
    C. 业主的投资控制难度大
    D. 建设周期可能比较长,不利于进度控制
    E. 建设周期长,有利于进度控制

37. 承包人提交竣工验收申请报告的条件包括( )。
    A. 合同范围内的单位工程和工作已完成并符合合同要求
    B. 发包人已支付竣工结算价款
    C. 已按合同要求备齐了符合要求的竣工资料
    D. 竣工验收资料已经档案管理部门验收合格
    E. 监理人已出具质量评估报告

38. 施工现场质量管理中,直方图法的主要用途有( )。
   A. 分析生产过程质量是否处于稳定状态
   B. 分析生产过程质量是否处于正常状态
   C. 分析质量水平是否保持在公差允许的范围内
   D. 找出质量问题的主要影响因素
   E. 整理统计数据,了解其分布特征

39. 关于总价合同的说法,正确的有( )。
   A. 采用固定总价合同,双方结算比较简单,但承包商承担了较大的风险
   B. 发包人能更容易、更有把握地对项目进行控制
   C. 固定造价合同适用于工程结构和技术复杂的工程
   D. 由于承包人的失误导致投标报价计算错误,合同总价不予调整
   E. 在固定总价合同中,承包人承担工程量风险主要是人工费上涨

40. 施工企业在施工进度计划检查后编制的进度报告,其内容包括( )。
   A. 进度的预测
   B. 实际工程进度与计划进度的比较
   C. 进度计划在实施过程中存在的问题及其原因分析
   D. 进度执行情况对工程质量、安全和施工成本的影响情况
   E. 进度的后评估

三、简答题(每小题5分,共20分)

41. 施工成本核算包括的基本内容有哪些?

42. 简述质量管理八项原则的具体内容。

43. 机械施工使用费索赔包括哪些内容?

44. 简述工程质量事故的等级划分,并说出具体内容。

四、案例分析题(每小题10分,共30分)

45. 某办公楼的招标人于2003年10月11日向具备承担该项目能力的A、B、C、D、E五家投标单位发出投标邀请书,其中说明,10月17~18日9~16时在该招标人总工程师室领取招标文件,11月8日14时为投标截止时间。该五家投标单位均接受邀请,并按规

定时间提交了投标文件。但投标单位 A 在送出投标文件后发现报价估算有较严重的失误,遂赶在投标截止时间前 10 分钟递交了一份书面声明,撤回已提交的投标文件。

开标时,由招标人委托的市公证处人员检查投标文件的密封情况,确认无误后,由工作人员当众拆封。由于投标单位 A 已撤回投标文件,故招标人宣布有 B、C、D、E 四家投标单位投标,并宣读该四家投标单位的投标价格、工期和其他主要内容。

评标委员会委员由招标人直接确定,共由 7 人组成,其中招标人代表 2 人,本系统技术专家 2 人、经济专家 1 人、外系统技术专家 1 人、经济专家 1 人。在评标过程中,评标委员会要求 B、D 两投标人分别对其施工方案做详细说明,并对若干技术要点和难点提出问题,要求其提出具体、可靠的实施措施。作为评标委员的招标人代表希望投标单位 B 再适当考虑一下降低报价的可能性。按照招标文件中确定的综合评标标准,4 个投标人综合得分从高到低依次为 B、D、C、E,故评标委员会确定投标单位 B 为中标人。由于投标单位 B 为外地企业,招标人于 11 月 10 日将中标通知书以挂号方式寄出,投标单位 B 于 11 月 14 日收到中标通知书。

由于从报价情况来看,4 个投标人的报价从低到高依次为 D、C、B、E,因此,从 11 月 16 日至 12 月 11 日招标人又与投标单位 B 就合同价格进行了多次谈判,结果投标单位 B 将价格降到略低于投标单位 C 的报价水平,最终双方于 12 月 12 日签订了书面合同。

问题:从所介绍的背景资料来看,该项目的招标投标程序中在哪些方面不符合《招标投标法》的有关规定?请逐一说明。

46. 某电器设备厂筹资新建一生产流水线,该工程设计已完成,施工图纸齐备,施工现场已完成"三通一平"工作,已具备开工条件。工程施工招标委托招标代理机构采用公开招标方式代理招标。

招标代理机构编制了标底(800 万元)的招标文件。招标文件中要求工程总工期为 365 天。按国家工期定额规定,该工程的工期应为 460 天。

通过资格预审并参加投标的共有 A、B、C、D、E 五家施工单位。开标会议由招标代理机构主持,开标结果是这五家投标单位的报价均高出标底近 300 万元,这一异常引起了业主的注意,为了避免招标失败,业主提出由招标代理机构重新复核和制定新的标底。招标代理机构复核标底后,确认是由于工作失误,漏算部分工程项目,使标底偏低。在修正错误后,招标代理机构重新确定了新的标底。A、B、C 三家投标单位认为新的标底不合理,向招标人要求撤回投标文件。

由于上述问题纠纷导致定标工作在原定的投标有效期内一直没有完成。

为早日开工,该业主更改了原定工期和工程结算方式等条件,指定了其中一家施工单位中标。

问题:

(1) 上述招标工作存在哪些问题?

(2) A、B、C 三家投标单位要求撤回投标文件的做法是否正确?为什么?

47. 清华同方(哈尔滨)水务有限公司承建的哈尔滨市太平污水处理厂工程项目已由黑龙江省发改委批准。该工程建设规模为日处理能力 32.5 万 m^3 二级处理,总造价约为 3.3 亿元,其中土建工程约为 2.0 亿元。工程资金来源为:35% 自有资金,65% 银行贷款。中化建国际招标有限责任公司受工程总承包单位清华同方股份有限公司委托,就该工程部分土建工程的第五标段、第六标段、第七标段、第八标段、第九标段、第十标段进行国内竞争性公开招标,选定承包人。

现邀请合格的、潜在的土建工程施工投标人参加本工程的投标。要求投标申请人须具备承担招标工程项目的能力和建设行政主管部门核发的市政公用工程施工总承包一级资质,地基与基础工程专业承包三级或以上资质的施工单位,并在近两年承担过 2 座以上(含 2 座)10 万 m^3 以上污水处理厂主体施工工程。同时作为联合体的桩基施工单位应具有三级或以上桩基施工资质,近两年相关工程业绩良好。

问题:

(1) 建设工程招标的方式有哪几种?各有何特点?

(2) 哪些工程建设项目必须通过招标进行发包?

模拟试题(七)

一、**单项选择题**(每小题1分,共30分)在下列每小题的四个备选答案中选出一个正确的答案,并将其字母标号填入题干的括号内。

1. 能够反映项目管理班子内部项目经理,各工作部门和工作岗位在各项管理工作中所应承担的策划、执行、控制等职责的组织工具是( )。
   A. 管理职能分工表   B. 组织结构图   C. 工作任务分工表   D. 工作流程图

2. 某工程项目施工采用施工总承包模式,其中电气设备由业主指定的分包单位采购和安装,则在施工中分包单位必须接受( )的工作指令,服从其总体项目管理。
   A. 业主   B. 设计方   C. 施工总承包方   D. 项目监理方

3. 对项目的结构进行逐层分解所采用的组织工具是( )。
   A. 项目结构图   B. 组织结构图   C. 合同结构图   D. 工作流程图

4. 线性组织结构模式的特点之一是( )。
   A. 组织内每个工作部门可能有多个矛盾的指令源
   B. 组织内每个工作部门有横向和纵向两个指令源
   C. 能促进组织内管理专业化分工
   D. 组织内每个工作部门只接受一个上级的直接领导

5. 下列关于项目管理工作任务分工表的说法,正确的是( )。
   A. 工作任务分工表反映组织系统的动态关系
   B. 一个工程项目只能编制一张工作任务分工表
   C. 工作任务分工表中的具体任务不能改变
   D. 工作任务分工表是项目的组织设计文件之一

6. 项目管理的核心任务是项目的( )。
   A. 组织协调   B. 目标控制   C. 合同管理   D. 风险管理

7. 能反映项目组织系统中各项工作之间逻辑关系的组织工作是( )。
   A. 项目结构图   B. 工作流程图   C. 工作任务分工表   D. 组织结构图

8. 某施工企业在编制施工组织总设计时,已完成的工作有:收集和熟悉有关资料和图纸、调查项目特点和施工条件、计算主要工种的工程量、确定施工的总体部署和施工方案,则接下来应该进行的工作是( )。
   A. 确定主要技术经济指标   B. 编制施工总进度计划
   C. 编制资源需求量计划   D. 施工总平面图设计

9. 下列项目目标控制工作中,属于主动控制的是( )。
   A. 事前分析可能导致目标偏离的各种影响因素
   B. 目标出现偏离时采取纠偏措施
   C. 进行目标的实际值与计划值的比较
   D. 分析目标的实际值与计划值之间存在偏差的原因

10. 运用动态控制原理控制施工进度,质量目标除各分部分项工程的施工外,还包括( )。
    A. 建筑材料和有关设备的质量　　　B. 设计文件的质量
    C. 施工环境的质量　　　　　　　　D. 建设单位的决策质量

11. 对建设工程项目管理而言,风险是指可以出现的影响项目目标实现的( )。
    A. 不确定因素　　B. 错误决策　　C. 不合理指令　　D. 设计变更

12. 建设工程施工过程,可能会出现不利的地质条件(如地勘未探明的软弱层)而使施工进度延误、成本增加,这种风险属于( )。
    A. 经济与管理风险　B. 组织风险　　C. 工程环境风险　D. 技术风险

13. 下列防范土方开挖过程中塌方风险而采取的措施中,属于风险转移对策的是( )。
    A. 投保建筑工程一切险　　　　　　B. 设置警示牌
    C. 进行专题安全教育　　　　　　　D. 设置边坡护壁

14. 项目监理机构处理业主和承包方的利益冲突或矛盾时,应坚持的原则是( )。
    A. 无条件维护业主的权益
    B. 无条件维护承包方的权益
    C. 在不损害业主合法权益的前提下,维护承包方的权益
    D. 在维护业主的权益时,不损害承包方的合法权益

15. 对于需要施旁站监理的施工关键部位、关键工序、施工企业应在进行施工前( )小时,书面通知项目监理机构。
    A. 12　　　　B. 24　　　　C. 36　　　　D. 48

16. 根据《生产安全事故报告和调查处理条件》,下列安全事故中,属于较大事故的是( )。
    A. 10人死亡,3 000万元直接经济损失　B. 3人死亡,4 800万元直接经济损失
    C. 4人死亡,6 000万元直接经济损失　　D. 2人死亡,980万元直接经济损失

17. 关于施工成本控制程序的说法,正确的是( )。
    A. 管理行为控制程序是成本全过程控制的重点
    B. 指标控制程序是对成本进行过程控制的基础
    C. 管理行为控制程序是项目施工成本结果控制的主要内容
    D. 管理行为控制程序和指标控制程序在实施过程中相互制约

18. 下列施工成本分析依据中,属于既可对已发生的,又可对尚未发生或正在发生的经济活动进行核算的是( )。
    A. 会计核算　　B. 统计核算　　C. 成本预测　　D. 业务核算

19. 根据《建筑法》及相关规定,施工企业应交纳的强制性保险是( )。
    A. 人身意外伤害险　　　　　　　　B. 工程一切险
    C. 工伤保险　　　　　　　　　　　D. 第三者责任险

20. 工程成本应当包括( )所发生的,与执行合同有关的直接费用和间接费用。
    A. 从工程投标开始至竣工验收为止
    B. 从场地移交开始到项目移交为止
    C. 从合同签订开始至合同完成为止
    D. 从项目设计开始至竣工投产为止

21. 某土方工程直接工程费为1 000万元,以直接费为基础计算建筑安装工程费,相关费用和费率如下:措施费100万元,间接费费率为10%,利润率为5%,综合税率为3.41%,则该土方工程的含税总造价为( )万元。
   A. 1 194.39   B. 1 251.26   C. 1 302.97   D. 1 313.82

22. 若施工作业所能依据的定额齐全,则在编制施工作业计划时宜采用的定额是( )。
   A. 概算指标   B. 概算定额   C. 预算定额   D. 施工定额

23. 某施工工序的人工产量定额为4.56 m^3,则该工序的人工时间定额为( )。
   A. 0.22 工日/m^3 B. 0.22 工日   C. 1.76 工日/m^3 D. 4.56 工日/m^3

24. 编制施工机械台班使用定额时,施工机械必须消耗时间包括有效工作时间、不可避免的中断时间以及( )。
   A. 施工本身造成的停工时间   B. 非施工本身造成的停工时间
   C. 低负荷下的工作时间   D. 不可避免的无负荷工作时间

25. 以项目实施方案为依据,落实项目经理责任目标为出发点,采用企业施工定额,通过编制施工预算而形成的施工成本计划是一种( )成本计划。
   A. 竞争性   B. 参考性   C. 实施性   D. 战略性

26. 以工程承包合同、施工组织设计、要素市场价格等为依据编制,对实现降低施工成本任务具有直接指导作用的文件是( )。
   A. 施工成本分析报告   B. 施工成本计划
   C. 施工成本核算资料   D. 施工成本预测报告

27. 若按项目组成编制施工成本计划,项目应按( )的顺序依次进行分解。
   A. 单项工程—单位工程—分部工程—分项工程
   B. 单项工程—分部工程—单位工程—分项工程
   C. 单位工程—单项工程—分部工程—分项工程
   D. 单位工程—单项工程—分项工程—分部工程

28. 施工成本控制需要进行实际成本情况与施工成本计划的比较,其中实际成本情况是通过( )反映的。
   A. 工程变更文件   B. 进度报告
   C. 施工组织设计   D. 分包合同

29. 施工成本控制的正确工作步骤是( )。
   A. 预测—比较—分析—检查—纠偏   B. 预测—分析—比较—检查—纠偏
   C. 检查—比较—分析—预测—纠偏   D. 比较—分析—预测—纠偏—检查

30. 某土方工程,计划总工程量为4 800 m^3,预算单价为580元/m^3,计划6个月内均衡完成。开工后,实际单价为600元/m^3,施工至第3个月底,累计实际完成工程量3 000 m^3。若运用赢得值法分析,则至第3个月底的费用偏差为( )万元。
   A. −34.8   B. −6   C. 6   D. 34.8

二、**多项选择题**(每小题2分,共20分)在下列每小题的五个备选答案中有二至五个正确答案,请将正确答案全部选出,并将其字母标号填入题干的括号内。

31. 建筑安装工程费用的主要结算方式有( )。
   A. 分项结算   B. 分段结算   C. 竣工后一次结算   D. 按月结算

E. 按日结算

32. 根据《建设工程工程量清单计价规范》(GB 50500—2013),分部分项工程综合单价包括了相应的( )。

   A. 管理费　　　　B. 利润　　　　C. 税金　　　　D. 措施费

   E. 措施应急费

33. 建设工程定额中的周转材料消耗量指标,应该用( )等指标表示。

   A. 一次使用量　　B. 摊销量　　　C. 周转使用次数　　D. 最终回收量

   E. 理论净用量

34. 下列关于施工成本控制的说法,正确的有( )。

   A. 施工成本控制应贯穿项目从投标开始到工程竣工验收的全过程
   B. 合同文件和成本计划是成本控制的目标
   C. 施工成本控制需按动态控制原理对实际施工成本的发生过程进行有效控制
   D. 进度报告和工程变更及索赔资料是施工成本控制过程中的动态资料
   E. 施工成本控制应对成本的形成过程进行分析,并寻求进一步降低成本的途径

35. 下列关于分部分项工程施工成本分析的说法,正确的有( )。

   A. 分部分项工程成本分析是施工项目成本分析的基础
   B. 成本分析的对象为已完成分部分项工程
   C. 要进行预算成本、目标成本和实际成本的"三算"对比,分别计算实际偏差和目标偏差
   D. 要进行估算成本与目标成本的比较
   E. 分部分项工程成本分析是建设投资项目成本计算的基础

36. 单位工程施工组织设计的主要内容有( )。

   A. 工程概况及施工特点分析
   B. 施工方案
   C. 单位工程施工平面图设计
   D. 各项资源需求量计划
   E. 工程进度表

37. 施工方应视施工项目的特点和施工进度控制的需要,编制( )等进度计划。

   A. 施工总进度纲要
   B. 不同深度的施工进度计划
   C. 不同功能的施工进度计划
   D. 不同计划周期的施工进度计划
   E. 不同项目参与方的施工进度计划

38. 下列关于双代号网络计划绘图规则的说法,正确的有( )。

   A. 网络图必须正确表达各工作间的逻辑关系
   B. 网络图中可以出现循环回路
   C. 单目标网络计划只有一个起点节点和一个终点节点
   D. 网络图中严禁出现没有箭头节点或没有箭尾节点的箭线
   E. 网络图中一个节点只有一条箭线引入和一条箭线引出

39. 工程网络计划工期优化过程中,在选择缩短持续时间的关键工作时应考虑的因素有( )。
   A. 有充足备用资源的工作
   B. 缩短持续时间对质量和安全影响不大的工作
   C. 缩短持续时间所需增加的费用最少的工作
   D. 缩短持续时间对综合效益影响不大的工作
   E. 持续时间最长的工作

40. 施工方进度控制的措施主要包括( )。
   A. 组织措施　　　　　　　　B. 技术措施
   C. 经济措施　　　　　　　　D. 法律措施
   E. 管理措施

三、简答题(每小题 5 分,共 20 分)

41. 施工成本分析的方法有哪些?

42. 简述质量控制的基本环节。

43. 索赔费用的计算方法有哪些?

44. 职业健康安全管理体系与环境管理体系的建立步骤是什么?

四、案例分析题(每小题 10 分,共 30 分)

45. 某引水工程隧洞施工招标。招标文件中规定的中标条件是:能满足招标文件的实质性要求,并且经评审的投标价格最低(但是投标价格低于成本的除外)。经过评标委员会评审,满足招标文件实质性要求的投标人有 6 家,按评审后的报价由低到高排序如下表所示。

投标人	评审后的投标报价(万元)
A	48 002
B	65 503
C	72 345
D	75 436
E	82 970
F	82 908

该招标项目的标底为 66 060 万元。

问题:

(1) 甲评标委员认为投标人 A 的报价远远低于招标项目标底,属于投标价格低于成本情形,应予拒绝。你认为评标委员会的观点是否正确?为什么?

(2) 经评审委员会评审,认为上述 6 家投标人的投标均满足招标文件的实质性要求,且投标报价合理,均未低于其成本价,按照规定的中标条件,推荐的候选中标人及其先后顺序为投标人 A、B、C。在招标人与第一顺序候选中标人合同谈判时,要求将中标价降为 47 900 万元,若投标人 A 拒绝,即认为其放弃中标,依次与候选中标人 B 进行谈判。你认为招标人的做法是否合法?为什么?

46. 某枢纽工程施工招标,合同条件采用《水利水电土建工程施工合同条件》。A 施工企业中标并签订合同后,认为中标价偏低,无奈受合同的约束,只好按合同履行义务。在组织进场期间,发包人提供场地延误 7 天时间,故承包人以此为由,立即将人员、设备、设施等进场资源全部撤离现场,并向发包人发出通知:"由于你方提供场地延误已构成违约,我方根据《合同法》有关规定,提出解除合同,并要求赔偿由于解除合同对我方造成的费用和利润损失,希望你方在合同规定时间给予支付。"

问题：
(1) 你认为 A 施工企业的说法是否正确？试根据我国《合同法》的有关规定，说明理由。
(2) 为了降低成本，A 施工企业未经任何许可，将所承包工程基础处理、大坝混凝土浇筑、泄洪洞等工程分包给当地的施工企业。监理人发现后，认为分包已成事实，并考虑到工期非常紧，要求该施工企业补报项目分包申请报告，并经审查，承包人所选分包人具备承包能力，同意分包。你认为监理人的做法是否妥当？请说明理由。

47. 某水库除险加固工程上游面铺设混凝土预制块，合同采用《水利水电土建工程施工合同条件》。合同技术条款中要求的铺设最大缝宽≤1 cm，而合同中引用的某行业规范中规定的铺设最大缝宽≤1.5 cm。

    施工中，为了保证混凝土预制块质量，承包人在施工过程中购置更换了新模具、振捣设备，并增加使用了脱模剂，比原投标方案增加了成本。

    问题：承包人就混凝土预制工作提出了费用补偿。你认为监理人是否应予以批准？说明理由。

模拟试题(八)

一、**单项选择题**(每小题1分,共30分)在下列每小题的四个备选答案中选出一个正确的答案,并将其字母标号填入题干的括号内。

1. 编制项目建议书属于建设工程项目全寿命周期( )。
   A. 决策阶段的工作　　　　　　　B. 实施阶段的工作
   C. 设计准备阶段的工作　　　　　D. 施工阶段的工作

2. 在建设工程施工总承包管理模式下,施工分包合同的主体一般是施工分包方和项目( )。
   A. 总承包管理方　　　　　　　　B. 业主方
   C. 设计方　　　　　　　　　　　D. 咨询机构

3. 业主方项目进度控制的任务是控制( )的进度。
   A. 项目设计阶段　　　　　　　　B. 整个项目实施阶段
   C. 项目施工阶段　　　　　　　　D. 整个项目决策阶段

4. 组织结构模式反映了一个组织系统中各子系统之间或各元素之间的( )。
   A. 逻辑关系　　　　　　　　　　B. 协作关系
   C. 合同关系　　　　　　　　　　D. 指令关系

5. 建设项目的总进度目标是在项目的( )阶段确定。
   A. 决策　　　B. 设计　　　C. 招标　　　D. 施工

6. 施工项目管理机构编制项目管理任务分工表之前要完成的工作是( )。
   A. 明确各项管理工作的工作流程　　B. 落实工作部门的具体人员
   C. 对项目管理任务进行详细分解　　D. 对各项管理工作的执行情况进行检查

7. 某建设工程项目施工前,业主方制定了工程款支付审批程序:施工方申报→监理方审批→业主现场代表审查→业主项目负责人审核→业主分管副经理审批→支付。该程序属于( )。
   A. 成本控制工作流程　　　　　　B. 投资控制工作流程
   C. 信息处理工作流程　　　　　　D. 物资采购工作流程

8. 对整个建设工程项目的施工进行战略部署,并且是指导全局性施工的技术和经济纲要的文件是( )。
   A. 施工总平面图　　　　　　　　B. 施工组织总设计
   C. 施工部署及施工方案　　　　　D. 施工图设计文件

9. 施工项目技术负责人每天在施工日志上对当天的施工质量和进度情况进行详细记载,属于项目目标动态控制过程中( )的工作。
   A. 准备阶段　　　　　　　　　　B. 收集项目实际值
   C. 进行目标计划值和实际值比较　D. 纠偏环节

10. 在施工成本动态控制过程中,当对工程合同价与实际施工成本、工程款支付进行比较时,成本的计划值是( )。

A. 工程合同价 B. 实际施工成本
C. 工程款支付额 D. 施工图预算

11. 施工企业项目经理是( )。
    A. 项目的全权负责人 B. 项目法定负责人
    C. 施工合同当事人 D. 项目管理班子的负责人

12. 下列施工进度计划中,属于实施性施工进度计划的是( )。
    A. 施工总进度计划 B. 单体工程施工进度计划
    C. 项目年度施工计划 D. 项目月度施工计划

13. 下列建设工程施工风险因素中,属于组织风险的是( )。
    A. 承包人管理人员的能力 B. 公用防火设施的可用性
    C. 岩土地质条件 D. 工程机械的稳定性

14. 《建设工程安全生产管理条例》第十四条规定,工程监理单位和监理工程师对建设工程安全生产承担( )。
    A. 领导责任 B. 经济责任 C. 监理责任 D. 刑事责任

15. 下列各项工作任务,属于施工准备阶段建设监理工作任务的是( )。
    A. 审查施工单位选择的分包单位的资质
    B. 组织设计单位向施工单位进行技术交底
    C. 编制单位工程施工组织设计
    D. 检查和确认运到现场的材料的质量

16. 建设工程施工合同订立过程中,发承包双方开展合同谈判的时间是( )。
    A. 投标人提交投标文件时 B. 订立、签署书面合同时
    C. 招标人退还投标保证金后 D. 明确中标人并发出中标通知书后

17. 下列建筑安装工程费用,属于材料费的是( )。
    A. 对建筑构件进行一般鉴定、检查所发生的费用
    B. 混凝土、钢筋混凝土模板及支架费
    C. 搭建临时设施所耗材料费
    D. 跳板、脚手架等的摊销费

18. 应用动态控制原理控制项目投资时,属于设计过程中投资的计划值与实际值比较的是( )。
    A. 工程概算与工程合同价 B. 工程预算与工程合同价
    C. 工程预算与工程概算 D. 工程概算与工程决算

19. 竣工工程进行现场成本、完全成本核算的目的是分别考核( )。
    A. 企业经营效益、企业社会效益 B. 项目管理绩效、项目管理责任
    C. 项目管理责任、企业经营效益 D. 项目管理绩效、企业经营效益

20. 根据《建设工程监理合同(示范文本)》,监理工作的内容包括( )。
    A. 主审图纸会审会议 B. 主持第一次工地会议
    C. 编制工程质量评估报告 D. 组织工程竣工验收

21. 下列定额中,属于企业定额性质的是( )。
    A. 施工定额 B. 预算定额

C. 概算定额 D. 概算指标

22. 在工人工作时间消耗的分类中,必须消耗的工作时间不应包括( )。
    A. 有效工作时间 B. 休息时间
    C. 不可避免中断时间 D. 偶然工作时间

23. 某施工机械的台班产量为 500 m³,与之配合的工人小组中有 4 人,则人工定额为( )。
    A. 0.2 工日/m³ B. 0.8 工日/m³
    C. 0.2 工日/100 m³ D. 0.8 工日/100 m³

24. 施工成本管理的每一个环节都是相互联系和相互作用的,其中( )是成本决策的前提。
    A. 成本预测 B. 成本计划 C. 成本核算 D. 成本考核

25. 编制施工成本计划应当以( )为主要依据编制。
    A. 预算定额 B. 施工定额
    C. 概算定额 D. 估算定额

26. 下列有关施工预算和施工图预算的说法,正确的是( )。
    A. 施工预算的编制以预算定额为主要依据
    B. 施工预算是投标报价的主要依据
    C. 施工图预算既适用于建设单位,也适用于施工单位
    D. 施工图预算是施工企业内部管理用的一种文件

27. 下列施工成本控制依据中,能提供工程实际完成量及工程款实际支付情况的是( )。
    A. 工程承包合同 B. 施工成本计划
    C. 进度报告 D. 工程变更文件

28. 确定施工成本偏差的严重性和偏差产生的原因,是施工成本控制过程中( )阶段要解决的问题。
    A. 比较 B. 分析 C. 预测 D. 纠偏

29. 用曲线法进行施工成本偏差分析时,在检测时间点上已完工作实际费用曲线与已完工作预算费用曲线的竖向距离表示( )。
    A. 累计费用偏差 B. 累计进度偏差
    C. 局部进度偏差 D. 局部费用偏差

30. 某项目经理超出了注册建造师执业范围从事执业活动,其可能受到的处罚是( )。
    A. 暂停注册执业资格 1 年 B. 撤销建造师资格证书
    C. 处以 5 万元罚款 D. 计入建造师执业信用档案

二、**多项选择题**(每小题 2 分,共 20 分)在下列每小题的五个备选答案中有二至五个正确答案,请将正确答案全部选出,并将其字母标号填入题干的括号内。

31. 下列机械设备,属于施工机械设备的有( )。
    A. 操作工具 B. 测量仪器
    C. 计量器具 D. 空调设备
    E. 辅助配套的电梯、泵机

32. 按有关施工质量验收规范规定,必须进行现场质量检测且质量合格后方可进行下道工序的有( )。

A. 地基基础工程 B. 主体结构工程
C. 钢结构及管道工程 D. 建筑幕墙工程
E. 模板工程

33. 施工项目竣工质量验收的依据主要包括( )。
    A. 双方签订的施工合同
    B. 国家和有关部门颁发的施工规范
    C. 设计变更通知书
    D. 批准的设计文件、施工图纸及说明书
    E. 批准的材料

34. 政府对建设工程施工质量监督的职能主要有( )。
    A. 监督检查参建各方主体的质量行为
    B. 监督检查工程实体的施工质量
    C. 评定工程质量等级
    D. 监督检查工程质量验收
    E. 监督检查环境质量

35. 下列施工安全制度保证体系的制度中,属于岗位管理类的有( )。
    A. 安全生产组织制度 B. 安全生产奖惩制度
    C. 安全生产验收制度 D. 安全生产值班制度
    E. 劳动保护用品的购入、发放与管理制度

36. 政府对建设工程安全生产进行监督管理的主要手段有( )。
    A. 法律手段 B. 技术手段 C. 经济手段 D. 协调手段
    E. 行政手段

37. 根据《建设工程施工现场管理规定》,施工单位的下列做法中,符合防止环境污染措施要求的有( )。
    A. 将冲洗车辆的泥浆水未经处理直接排入河流
    B. 施工现场位于城市郊区,在现场熔融沥青
    C. 使用密闭器将高空废弃物运输至地面
    D. 对产生噪音的机械,安装降噪设备
    E. 将有毒有害废弃物作为土方回填

38. 施工现场固体废物的处理方法主要有( )。
    A. 物理处理 B. 化学处理和生物处理
    C. 热处理和固化处理 D. 回收利用和循环再造
    E. 回填处理

39. 施工总承包模式的特点有( )。
    A. 在开工前就有较明确的合同价,有利于业主对总造价的早期控制
    B. 业主对施工总承包单位的依赖较大
    C. 业主要负责所有承包单位的管理及组织协调,工作量较大
    D. 一般要等施工图设计全部结束后,才能进行施工总承包的招标,对进度控制不利
    E. 施工总承包模式适用于大型项目和建设周期紧迫的项目

40. 根据《标准施工招标文件》，在合同约定的期限内，承包人应提交给监理人的工程质量保证措施文件有（　　）。
   A. 工程质量报表
   B. 质量检查机构的组织和岗位责任
   C. 质检人员的组成
   D. 质量检查程序和实施细则
   E. 业绩材料

三、简答题（每小题5分，共20分）

41. 单位工程的定义是什么？

42. 简述施工质量事故处理的基本方法。

43. 项目管理的任务是什么？其中最重要的是什么？

44. 安全检查的主要类型有哪些？

四、案例分析题（每小题10分，共30分）

45. 某企业正常生产能力为月产800件产品，实际产量为600件，每件产品直接材料标准成本为6 kg×4元/kg，实际的直接材料成本为8 kg×3元/kg。
   问题：进行材料成本差异分析。

46. 建筑工程中屋面工程质量控制是工程质量控制重点之一,请问屋面工程中屋面防水类型有哪些?某日夜晚突然发生大暴雨,我校有一学生宿舍发生了严重渗漏现象,导致学生无法正常休息,如你是学校负责这项工作的责任人,你接到电话后,你认为如何处理这一情况?

47. 某产品由 A、B、C、D、E 五个零件组成,其成本分别为 300 元、75 元、125 元、100 元和 100 元,A 有 F1、F2、F3、F4 四个功能,重要程度比例为 1∶1/2∶1∶1/2;B 有 F2、F4 两种功能,重要程度为 1∶1/2;C 有 F1、F2、F4 三种功能,其重要程度比例为 1∶1∶1/2;D 有 F1、F3 两种功能,重要程度一样;E 只有 F3 功能。

问题:计算 F1、F2、F3、F4 功能的成本。

模拟试题答案

模拟试题(一)

一、单项选择题(每小题1分,共30分)

1. A 2. C 3. A 4. A 5. C 6. C 7. D 8. A 9. D 10. A 11. B 12. A 13. A 14. C 15. C 16. C 17. C 18. C 19. D 20. B 21. A 22. D 23. C 24. D 25. A 26. C 27. B 28. D 29. C 30. A

二、多项选择题(每小题2分,共20分)

31. ABD 32. BCD 33. ABCD 34. ACD 35. ABCD 36. BD 37. ACD 38. ABCD 39. ABDE 40. ABCD

三、简答题(每小题5分,共20分)

41. ①提出问题;②筹划;③决策;④执行;⑤检查。

42. ①人工费的控制;②材料费的控制;③施工机械使用费控制;④施工分包费用的控制。

43. 关键线路的确定按以下规定:从起点节点开始到终点节点均为关键线路,且所有工作的时间间隔为零的线路为关键线路。

44. ①人工费;②材料费;③施工机械使用费;④分包费;⑤现场管理费;⑥保险费;⑦保函手续费;⑧利息;⑨总部管理费。

四、案例分析题(每小题10分,共30分)

45. 解:(1)工程预付款为:720×20%=144(万元)

起扣点为:720-144/60%=480(万元)

(2)工程结算总造价为:720+720×60%×10%=763.2(万元)

工程保证金为:763.2×5%=38.16(万元)

甲方应付工程结算款为:763.2-524-144-38.16=57.04(万元)

46. 答:(1)该合同属于附生效条件的合同情形。(2)供水公司的说法不正确。尽管在供水工程完工前,与甲用户所签订的供水合同并未生效,但是合同已经依法成立。《合同法》规定:依法成立的合同具有法律约束力,当事人不得擅自变更与解除。

47. 答:(1)工程一切险承保的是在工程建造中因自然灾害或意外事故而引起的一切损失,包括工程本身、施工用设施和设备、施工机具、场地清理费、第三人责任、工地内现有的建筑物和由被保险人看管和监护的停放在工地的财产等。

(2)突如其来的暴风雨属于自然灾害。发生自然灾害后,业主和承包商应根据风险责任承担原则,各自承担相应的责任。该工程风险责任按以下承担原则进行分析:

① 业主承担工程安全责任。

② 承包商承担施工人员人身安全责任。

③ 承包商承担施工机械设备安全管理责任。

④ 非承包商原因造成的损失费用应由业主承担。

⑤ 新增的工作内容的费用应由业主承担。

⑥ 非承包商原因造成的工期延误应由业主承担。

模拟试题(二)

一、单项选择题(每小题1分,共30分)

1. B 2. A 3. B 4. C 5. B 6. A 7. D 8. B 9. B 10. D 11. A 12. A 13. B 14. B 15. D 16. A 17. D 18. B 19. D 20. A 21. B 22. D 23. D 24. D 25. B 26. A 27. A 28. A 29. D 30. C

二、多项选择题(每小题2分,共20分)

31. CD 32. CE 33. ADE 34. BCD 35. AC 36. ABCD 37. ACD 38. ABCD 39. ABCD 40. ABCD

三、简答题(每小题5分,共20分)

41. ①为什么要进行项目管理;②项目管理需要做什么工作;③怎样进行项目管理;④谁做项目管理的哪些方面;⑤什么时候做哪些项目管理工作;⑥项目的总投资;⑦项目总进度。

42. ①时标网络计划兼有网络计划和横道计划的优点,它能够清楚地表明计划的时间进程,使用方便;
②时标网络计划能在图上直接显示出各项工作的开始与完成时间、工作的自由时差及关键线路;
③在时标网络计划中可以统计每一个单位时间对资源的需要量,以便进行资源优化和调整。

43. ①大型基础设施、公共事业等关系社会公共利益、公众安全的项目;
②全部或者部分使用国有资金投资或者国家融资的项目;
③使用国际组织或者外国政府资金的项目。

44. ①职能组织结构;②线性组织结构;③矩阵组织结构。在线性组织结构中,每一个部门只能对其直接的下属部门下达工作指令,每一个工作部门也只有一个直接上级部门,因此每一个工作部门只有唯一的指令源,避免了由于矛盾的指令而影响组织系统的运行。

四、案例分析题(每小题10分,共30分)

45. 解:(1)因为台班产量为480 m³/台班,所以完成该土方工程需要的台班数为:5 800/480=12.08(台班)=13台班;(2)因为是两班制施工,所以每天挖方量为480×2=960(m³),因此,需要的天数为5 800/960=6.04(天)=7天。

46. 答:(1)确定标准的方法为:
① 若合同中规定了合同规定标准与合同中引用技术标准的解释原则,应遵照其规定。
一般来说,合同中有规定的,合同规定标准优先,采用铺设最大缝宽≤1 cm标准。
② 若合同中没有规定合同规定标准与合同中引用技术标准的解释原则,则按照明显证据优先原则,采用铺设最大缝宽≤1 cm标准。
(2) 监理人不应予以批准。混凝土预制块质量标准是合同约定的,未发生任何变更的情况下,承包人为保证质量所采取措施所需费用应由承包人承担。

47. 答:(1)按计价方式分,合同分为总价合同、单价合同和成本加酬金合同。(2)该合同变更形式不妥。根据《中华人民共和国合同法》,建设工程合同应当采取书面形式,合同变更亦应采取书面形式。若在应急情况下,可采取口头形式,但事后应予以书面形式确认。否则,在合同双方对合同变更内容有争议时,往往因口头形式协议很难举证,而不得不以书面协议约定的内容为准。本案例中业主电话通知临时停工,承包商亦答应,是双方的口头协议,且事后并未以书面的形式确认,所以该合同变更形式不妥。

模拟试题(三)

一、单项选择题(每小题1分,共30分)

1. D 2. A 3. B 4. B 5. D 6. B 7. B 8. B 9. D 10. D 11. B 12. D 13. B 14. C 15. A 16. C 17. C 18. D 19. A 20. D 21. B 22. D 23. A 24. C 25. D 26. D 27. C 28. B 29. A 30. B

二、多项选择题(每小题 2 分,共 20 分)

31. ABCD　32. BCD　33. ABCD　34. ABCD　35. ABCE　36. ABCD　37. ABD　38. BCD
39. ABCD　40. BDE

三、简答题(每小题 5 分,共 20 分)

41. ①风险指的是可能出现的影响项目目标实现的不确定因素。②风险量反映不确定的损失程度和损失发生的概率。③若事件经过风险评估,它处于风险区 A,则应该采取措施,降低其概率,即使它移位到风险区 B;或采取措施降低其损失量,即使它移位至风险区 C;风险区 B 和风险区 C 应采取措施,使其移位至风险区 D。

42. ①提出问题;②筹划;③决策;④执行;⑤检查。

43. ①项目技术复杂或有特殊要求,只有少量几家潜在投标人可供选择的;②受自然地域环境限制的;③涉及国家安全、国家秘密或抢险救灾,适宜招标但不宜公开招标的;④拟公开招标的费用与项目的价格相比,不值得一提的;⑤法律、法规规定不宜公开招标的。

44. ①工作之间的逻辑关系容易表达,且不用虚箭线,故绘图简单;②网络图便于检查和修改;③不够直观;④逻辑关系箭线可能产生纵横交叉现象。

四、案例分析题(每小题 10 分,共 30 分)

45. 答:(1)正确。
    (2)不正确。总包商应确认分包商从业人员资格。交底采用书面形式,由总、分包双方负责人签字确认,并保留交底记录。
    (3)不正确。在合同履行过程中,总包商应有专门部门或人员对分包队伍施工过程中的安全生产、文明施工情况进行指导检查,实施监督管理。
    (4)不正确。分包商对于其分包现场的脚手架、设施、设备等安全防护设施不得擅自拆除、变动。如确需拆除变动的,必须经总施工负责人和安全管理人员同意。
    (5)不正确。如分包商发生安全事故,总包和分包单位对分包工程的安全生产承担连带责任,并由总包单位上报事故。

46. 答:不符合环保要求,应集中在搅拌站搅拌。我国《建设工程施工现场管理规定》中防止施工造成环境污染的主要内容有:施工单位应当遵守国家有关环境保护的法律规定,采取措施控制施工现场的各种粉尘、废气、废水、固定废弃物以及噪音、振动对环境的污染和危害,并采取有效措施控制施工过程中的扬尘。

47. 答:(1) A 施工企业的说法不正确。发包人提供场地延误 7 天时间,属于违约行为。但是,这一违约行为并不构成单方解除合同的条件。《合同法》规定的由于一方违约对方当事人有权解除合同的情形如下:
    ① 在履行期限届满之前,当事人一方明确表示或者以自己的行为表明不履行主要债务;
    ② 当事人一方延迟履行主要债务,经催告后在合理期限内仍未履行;
    ③ 当事人一方延迟履行债务或者有其他违约行为以致使不能实现合同目的。
    显然,题中所述发包人的场地提供延误违约行为不构成单方解除合同的条件。
    (2)监理人的做法不妥当。其一,任何分包均必须按照法律法规、合同之规定事先得到批准;其二,该项分包均涉及主体工程,依据《合同法》规定,不得分包。

模拟试题(四)

一、单项选择题(每小题 1 分,共 30 分)

1. C　2. B　3. C　4. B　5. D　6. C　7. A　8. D　9. D　10. C　11. C　12. A　13. B　14. B
15. B　16. D　17. A　18. A　19. B　20. D　21. D　22. D　23. C　24. B　25. D　26. A　27. A
28. C　29. D　30. A

二、多项选择题(每小题 2 分,共 20 分)

31. ACD　32. ACD　33. ABD　34. ABCD　35. AD　36. ABCD　37. BD　38. ABD　39. ABD

40. BC

三、简答题(每小题5分,共20分)

41. 风险管理是为了达到一个组织的既定目标,而对组织所承担的各种风险进行管理的系统过程,其采取的方法应符合公众的利益、人身安全、环境保护以及有关法规的要求。

42. 质量指的是一组固有特性满足要求的程度。其特性包括：使用功能、寿命以及可靠性、安全性、经济性等。

43. ①协议书；②中标通知书；③投标书及其附件；④专用合同条款；⑤通用合同条款；⑥有关的标准、规范及技术文件；⑦图纸；⑧工程量清单；⑨工程报价单或预算书等。

44. 业主方委托一个施工单位或由多个施工单位组成的施工联合体或施工合作体作为施工总承包单位,经业主同意,施工总承包单位可以根据需要将施工任务的一部分分包给其他符合资质的分包人。

四、案例分析题(每小题10分,共30分)

45. 解：因状态出现的概率无法预测,所以,将三种状态看作等概率。
　　A方案期望利润=(800+400-200)×1/3≈333.3；A方案最大后悔值≈466.7
　　B方案期望利润=(600+350-100)×1/3≈283.3；B方案最大后悔值≈316.7
　　C方案期望利润=(400+250+50)×1/3≈233.3；C方案最大后悔值≈166.7
　　从期望利润看,A方案>B方案>C方案,从后悔值角度看,也是A方案>B方案>C方案。显然,A方案虽然有一定风险,但预期效益最好,一般推荐A方案。而C方案是最为保守的方案。对小型企业而言,若难以承受亏损100万元的风险,则推荐C方案。虽然可能失去最大收益的机会,但不大会出现亏损风险。

46. 答：(1) 最适合该工程的项目组织形式是：工作队式项目组织。因为该项目较复杂、工期紧、建筑面积大,属于大型项目；建筑企业为国家一级企业,且项目经理为国家一级注册建造师,能力较强,管理人员及员工素质较高,管理水平较高。
　　(2) 外部关系协调包括：①协调好与分包方之间的关系。②协调好与劳务作业层之间的关系。③协调土建与安装分包的关系。④重视公共关系。施工中要经常和建设单位、设计单位、质量监督部门以及政府主管部门、行业管理部门取得联系,主动争取他们的支持和帮助,充分利用他们各自的优势,为工程项目服务。

47. 答：(1)程序不正确。应先任命项目经理和成立项目经理部,然后由项目经理组织项目部的人员编写施工组织设计。(2)业主的要求不正确。因为项目管理规划为企业内部文件,不具对外性。施工单位提供给业主的应为施工组织设计。

模拟试题(五)

一、单项选择题(每小题1分,共30分)

1. C　2. C　3. D　4. C　5. C　6. B　7. C　8. C　9. D　10. A　11. B　12. B　13. B　14. A
15. C　16. D　17. B　18. C　19. B　20. A　21. B　22. A　23. C　24. B　25. D　26. C　27. A
28. B　29. C　30. D

二、多项选择题(每小题2分,共20分)

31. ABCD　32. BCD　33. BC　34. ABCD　35. ACD　36. ABCD　37. ABCD　38. ABCD　39. BC
40. ABD

三、简答题(每小题5分,共20分)

41. ①组成项目监理机构,配备满足项目监理工作的监理人员与设施；②编制工程监理规划,根据需要编制工程监理细则；③实施监理服务；④组织工程竣工预验收,出具监理评估报告；⑤参与工程竣工验收,签署建设监理意见；⑥建设监理业务完成后,向业主提交监理工作报告及工程监理档案文件。

42. ①全面质量管理；②全过程质量管理；③全员参与质量管理。

43. ①发包人违反合同给承包人造成时间、费用的损失；②因工程变更造成的时间、费用的损失；③由于不可抗力导致施工条件的改变,造成了时间、费用的增加;④发包人延误支付期限造成承包人的损失;⑤非承包人的原因导致工程暂时停工;⑥物价上涨、法规变化及其他。

44. 业主方委托一个施工单位或由多个施工单位组成的施工联合体或施工合作体作为施工总承包管理单位,业主另行委托其他施工单位作为分包单位进行施工。

四、案例分析(每小题10分,共30分)

45. 答:(1) 不合理,结构主体不能分包,像地铁大工程难以自主完成可以分包部分工程,但主体、主要工程不能分包,隧道工程属于主要工程,因此不能进行分包。

(2) 缺少废水的处理控制,我国的环境法基本政策:环境保护坚持保护优先,预防为主,综合治理,公众参与的政策;污染者担责的政策;强化环境管理的政策。

46. 答:该承包商运用了三种报价技巧,即多方案报价法、增加建议方案法和突然降价(突然袭击法)法。其中,多方案报价法运用不当,因为运用该报价技巧时,必须对原方案(本案例指业主的工期要求)报价,而该承包商在投标时仅说明了该工期要求难以实现,却并未报出相应的投标价。只是按自己确定的工期报价,这不是响应性投标。

增加建议方案法运用得当,通过对两个结构体系方案的技术经济分析和比较(这意味着对两个方案均报了价),论证了建议方案(框架体系)的技术可行性和经济合理性,对业主有很强的说服力。

突然降价法也运用得当,原投标文件的递交时间比规定的投标截止时间仅提前一天多,这既是符合常理的,又为竞争对手调整、确定最终报价留有一定的时间,起到了迷惑竞争对手的作用。若提前时间太多,会引起竞争对手的怀疑,而在开标前一小时突然递交一份补充文件,这时竞争对手已不可能再调整报价了。

47. 答:不恰当。因为竣工验收应由施工单位先自行组织有关人员进行检查评定,合格后,向建设单位提交工程竣工验收申请报告及相关资料;建设单位收到工程验收申请报告后,应由建设单位(项目)负责人组织施工(含分包单位)、设计、监理等单位(项目)负责人进行单位工程验收;当参加验收各方对工程质量验收不一致时,可请当地建设行政主管部门或工程质量监督机构协调处理。

模拟试题(六)

一、单项选择题(每小题1分,共30分)

1. C 2. A 3. B 4. D 5. C 6. C 7. C 8. A 9. C 10. B 11. D 12. B 13. D 14. B
15. A 16. C 17. A 18. D 19. B 20. A 21. B 22. C 23. D 24. A 25. D 26. D 27. C
28. D 29. B 30. A

二、多项选择题(每小题2分,共20分)

31. BCD 32. CD 33. CD 34. ABCD 35. ABDE 36. ABD 37. AC 38. ABCE 39. ABD
40. ABCD

三、简答题(每小题5分,共20分)

41. ①人工费核算;②材料费核算;③周转材料费核算;④结构件费核算;⑤机械使用费核算;⑥措施费核算;⑦分包工程成本核算;⑧间接费核算;⑨项目月度施工成本报告编制。

42. 一、以顾客为关注焦点;二、领导作用;三、全员参与;四、过程方法;五、管理的系统方法;六、持续改进;七、基于事实的决策方法;八、与供方互利的关系。

43. ①完成额外工作增加的机械使用费;②非承包商责任工效降低增加的机械使用费;③由于业主或监理工程师原因导致机械停工的窝工费。

44. 工程质量事故分为四个等级:①特别重大事故,是指造成30人以上死亡,或者100人以上重伤,或者1亿元以上直接经济损失的事故;②重大事故,是指造成10人以上30人以下死亡,或者50人以上100人以下重伤,或者5 000万元以上1亿元以下直接经济损失的事故;③较大事故,是指造成3人以上10人以下死亡,或者10人以上50人以下重伤,或者1 000万元以上5 000万元以下直接经济损失的事故;④一般事故,造成3人以下死亡,或者10人以下重伤,或者100万元以上1 000万元以下直接经济损失的事故。

四、案例分析题(每小题10分,共30分)

45. 答:以下几方面不符合规定:(1)招标人不应仅宣布4家投标单位参加投标。虽然投标单位A在投标截止时间前已撤回投标文件,但仍应作为投标人宣读其名称,但不宜读其投标文件的其他内容。(2)评标委员会委员不应全部由招标人直接确定。按规定,一般招标项目应采取(从专家库中)随机抽取方式,特殊招标项目可以由招标人直接确定。本项目显然属于一般招标项目。(3)评标过程中不应要求承包商考虑降价问题。按规定,评标委员会可以要求投标人对投标文件中含义不明确的内容做必要的澄清或者说明,但是澄清或者说明不得超出投标文件的范围或者改变投标文件的实质性内容;在确定中标人前,招标人不得与投标人就投标价格、投标方案的实质性内容进行谈判。(4)中标通知书发出后,招标人不应与中标人就价格进行谈判。按规定,招标人和中标人应按照招标文件和投标文件订立书面合同,不得再行订立背离合同实质性内容的其他协议。(5)订立书面合同的时间过迟。按规定,招标人和中标人应当自中标通知书发出之日(不是中标人收到中标通知书之日)起30日内订立书面合同,而本案例为32日。

46. 答:(1) 上述招标工作存在以下问题:①招标文件的实质性内容、工期及工程款的结算方式不得在开标会上随意改变,应在开标日期前15天,通知所有投标人;②招标单位不得指定施工单位,应当按照招标文件约定的评标方式确定中标单位。

(2) A、B、C三家投标单位要求撤回投标文件的做法不正确。因为在投标文件的有效期内,投标人不得撤回投标文件,否则将没收投标保证金。

47. 答:(1)建设工程招标的方式有公开招标和邀请招标两种。公开招标的优点是选择范围广,可以获得竞争性的商业报价;缺点是时间长、费用高。邀请招标程序简单、节约费用和时间,但竞争较差有可能提高合同价。(2)必须进行招标的项目:①大型基础设施、公用事业等关系社会公共利益、公众安全的项目;②全部或者部分使用国有资金投资或者国家融资的项目;③使用国际组织或者外国政府贷款、援助资金的项目。

模拟试题(七)

一、单项选择题(每小题1分,共30分)

1. A 2. C 3. A 4. D 5. D 6. B 7. B 8. B 9. A 10. A 11. A 12. C 13. A 14. D
15. B 16. B 17. D 18. D 19. C 20. C 21. D 22. D 23. B 24. D 25. C 26. B 27. A
28. B 29. D 30. B

二、多项选择题(每小题2分,共20分)

31. BCD 32. AB 33. AB 34. ABCD 35. ABC 36. ABCDE 37. BCDE 38. ACD 39. ABC
40. ABCE

三、简答题(每小题5分,共20分)

41. ①比较法;②因素分析法;③差额计算法;④比率法。

42. ①事前质量控制;②事中质量控制;③事后质量控制。

43. ①实际费用法;②总费用法;③修正的总费用法。

44. ①领导决策;②成立工作组;③人员培训;④初始状态评审;⑤制定方针、目标、指标和管理方案;⑥管理体系策划与设计;⑦体系文件编写;⑧文件的审查、审批和发布。

四、案例分析题(每小题10分,共30分)

45. 答:(1)甲评标委员的观点不正确。根据招标投标法的原则:招标人设有标底的,标底只能作为分析投标报价合理性参考依据,但不能直接作为决定废标的条件。(2)招标人的做法不合法。招标投标法规定:在确定中标人前,招标人不得与投标人就投标价格、投标方案的实质性内容进行谈判。

46. 答:(1) A施工企业的说法不正确。发包人提供场地延误7天时间,属于违约行为。但是,这一违约行为并不构成单方解除合同的条件。《合同法》规定的由于一方违约对方当事人有权提出解除合同的情形有:

①在履行期限届满之前,当事人一方明确表示或者以自己的行为表明不履行主要债务;②当事人一方延迟履行主要债务,经催告后在合理期限内仍未履行;③当事人一方延迟履行债务或者有其他违约行为致使不能实现合同目的。显然,题中所述发包人的场地提供延误违约行为不构成单方解除合同的条件。

(2) 监理人的做法不妥当。其一,任何分包均必须按照法律法规、合同之规定事先得到批准;其二,该项分包均涉及主体工程,依据《合同法》的规定,不得分包。

47. 答:监理人不应予以批准。混凝土预制块质量标准是合同约定的,未发生任何变更的情况下,承包人为保证质量所采取措施所需费用应由承包人承担。

模拟试题(八)

一、单项选择题(每小题1分,共30分)

1. A 2. B 3. B 4. D 5. A 6. C 7. B 8. B 9. B 10. A 11. D 12. D 13. A 14. C
15. A 16. D 17. A 18. C 19. D 20. C 21. A 22. D 23. D 24. A 25. B 26. C 27. C
28. B 29. A 30. D

二、多项选择题(每小题2分,共20分)

31. ABC 32. ABCD 33. ABCD 34. ABD 35. ABD 36. AC 37. CD 38. ABCD 39. ABD
40. BCD

三、简答题(每小题5分,共20分)

41. 具有独立的设计文件,具备独立施工条件并能形成独立使用功能,但竣工后不能独立发挥生产功能或工程效益的工程,是单项工程的组成部分。

42. ①修补处理;②加固处理;③返工处理;④限制使用;⑤不作处理;⑥报废处理。

43. ①安全管理;②投资控制;③进度控制;④质量控制;⑤合同管理;⑥信息管理;⑦组织与协调,其中最重要的是安全管理。

44. ①全面安全检查;②经常性安全检查;③专业或专职安全管理人员的专业安全检查;④季节性安全检查;⑤节假日安全检查;⑥要害部门重点安全检查。

四、案例分析题(每小题10分,共30分)

45. 答:材料成本差异=实际成本−标准成本=8×3×600−6×4×600=0;材料数量差异=(8×600−6×600)×4=4 800(元)(逆差);材料价格差异=(3−4)×8×600=−4 800(元)(顺差)

46. ①刚性防水,柔性防水(或卷材防水,细石防水混凝土防水,涂膜防水);②立即赶到现场,安抚学生,有条件的可以给学生提供其他地方休息,然后进行适当的处理。

47. 答:计算结果见下表

构成要素		功能			
零件	成本	F1	F2	F3	F4
A	300	100	50	100	50
B	75	—	50	—	25
C	125	50	50	—	25
D	100	50	—	50	—
E	100	—	—	100	—
合计	700	200	150	250	100

表中:零件A分配到功能F1上的成本计算过程为:300÷(1+1/2+1+1/2)×1=100;零件A分配到功能F2上的成本为:300÷(1+1/2+1+1/2)×1/2=50;其余计算过程同理。

参考文献

[1] 成虎,陈群. 工程项目管理[M]. 4 版. 北京:中国建筑工业出版社,2015.
[2] 刘泽俊. 工程估价[M]. 北京:北京理工大学出版社,2016.
[3] 孙昌玲,张国华. 土木工程造价[M]. 2 版. 北京:中国建筑工业出版社,2008.
[4] 中华人民共和国住房和城乡建设部. 建设工程工程量清单计价规范(GB 50500—2013)[S]. 北京:中国计划出版社,2013.
[5] 中华人民共和国住房和城乡建设部. 房屋建筑与装饰工程工程量计算规范(GB 50854—2013)[S]. 北京:中国计划出版社,2013.
[6] 江苏省住房和城乡建设厅. 江苏省建筑与装饰工程计价定额(2014 版)[M]. 南京:江苏凤凰科学技术出版社,2014.
[7] 中华人民共和国住房和城乡建设部. 建设工程项目管理规范(GB/T 50326—2017)[S]. 北京:中国建筑工业出版社,2017.
[8] 江苏省建设工程造价管理总站. 建筑与装饰工程技术与计价[M]. 南京:江苏凤凰科学技术出版社,2014.
[9] 全国二级建造师执业资格考试用书编写委员会. 建设工程施工管理[M]. 4 版. 北京:中国建筑工业出版社,2015.
[10] 郭汉丁. 工程施工项目管理[M]. 北京:化学工业出版社,2010.
[11] 袁建新,迟晓明. 建筑工程预算[M]. 4 版. 北京:中国建筑工业出版社,2010.
[12] 中国建筑标准设计研究所. 混凝土结构施工图平面整体表示方法制图规则和构造详图(11G101—1)[M]. 北京:中国计划出版社,2006.
[13] 邓学才. 建筑工程施工组织设计的编制与实施[M]. 北京:中国建材工业出版社,2006.
[14] 任宏,张巍. 工程项目管理[M]. 北京:高等教育出版社,2005.
[15] 曹吉鸣,徐伟. 网络计划技术与施工组织设计[M]. 上海:同济大学出版社,2000.
[16] 俞国凤,吕茫茫. 建筑工程概预算与工程量清单[M]. 上海:同济大学出版社,2005.
[17] 沈祥华. 建筑工程概预算[M]. 4 版. 武汉:武汉理工大学出版社,2009.
[18] 何似龙. 转型时代管理学导论[M]. 南京:河海大学出版社,2001.
[19] 戚安邦. 项目管理学[M]. 2 版. 北京:科学出版社,2007.
[20] 王卓甫,杨高升. 工程项目管理[M]. 2 版. 北京:中国水利水力出版社,2009.
[21] 邓铁军. 工程项目管理(下)[M]. 武汉:武汉理工大学出版社,2008.
[22] 丛培经. 建筑施工项目管理[M]. 北京:中国环境科学出版社,1996.
[23] 吕茫茫,金瑞珺. 施工项目管理[M]. 上海:同济大学出版社,2005.
[24] 周建国. 工程项目管理[M]. 北京:中国电力出版社,2006.
[25] 于茜薇. 工程项目管理[M]. 成都:四川大学出版社,2004.
[26] 桑培东,亓霞. 建设工程项目管理[M]. 北京:中国电力出版社,2007.
[27] 刘伊生. 建筑工程施工项目管理指南[M]. 北京:中国建筑工业出版社,2007.

[28] (美)肖费勒伯格,(美)霍尔姆. 建筑工程施工项目管理[M]. 周爱军,译. 北京:机械工业出版社,2005.

[29] 鲁辉. 施工项目管理[M]. 北京:高等教育出版社,2005.

[30] 戚安邦. 项目管理学[M]. 2版. 北京:科学出版社,2018.

[31] 顾慰慈. 建设项目质量监控[M]. 北京:中国建材工业出版社,2003.

[32] 《建筑工程施工项目管理丛书》编审委员会. 建筑工程施工项目成本管理[M]. 北京:机械工业出版社,2003.

[33] 梁世连. 工程项目管理学[M]. 大连:东北财经大学出版社,2008.

[34] 廖品槐. 建筑工程质量与安全管理[M]. 北京:中国建筑工业出版社,2005.

[35] 李立增. 工程项目施工组织与管理[M]. 成都:西南交通大学出版社,2006.

[36] 陆惠民,苏振民,王延树. 工程项目管理[M]. 南京:东南大学出版社,2010.

[37] 邱菀华. 现代项目管理导论[M]. 北京:机械工业出版社,2009.

[38] 周建国. 工程项目管理基础[M]. 2版. 北京:人民交通出版社,2015.

[39] 张仕廉,董勇,潘承仕. 建筑安全管理[M]. 北京:中国建筑工业出版社,2005.

[40] 姜华. 施工项目安全控制[M]. 北京:中国建筑工业出版社,2003.

[41] 任宏,兰定筠. 建设工程施工安全管理[M]. 北京:中国建筑工业出版社,2005.

[42] 李世蓉,兰定筠,罗刚. 建设工程施工安全控制[M]. 北京:中国建筑工业出版社,2004.

[43] 李世蓉,杨莉琼,熊辉玲,等. 承包商工程项目管理实用手册[M]. 北京:中国建筑工业出版社,2009.

[44] 徐家铮. 建筑工程施工项目管理[M]. 武汉:武汉理工大学出版社,2005.

[45] 郭继秋,唐慧哲. 工程项目成本管理[M]. 北京:化学工业出版社,2005.

[46] 张宝岭,高晓升. 建设工程投标实务与投标报价技巧[M]. 北京:机械工业出版社,2007.

[47] 仲景冰,唐菁菁. 工程项目管理[M]. 武汉:华中科技大学出版社,2009.

[48] 关清杰. 施工企业投标决策研究[D]. 成都:西南交通大学,2005.

[49] 毕星. 项目管理[M]. 3版. 北京:清华大学出版社,2017.

[50] 王雪青,杨秋波. 工程项目管理[M]. 北京:高等教育出版社,2011.

[51] 李晓东,张德群,孙立新,等. 建设工程信息管理[M]. 2版. 北京:机械工业出版社,2017.

[52] 杨青. 工程项目质量管理[M]. 北京:机械工业出版社,2014.

[53] 张焕. 施工项目管理规划[M]. 北京:中国电力出版社,2010.

[54] 张卓. 项目管理[M]. 2版. 北京:科学出版社,2009.

[55] 孙绍荣. 工程管理学[M]. 北京:机械工业出版社,2014.

[56] 邱菀华. 现代项目管理学[M]. 4版. 北京:科学出版社,2017.

[57] 徐勇戈. 施工项目管理[M]. 北京:科学出版社,2012.

[58] 尤建新,杜学美,张建同. 质量管理学[M]. 2版. 北京:科学出版社,2008.

[59] 孙慧. 建设工程成本计划与控制[M]. 2版. 北京:高等教育出版社,2018.